ClimatePartner°
klimaneutral
Verlag | ID: 128-50040-1010-1082

CO_2-Emissionen vermeiden, reduzieren, kompensieren –
nach diesem Grundsatz handelt der oekom verlag.
Unvermeidbare Emissionen werden durch Emissions-
minderungszertifikate mit Gold Standard ausgeglichen.
Mehr Informationen finden Sie unter: www.oekom.de.

Bibliografische Information der Deutschen Nationalbibliothek:
Die Deutsche Nationalbibliothek verzeichnet diese Publikation
in der Deutschen Nationalbibliografie; detaillierte bibliografische
Daten sind im Internet über http://dnb.d-nb.de abrufbar.

© oekom verlag München 2014
Gesellschaft für ökologische Kommunikation mbH,
Waltherstraße 29, 80337 München

Lektorat: Susanne Darabas
Korrektorat: Maike Specht
Innenlayout, Satz: Ines Swoboda, oekom verlag

Druck: GGP Media GmbH, Pößneck
Dieses Buch wurde auf FSC®-zertifiziertem Recyclingpapier
und auf Papier aus anderen kontrollierten Quellen gedruckt.
Circleoffset Premium White, geliefert von Igepagroup,
ein Produkt der Arjo Wiggins.

Alle Rechte vorbehalten
ISBN 978-3-86581-661-0

Annette Jensen, Ute Scheub

Glücksökonomie
Wer teilt, hat mehr vom Leben

INHALT

Einleitung 7

KAPITEL 1
Wie geht's dir, Menschheit?
Ergebnisse der internationalen Glücksforschung 13

KAPITEL 2
Blick in den Maschinenraum des Kapitalismus –
die Wachstumsspirale dreht sich immer schneller 31

KAPITEL 3
Vom Homo oeconomicus zum Homo cooperativus 62

KAPITEL 4
Die Umfairteilung von Geld, Arbeit und Status –
egalitäre Gesellschaften sind glücklicher 87

KAPITEL 5
Solidarische Ökonomie – gutes Leben in selbstbestimmten
Zusammenhängen 111

KAPITEL 6
Elektr(on)ische Revolution, Teil I –
durch digitales Teilen entsteht mehr und Besseres 155

KAPITEL 7
Patentfreie Produktion – alle können sich nehmen,
was sie brauche 197

KAPITEL 8
Wie das Internet lokales Tauschen, Teilen und
gemeinsames Nutzen ermöglicht 213

KAPITEL 9
Forschung und Bildung befreien –
Wissensdurst aus offenen Quellen stillen 234

KAPITEL 10
Schwarmgeld – Kleingeld schafft große Geldhaufen 248

KAPITEL 11
Elektr(on)ische Revolution, Teil II – erneuerbare Energien
fördern dezentrale Selbstorganisation 264

AUSBLICK
Am Scheideweg zwischen Verderben und Glück 285

Anmerkungen
307

Einleitung

Glücksökonomie – was soll denn das sein? Ganz einfach: alle Formen des Wirtschaftens, welche die Lebenszufriedenheit von Menschen und Gesellschaften fördern. Die internationale Glücksforschung liefert klare Kriterien: Eigentum und Geld steigern das Wohlbefinden nur begrenzt; Kooperation macht weit glücklicher als Konkurrenz und Statusstress; Menschen haben Spaß am Teilen und Teilhaben, weil sie soziale Wesen sind – was wir in den ersten vier Kapiteln des vorliegenden Buches ausführlich darstellen. Das widerspricht allerdings den gegenwärtigen Formen des Wirtschaftens. Auch können Ökonomen das Zahlenwunder nicht erklären, dass Solidarität, Lebenszufriedenheit, Lachen und Glück sich mehren, wenn man sie teilt. Dabei wissen ganz normale Menschen: Wer teilt, hat mehr vom Leben.

In den weiteren Kapiteln beschreiben wir, wie Bewegungen neue Formen ökosozialen Wirtschaftens von unten aufbauen – hierzulande und weltweit. Wir sehen darin das Potenzial zu einer fundamentalen gesellschaftlichen Transformation. Die Solidarische Ökonomie ist schon älter, zu ihr gehören etwa Genossenschaften; andere wie die ShareEconomy oder frei zugängliche Formen von Wissenschaft, Technik und Produktion sind noch jung. Den Beteiligten geht es nicht um individualisierte Selbstoptimierung im Wettbewerb miteinander; sie kooperieren, teilen und nutzen gemeinsam, weil sie es attraktiver finden.

Das Internet hat diese neuen Entwicklungen stark befördert. Mitten im Herzen des auf oben und unten, reich und arm angewiesenen Industriekapitalismus ist eine Infrastruktur entstanden, bei der alle Teilnehmenden gleichberechtigt sind: Jeder ist Sender und Empfänger, alles wird gleich schnell transportiert. Visionäre Informatiker haben früh Betriebssysteme und Programme zu »offenen Quellen« erklärt (Open Source) und damit zum Gemeingut. Weil es nichts kostet, Dateien zu kopieren und zu verschicken, sind Teilen und Teilhabe heute in einem nie gekannten Ausmaß möglich. Gegenwärtig entstehen in enormer Geschwindigkeit Kooperationen unter Gleichen – also in Peer-to-Peer-Netzwerken. Wir nennen dies »elektr(on)ische Revolution« – denn ihre zwei Säulen ruhen auf den dezentralen Techniken des Internets und der erneuerbaren Energien. Dies stellen wir ab Kapitel 5 dar.

Die neuen Strukturen eröffnen nämlich auch neue Chancen für die Vollendung der Energiewende. Nicht nur die Stromgewinnung, sondern auch seine Verteilung zu dezentralisieren ist das Anliegen von Pionieren, die wir im Kapitel 11 »Elektr(on)ische Revolution Teil II« vorstellen.

All das hat auch politische Auswirkungen. Früher konnten autoritäre Regierungen Oppositionelle durch Verfolgung schnell mundtot machen, heute haben Bürger und Bloggerinnen viel mehr Möglichkeiten, auch unerwünschte Inhalte zu verbreiten. Sämtliche politischen Systeme in West und Ost, Nord und Süd sind auch dadurch in eine Legitimations- und Partizipationskrise geraten. Symptome dafür sind die Arabellion mit ihrem Schrei nach Selbstbestimmung, Brot und Würde oder die direkte Demokratie auf den öffentlichen Plätzen von Kairo, Istanbul, Madrid und anderswo. Aber auch für Proteste wie den gegen Stuttgart 21 ist das Internet ein zentrales Instrument. Dass Geheimdienste dasselbe Internet nutzen, um solche Bewegungen und sogar ganze Gesellschaften zu überwachen, wie wir seit Edward Snowdens Enthüllungen wissen, ändert nichts an dieser Diagnose. Vielmehr ruft auch totalitäre Schnüffelei wiederum Kräfte von unten auf den Plan.

So disparat die Bewegungen erscheinen mögen und so vielfältig ihre Motive, sie haben doch einen gemeinsamen Kern: Sie wollen mehr Selbstbestimmung in ihren Arbeits- und Lebensweisen, und sie zielen darauf ab, sich Politik, Wirtschaft, Demokratie und öffentliche Räume wieder anzueignen. Wissen, Energie und fruchtbarer Boden sollen zu Gemeingütern werden, Handels- und Handlungsketten wieder überschaubar und verantwortbar. Es sind Versuche, die Souveränität über das eigene Leben und die Gestaltung der Gesellschaft wiederzuerlangen – nicht zuletzt auch durch Maßnahmen der Entschleunigung. Die Beteiligten reklamieren, es besser zu können als die abgehetzte politische Klasse.

Dieser gesellschaftspolitische Klimawandel könnte entscheidend mithelfen, den physikalisch-atmosphärischen aufzuhalten. Die verstorbene Trägerin des Alternativen Nobelpreises, Dekha Abdi Ibrahim aus Kenia, hat es so ausgedrückt: »Wenn genug Individuen, Städte und Religionsgemeinschaften auf klimafreundliche Strategien setzen, wird die Politik nachziehen. Von oben wird es keinen Wandel geben. Die Politik führt nicht, die Gesellschaft führt – und die Politik folgt.«

Mühsam, noch sehr unreif und instabil, mit allen Problemen und Widersprüchen, zeigt sich hier der Anfang einer neuen ökosozialen Gesellschaftsformation jenseits eines erdölgetränkten Turbokapitalismus. Wir behaupten nicht, dass sie sich durchsetzen wird, aber dass es eine Chance dafür gibt.

Die Lage ist extrem komplex, wir stehen am Scheideweg – oder wohl eher an einer Kaskade von Scheidewegen: Einerseits erleben wir die totale Vereinzelung und Vereinsamung der Individuen, andererseits eine neue große Sehnsucht nach Gemeinschaft. Überarbeitete und Unterbeschäftigte prägen die heutige Arbeitswelt – und parallel wächst eine neue Lust am Selbermachen. Hier Symptome vielfacher Entfremdung, dort der weitverbreitete Wunsch nach Selbstwirksamkeit. Einerseits eine geradezu totalitäre Kontrolle des Internets durch Konzerne und Geheimdienste, andererseits völlig neue kollaborative Zusammenschlüsse ebenfalls auf Basis des Internets. Vor allem Letztere stellen die traditionelle Mehrwertproduktion des Kapitalismus infrage und tragen den Keim zu einer neuen Gesellschaftsformation in sich, die manche Vordenker im üblichen Denglisch eine »commonsbasierte Peer-to-Peer-Produktion« nennen, eine Gemeingüterproduktion unter Gleichen.

Was gesellschaftlich üblich ist und den Alltag prägt, ist änderbar. Vielleicht hilft hier eine kleine Analogie aus den 1970er Jahren weiter: Wer hätte damals in den verrauchten Klubs und Kneipen gedacht, dass 40 Jahre später Zigaretten so verpönt sein würden und kaum noch jemand qualmt? In stillgelegten Tabakfabriken, etwa im österreichischen Linz, werden heute kreative Projekte der ShareEconomy entwickelt. Die Analogie zum Wirtschaftswachstum ist dabei enger, als es auf den ersten Blick scheint. Wie das Rauchen, so ist auch der Wunsch nach »immer mehr« eine Sucht. Gegenwärtig lässt sie sich noch durch Billigenergie und Billigrohstoffe befriedigen, doch damit wird bald definitiv Schluss sein. Ein Ausstieg aus der Sucht ist nötig – und, wie wir glauben, auch möglich.

Noch drei letzte Vorbemerkungen seien gestattet. Erstens: Wachstum wird mit Zahlen gemessen. Überall und ständig wird deshalb alles quantifiziert und nach Geldwert berechnet. Ratingagenturen stufen Unternehmen und ganze Länder herauf oder herunter. Alles messende »Quantitäter« sind überall unterwegs, um Beschäftigte im Bildungs- oder Gesundheitswesen mit ständig neuen bürokratischen Aufgaben zu drangsalieren und von ihrer eigentlichen Arbeit abzuhalten. Dabei lässt sich Qualität nur in sehr eingeschränktem Maß durch Quantität beschreiben. Außerdem verändern auf Zahlen fixierte Evaluierer die Handlungen der Beobachteten – ähnlich wie in der Quantenphysik, wo die Messinstrumente Einfluss auf das Verhalten von Teilchen haben.

Dennoch kommen auch wir nicht umhin, Aussagen quantitativ zu untermauern. In unserer zahlengläubigen und zahlensüchtigen Gesellschaft nimmt niemand etwas ernst, was ohne Quantitäten daherkommt. Kein Diskurs ist heute ohne Zahlen führbar, die Debatte um Wirtschaft, Klima und Ressourcen schon gar nicht. Die Paradoxie könnte man so formulieren: Der Weg in eine neue zukunftsfähige, auf Qualität basierte Gesellschaft ist mit Zahlen gepflastert.

Auch die internationale Glücksforschung, deren Umfrageergebnisse und Rankings wir zitieren, ist dieser Paradoxie unterworfen. Ihre Forscherinnen und Wissenschaftler wollen Lebensqualität messen, können dies aber oft nur mit quantitativen Methoden. Das heißt nicht, dass ihre Aussagen nichts taugen. Sie können durchaus Trends erfassen, etwa die massive Abnahme von Lebenszufriedenheit in den Eurokrisenländern. Aber auch nicht mehr. Quantitäten sind Schatten von Qualitäten.

Dass ökosoziale Wirtschaftsformen längst den Mainstream durchwuchern, können wir ebenfalls nur mit Zahlen belegen: Der Sektor der unbezahlten und nichtberechnenden Ökonomie ist in allen Ländern größer als der bezahlte; weltweit ist etwa jeder siebte Mensch Mitglied in einer Genossenschaft; mindestens die Hälfte der Bevölkerung in Deutschland hat Erfahrungen mit dem Tauschen und gemeinsamen Nutzen von Gegenständen gemacht.

Zweitens: Das journalistische Selbstverständnis gebietet es, Abstand zu halten zu dem, worüber man schreibt, und sich nicht mitreißen zu lassen von eigenen Gefühlen. Das ist uns bei der Recherche zu diesem

Buch nicht gelungen. Als wir im Sommer 2013 anfingen, das Material zusammenzutragen, ahnten wir nicht, dass es uns selbst verändern würde. Auch war uns damals noch nicht klar, dass wir Berlinerinnen in einer Stadt wohnen, die für die sich global entwickelnde Vernetzungskultur vielleicht zurzeit die wichtigste ist. Junge Menschen aus aller Welt zieht es hierher, um neue Formen von Produktion, Kooperation und Teilen auszuprobieren, aber auch, um demokratische Werte gegen totalitäre Überwachungstendenzen zu verteidigen.

Sie pflegen ein neues Menschenbild, welches das Individuum nicht länger als isolierte Monade sieht, sondern als Vielfalt seiner Verbindungen zur Welt. Das ist keineswegs theoretisch oder abstrakt. Kommunikationsweisen verändern sich, wenn man das Glück und die Perspektive der anderen als elementar für das eigene Wohlbefinden ansieht. Konfrontation, Rechthaberei und Durchsetzungswillen dominieren dann nicht länger die Diskussion, sondern der Wunsch zu verstehen. Das impliziert eine Haltung, die das Gegenüber als gleichberechtigt und gleich wichtig sieht. Mit Psychokult und Ringelpiez mit Anfassen hat das nichts zu tun. Es ist schlicht sinnvoller, um Ziele schnell und mit weniger Aufwand und Kraftanstrengung zu erreichen. Für Alphatiere sind das freilich schlechte Nachrichten.

Wir haben bei unseren Recherchen viele sehr eigenwillige und willensstarke Persönlichkeiten kennengelernt. Nicht wenige faszinieren uns – und dazu stehen wir. Wir haben auch selbst erlebt, wie Peer-to-Peer in der Praxis funktioniert und sich anfühlt, nämlich selbststärkend. Das hat uns beide immer wieder überrascht – schließlich sind wir historisch geprägt von der in links-alternativen Kreisen üblichen konfrontativen Debattenkultur. Die nichtkonfrontative Empathie unserer Gesprächspartner hat sich auch auf uns übertragen und beim Verfassen des Manuskripts eine positive Energie freigesetzt.

Diese neuen Erfahrungen haben uns von Beobachterinnen zu Beteiligten gemacht. Das Buch ist im Geiste dieser neuen Kultur entstanden. Unsere intensive Zusammenarbeit hat zu deutlich mehr geführt, als wenn jede von uns für sich alleine recherchiert hätte. Ein Großteil der Gedanken, Ideen und Schlussfolgerungen in diesem Werk sind untrennbar mit unseren Gesprächspartnerinnen und -partnern oder den

Aufsätzen und Büchern anderer Menschen verknüpft – und doch lässt sich vieles nicht Einzelnen zuordnen, sondern ist im Prozess der Vernetzung entstanden. Solche neuen Formen von Kollektivität basieren auf einer Wertschätzung vielfältiger Individualität, bei der die Einzelnen sich nicht dem großen Ganzen unterordnen, sondern darin einen selbst gewählten, ihnen angenehmen Platz finden. Wir sind Zeuginnen der These: Wer teilt, hat mehr vom Leben.

Dritte und letzte Bemerkung: Wir erheben keinerlei Anspruch auf Vollständigkeit, sondern können hier nur Ausschnitte und Porträts aus weltweiten Bewegungen zeigen, die immer mehr an Fahrt gewinnen – wissend, dass sich diese bereits bei der Veröffentlichung des Buches erneut verändert haben werden. Dennoch glauben wir, dass unsere Beschreibungen repräsentativ sind – auch für viele andere Projekte und Aspekte, die wir im begrenzten Rahmen eines Buches weglassen mussten.

Berlin, Mai 2014,
Annette Jensen und Ute Scheub

Kapitel 1
Wie geht's dir, Menschheit? Ergebnisse der internationalen Glücksforschung

»Wer Glück erfuhr,
soll mit Beglückung niemals geizig sein.«
Sophokles

Ein Fischer hat einen guten Fang gemacht. Zurück im Hafen, ruht er sich zufrieden in seinem Boot aus. Ein schick gekleideter Tourist nähert sich, sein Fotoapparat klickt. »Wenn Sie noch mal rausfahren, werden Sie noch mehr fangen«, rät er dem Fischer. »Und wenn Sie das täglich viermal wiederholen«, redet er weiter auf den Verdutzten ein, »dann werden Sie in spätestens einem Jahr einen Motor kaufen können, in zwei Jahren ein zweites Boot, in drei oder vier Jahren könnten Sie vielleicht einen kleinen Kutter haben, mit zwei Booten oder dem Kutter würden Sie natürlich viel mehr fangen … Sie würden ein kleines Kühlhaus bauen, vielleicht eine Räucherei, später eine Marinadenfabrik, mit einem eigenen Hubschrauber rundfliegen, die Fischschwärme ausmachen und Ihren Kuttern per Funk Anweisung geben. Sie könnten die Lachsrechte erwerben, ein Fischrestaurant eröffnen, den Hummer ohne Zwischenhändler direkt nach Paris exportieren …« Der Fremde überschlägt sich vor Begeisterung. »Und dann?«, will der Fischer wissen. »Dann könnten Sie beruhigt hier im Hafen sitzen, in der Sonne dösen – und auf das herrliche Meer blicken.«

Aber das tue er doch schon, erwidert der Fischer. Der Tourist weiß nichts zu antworten. Beschämt und voller Neid auf den glücklichen Menschen schleicht er von dannen.

So erzählt es Heinrich Böll in seiner *Anekdote zur Senkung der Arbeitsmoral*, die so anschaulich wie kaum eine andere Geschichte ausdrückt, dass Wirtschaftswachstum Menschen nicht glücklicher macht.

Wirtschaft wächst, Glück nicht

Über 800 Meter hohe Wolkenkratzer, Einkaufshallen und Wellnesstempel, Kraftwerke, Computernetze, Keller voller Gold und Bankenpaläste. Die Weltbevölkerung hat in den vergangenen 30 Jahren unvorstellbare Reichtümer produziert. Das globale Bruttosozialprodukt hat sich zwischen 1983 und 2013 mehr als versechsfacht – von 11,6 auf über 74 Billionen US-Dollar.[1] Würden die gängigen ökonomischen Annahmen stimmen, müsste die Menschheit heute ungefähr sechsmal so glücklich sein wie 1983 oder, sagen wir bescheiden, wenigstens wesentlich glücklicher. Doch tatsächlich ist die Lebenszufriedenheit im selben Zeitraum im Schnitt um kaum mehr als ein Tausendstel gestiegen. Ein Promille in drei Jahrzehnten – vernichtender kann die Bilanz unseres Wirtschaftssystems nicht ausfallen.

Die Umfrageergebnisse zum Wohlbefinden der Menschheit sind in zwei UN-Weltglücksberichten nachzulesen – wobei Glück darin nicht im Sinne einer augenblicklichen Verzückung verstanden wird, sondern als langfristiges Wohlbefinden und Zufriedenheit mit dem eigenen Leben.[2] Für den ersten Report von 2012 haben die Glücksforscher John Helliwell und Richard Layard sowie der UN-Sonderberater Jeffrey Sachs sämtliche repräsentativen Umfragen zum Wohlergehen aus den letzten 30 Jahren ausgewertet, vor allem den Gallup World Poll, den World Values Survey und den European Social Survey.

Der Gallup World Poll befragt jährlich rund 150.000 Personen aus 150 Ländern, wie zufrieden sie mit ihrem gesamten Leben sind; der World Values Survey sammelt Daten aus 80 Ländern. Die Ergebnisse werden mit verschiedenen Methoden überprüft, etwa mit Untersuchungen, wie oft die Betreffenden am Tag vorher gelacht und sich glücklich oder traurig gefühlt haben, oder durch Interviews mit Dritten, wie sie die Stimmung der zuvor befragten Personen einschätzen.

Auch wenn grundsätzlich große Vorsicht gegenüber allen quantitativen Aussagen geboten ist – solche Befragungen sind nach Einschätzung des Schweizer Glücksforscherpaares Claudia und Bruno Frey trotz gewisser methodisch bedingter Verzerrungen »recht zuverlässig und stabil«: »Die Menschen sind durchaus in der Lage zu beurteilen, wie glücklich sie sind.«[3] Ihr Fachkollege Richard Layard bestätigt: Zwar gebe es sprachliche und kulturelle Unterschiede in der Bedeutung des Wortes »Glück«, aber auch das könne methodisch berücksichtigt werden.[4]

Im zweiten Weltglücksbericht von 2013 geht es nur um die vergangenen fünf Jahre, und hier hat sich laut Umfragen das Wohlergehen der Menschheit leicht verbessert. Die deutlichsten Fortschritte gab es in Lateinamerika, der Karibik und den südlichen Ländern Afrikas. In der EU und Nordamerika sank das Glücksempfinden hingegen – am stärksten in den Krisenländern Griechenland, Spanien, Italien und Portugal. Auch im Nahen Osten, Nordafrika und Indien nahmen Unzufriedenheit und Verunsicherung auf breiter Linie zu, am stärksten in Ägypten.[5]

Besonders bemerkenswert im ersten Glücksbericht: Weder im globalen Norden noch im globalen Süden, weder in den westlichen Industrieländern noch in China oder Afrika, Lateinamerika oder Osteuropa ist die Lebenszufriedenheit der Menschen parallel zur Ökonomie gewachsen. In den USA hatte die Glücksrate der Bevölkerung 1957 ihren Höchststand erreicht und sinkt seitdem kontinuierlich, obwohl der materielle Wohlstand sich gleichzeitig rasant vermehrt hat.

Das gleiche Phänomen ist in der Bundesrepublik zu beobachten: Das Bruttosozialprodukt stieg innerhalb von drei Jahrzehnten pro Kopf um 60 Prozent, gleichzeitig sank die Lebenszufriedenheit um 10 Prozent; erst seit Kurzem steigt sie wieder leicht an. 2012 gaben 38 Prozent der Befragten an, ihre Lebensqualität habe im Vergleich zu früher abgenommen.[6] 2013 waren nur 29 Prozent der Bundesbürger »sehr zufrieden«; 60 Prozent waren »ziemlich«, 9 Prozent »nicht sehr« und 2 Prozent »überhaupt nicht zufrieden«.[7]

Parallel dazu schwindet das Vertrauen in den Kapitalismus. Nach einer weltweiten Umfrage des Pew Research Center von 2012 zeigte sich eine riesige Mehrheit der rund 26.000 Befragten pessimistisch gestimmt, besorgt und enttäuscht. In elf der 21 Länder – vor allem in den USA, Europa und Japan – stimmte nur die Hälfte oder weniger der Annahme zu, dass es Menschen in einer freien Marktwirtschaft besser gehe. In

16 von 21 Ländern machte eine Majorität ihre Politiker für die aktuelle Misere verantwortlich.[8] In einer anderen Befragung der Bertelsmann Stiftung aus dem Jahr 2010 plädierten neun von zehn Österreichern und Deutschen für eine neue Wirtschaftsordnung, die stärker ökosozial ausgerichtet sein sollte. In derselben Umfrage vertraute nur noch gut jeder Vierte den Selbstheilungskräften des Marktes.[9]

Wohl kein Zufall: Zu den glücklichsten Menschen der Welt zählen die Bewohner der vergleichsweise egalitären Sozialstaaten Dänemark, Norwegen, Schweden, Finnland und der Niederlande. Das besagen nicht nur die im UN-Bericht ausgewerteten Befragungen, sondern auch viele weitere Umfragen aus den vergangenen Jahren, etwa die World Map of Happiness, der European Social Survey, der OECD-Better-Life-Index, der World Values Survey, der Legatum-Wohlstandsindex und der Social Progress Index. Die unglücklichsten Menschen leben laut UN-Glücksreport in armen afrikanischen Ländern – etwa in Benin, der Zentralafrikanischen Republik und Togo.

Auch in den früher sowjetisch regierten Staaten ist das Zufriedenheitsniveau sehr niedrig – anscheinend wurde dort das gesellschaftliche Gewebe nachhaltig zerstört. Die Deutschen kamen in den UN-Berichten von 2012 und 2013 trotz ihres Reichtums auf einen mageren 30. beziehungsweise 26. Platz.

Was macht Menschen glücklich?

Sofern sie nicht von Banken und Versicherungen bezahlt wird, ist sich die internationale Glücksforschung weitestgehend einig: Geld und Besitz sind sekundär. Am allerwichtigsten fürs menschliche Wohlbefinden sind stabile Beziehungen – in der Liebe, der Familie, der Nachbarschaft, der Gesellschaft insgesamt. Aber auch Gesundheit, sinnstiftende Tätigkeiten sowie Möglichkeiten der Selbstentfaltung und Mitbestimmung sind zentrale Faktoren.[10] Darüber hinaus macht eine intakte Natur glücklich sowie eine kooperative, nichtmaterialistische, altruistische Lebenseinstellung. Die UN-Autoren sind überzeugt: Wichtig fürs Wohlergehen ist die Möglichkeit, Lebensmodelle selbstständig wählen zu können, soziale Unterstützung zu geben und zu bekommen und einen korruptionsfreien Zugang zu Dienstleistungen zu haben.[11] Es seien »politische Freiheit, starke soziale Netzwerke und die Abwesenheit von Korruption«, die das gesellschaftliche Wohlergehen wachsen lassen, fassen sie ihre Erkenntnisse zusammen.

Laut Weltglücksbericht gibt es eine positive Rückkopplungsschleife zwischen sozialem Verhalten und Lebenszufriedenheit: »Wenn Leute in guter Stimmung sind, tendieren sie dazu, anderen zu helfen: Anderen zu helfen wiederum versetzt sie in gute Stimmung.« Und: »Unterstützende Beziehungen zu haben befördert subjektives Wohlbefinden, aber ein hohes subjektives Wohlbefinden führt wiederum zu besseren sozialen Beziehungen.« Stabile soziale Netzwerke erzeugen Glücksgefühle, und Glück wiederum habe »das Potenzial, positive Schneeballeffekte in der Gesellschaft zu generieren«. Zufriedene Menschen seien im Allgemeinen gesünder, lernfähiger, kooperativer, motivierter, kreativer und vertrauensvoller. Optimal sei nicht ein extrem hohes, sondern ein »moderates Niveau« von Glücks- und Zufriedenheitsgefühlen, das bei entsprechenden Anlässen auch erlaube, Trauer und Schmerz zuzulassen.[12]

Beide UN-Berichte führen diverse Studien auf, wonach Egoisten, Materialistinnen und Karrieristen zum Unglücklichsein neigen. Zudem gewöhnen sich Menschen schnell an ein bestimmtes Niveau von Geld und Besitz, mit dem Effekt, dass weitere Einkommenssteigerungen sie nur kurzfristig oder gar nicht zufriedener stellen (siehe Kapitel 4). Menschen mit altruistischen Zielen, Freiwilligen und Ehrenamtlichen geht es hingegen wesentlich besser. Zum selben Ergebnis kamen auch Umfragen in Deutschland und Großbritannien.[13]

Man könnte das Ergebnis unzähliger Glücksstudien so zusammenfassen: Wer sein Glück allein oder gar in Konkurrenz zu anderen zu maximieren versucht, verfehlt es; wer hingegen seine Lebenspriorität darauf legt, sich selbst nicht so zu beachten und andere glücklich zu machen, wird dabei selbst glücklich.

»Der Individualismus hat den Menschen bestenfalls das Ideal der Selbstverwirklichung zu bieten«, schreibt Forscher Richard Layard in seinem einflussreichen Buch *Die glückliche Gesellschaft*. »Doch diese neue Religion hat versagt. Sie hat die Menschen nicht glücklicher gemacht, im Gegenteil, sie setzt jeden unter Druck, möglichst viel und möglichst nur das Beste für sich selbst zu ergattern. Wenn wir aber wirklich glücklich leben wollen, dann brauchen wir ein gemeinsames Ziel, ein gemeinsames Gut oder Gemeinwohl, zu dem wir alle unseren Beitrag leisten können.«[14]

Regierungen sollten nicht länger nur das Wirtschaftswachstum, sondern auch das Wohlbefinden der Regierten befördern, regelmäßig messen und ihre Politik danach ausrichten, empfehlen auch die Autoren der UN-Glücksberichte und verweisen auf entsprechende Resolutionen der UN-Generalversammlung (siehe Kasten). Bislang aber zeitigt die internationale Zufriedenheitsforschung kaum Konsequenzen auf politischer Ebene, weil die nationalen Regierungen sie so gut wie nicht beachten. Dabei, so die UN-Autoren weiter, mache nichts glücklicher, als gemeinsam für ein höheres Ziel zu arbeiten – für die Umweltbalance der Erde, das Wohlergehen kommender Generationen und das Überleben aller Spezies, kurz: für Nachhaltigkeit.[15]

UN-Resolutionen zu Glück

»Glück: Auf dem Weg zu einem ganzheitlichen Konzept für Entwicklung«, so heißt die UN-Resolution 65/309. Initiiert hat sie der kleine Himalajastaat Bhutan, verabschiedet wurde sie im Juli 2011 auf der Generalversammlung der Vereinten Nationen. 66 Länder unterstützten den Beschluss, darunter auch Deutschland und andere EU-Staaten. Die Resolution betont, »dass das Streben nach Glück ein grundlegendes menschliches Bedürfnis ist«. Sie bittet die UN-Mitgliedsstaaten, zusätzliche Maßstäbe für Glück und Wohlbefinden zu entwickeln und sich in ihrer nationalen Politik davon leiten zu lassen, weil der Indikator Bruttoinlandsprodukt dies »nicht angemessen erfasst«.

Etwa ein Jahr später erkor die UN-Generalversammlung mit UN-Resolution 66/281 den 20. März zum internationalen Glückstag: Regierungen und Zivilgesellschaft sind aufgerufen, den Tag in angemessener Weise zu begehen.

Das Easterlin-Paradox

Bereits 1974 veröffentlichte Richard Easterlin eine entscheidende Beobachtung. Der US-Ökonom hatte 30 Umfragen zur Lebenszufriedenheit aus 19 Ländern ausgewertet und dabei festgestellt: In Gesellschaften, in denen Grundbedürfnisse wie Essen, Wohnen und Arbeit gedeckt sind, wirkt sich mehr Geld nur kurzfristig positiv auf die Stimmung aus.[16] Dies sei ab einem Jahreseinkommen von etwa 15.000 Dollar der Fall, so Easterlin. Heute schätzen andere diesen Betrag auf 25.000 Dollar – wobei nicht genannt wird, auf welches Preislevel er sich bezieht.[17] Das Phänomen erhielt den Namen »Easterlin-Paradox« und löste einen Boom von Glücksstudien aus.

Sie bestätigten: Menschen brauchen ein gewisses Grundeinkommen, das sie befähigt, ohne Not und existenzielle Ängste zu leben. Das subjektive Wohlbefinden von Bewohnern armer Länder steigt deshalb zunächst rasch an, wenn ihre Staaten sich entwickeln. Ist aber ein gewisses Level erreicht, bleibt der durchschnittliche Glückspegel mehr oder weniger konstant – oder sinkt sogar. Jenseits der Schwelle hat die Steigerung von Einkommen kaum mehr Wirkung. Der US-Psychologe Ed Diener, der 50 Superreiche mit einem Besitz von mehr als 100 Millionen Dollar interviewte, bestätigte: Auch sie sind kaum zufriedener als der Durchschnitt.[18]

Auf die Kritik, seine Datenbasis sei zu schmal oder falsch berechnet, reagierte Richard Easterlin mit neuen, wesentlich breiter angelegten Studien. Sie bestätigten die ersten Ergebnisse.[19] Kernaussage seiner Untersuchung von 2010, für die sein Team über Jahrzehnte erhobene Daten aus 37 Ländern auswertete: »Das Glück wächst nicht, wenn das Einkommen eines Landes steigt.« Besonders deutlich zeige sich das in China, Chile und Südkorea, in denen sich das Pro-Kopf-Einkommen in nicht einmal 20 Jahren verdoppelt hat, die Lebenszufriedenheit laut Umfragen aber zurückgegangen ist.

Für manche stellt das Easterlin-Paradox alles infrage, an was sie glauben: dass materieller Wohlstand glücklich mache und Wachstum sein müsse, dass das Bruttoinlandsprodukt der beste Maßstab für Wohlergehen sei und der Markt mit seiner unsichtbaren Hand alles von alleine richte. »Geld macht doch glücklich«, halten etwa Joachim Weimann,

Andreas Knabe, Ronnie Schöb in ihrem gleichnamigen Buch Easterlin entgegen.[20] Sie kritisieren, dass er Daten aus Osteuropa und Afrika nicht einbezogen habe – und blenden dessen neuere Studien einfach aus, die diese Lücken geschlossen haben.

Max A. Höfer, Exgeschäftsführer der neoliberalen Initiative Neue Soziale Marktwirtschaft, fiel durch Easterlins Paradox gar vom Glauben ab: Es »stellte mich und meinen Job vor eine grundsätzliche Frage: Wenn das Lebensglück der Menschen nicht zunimmt, warum sollten sich die Menschen dann den ganzen Stress antun und nach immer mehr Einkommen, Wachstum und Produktivität streben?«[21] Höfer quittierte den Job und wurde zum freischaffenden Publizisten.

Bindungen machen glücklich

Die glücklichsten Momente unseres Lebens erleben wir, wenn die Macht des Geldes radikal ausgeschaltet ist – in der Sphäre der Liebe, der familiären Fürsorge, in Freundschaften, in allen Verbindungen zwischen Menschen, die nicht berechnend sind. Wie gruselig wäre eine Welt, in der eine Mutter ihrem Kind vor dem gemeinsamen Spielen eine Erziehungspauschale in Rechnung stellt oder ein Paar zuerst einen Liebesabnahmevertrag mit Garantiefristen, Rücktrittsklauseln und Zahlungsmodalitäten aufsetzt, bevor es sich küsst.

Bindungen machen glücklich, aber der Turbokapitalismus zerstört sie zunehmend. Unter seinem Verwertungsdruck werden warme Sozialbeziehungen in kalte Geldbeziehungen verwandelt. Dies dürfte einer der tieferen Gründe sein, warum in Ländern wie den USA und Deutschland materieller Reichtum mit sinkendem Glück, steigendem Stress und zunehmender Einsamkeit einhergeht.

Wir alle brauchen Freundschaften, auf die wir uns verlassen können, und Gemeinschaften, die uns ein warmes Gefühl von Sicherheit und Geborgenheit vermitteln. In einem dichten sozialen Netzwerk können wir uns darauf verlassen, Hilfe in Not und Krisenzeiten zu finden. Solche festen Zugehörigkeiten sind existenziell wichtig für unsere Lebenszufriedenheit. Die heutige Anforderung, der Multiflex-Mensch möge allerorts und jederzeit flexibel arbeitsbereit sein, steht dem diametral entgegen.

Vor allem Liebe und Paarbildung machen glücklich. Und Hautkontakt. Ein gutes Körpergefühl erzeugt Lebenszufriedenheit, und Berührungen seien »wichtiger als Vitamine«, schreibt der Psychologe Saul Schanberg.[22] Singles fühlen sich tendenziell weniger glücklich. Noch unglücklicher allerdings sind diejenigen, die in kaputten Ehen leben und sich nicht zu trennen trauen. Auch Paare und Familien, die sich nach außen abschotten, geraten ins Unglück.

»Glück ist für uns von größter Bedeutung, weil es uns umfassend motiviert«, erklärt Richard Layard. Es fördert die körperliche und geistige Gesundheit, stärkt das Immunsystem und erhöht die Lebensdauer signifikant.[23] Empathische Bindungen an andere Menschen steigern in jedem Fall und unter allen Umständen die Lebenszufriedenheit, fand auch der englische Sozialpsychologe Michael Argyle heraus.[24] Studierende in Wohnheimen steckten sich laut einer Studie der US-Medizinprofessorin Janice Kiecolt-Glaser weniger an ihren erkälteten Zimmergenossen und Kommilitoninnen an, wenn sie diese mochten.[25] Unabhängig von Alter und Gesundheitszustand sind sozial eingebundene Personen psychisch und physisch gesünder und sterben seltener an bestimmten Infekten als isolierte, entdeckte der Epidemiologe James S. House.[26] Brustkrebspatientinnen, die sich mit anderen austauschen und Verständnis finden konnten, lebten nach einer anderen US-Studie im Schnitt mehr als doppelt so lange, litten weniger unter Schmerzen und waren besserer Stimmung als Patientinnen, die nur Medikamente bekamen.[27]

In der sogenannten Grant-Studie begleiten Forscher seit mehr als 70 Jahren das Leben von 268 männlichen Absolventen der US-Eliteuniversität Harvard. Sie behelligen diese mit regelmäßigen Fragen zu ihrem momentanen Seelenzustand, um herauszufinden, was gelingendes Leben ausmacht.[28] Klares Ergebnis auch hier: Der mit Abstand wichtigste Faktor ist Bindung. Nicht unbedingt zum Lebenspartner, sondern die grundsätzliche Fähigkeit, liebende und einfühlsame Verbindungen zu Mitmenschen einzugehen.

Forscher befragten Bundesdeutsche 2008 nach ihren »persönlichen Quellen für Glück und Wohlbefinden«. Am häufigsten hörten sie: »Gesundheit der Familie« sowie »Aufwachsen in einem intakten Elternhaus« (je 74 Prozent), die »kleinen Dinge des Lebens« und »Freunde um mich herum« (je 64 Prozent), »Leben in einer Partnerschaft« (63 Prozent), Ziele erreichen (59 Prozent), »Gutes tun, um anderen zu helfen« und einen Arbeitsplatz haben (je 56 Prozent). »Keine Geldsorgen haben« fanden gerade mal 31 Prozent wichtig. Eigentum nannten offenbar so wenige, dass es in der Statistik nicht mal auftauchte.[29] In einer weiteren Befragung gaben 61 Prozent an, dass Geld und Glück nichts miteinander zu tun haben.[30] Die Sicherheit des Einkommens ist den Deutschen wichtiger als dessen Höhe, so auch das Ergebnis einer Studie des Ipsos-Instituts vom April 2014.[31]

Generell liegt das Glücksniveau im Osten und Süden Deutschlands niedriger als im Westen und Norden.[32] Warum es in den neuen Bundesländern dem steigenden Lebensstandard hinterherhinkt, erklärt Glücksforscher Richard Layard so: Früher hätten sich die Ostdeutschen mit den »ärmeren Genossen in den sozialistischen Bruderstaaten« verglichen, heute mit den reicheren Westdeutschen.[33] Wer sich ständig mit Höherstehenden vergleicht, fühlt sich immer unzufrieden (Näheres in Kapitel 4). Weshalb aber Norddeutsche deutlich zufriedener sind als Süddeutsche, ist kaum erforscht; es gibt Hinweise darauf, dass dies an einer größeren Egalität der Lebensverhältnisse im Norden liegt.

Kranke, Erwerbslose, Arme, schlecht Qualifizierte und frisch Geschiedene hadern am meisten mit ihren Lebensbedingungen. Trennungen und Kündigungen machen unglücklich.[34] Und befördern psychische und physische Krankheiten. Weitere Erkenntnisse: Das durchschnittliche Glücksempfinden im Lebenslauf eines Menschen verhält sich wie eine U-Kurve. Mit 20 sind wir am glücklichsten, weil scheinbar frei und ungebunden, mit 40 folgt die Midlife-Crisis, ab 45 geht es wieder bergauf. Kinder hingegen spielen kaum eine Rolle fürs Glück.[35] Kleine Kinder versetzen ihre Eltern zwar meist in Hochstimmung, aber sie bereiten ihnen auch schlaflose Nächte – ebenso wie Pubertierende. Etwa zwei Jahre nach einer Geburt pendeln sich Eltern wieder auf ihrem früheren Glücksniveau ein.[36]

Naturerfahrung heilt und macht glücklich, so eine weitere Erkenntnis der Glücksforschung. Studien aus den USA, den Niederlanden und Deutschland zeigen, dass viel Grün in der direkten Umgebung eine positive Wirkung auf Zufriedenheit und Gesundheit der dort Wohnenden hat. Unabhängig von Nationalität und Kultur ziehen Menschen eine natürliche Umgebung einem städtischen Ambiente vor. Laut US-Studien fördert der Blick aus einem Krankenzimmer ins Grüne den Heilungsverlauf und reduziert Schmerzmittelmengen.[37]

Letztlich ist es eine bewusste selbstbestimmte Lebensführung, die unser Leben gelingen lässt. Selbst Personen, die harte Schicksalsschläge erleiden mussten, können glücklich sein. Wir kennen mehrere Menschen persönlich, die eine schwere Erkrankung nicht als Unglück, sondern als »Geschenk« erlebten. Die Krankheit brachte diese Menschen dazu, bewusster zu leben, intensiver die kleinen Schönheiten des Alltags zu genießen und große Dankbarkeit für alles Lebendige zu empfinden. So geschah es auch Heidemarie Schwermer.

Reich ohne Geld: Heidemarie Schwermer lebt seit 18 Jahren bargeldlos

»Ich bin so reich«, sagt sie immer wieder. »Reich an Erlebnissen, an Erfahrungen, an Vertrauen und Liebe. Ich gebe und bekomme so viel, lebe ein Leben voller Abenteuer und Fülle. Geld lenkt doch nur ab vom Wesentlichen.« Das formuliert eine, die materiell ärmer nicht sein könnte: Seit 18 Jahren lebt Heidemarie Schwermer ohne Geld.

72 Jahre zählt die frühere Lehrerin und Psychotherapeutin – und sieht doch viel jünger aus. Die zweifache Mutter und dreifache Großmutter hat ein mädchenhaftes Lachen, ihre schulterlangen, weißblonden Haare fliegen, die grünen Augen blitzen. Ende 2013 hütet sie gerade die Zweizimmerwohnung einer verreisten Freundin in der Ruhrgebietsstadt Herne. Ein Bioladen überlässt ihr regelmäßig Gemüse, das krumm gewachsen oder unansehnlich ist, und Lebensmittel über dem Verfallsdatum. Zum Abendessen gibt es Kartoffeln mit ein wenig Kokosfett. »Mmmh, da könnte ich mich reinlegen«, freut sie sich wie ein Kind über die bescheidene Mahlzeit.

Seit 18 Jahren lebt Heidemarie Schwermer in Wohnungen abwesender Freundinnen und Bekannter. »Immer ergab sich etwas, unter einer

Brücke musste ich noch nie schlafen.« Ihre Lebenserfahrung sei, dass sie bekomme, was sie brauche. Erstaunlich bei einer, die 1942 im heutigen Litauen geboren wurde und bei Kriegsende traumatische Fluchterfahrungen machen musste: »Wir waren Lumpenpack, als wir hier ankamen.« Das kleine traurige Flüchtlingsmädchen von einst habe sich damals selbst versprochen: »Ich werde alles dafür tun, an einer schönen Welt mitzuwirken. In dieser Welt soll es keine Kriege mehr geben. Und jeder Mensch soll in Würde leben.«

Sie geht zum Schrank ihrer Freundin und zieht eine Liste heraus. »Hier hab ich die Menschen aufgelistet, die ich zu meiner Beerdigung einladen will«, sagt sie so fröhlich, als ginge es um die nächste Gartenparty. Seit Kurzem weiß sie, dass sie Krebs hat – Gebärmutterkrebs im fortgeschrittenen Stadium. »Andere klagen: Warum gerade ich? Ich sage: Ja, warum ich gerade nicht? Die Krankheit ist auch eine Chance, sich mit dem eigenen Leben noch einmal intensiv auseinanderzusetzen. Ich gönne mir eine Auszeit und probiere alternative Heilmethoden. Sicher, ich möchte schon weiterleben. Aber wenn es sein muss, dann gehe ich. Ich hab ja immer auf dem Sprung gelebt.«

Anders als früher ist sie jetzt wenigstens krankenversichert, das kam mit der Pensionsbescheinigung ins Haus. Ihre Rente allerdings verschenkt sie an Freunde und Bedürftige. Auf ihrer Website schreibt sie: »Ich habe Karzi – so nenne ich meinen unliebsamen Gast – begrüßt, mit ihm ein Abkommen vereinbart. Er verlässt mich, wenn ich mir meine Störungen anschaue und daran arbeite, sie aufzulösen. Er will mich in eine neue Ebene bringen.« Immer wieder hat Heidemarie Schwermer ihr altes Leben abgelegt, um eine neue Stufe zu erreichen. Sie will »in die Tiefe« und ist auf eine unaufdringliche und nichtmissionarische Art sehr spirituell: »Ich glaube an Engel. Du nicht? Macht nichts. Gleichzeitig bin ich politisch.«

1978 schon hat sie ihren bequemen Beamtenstatus gekündigt, wurde Psychotherapeutin und Motopädin. Und als noch kaum jemand von Teilen und Tauschen redete, gründete sie 1994 in Dortmund eine »bargeldlose Zone«, den Gib&Nimm-Tauschring. Haareschneiden gegen Kuchenbacken, Haushaltshilfe gegen Wintermantel – zehn Jahre lang wurde dort ohne jede Abrechnung getauscht. »Die Mitglieder sagten irgendwann: Wir brauchen Geld für einen Computer und ein Büro. Ich antwortete: Wenn

Heidemarie Schwermer. Foto: privat

wir etwas brauchen, dann bekommen wir das auch – ohne Geld. Die Tür ging auf, und ein junger Computerspezialist suchte ein neues Betätigungsfeld. Und wir fanden ein Büro im AStA-Gebäude. So ging das immer.«

Gib&Nimm – das wurde ihr Lebenswerk. Die Idee breitete sich in konzentrischen Kreisen aus, über das Ruhrgebiet, ganz Deutschland bis in andere Länder. Parallel bildeten sich an zahlreichen Orten Tauschringe und andere Initiativen der Schenkökonomie. Das Logo von Gib&Nimm, ein Kreis in Regenbogenfarben, klebt heute an vielen Gegenständen, Haus- oder Ladentüren.

1996 reichte ihr das nicht mehr. Sie wollte noch konsequenter leben: geldlos. Heidemarie Schwermer kündigte ihre Wohnung, verschenkte ihre Möbel, freute sich, als alles leer war. »Anfangs wusste ich ja gar nicht, wohin mich das noch treibt.« Die Presse entdeckte sie als »Habenichts«, sie wurde zu Talkshows eingeladen, zu Vorträgen, oft mit 500 Zuhörenden, in ganz Deutschland, nach Österreich, Italien und Spanien. Ein Film über sie, *Living without money*, ist in 30 Ländern zu sehen. Sie schrieb drei übers Internet erhältliche Bücher, *Das Sterntaler-Experiment*, *In Fülle sein ohne Geld* und *WunderWelt ohne Geld*, inzwischen übersetzt in 15 Sprachen. Für eines erhielt sie den Tiziano-Terzani-Preis. »Auch in Japan und Griechenland bist du berühmt«, sagte ihr jemand.

Doch sie selbst besitzt kein einziges ihrer Bücher, nicht mal in ihrem Rollkoffer, in den ihre gesamte persönliche Habe passt – Kleidungsstücke, Schuhe, Drogerieartikel. »Erinnerungsstücke hab ich bei einer Freundin deponiert, Fotos bei meinen beiden Kindern.«

Woher nimmt sie diesen Mut? Die Zuversicht, dass alles gut geht? Die Fähigkeit, auch für eine Abendmahlzeit aus nichts außer Kartoffeln dankbar zu sein? »Ich lebe sehr einfach und zugleich sehr bewusst. Ich habe gelernt, mich an Kleinigkeiten zu freuen«, erzählt sie. Hindernisse und negative Reaktionen auf ihr Lebensmodell sieht sie grundsätzlich positiv, sie könne ja daran wachsen. Natürlich sei dies kein Modell für jedermann und jedefrau, gibt sie freimütig zu, denn sie lebe ja indirekt vom Geld anderer. Auch der Gegensatz zwischen Arm und Reich bleibe bestehen. Aber sie träumt von dem Moment, in dem alle auf Geld verzichten: »Ich stelle mir das vor wie eine Erleuchtung.«

Immer wieder mache sie die Erfahrung, dass die Dinge zu ihr kämen, wenn sie sie brauche, berichtet sie – ob Schuhe, Verkehrstickets oder eine neue Brille. Vielleicht hat sie aber auch durch ihre mutige Lebensführung eine andere Brille aufgesetzt: Sie nimmt vor allem das Schenken und Beschenktwerden wahr, das Positive, Lebendige und Verbindende zwischen Menschen. »Die Leute kümmern sich um mich, schicken mir Handykarten, meine Ärztin schenkt mir Heilmittel. Und ich kümmere mich um sie – ich mache viel psychotherapeutische Beratung. Ohne jede Berechnung. Gib & Nimm.«

Wie zur Bestätigung klingelt ihr Handy, eine Bekannte in seelischer Not möchte einen Rat. Tauschringe, in denen Leistungen mit Punkten oder Zeitwährungen abgerechnet werden, gefallen ihr nicht so sehr, erzählt sie weiter. »Dann kann man ja gleich beim Geld bleiben.«

Heidemarie Schwermer glaubt fest daran, dass die Demonetarisierung weitergehen wird. »Mein Leben ohne Geld hat mich vorangetrieben«, schreibt sie auf ihrem Blog, »hat mir eine neue einfachere Welt gezeigt, die für mich schon Fakt ist und die ich als Zukunftsmodell empfinde … Ich bin glücklich über mein Leben in Fülle.«

Weihnachten 2013 hat sich Heidemarie Schwermer in eine Klinik begeben, entschlossen, den Krebs wegmachen zu lassen; die Operation verlief erfolgreich. Wie es ihr geht, wenn dieses Buch erscheint, ist offen. Ihrem Beispiel indes folgen immer mehr Menschen. In den USA wohnt Daniel Suelo seit 2000 ohne Geld in einer Höhle in Utah und praktiziert »freies Geben und Nehmen«. Er ernährt sich von wilden Früchten und überfahrenem Wild oder auch von dem, was ihm Freunde und Fremde schenken. In Großbritannien lebte Mark Boyle ein Jahr lang geldlos in einem Wohnwagen, auf dem er Solarzellen installierte, um Laptop und Handy aufzuladen. Als Geld- und Staatenloser reist der Hacker Elf Pavlik seit über vier Jahren durch die Welt, baut Internetlösungen für Gemeinden auf und erhält dafür Kost und Logis; er initiierte auch Projekte wie Hackers4Peace und Polyeconomy.

☛ www.heidemarieschwermer.com

Selbst- und Mitbestimmung machen glücklich

Politisch mitbestimmen zu können ist ebenfalls ein wichtiger Baustein für ein gutes Leben. Der Schweizer Forscher Bruno Frey wies nach, dass direkte Demokratie das gesellschaftliche Glücksniveau stark anhebt. Schweizer sind umso zufriedener, je mehr Volksbefragungen in ihrem Kanton stattfinden. Dadurch erhöhen sich auch ihre Identifizierung mit ihrem Gemeinwesen und ihre Steuermoral.[38]

Je selbstbestimmter ihre Arbeit und ihr Leben, desto glücklicher sind Menschen. Schon kleine Zuwächse machen sie entschieden zufriedener: In US-Altersheimen stieg die Glücksrate und sank die Krankheits- und Sterberate, nachdem Senioren statt der üblichen Rundumversorgung Menü oder Ausflugsziele selbst wählen und Zimmerpflanzen selbst gießen durften. Dasselbe gilt umgekehrt: Je weniger Menschen über ihre Arbeit bestimmen können, desto gestresster und unglücklicher sind sie. Laut einer britischen Studie sind kleine Beamte in der niedrigsten Hierarchiestufe dreimal so häufig krank wie ihre Vorgesetzten, und ihr Risiko, früh zu sterben, ist ebenfalls dreimal so hoch.[39]

Happy Planet

Eltern haben den natürlichen Antrieb, ihren Kinder ein besseres Leben zu ermöglichen. Heutzutage aber verschleißen wir so viele natürliche Ressourcen, dass für unsere Nachkommen weit weniger übrig bleibt. Wie wüchse unser Glücksempfinden, wenn wir den Lebensraum unserer Nachkommen mit einem kleineren ökologischen Fußabdruck belasten würden? Genau das misst der Happy Planet Index der britischen New Economics Foundation. Er geht von der Erkenntnis aus, dass laut weltweiten Umfragen Menschen drei Dinge am wichtigsten sind: Lebensglück, Gesundheit und das Wohlergehen ihrer Familie. Der Happy Planet Index wird errechnet, indem man pro Land die durchschnittliche Lebenserwartung mit der Lebenszufriedenheit multipliziert und durch den ökologischen Fußabdruck dividiert. Dieser kalkuliert den Umweltschaden, den unser Ressourcenkonsum – einschließlich Importgütern wie etwa in China produzierte Handys – verursacht. Länder, die enkelgerechter wirtschaften und in weniger rücksichtsloser Weise Ressourcen verschleudern, rutschen dadurch im Ranking weiter nach oben.[40]

Das Ergebnis des 151 Länder umfassenden Happy Planet Index: Costa Rica stand 2012 bereits zum zweiten Mal an der Weltspitze. Gründe: Der kleine mittelamerikanische Staat bezieht 99 Prozent seiner Energie aus erneuerbaren Quellen, hat die Entwaldung gestoppt und will bis 2021 CO_2-neutral sein; seine Bewohner haben die höchste Lebenserwartung in ganz Amerika, unter anderem aufgrund eines vergleichsweise hoch entwickelten Sozialstaates; nicht zuletzt weil das Militär schon 1948 abgeschafft wurde, sind die Kassen voller als in Ländern, die sich eine teure Armee leisten. Die karibische Mentalität und die vergleichsweise intakte Natur fördern ebenfalls die Lebensfreude.

Auch Vietnam, Kolumbien, El Salvador und andere lateinamerikanische Länder rangieren auf den ersten Plätzen. Das zeigt allerdings auch die Begrenztheit solcher Indizes und Rankings, die sich auf wenige Faktoren beschränken: Mangelndes Sicherheitsgefühl, Gewalt und die Nachwirkungen von Kriegen bildet der Happy Planet Index nicht ab.

Deutschland nahm im Happy Planet Index nur den 46. Rang ein und lag wie viele andere europäische Staaten bloß im vorderen Mittelfeld, die USA mit dem 105. Rang sogar im hinteren. Der Hauptgrund dafür liegt in umweltfeindlichem Wirtschaften. Die niedrige Lebenserwartung und Lebenszufriedenheit in vielen afrikanischen Ländern brachte diese ans Ende der Tabelle: Auf den letzten zehn Plätzen befand sich unter anderem Botswana, der Tschad und Südafrika, aber auch die Ölverbrennungsstaaten Katar und Kuwait. Der Happy Planet Index Report von 2012 konstatiert jedoch auch: Alle Staaten, auch Costa Rica, leben über ihre ökologischen Verhältnisse.

Das BIP ist nicht das Maß aller Dinge

Wissenschaftler und Forscherinnen aus aller Welt haben inzwischen zahlreiche Alternativen zum Bruttoinlandsprodukt entwickelt. Einer der Ersten war der von Nobelpreisträger Amartya Sen angestoßene Human Development Index, mit dem die Vereinten Nationen seit 1990 den Fortschritt in Ländern anhand von Pro-Kopf-Einkommen, Bildungsgrad und Lebenserwartung messen. Ebenfalls schon älter ist der 1989 von Umweltökonom Herman E. Daly entwickelte Index of Sustainable Economic Welfare (ISEW), der unbezahlte Arbeit ins Bruttoinlandsprodukt einrechnet, ökologische und soziale Kosten aber davon abzieht. Daraus ging der Genuine Progress Indicator mit 20 Kennziffern hervor, der zusätzlich dazu misst, ob Wirtschaftswachstum tatsächlich zu steigendem Wohlbefinden führt. Er ist bisher nicht fest definiert, sondern wird laufend weiterentwickelt – unter anderem von der EU und Kanada.

In Deutschland zeigt das Statistische Bundesamt im Auftrag der Bundesregierung seit 2002 mit einem Nachhaltigkeitsindex auf, wie sich die Zukunftsfähigkeit des Landes entwickelt. Er beinhaltet 21 Kennziffern, darunter Lebensqualität, Einkommensungleichheit, sozialen Zusammenhalt und Staatsverschuldung. Im Rahmen einer Pilotstudie des Bundesumweltministeriums haben Hans Diefenbacher und Roland Zieschank zudem den Nationalen Wohlfahrtsindex entwickelt, zu dessen 21 Variablen auch Umweltschäden, der Wert von unbezahlter Arbeit und Konsumausgaben zählen.

Wie aber kommt es, dass das BIP nach wie vor in weiten Kreisen als der wichtigste Wohlstandsindikator gilt? Und warum hat das Wirtschaftswachstum einen so zentralen Stellenwert, obwohl es den Planeten ruiniert und die Menschen nicht glücklicher macht? Wo sitzt der Motor des Ganzen? Bevor wir uns der Frage zuwenden, wie eine glücklichere Welt konkret aussehen könnte, wollen wir kurz die Mechanismen beschreiben, die das heute dominierende Wirtschaftssystem antreiben und so übermächtig gemacht haben.

Kapitel 2

Blick in den Maschinenraum des Kapitalismus – die Wachstumsspirale dreht sich immer schneller

»All die Phänomene, die wir als Krise sehen,
sind nur Symptome. Das Problem ist
die Endlichkeit unseres Planeten. Wir bewegen uns
auf die Grenzen der Ressourcen zu.«
Dennis Meadows

Der goldene Schuss von 1967 war eine Sensation: Erstmals erschienen Showmaster und Gäste in Farbe auf der Mattscheibe. Theoretisch zumindest, denn kaum jemand konnte sich damals einen Farbfernseher leisten. Der kostete in der Anfangszeit etwa 2.500 Mark[41] – ein Vermögen bei durchschnittlichen Jahreslöhnen von etwa 14.000 Mark. Heute stehen in einem bundesdeutschen Haushalt in der Regel mehr als zwei TV-Apparate; einen Flachbildschirm mit vielfachen Funktionen und Anschlüssen gibt es schon für gut 100 Euro.

Die Preise für mobile Massengüter sinken im Kapitalismus stetig: Wer billiger produziert, macht das Rennen und verdrängt die Konkurrenten. Will eine Firma ihren Gewinn stabil halten oder steigern – schließlich fordern Aktionäre ja ein sattes Plus –, muss sie laufend mehr Fernseher, Haartrockner und Kaffeemaschinen auf den Markt drücken. Es ist somit die Angebots- und nicht die Nachfrageseite, die im Kapitalismus die Wachstumsspirale antreibt. Weil sich die globalisierten Armen die meisten industriellen Massenwaren nicht leisten können, sehen sich Hersteller und Händler gezwungen, bei einer längst übersättigten Kundschaft ständig weitere Nachfrage zu erzeugen.

Deshalb preisen sie permanent mit viel Tamtam angebliche Innovationen an. Digitalkameras gelten schon nach einem Jahr als veraltet, alle paar Wochen gibt es neue Kleidungskollektionen, viele Kaffeemaschinen sind nur noch mit müllintensiven Portionsdöschen zu füttern. 30 Milliarden Euro verdiente die deutsche Werbewirtschaft im Jahr 2013 – Tendenz deutlich steigend. Wer hat das neueste Handy, die teuersten Markenturnschuhe? Beglückend ist diese Konkurrenz für die Konsumenten höchstens kurzfristig oder gar nicht, aber sie schmiert den Wachstumsmotor.

Ein anderer Trick: Man konstruiert die Dinge so, dass sie schnellstmöglich in der Tonne landen. An entscheidender Stelle geht absichtlich etwas kaputt, Ersatzteile gibt es nicht, oder das Gehäuse ist verschweißt oder verklebt. »Geplante Obsoleszenz« heißt der bewusste Einbau von Sollbruchstellen im Fachjargon. Elektroverkäufer berichten, dass sie bis zu ein Drittel chinesischer Geräte wegen minderer Qualität nicht in die Verkaufsregale stellen, sondern gleich wegwerfen.[42]

Eine Variante des gezielten Verschleißes ist die ständige Ausweitung von Softwareprogrammen – für einen Großteil der Nutzer kein Gewinn, sondern überflüssig und ärgerlich. Weil die Hersteller die Vorgängerprogramme nicht mehr unterstützen, werden Nutzer dazu gezwungen, Hard- und Software ständig auszutauschen, auch wenn sie die gleiche Arbeit erledigen wie zuvor.

So wird Nachfrage künstlich geschaffen und hochgehalten. Nicht die Bedürfnisse und Wünsche der Konsumierenden treiben die Produktion an, sondern die Bedürfnisse der Unternehmen nach einer Ausweitung ihres Marktes. Das steigert niemandes Glück, lässt aber immer weiter die Müllberge wachsen: 3,5 Millionen Tonnen Abfall häuft die Menschheit jeden Tag an, und die Weltbank rechnet damit, dass sich die Menge bis 2025 verdoppelt.[43]

Die Großen werden notwendig zu Riesen
Um immer billiger und schneller Massenware herstellen zu können, investieren die Firmen permanent in neue Fertigungstechniken und setzen niedrigere Lieferantenpreise durch. Die Konzentration in der Wirtschaft nimmt immer weiter zu: Nicht einmal ein Prozent der Unternehmen mit mehr als 250 Mitarbeitern in Deutschland erwirtschaften heute zwei Drittel des Gesamtumsatzes.[44]

Bäckereiketten wie Kamps haben inzwischen einen Großteil der Handwerksbetriebe verdrängt. Dabei geht die regionale Vielfalt verloren sowie die Identifikation vieler Bäcker mit ihrem Beruf: Sie backen sprichwörtlich immer kleinere und schlechtere Brötchen.

Wo Maschinen menschliche Hände nicht ersetzen können, lagern Manager die Produktion in Niedriglohnländer aus. Früher hatte Deutschland eine bedeutende Textilproduktion, zwischen den 1950er und 1990er Jahren ist sie fast vollständig verschwunden. Sogar die einzelnen Arbeitsschritte finden oft in verschiedenen Ländern statt – immer da, wo es am billigsten ist. Die Menge der transportierten Container hat sich dadurch in den letzten 25 Jahren vervierfacht. Dienstleistungen machen einen immer größeren Teil des Bruttoinlandsprodukts aus, und Logistik und Transport sind rasant wachsende Branchen.

Für den taiwanesischen Elektronikfertiger Foxconn arbeiten über 1,3 Millionen Menschen – die Fabriken in China mit Hunderttausenden Beschäftigten gleichen nach deutschen Maßstäben Großstädten. Extrem zentralistisch werden hier Geräte im Auftrag der Weltmarktführer Apple, Microsoft, Sony, Nokia oder Hewlett-Packard zusammengebaut. Foxconn erledigt 40 Prozent der globalen Computer- und Handyproduktion. Die iPhone-Montage läuft rund um die Uhr, Arbeitszeiten und Arbeitsdruck sind unmenschlich. Angestellte dürfen nicht miteinander sprechen, immer wieder nehmen sich verzweifelte Beschäftigte das Leben.

Geldschwemme nicht mehr unterzubringen
Doch »das System bewegt sich auf eine innere Grenze zu, an der die Produktion und die Investition in die Produktion nicht mehr rentabel genug sind«, erkannte der Sozialphilosoph André Gorz schon 2007.[45] Weil das aufgehäufte Kapital in der realen Wirtschaft nur noch zu einem kleinen

Teil unterzubringen ist, flüchtet es jetzt immer stärker in eine »Finanzindustrie«, deren einziger Zweck darin besteht, aus Geld noch mehr Geld zu machen. Die Dimensionen sind unvorstellbar: Der weltweiten Realwirtschaft von etwa 65 Billionen US-Dollar stehen inzwischen Finanzprodukte in Höhe von 600 Billionen Dollar gegenüber – 200-mal so viel wie Anfang der 1990er Jahre.[46]

Diese Geldblasen platzen immer wieder – und obwohl sich dabei »nur« Zahlenkolonnen in Computern verändern, hat ein Crash massive Rückwirkungen auf die Realwirtschaft. Produktions- und Dienstleistungsfirmen sind über Kredite, Aktienpakete, Optionen und andere Finanzprodukte aufs Engste mit der Finanzwirtschaft verknotet. Den Staaten scheint deshalb nichts anderes übrig zu bleiben, als einzuspringen.

Auch diese Rettungsprogramme haben die Reichen reicher und die Armen ärmer gemacht. In Deutschland nennen inzwischen zehn Prozent der Haushalte 60 Prozent der Nettovermögen ihr Eigen.[47] Vielen in der politischen Elite dämmert allmählich, dass sich Wohlstand nicht mehr gleichsetzen lässt mit der Gesamtmenge der hergestellten Güter. Die Umverteilungsdebatte, die Thomas Piketty mit seinem internationalen Bestseller *Kapital im 21. Jahrhundert* anzetteln konnte, zeigt dies deutlich.

Orientierungslose Enquetekommission

Der Bundestag hat im Jahr 2011 die »Enquetekommission Wachstum, Wohlstand, Lebensqualität« eingesetzt, die Alternativen ausloten sollte. 17 Abgeordnete und 17 Wissenschaftler produzierten zweieinhalb Jahre lang Papierberge, kamen zu drei Plenarsitzungen und in fünf Projektgruppen zusammen, stritten über den Stellenwert von Wachstum und Wohlstand, konnten sich nicht einigen, schrieben einen kaum lesbaren Abschlussbericht von über 1.000 Seiten mit 25 Sondervoten und verfehlten schließlich den Hauptzweck der ganzen Veranstaltung: eine Messzahl als Alternative zum Bruttoinlandsprodukt (BIP) zu entwickeln.

Stattdessen lautete am Ende ein Vorschlag, das BIP mit einem »W3-Indikatoren-Modell« zu ergänzen: Die Kriterien »materieller Wohlstand«, »Soziales und Teilhabe« sowie »Ökologie« sollten nun über zehn »Leitindikatoren« gemessen werden, wobei neun »Warn-« und eine

»Hinweislampe« zum Einsatz kommen sollten. Alles klar? Zur Vereinfachung dieser unübersichtlichen Discolampengarnitur kam eine Werbeagentur gar auf die Idee, im Bundestag ein schwarz-rot-goldenes Herz aufhängen zu wollen: die Freiheit rot, die Staatsschulden schwarz, die Treibhausgase golden. Der Vorschlag dürfte aber wohl keine politische Mehrheit finden.

Statt die Brisanz dieser Zukunftsfragen anzuerkennen, zerlegte sich das Gremium entlang der parteipolitischen Fronten, verhedderte sich im Knäuel roter Fäden und verfranste sich in Einzelthemen. Die damalige Regierungsmehrheit von Union und FDP wollte die Wichtigkeit des Wirtschaftswachstums partout retten, die Oppositionsparteien hielten dagegen, verwickelten sich aber ebenfalls in Details und Widersprüche. Viele Fragen, die der Bundestag der Enquetekommission zur Klärung gestellt hatte, beantwortet der übergewichtige Abschlussbericht nicht: Welche Formen von Wohlstand und Lebensqualität sind gesellschaftlich erwünscht und nachhaltig? Wie können gesellschaftliche Ziele auch ohne Wachstum erreicht werden? Wie kann das System resistent gegen Krisen gemacht werden? Welche politischen Maßnahmen fördern eine ökosoziale Gesellschaft? Die Antwort weiß allein der Wind. Durch die Enquetekommission wehte er nicht. Da herrschte Flaute.

Eine besonders missliche Rolle bei der Verweigerung von Antworten spielte der von der FDP geschickte Sachverständige Karl-Heinz Paqué, Ökonomieprofessor und Exfinanzminister von Sachsen-Anhalt. »Ohne Wachstum kein Wohlstand«, so Paqués Credo, das liberale Freiheitsvorstellungen auf Konsum, Verbrauch und Verschwendung zusammenschrumpfen lässt. Weder in der Klimakrise noch im Arten- und Ressourcenschwund vermochte Paqué ein Problem zu erkennen. »Es war in weiten Teilen eine rückwärtsgewandte Diskussion, keine Debatte über Wohlstand und Lebensqualität«, konstatierte der Sachverständige und Verdi-Ökonom Norbert Reuter am Ende.

Was wird nun daraus? In ihrem Ende 2013 unterzeichneten Koalitionsvertrag verpflichteten sich die Regierungsparteien CDU und SPD, einen »ressortübergreifenden Aktionsplan ›Gut leben‹ zur Verbesserung der Lebensqualität in Deutschland« zu erarbeiten. Wegen der schwierigen Abstimmungen zwischen Ministerien und Parlament wird es dazu aber wohl erst ab 2015 kommen. Was »gut leben« heißen soll, definieren die Parteien im Koalitionsvertrag so: »Fortschritt, Lebensqualität und Wohlstand haben viele Facetten: gute Arbeit, ein gutes Einkommen, Gesundheit, aber auch immaterielle Werte wie Familie, Freunde und Freiheit.« Ein »Bürgerdialog« über Lebensqualität solle geführt und »die Gutachten und Indikatorensysteme« der Enquetekommission einbezogen werden. Zu finden ist das unter den Überschriften »Wachstum, Innovation und Wohlstand« und »Deutschlands Wirtschaft stärken« – was alles über die politischen Prioritäten aussagt.

Glücksministerium gegründet

Junge Studierende aus Mannheim haben 2012 ein Ministerium für Glück und Wohlbefinden gegründet. Frei nach dem Motto: Wenn Staat und Politik das nicht hinkriegen, dann handeln wir eben selbst. Ihr Vorbild war das kleine Himalajaland Bhutan, das vor einigen Jahren das Bruttosozialglück der Bewohner zum Staatsziel erklärt hatte (s. S. 85).

Gina Schöler und Daniel Clarens sollten eigentlich nur im Rahmen eines Masterstudiengangs ihrer Hochschule eine Kampagne zur gesellschaftlichen Werteänderung entwerfen. Daraus wurden eine Masterarbeit und ein ganzes Ministerium – zumindest virtuell. Daniel Clarens kehrte in sein Herkunftsland Luxemburg zurück, aber Glücksministerin Gina Schöler und ihre Vizeministerin Saskia Rudolph entwickeln heute die transmediale Kampagne weiter.

Die beiden jungen Frauen sind fest davon überzeugt, dass es eines solchen Ministeriums bedarf. Nicht, um den Menschen vorzuschreiben, wie sie zu leben haben – das sollte selbstverständlich Privatsache bleiben. Sondern um die öffentliche Debatte zu befördern, wie man Glück und Wohlbefinden steigern und die Rahmenbedingungen für ihre Entfaltung verbessern könnte.

Glücksministerin Schöler glaubt, dass nicht ein »Mehr«, sondern ein »Weniger« zu mehr Wohlbefinden führt. Auf der Website verkündet das

»Glücksministerin« Gina Schöler bei einem Flashmob anlässlich des internationalen Glückstags in Berlin. Foto: privat

Ministerium: »Bewusstsein. Reduktion. Zufriedenheit. Eine Initiative für bewusstes Leben und Glücksbesinnung.« Und weiter: »Wir haben es uns zur Aufgabe gemacht, einen Perspektivenwechsel einzuleiten ... sinnlosen Konsum zu hinterfragen, eine Reduktion des Überflusses herbeizuführen und nachhaltige Alternativkonzepte zu erarbeiten.« Das Ministerium bilde »als Schnittstelle zwischen Politik und Wissenschaft eine Plattform für den Dialog mit der Zivilgesellschaft, die als Ideen- und Impulsgeber für einen kulturellen Wandel dient«.

Unter den Unterstützern findet sich eine ebenso bunte wie breite Koalition: Glücksforscherinnen, Motivationstrainer, Kabarettisten, der Förderverein Wachstumswende, der Erfinder des Schulfaches Glück aus Heidelberg, die Bürgermeisterin der Glücksgemeinde Schömberg, eine Vertreterin der CDU-nahen Konrad-Adenauer-Stiftung. Und sogar die Vorsitzende der Enquetekommission Wachstum, Wohlstand, Lebensqualität.

☞ www.ministeriumfuerglueck.de

Naturverlust als Kollateralschaden

Der Turbokapitalismus zerstört, gleichsam als Kollateralschaden, die Lebendigkeit des Planeten. Alles, was die Natur an Ressourcen großzügig verschenkt, wird ausgebuddelt, abgeerntet, gefällt, eingefangen, verwurstet, verwertet und in kalte Münze verwandelt. Der kürzlich verstorbene Physiker und alternative Nobelpreisträger Hans-Peter Dürr sprach von einer »Bankräubergesellschaft«: »Es wird in Schweißgeräte investiert, um einen Naturtresor nach dem anderen aufzubrechen.«

Das rasante Wachstum der Produktion verschlingt immer mehr Ressourcen. Beispiel Kupfer: Heute holen die Konzerne jeden Tag viermal so viel Erze aus dem Boden wie noch vor 50 Jahren – und die Kurve zeigt steil nach oben.[48] Ohne Kupfer kein Computer, keine Lampe, kein Telefon. In jedem Durchschnittsauto stecken 25 Kilogramm des weichen, überaus leitfähigen Metalls; für Elektroautos braucht man sogar mehr als doppelt so viel. Zwar wird rund ein Drittel des wertvollen Materials inzwischen recycelt, doch den Hunger der Industrie deckt das nur zu einem kleinen Teil.

Weil die reichhaltigsten Minen längst ausgebeutet sind, müssen heute 200 Kilogramm Gestein gebrochen werden, um ein Kilogramm Kupfer zu gewinnen; um 1900 waren es noch 40. Kein Problem, sagen die Ökonomen: Wenn etwas knapper wird, steigt der Preis, und dann lohnen sich auch vorher unwirtschaftliche Fördermethoden. Theoretisch reiche das Kupfer in der Erdkruste für 83 Millionen Verbrauchsjahre, die Knappheit der Rohstoffe sei ein »Märchen«, behauptet das Rheinisch-Westfälische Institut für Wirtschaftsforschung.[49]

Doch die Abraumhalden neben den Kupferminen wachsen schon heute fast exponentiell. Nur mit dem Einsatz von immer mehr Arsen und anderen Giftchemikalien lassen sich die begehrten Rohstoffe gewinnen. Das macht Arbeiter und Anwohnerinnen krank. Tausende mussten deshalb ihre Häuser neben dem größten Kupfertagebau der Welt in Chuquicamata im Norden Chiles verlassen und sich 20 Kilometer entfernt ansiedeln. Gesundheit, intakte Natur und gewachsene Gemeinschaften – alles Glücksfaktoren – werden geopfert.

In den Weltmeeren kreisen riesige Strudel von Plastikmüll. Sie verseuchen inzwischen 40 Prozent des Pazifiks, was einem Viertel der Erdoberfläche entspricht. »25 Prozent unseres Planeten ist eine Toilette, die nie gespült wird«, sagt Charles Moore, der Entdecker der gigantischen Umweltverschmutzung.[50] Eine Studie listet 663 Arten von Meeresorganismen auf, die durch Aufnahme winziger Plastikmüllteilchen geschädigt werden. Ironie des Schicksals: Auch der Mensch nimmt am Ende der Nahrungskette seinen Kunststoffausstoß als Nahrungsbeigabe wieder auf.[51]

Wert hat im Kapitalismus vor allem Unbelebtes und Totes. Dinge, Mittel und Werkzeugmengen wachsen ins Unendliche – Geld, Technik, Autos, Computer. Der ursprüngliche Zweck allen Wirtschaftens – Bedarfsbefriedigung und Menschenglück – kommt unter die Räder des Fortschritts.

Die Klimakrise als Gorilla im Zimmer

Innerhalb weniger Jahrzehnte hat die Menschheit das Gleichgewicht der Atmosphäre vollkommen durcheinandergebracht. Der Klimawandel ist schon jetzt Realität, es droht eine nicht mehr zu stoppende Kettenreaktion. Seit Beginn der Wetteraufzeichnungen hat es laut einer Studie der Weltorganisation für Meteorologie noch nie so viele Naturkatastrophen wie im laufenden Jahrzehnt gegeben.[52] Während im November 2013 Tausende Regierungsvertreter, Lobbyisten und Journalisten zur UN-Klimakonferenz nach Polen anreisten, wütete gerade der schlimmste Taifun aller Zeiten auf den Philippinen. Allein dort verloren etwa 10.000 Menschen ihr Leben, 4,2 Millionen ihr Zuhause. »Stoppt diesen Wahnsinn!«, rief der philippinische Unterhändler den Delegierten unter Tränen zu und trat in den Hungerstreik.

Doch kaum jemand hörte auf ihn. Die Lobbymaschinerie der Öl-, Stahl- und Autokonzerne, die erstmals bei UN-Klimaverhandlungen als Sponsoren eingeladen waren, stampfte seine Verzweiflung einfach nieder.[53] Noch bevor die Delegierten wieder abreisten, suchten sintflutartige Regenfälle Sardinien und Süditalien heim, in den USA tobten Tornados, ein paar Tage später fegte Orkan Xaver über Nordeuropa.

Soll der Temperaturanstieg unter zwei Grad bleiben, was Wissenschaftler für gerade noch vertretbar halten, müssten etwa 80 Prozent der heute bekannten fossilen Vorräte unter der Erde bleiben, hat der

US-Umweltaktivist Bill McKibben ausgerechnet. Doch die Ressourcen sind heute schon in die Aktiva der weltgrößten Energieriesen eingepreist und belaufen sich auf rund 27 Billionen Dollar. Würden Öl, Gas und Kohle im Boden belassen, müssten die Börsenwerte der Konzerne drastisch berichtigt werden. Das aber heißt: Entweder gehen diese Konzerne zugrunde oder der Planet. Entweder überleben die Exxons dieser Welt oder wir.[54]

Befreiung von den Fossilen

Als sich die Vermögensverwalter der US-Universität Wesleyan Ende Februar 2014 auf dem Campus trafen, wurden sie von etwa 100 Studierenden begrüßt. Die hatten ihr Anliegen in meterhohen Lettern über den Eingang geschrieben: »Investiert in unsere Zukunft – zieht das Geld aus den fossilen Energien ab.« Die renommierte Privathochschule in Connecticut verfügt über ein Stiftungsvermögen von knapp 700 Millionen Dollar. »Wir wollen nicht, dass unsere Erziehung durch die Zerstörung des Klimas finanziert wird«, schreibt die Studentin Maya McDonnell.[55]

Diese Bewegung, die traditionelle Energiekonzerne in die Knie zwingen will, hat die 2007 von Bill McKibben gegründete Umweltorganisation 350.org initiiert. Vorbild ist die erfolgreiche divest-Kampagne gegen das südafrikanische Apartheidregime. Nun sollen Menschen weltweit ihre Kommunen, Bildungseinrichtungen, Kirchen, Rentenfonds, Banken und andere Institutionen dazu bewegen, ihr Geld aus der Fossilindustrie abzuziehen. In den USA setzt die Organisation schwerpunktmäßig auf Universitäten, weil die ihr Geld vielfach in Investmentfonds anlegen. Ein Sprecher von 350.org zeigte sich beeindruckt von der »Geschwindigkeit, mit der die Kampagne an Boden gewinnt«.[56] Anfang 2014 hatten sich in den USA 17 internationale Stiftungen, 22 Städte, zwei Counties, 20 religiöse Organisationen, neun Universitäten und Colleges und sechs weitere Organisationen angeschlossen.[57] Ähnliche Initiativen wurden in der EU, Kanada, Australien, Neuseeland, Indien und Bangladesch gegründet.

In Deutschland ist der Verein Urgewald sehr erfolgreich. Auch hier steht das Thema Kohle ganz oben auf der Agenda. »Wir wollen nicht in erster Linie anklagen und klagen, sondern gewinnen – und so planen wir unsere Kampagnen«, sagt Organisationsgründerin Heffa Schücking. Mit akribischer Recherche, der Mobilisierung von Unterstützern und Verhandlungsgeschick bringt die kleine Organisation aus Sassenburg regelmäßig Großkonzerne zur Änderung ihrer Geschäftspolitik. Die RWE-Unternehmensführung sah sich bereits genötigt, die Lieferbeziehung zum US-Kohlekonzern Drummond zu kappen, und auch die Deutsche Bank gerät wegen ihrer Investitionen von 5,2 Milliarden Euro in den internationalen Kohlebergbau zunehmend unter Druck. Das ist nicht die erste Erfahrung, die sie mit Urgewald macht: Vor ein paar Jahren verzichteten das größte deutsche Bankhaus nach einer Kampagne notgedrungen auf die Finanzierung des Atomkraftwerks Belene, das in einem bulgarischen Erdbebengebiet errichtet werden sollte.

»Ich habe Verhaltensforschung studiert und sehe auch Banken und Firmen durch diese Brille«, sagt Schücking. Wenn sie sich mit den Verantwortlichen an einen Tisch setzt, weiß sie über die Entscheidungsstrukturen im jeweiligen Unternehmen Bescheid und versucht sich auch in die Motive ihres Gegenübers hineinzuversetzen. »Ich sage dann immer: Überlegen Sie sich gut, ob Sie das Projekt tatsächlich durchziehen wollen. Ich bin bereit, Jahre meines Lebens dafür einzusetzen, Ihnen das Leben schwer zu machen«, berichtet die Mittfünfzigerin – und lacht.

☛ http://gofossilfree.org, http://www.urgewald.de

Bisher scheinen Exxon & Co. jedoch zu gewinnen. Der britische Umweltminister Owen Paterson erklärte zwei Grad plus sogar für großartig: »Für Menschen stellt die Kälte im Winter eine viel größere Todesgefahr als die Hitze im Sommer dar. Im Laufe der Zeit kann man sich daran gewöhnen.«[58] Und elf Monate nach den gigantischen Zerstörungen durch Hurrikan Sandy verweigerte die Regierung des US-Bundesstaates North

Carolina ein Küstenschutzprogramm und ließ weitere Prognosen über den ansteigenden Meeresspiegel an der Atlantikküste schlicht verbieten.[59] Motto: Was ich nicht weiß, macht zwar den Planeten heiß, aber mich nicht.

Selbst unter Aufgeklärten macht sich Wahrnehmungsverweigerung breit. Der Klimatologe Stefan Rahmstorf hat beobachtet, »dass die meisten von uns, obwohl wir es eigentlich besser wissen, unseren Alltag wie in einer Parallelwelt ohne Klimakrise leben … Wir reden mit Freunden oder in der Familie kaum darüber – und wenn das Thema doch aufkommt, wird es schnell mit einer flapsigen Bemerkung abgetan … Der Klimawandel ist der Gorilla im Zimmer, den wir alle angestrengt ignorieren.«[60]

Der Grund dafür ist leicht auszumachen: Verdrängung. Vor einem Gorilla hat man Angst. Und es macht keinen Spaß, über Bedrohungen zu reden, schon gar nicht über existenzielle. Als erste Generation seit Menschengedenken arbeiten wir faktisch daran, dass es unseren Kindern und Enkeln schlechter geht als uns. Wer will das seinem Nachwuchs und sich selbst schon eingestehen?

Ängste aber bewirken verhängnisvolle Verhaltensweisen. Stresshormone werden freigesetzt, die Rückzugsgedanken befördern. Menschen spinnen sich im Kokon ihres Alltags ein und lesen Heile-Welt-Medien wie Landlust, dessen Ausgaben jeweils mehr als eine Million Käuferinnen finden. Oder sie suchen sich Sündenböcke für ihr Unbehagen und ihre diffusen Schuldgefühle: Die Klimaforscher sind schuld oder die Migranten oder die Moslems oder wer auch immer. Verdrängte Ängste wirken noch viel verheerender als bewusste, denn Letztere kann man in politische Aktionen umsetzen, und wer nach eigenen Regeln und Kriterien handelt, gewinnt zumindest ein Stück Autonomie.

Die Alternative »Exxon oder Planet« muss in den Mainstream, in die Medien, auf den Kabinettstisch der Regierenden, in die ganze Gesellschaft. Das muss nicht im Angsttremolo passieren – ganz im Gegenteil: Es geht auch im Tenor der Hoffnung. Wer überzeugt ist, dass die Erde sowieso untergeht, hat eine fulminante Ausrede fürs Nichtstun. Nur wenn wir einen strategischen Optimismus entwickeln, dass wir mit vereinten Kräften alles zum Besseren wenden können, können wir die Destabilisierung unserer Ökosysteme noch stoppen. Der Ex-Greenpeace-Aktivist Paul Gilding legt dies überzeugend dar, sein Buch trägt den programmatischen Titel: *Die Klimakrise wird alles ändern – und zwar zum Besseren.*

Ein Vorschlag von unzähligen möglichen: Man ersetze den elitären ARD-Börsenbericht kurz vor der Tagesschau durch Geschichten des Gelingens – durch Reportagen über andere Wirtschaftsweisen, Initiativen und Projekte, die aufzeigen, dass wir mit weniger Ressourcenverbrauch lustvoller leben können als bisher.

Befreiung von der Droge Öl – die weltweite Bewegung der Transition Towns

An Rob Hopkins fallen vor allem die lustig abstehenden Ohren auf. Der 1968 in London geborene vierfache Familienvater sieht trotz seiner 46 Jahre immer noch aus wie ein Lausbub. Frech, fröhlich, unangepasst und spielerisch, so wirkt auch die von ihm begründete weltweite Bewegung der Transition Towns. Ihr Ziel: Städte und Gemeinden sollten sich rechtzeitig auf das kommende Ende des Billigölzeitalters einstellen, damit sie widerstandsfähig und robust-biegsam (resilient) auf die künftigen ökonomischen Schocks und ökologischen Krisen reagieren können.

Hopkins arbeitete Anfang der 2000er Jahre im irischen Kinsale College of Further Education als Dozent für Permakultur – ein Konzept zur Schaffung nachhaltiger naturnaher Kreisläufe. Die entscheidende Idee kam dem promovierten Sozialforscher bei der Lektüre eines medizinischen Artikels über Alkoholismus. Unsere Gesellschaften sind vom Billigöl genauso abhängig wie Säufer von der Flasche, durchfuhr es ihn. Wenn unser Suchtstoff zu Ende geht, wird es uns hart erwischen; analog zu den posttraumatischen Belastungsstörungen nach einem Trauma werden wir schwere postfossile Belastungsstörungen erleben. Aber wenn wir uns rechtzeitig darauf einstellen, wird der Übergang uns befreien – von einer schweren Sucht und einer hässlichen, natur- und menschenfeindlichen Produktionsweise.

2005 gründete Hopkins deshalb zusammen mit einigen Studierenden in Kinsale die Bewegung der Transition Towns, der sich von der Ölsucht befreienden Städte und Gemeinden. Das irische Kinsale erklärte sich zur ersten, das südenglische Totnes zur zweiten Transition Town.

»Könnt ihr euch euren Ort ohne Öl vorstellen?«, fragte Rob Hopkins nach seinem Umzug nach Totnes auf zahllosen Veranstaltungen. Mit Filmvorführungen und Workshops mobilisierte er den lokalen Genius des 8.500-Seelen-Städtchens. Die Gemeinde beschloss, einen sanften Übergang zu versuchen und bis 2030 vollständig fossilfrei zu sein.

Koordiniert von einem Büro, gründeten rund 200 Freiwillige zahlreiche Arbeitsgruppen und Projekte zur Eigenversorgung, Energiereduzierung und Relokalisierung der Wirtschaft. Ehrenamtliche verwandeln frühere Parkplätze in Obst- und Nussbaumplantagen und legen Gemeinschaftsgärten auf Brachen an, teilen sich Privatgärten und produzieren wieder selbst Obst und Gemüse. John Lennons Lied *Give peace a chance* wurde zu *Give peas a chance* – gebt Erbsen eine Chance. Andere organisieren Tauschringe und führen eine lokale Währung ein, das Totnes Pound, das Feriengäste so begeistert, dass sie viele »Pfunde« mitgehen lassen. Selbst »ökologisch korrekte« Beerdigungen gibt es: Ein lokales Unternehmen bietet Bestattungen in Särgen aus Recyclingpappe an.

Inzwischen ist eine globale Bewegung entstanden – Anfang 2014 gab es fast 1.200 Initiativen in 43 Ländern. Der Schwerpunkt liegt im englischsprachigen Raum – Großbritannien, Irland, Australien, Kanada und USA –, aber auch in Brasilien, Rumänien oder Nigeria gibt es Transition Towns. In Deutschland, der Schweiz und Österreich sind rund 120 Gruppen aktiv – in so unterschiedlichen Orten wie Witzenhausen, Bielefeld, Freiburg und Berlin-Wedding.

Das postfossile Leben könnte »so fantastisch sein«, schwärmt Rob Hopkins: »Wir hätten mehr Zeit füreinander, wir könnten entspannter sein. Unsere Hände würden wir wieder für kreative, nützliche Aktivitäten nutzen. Wir hätten weniger Schulden und mehr Zeit zum Spielen und um das Leben zu feiern.« Dieses Denkprinzip sei wie eine »grüne Brille«, meint er. »Plötzlich sieht man keine Probleme mehr, sondern nur noch Lösungen.« Begeistert zählt er Beispiele von Transition-Unternehmen auf: die Genossenschaftsbäckerei, die ihre Zinsen in Brot bezahlt, oder die

Rob Hopkins mit alter Apfelsorte im Görlitzer Park von Berlin-Kreuzberg. Den dazugehörigen Apfelbaum pflanzte die lokale Transition-Town-Initiative »Kiezwandler«. Foto: Annette Jensen

Brauerei, die mit Solarenergie Sunshine Ale produziert. Mit dem Regiogeld Brixton Pound kann man sogar Steuern zahlen, und im Fukushimageschockten Japan sind lokale Energieversorger entstanden.[61]

Durch den pragmatischen Ansatz, positive Projekte zu befördern, vermeidet die Bewegung politische Konflikte: »Wir machen keine Kampagne gegen den Kapitalismus, sondern erzählen Geschichten des Gelingens über lokale Ökonomie.« Mit regionalen Betrieben und Wirtschaftskreisläufen könne man mehr und bessere Jobs schaffen, als es multinational agierende Konzerne vermögen, ist Hopkins überzeugt. Benzin, Plastik und Zement seien durch neue Treib- und Baustoffe ersetzbar. Alles, was machbar sei, sollte wieder vor Ort hergestellt werden. Sein aktuelles Buch trägt den Titel *Einfach. Jetzt. Machen!* und ist getragen von der Überzeugung, dass Handeln vor Ort »die Welt verändern« kann.[62]

Und das Schönste an der Transition-Town-Bewegung: Sie macht Menschen glücklich. Die Alternative zum unfreiwilligen Unterstützen von

Ölscheichs, elitären Energiekonzernen und machthungrigen Multis heißt: Freude. Nachbarn lernen sich kennen, helfen sich gegenseitig und haben jede Menge Spaß dabei. Die Bewegung bringt Menschen aller Altersklassen, Schichten und Hautfarben zusammen. »Eine Frau sagte mir, in den zwei Jahren der Transition-Town-Initiative in London habe sie mehr Leute kennengelernt als in 25 Jahren zuvor«, erzählt Hopkins. Und der Lausbub mit den Segelohren strahlt dabei, als hätte er einen lustigen Streich verübt.

☞ www.transition-initiativen.de (Deutsch)
www.transitionnetwork.org (Englisch)

Dem Wachstum entwachsen

»Weil die Biosphäre ein endliches System ist, ist unbegrenztes Wachstum unmöglich«, sagt der chilenische Ökonomieprofessor Manfred Max-Neef.[63] Zum gleichen Schluss, verbunden mit einem vernichtenden Urteil über seinen eigenen Berufsstand, kommt sein US-amerikanischer Kollege Kenneth Boulding: »Wer glaubt, in einer endlichen Welt könne die Wirtschaft unendlich wachsen, ist entweder ein Idiot oder ein Ökonom.«

Führende Ökonomen sahen bereits vor mehr als 150 Jahren voraus, dass die Ökonomie irgendwann wieder auf einen ausgeglichenen Zustand hinsteuern müsse. »Ich glaube, dass das Ende des Wachstums von Kapital und Reichtum, aufs Ganze gesehen, eine beträchtliche Verbesserung unseres jetzigen Zustands wäre«, schrieb John Stuart Mill bereits 1848. Und weiter: »Nur in den armen Ländern der Welt ist es noch nötig, die Produktion zu steigern; in den fortgeschrittenen besteht die ökonomische Notwendigkeit darin, den Reichtum besser zu verteilen.« Ihm missfiel schon damals, wie normal es viele fanden, »dass Menschen kämpfen müssen, um weiterzukommen«, verbunden mit »Niedertrampeln, Ellbogeneinsatz und kräftigen Tritten auf die Fersen der anderen«. Für den Visionär Mill war die ideale Gesellschaft eine mit viel Muße, »um in aller Freiheit die anmutigen Seiten des Lebens kultivieren zu können. Ein solcher Zustand der Gesellschaft wäre nicht nur vollkommen vereinbar mit einer Wirtschaft ohne Wachstum, sondern setzte eine solche geradezu voraus.«[64]

John Maynard Keynes sah schon 1930, auf dem Höhepunkt der globalen Wirtschaftskrise, eine Phase voraus, in der die Grundbedürfnisse »in dem Sinne befriedigt sind, dass wir es vorziehen, unsere Kräfte künftig auf nichtökonomische Zwecke zu verwenden«. Dann werde »die Liebe zum Geldbesitz« betrachtet werden wie eine »irgendwie ekelerregende Krankhaftigkeit, eine dieser halb kriminellen, halbpathologischen Eigenarten, die man mit einem Schauer an den Spezialisten für Geisteskrankheiten weiterreicht«.[65]

Bereits vor über 150 Jahren beschrieb John Stuart Mill, wie man schädlichem Wachstum entwachsen könnte: »Alle menschlichen Aktivitäten, die keinen vernunftwidrigen Verbrauch unersetzlicher Materialien nach sich ziehen und die Umwelt nicht irreversibel schädigen, könnten sich grenzenlos entwickeln. Vor allem jene Aktivitäten, die viele für das Wünschenswerteste und Befriedigendste halten – Bildung, Kunst, Religion, Grundlagenforschung, Sport und menschliche Beziehungen –, könnten in Blüte stehen«, so Mill.[66] In ähnlicher Weise argumentieren viele bekannte Wissenschaftler von heute.[67]

Serge Latouche, einer der wichtigsten Vordenker der aktuellen Degrowth- oder Entwachstumsbewegung, will ökologische Schrumpfungsprozesse durch »wenige einfache und scheinbar harmlose Maßnahmen« in Gang setzen: Warenströme verkürzen, Wirtschaft relokalisieren, Ressourcenverbräuche besteuern, bäuerliche Landwirtschaft wiederbeleben, Energieverbrauch reduzieren, Werbeausgaben stark belasten, Transportkosten und andere externe ökosoziale Kosten in die Preise einrechnen.[68] Um soziale Verwerfungen zu vermeiden, müssten die Reichtümer umverteilt und die Arbeitszeit verkürzt werden (s. S. 101).

Doch auch eine am Bedarf und nicht am permanent wachsenden Angebot orientierte Wirtschaft braucht Ressourcen. Wenn sich die Menschheit an der Natur orientiert, dürfte das ein zu lösendes Problem sein. Seit Milliarden Jahren schafft sie es, aus immer dem selben Material eine immer größere Mannigfaltigkeit des Lebens zu erzeugen – und das ganz ohne Abfall. Kleinteilig vernetzt, regional angepasst, dezentral und vielfältig, das sind ihre Regeln.

Der Hamburger Chemiker Michael Braungart will technische und biologische Werkstoffe in getrennten Stoffstromkreisläufen rotieren lassen. Er proklamiert, dass nur ungiftige Stoffe zum Einsatz kommen dürfen, damit sie immer wieder verwendet werden können. »Cradle to Cradle« nennt Braungart das Prinzip – von der Wiege zur Wiege. Er arbeitet mit verschiedenen Unternehmen zusammen, doch wie das jeweils konkret funktioniert, ist ein Geschäftsgeheimnis.

Der US-Teppichhändler Shaw gehört zu seinen Kooperationspartnern. Der Weltkonzern bittet europäische Kunden, ihren Bodenbelag nach Gebrauch zum nächsten Überseehafen zu bringen, damit das Unternehmen ihn dort abholen und jenseits des Atlantiks neue Teppiche daraus fertigen kann. Solch ein enormer Transportaufwand dürfte vermutlich einen Großteil der Ressourcenersparnis wieder auffressen. Die zurückgegebenen Mengen decken zudem nur einen kleinen Teil des Materialbedarfs in der Produktion, sodass ständig neue, aus Erdöl hergestellte Kunstfasern benötigt werden, wie eine Shaw-Mitarbeiterin auf einer von Braungart organisierten Messe einräumte.[69] Bei einer Kombination des Cradle-to-Cradle-Prinzips mit einer Open-Source-Produktion könnte dagegen eine dezentrale, tatsächlich nachhaltige Wirtschaft entstehen.

Blue Economy

Der Planet Erde ist blau, Wasser und Himmel sind blau. Das bewog den aus Belgien stammenden Unternehmer und Wirtschaftsprofessor Gunter Pauli, das von ihm entwickelte Modell »Blue Economy« zu nennen. Die Produkte der Grünen Wirtschaft seien zwar gut, aber für Arme zu teuer, argumentiert Pauli. Die Blaue Ökonomie soll deshalb auch die Grundbedürfnisse der gesamten Menschheit befriedigen können. Ihr wesentliches Element ist die Umwandlung von Abfall in Ausgangsstoffe für das nächste Produkt – genau wie es in natürlichen Kreisläufen geschieht.

Ein Beispiel ist eine Brauerei in Namibia, die aus Bierabfällen Brot und Pilze produziert. Letztere werden zum Teil an Tiere verfüttert, die außer

Gunter Pauli im Botanischen Garten von Berlin. Foto: Haiko Pieplow

Fleisch auch Mist liefern. Der wandert in eine Vergärungsanlage und dient dort zum einen der Energieerzeugung, zum anderen entsteht eine Nährlösung, die das Algenwachstum in einem nahe gelegenen See anregt und damit eine Fischzucht ermöglicht. So ist eine ganze Kaskade von Bioprodukten und grünen Jobs entstanden.

2009 schrieb Pauli zusammen mit einem Wissenschaftsteam einen Bericht für den Club of Rome: *10 Jahre – 100 Innovationen – 100 Millionen Jobs*. Etwa ein Drittel der darin vorgestellten Techniken wird bereits von Betrieben wirtschaftlich genutzt, ein weiteres Drittel gibt es als Prototypen, das letzte Drittel harrt der Verwirklichung. Seit 2010 hat seine mit Forschern und Aktivistinnen in aller Welt vernetzte Stiftung Zero Emissions Research and Initiatives (ZERI) nach dem Open-Source-Prinzip jede Woche eine dieser Ideen veröffentlicht, um weltweit Nachahmer zu ermutigen.

- https://www.c2c-verein.de/,
  http://theblueeconomy.org/blue/Home.html

Who cares? Keine Geldwirtschaft ohne unbezahlte Arbeit

Das aus dem Griechischen stammende Wort »Ökonomie«, das sich aus *oikos*, Haus, und *nomos*, Regel, zusammensetzt, bedeutete ursprünglich »Haushaltslenkung« – also das Haushalten mit alltagswichtigen Gütern, die Bedürfnisse befriedigen und die Lebenszufriedenheit steigern. Feministische Vordenkerinnen wie Maria Mies oder Vandana Shiva sehen in dieser Versorgung das zentrale Prinzip allen Wirtschaftens. Sie kritisieren die kapitalistische Wirtschaft, weil diese mit Betrug arbeitet: Sie beutet Natur und weibliche Arbeitskraft als Gratisquellen des Wohlstands aus und kümmert sich nicht um deren Reproduktion, was deren kurz- oder langfristige Zerstörung bedeutet. In südlichen Ländern wird dieser Ansatz »Überlebensökonomie« oder auch »Livelihood Economy« genannt, was mit »Lebensunterhaltswirtschaft« nur holprig übersetzt werden kann.

Wie groß diese Ökonomie des Haus-Haltens im ursprünglichen Sinne des Wortes ist, dazu gibt es nur grobe Schätzungen. Die klassischen Wirtschaftswissenschaften haben die nichtmonetären und nichtberechnenden Sektoren kaum erforscht, weil der Non-Profit-Bereich ihnen sprichwörtlich nichts gilt. Die Wissenschaftlerinnen Adelheid Biesecker und Christa Wichterich schätzen den Anteil der nichtbezahlten Sorge- und Subsistenzarbeit auf zwei Drittel aller Tätigkeiten weltweit.[70] Das ist der gigantischste Wirtschaftssektor auf Erden.

Auch in Deutschland ist die nichtberechnende Arbeit der größte Wirtschaftssektor – noch vor Finanz- und Unternehmensdienstleistungen und produzierendem Gewerbe. Das Statistische Bundesamt rechnete 2003 die im Bundesgebiet geleistete unbezahlte Hausarbeit in den Nettolohn einer Haushälterin um und kam zum Ergebnis, dass damit das Bruttosozialprodukt um fast 40 Prozent steigen würde.[71] In der Schweiz wären es 41 Prozent.[72] Das Geld sitzt also nur auf der Spitze des Wirtschaftsbergs, der riesige Rumpf aus nichtberechnenden Aktivitäten wird übersehen.

Dabei kann keine Wirtschaft der Welt ohne Fürsorge- und Pflegearbeit existieren; Produktion ohne Reproduktion ist nicht möglich. Das unbezahlte Kümmern um Kinder, Partner, Familienangehörige, Freunde, Nachbarinnen und Haushalt, das global überwiegend das weibliche

Geschlecht übernimmt, hält die bezahlte Ökonomie am Laufen und Erwerbstätigen den Rücken frei. Ein riesiger Non-Profit-Sektor umfasst vielfältige Formen von nichtberechnender Sorge- und Pflegetätigkeit, Gastfreundschaft und Freiwilligenarbeit. Sein Wert in der klassischen Ökonomie: null. Who cares?

Das Elend der künstlichen Auftrennung wirtschaftlicher Tätigkeiten fing mit dem Ökonomen Adam Smith an, der im 18. Jahrhundert zwischen produktiver und unproduktiver Arbeit unterschied. »Produktiv« ist es nach dieser Logik, Waffen oder Atomkraftwerke herzustellen, weil sie verkauft werden können, »unproduktiv« sind Haus- und Fürsorgearbeit, Liebe und Kindererziehung. Heutzutage werden die Begriffe »Reproduktionsarbeit«, »Hausarbeit«, »unbezahlte Arbeit« und »Subsistenzarbeit« fast synonym gebraucht, sie sind aber nicht identisch. Essen und Duschen gehören zweifellos zur Wiederherstellung von Arbeitskraft; nach dem soziologischen Dritte-Person-Kriterium zählen sie aber nicht zur Hausarbeit, weil keine bezahlte Person für uns essen oder duschen kann. Und was Reproduktion alles umfasst, ist umstritten. Auch Beziehungsarbeit? Ist Liebe wichtig für den Erhalt von Arbeitskraft? Oder das Sitzen am Sterbebett der Oma? Und die zusammen mit dem Nachbarn durchgeführte Dachreparatur? In welchen Sektor gehörten der gemeinschaftliche Anbau und Verzehr von Gemüse in einem Stadtgarten? Zur Subsistenz, also zur unbezahlten Eigenarbeit, wiewohl es doch Gemeinwohl- und Reproduktionsarbeit ist?

Wir können das Durcheinander der Begriffe hier nicht eliminieren, weil es systematische Ursachen hat. Diese würden erst dann beseitigt, wenn unsere Gesellschaft ihre Fixierung auf Erwerbsarbeit aufgeben und wieder das Ganze der menschlichen Tätigkeiten in den Blick nehmen würde. Unbezahlte Reproduktions- und Subsistenzarbeit übersteigt die bezahlte Arbeit auch im Zeitvolumen – schätzungsweise um das 1,7-Fache.[73] Frauen leisten ungefähr zwei Drittel der nichtberechnenden Hausarbeit, Männer etwa ein Drittel.[74]

Pflegearbeit – gar nicht oder schlecht bezahlt

Pflegen und Fürsorgen gelten traditionell als Frauenarbeit. In patriarchalischen Gesellschaften wie der unsrigen werden diese Tätigkeiten deshalb, wenn überhaupt, vergleichsweise schlecht bezahlt – etwa in Krippen, Kitas, Alten- und Pflegeheimen.

Bis 2050 wird sich die Zahl der Pflegebedürftigen in Deutschland voraussichtlich verdoppeln.[75] Gleichzeitig erodiert das alte familienbasierte Sorgesystem. Frauen sind weniger als früher bereit, Beruf und ökonomische Unabhängigkeit für familiäre Pflegearbeit zu opfern. Wenn sie es doch tun und jahrelang Schwerkranke oder Demente betreuen, bezahlen sie dafür oft mit dem Raubbau an ihrer eigenen Gesundheit und werden selbst viel früher zu Pflegefällen. Die Zahl der »verfügbaren« Töchter, Schwieger- und Enkeltöchter sinkt, während die Zahl der Pflegebedürftigen steigt. Deutschland »sitzt in der Pflegefalle«, so Expertin Cornelia Heintze in einer Studie.[76] Das hiesige familienbasierte Pflegesystem steuert unweigerlich in eine schwere Krise, wenn die stillschweigende Grundannahme nicht revidiert wird, dass dafür vor allem Frauen zuständig sind – unbezahlte Familienangehörige und schlecht bezahlte Pflegerinnen.

Hinzu kommt: Anders als computergesteuerte Produktion ist Fürsorgearbeit nicht beliebig rationalisierbar, sie wird deshalb in Relation zur Warenherstellung immer teurer. Oder wie es die Schweizer Ökonomin Mascha Madörin ausdrückt: »Man kann nicht immer schneller pflegen.«[77] Viele Krankenkassen-, Klinik- und Heimmanager planen jedoch so, dass die Zeiten für die Pflege von Bedürftigen immer kürzer werden. Nach einer Erhebung in Nordrhein-Westfalen kann sich das Personal in Heimen der Pflegestufe II im Schnitt nur noch 87 Minuten täglich um eine Patientin kümmern, um sie aus dem Bett zu holen, zu waschen, an- und auszukleiden, zu füttern und ihr bei Toilettengängen zu helfen oder sie zu windeln.[78] Dabei benötigen Pflegekräfte allein für die Körperreinigung einer schwergewichtigen Person etwa eine Stunde. Die fehlende Zeit sparen sie gezwungenermaßen woanders ein, etwa bei der Versorgung mit Trinken und Essen. Die Qualität ihrer Arbeit sinkt, Missstände werden alltäglich. Pflegende und Gepflegte werden immer unzufriedener und unglücklicher.

Die Ökonomin Madörin hat die Lohnniveaus westeuropäischer Länder in diesem Bereich mit denen in der Industrie verglichen und kam zum Ergebnis, dass in Deutschland die niedrigsten Löhne gezahlt werden.[79] In der Folge übernehmen polnische oder bulgarische Frauen diese Arbeit, die dann in ihren Heimatländern ihre Familie alleine lassen müssen – so entsteht eine internationale weibliche Sorgekette mit einem negativen Dominoeffekt rund um die halbe Welt. Auch entlang dieser Kette werden Menschen unglücklich – die beteiligten Frauen sowie ihre Familienmitglieder, Angetrauten und Anvertrauten.

Schweden, Finnland, Norwegen, Island und Dänemark haben hingegen ein servicezentriertes Pflegesystem entwickelt, das alle Beteiligten besser behandelt und zufriedener stellt. Pflegekräfte erhalten ungefähr das Doppelte an Gehalt wie bei uns und können alte Leute wesentlich intensiver und besser betreuen: Auf Ältere kommen drei- bis viermal so viele Pflegende wie hierzulande. Fürsorgearbeit genießt in Skandinavien einen höheren gesellschaftlichen Stellenwert – weil die Gleichberechtigung von Frauen und Männern einschließlich ihrer Erwerbsarbeit ernster genommen wird als in Deutschland. Betriebe und Behörden nehmen mehr Rücksicht auf Eltern und Angehörige; Arbeitszeiten sind kürzer. Die hohe Steuerquote ermöglicht Kommunen, in eigener Regie Kitas, Alten- und Pflegeheime zu betreiben – was wiederum die Beschäftigungsquote von Frauen erhöht und mehr Steuern sprudeln lässt. Wenn der Care-Sektor geschlechtergerecht geregelt wird, birgt er für eine Gesellschaft erhebliches Potenzial für Lebenszufriedenheit. Die einen werden entlastet, den anderen bereitet es Freude, für Menschen zu sorgen – solange sie dafür Wertschätzung erfahren.

Zeitbanken, Pflegewährungen und Seniorengenossenschaften

Nirgendwo werden Menschen im Schnitt so alt wie in Japan. Entsprechend hoch ist der Anteil betagter Personen, die jemanden brauchen, der ihnen beim traditionellen täglichen Bad hilft und sie umsorgt. Innerhalb des japanischen Fureai-Kippu-Systems sind solche Dienstleistungen möglich, ohne dass Geld fließen muss.

Fureai Kippu, was ungefähr mit »Ticket für gegenseitigen Kontakt« übersetzt werden kann, ist eine Zeitwährung im Gesundheitswesen. Die

Währungseinheit ist eine Stunde Arbeit für einen älteren Menschen. Jüngere können die geleisteten Stunden ansparen, um damit selbst im Alter Anrecht auf Pflege zu erwerben oder um sie an Angehörige weiterzugeben, die Unterstützung brauchen. Anders als Geldeinheiten ist diese Währung inflationssicher – eine Stunde bleibt eine Stunde bleibt eine Stunde.

Pflegetickets können auch gegen Yen erworben werden, wobei eine Stunde Fürsorge mit umgerechnet 4,30 bis 6,70 Euro nicht gerade gut bezahlt wird. Interessanterweise will die Mehrzahl der Pflegebedürftigen lieber zeitbezahltes Personal um sich wissen als monetäre Dienstleister: Entweder haben sie mehr Vertrauen in die Motivation unbezahlter Menschen, oder sie möchten den dahinterstehenden Gemeinschaftsgeist unterstützen.

Die Idee stammt von einem früheren Justizminister, der 1991 das Sawayaka-Wohlstandsförderungszentrum gründete. 1999 wurde die Sawayaka-Gesundheitsfürsorge-Stiftung als gemeinnützige Organisation anerkannt und koordiniert seitdem in loser Form die knapp 400 Non-Profit-Organisationen, die sich am landesweiten Fureai-Kippu-System beteiligen. Zwei computerisierte Clearing Houses dienen als »Zeitbanken«, dort werden die geleisteten Stunden gespeichert. Durch die Einführung einer staatlichen Pflegeversicherung im Jahr 2000 ging die Zahl der an Fureai Kippu Beteiligten zwar etwas zurück, dennoch sparen diese weiterhin pro Jahr rund zehntausende von Arbeitsstunden an.

Das Zeitwährungssystem hat inzwischen sogar Ableger in Los Angeles, London und der Schweiz, berichtete die Fureai-Kippu-Beraterin Mayumi Hayashi auf der Zweiten Internationalen Konferenz zu Komplementärwährungen im Juni 2013 in Den Haag: »Ein gesundes Mitglied kann einer Nachbarin in Los Angeles helfen und ihren Zeitkredit dafür ihrer alten Mutter in Tokio übermitteln, die wiederum von einem anderen Mitglied in Tokio unterstützt wird.«[80] Viele Frauen in Japan lebten »außerhalb der Marktökonomie« und unterstützten sich deshalb gerne auf diese Weise gegenseitig.

»Das ist wie eine ergänzende Währung zum Yen und stärkt nebenbei die Gemeinschaft!«, begeisterte sich Margrit Kennedy, Deutschlands kürzlich verstorbene profilierteste Geld- und Zinskritikerin. Auch ihr belgischer Kollege Bernard Lietaer preist die Vorzüge dieses Systems: Alte Menschen könnten länger zu Hause wohnen und müssten kürzer in Pflegeheimen oder Kliniken leben: »All das reduziert dramatisch die Kosten einer Gesellschaft für die Pflege von Älteren, während es gleichzeitig die Lebensqualität der Alten erhöht. Zudem kreiert dieses System einen Ressourcenfluss, der nicht von Regierungsbeihilfen, der Bürokratie, teuren Versicherungen oder der nationalen Währung abhängt.«[81]

Mehrgenerationenprojekt Lebensgarten Steyerberg

Ein christliches Kreuz, ein jüdischer Leuchter, Bilder von Buddha, indischen Gurus, dem Dalai-Lama, Anne Frank und ein Spiegel, in dem sich jeder selbst wiederfinden kann – das alles steht einträchtig nebeneinander in der kleinen Kapelle des Lebensgartens Steyerberg in der niedersächsischen Weserregion. »Einen Guru oder Chef gibt es hier nicht. Auch keine gemeinsame Glaubens-, Religions- oder Kirchenzugehörigkeit. Wir achten alle spirituellen Wege«, heißt es auf der Homepage des Ökodorfes. In der Kapelle singt die Gemeinschaft jeden Morgen, hier zelebriert sie Hochzeiten, Jahresfeste und Trauerfeiern. Wie die für Margrit Kennedy, die Ende 2013 mit 74 Jahren an Krebs starb. Auch ihr Bild steht nun hier.

Die charismatische Vordenkerin für Städtebau, Permakultur und Regiogeld hat beispielhaft vorgelebt, wie ein selbstbestimmtes Altern und Sterben aussehen kann – ohne Pflegeheim, ohne entwürdigende Apparaturen, bis zuletzt umhegt von Mitgliedern ihrer Familie und ihrer Gemeinschaft. Bis zum letzten Tag, so berichten diese, sei Margrit Kennedy aktiv gewesen. Mit leuchtenden Augen habe sie erzählt, dass sie sich auf ihre letzte Reise freue und neugierig sei, wohin ihre Seele wohl fliegen werde.

Für den Lebensgarten Steyerberg, auf dessen parkähnlichem Anwesen heute 111 Erwachsene und 40 Kinder leben, war sie die Gründermutter. Der Gebäudekomplex aus 65 roten Klinkerbauten unter grünen Bäumen wurde 1938 für Zwangsarbeiterinnen einer Munitionsfabrik der Nazis gebaut. Nach dem Weltkrieg unterstand er den Engländern, bis das Architektenpaar Margrit und Declan Kennedy 1984 mit Gleichgesinnten ganz bewusst an dieser Stelle den Verein Lebensgarten Steyerberg gründete und die heruntergekommenen Gebäude mit biologischen Baustoffen und viel Eigenleistung sanierte. Der große Saal des Hauptgebäudes wurde im Rahmen der Expo im Jahr 2000 ökologisch ausgebaut.

Die von der schottischen Findhorn-Gemeinschaft inspirierten Lebensgärtner lieben die Vielfalt – auch die der Lebensalter und Berufe. Viele von ihnen arbeiten therapeutisch, andere in den sogenannten Zweckbetrieben des Lebensgartens, also im Seminarbetrieb oder der Gemeinschaftsküche, 23 von ihnen sind im Rentenalter. Eine Bioladen-Kooperative ist für alle Lebensgärtner rund um die Uhr zugänglich; ein solarbetriebener Carpool sorgt für die gemeinsame Nutzung von Elektroautos; in der Boutique werden Klamotten getauscht, in der Bibliothek Bücher.

Das alles spart eine Menge Ressourcen und Energie, sorgt für sozialen Zusammenhalt und den regen Austausch von Ideen. Zudem gibt es einen kleinen Buchladen, einen Buchbinderbetrieb, einen Permakulturpark mit Gewächshäusern für die Eigenversorgung und die Vermarktung von Biogemüse, einen Waldkindergarten, eine Initiativgruppe für eine Freie Schule, einen solarmodulbeschirmten Laden für Naturbaustoffe. Das sogenannte Heilehaus dient als Gästehaus für den Seminarbetrieb. Geheilt werden sollen hier nicht nur Menschen, sondern auch der Ort mit seiner düsteren Vorgeschichte.

Eines der größten Wunder des Lebensgartens, schrieb Kennedy in einem Aufsatz, sei die Vielfalt an Fähigkeiten, die sich zeige, wenn keine Spezialisten vor Ort seien und alle selbst initiativ werden müssten: »Dadurch haben wir eine völlig neue Lebensqualität und Wachstumsdimension entdeckt.« Reichtum, das sei ihr hier klar geworden, »besteht nicht in der Ansammlung von Geld, sondern in der Qualität zwischenmenschlicher Beziehungen«.

Die zeigt sich auch im Umgang mit dem Altern. Die 68-jährige Petra Voelker hat zusammen mit sieben Lebensgärtnerinnen zwischen 52 und 71 Jahren den Dritten Lebenskreis gegründet. In der Gruppe machen sie sich Gedanken, wie sie alt werden wollen. Alle wünschen sich, »so lange wie möglich« im Lebensgarten bleiben, aufeinander Acht geben und sich möglichst gegenseitig betreuen zu können. Die Voraussetzungen dafür

Margrit Kennedy (rechts) im Innenhof des Lebensgartens Steyerberg. Foto: Martin Dittes

sind in Steyerberg wesentlich günstiger als anderswo, weil drei Hospizhelferinnen und eine Psychoonkologin den Mitgliedern der Gemeinschaft ihre Hilfe gratis anbieten; für die alternative Behandlung von Krankheiten gibt es mehrere Heilpraktikerinnen. »Es ist wunderbar, in einer Gemeinschaft zu altern, wo man sich kennt«, findet Petra Voelker. »Aber man muss schon aktiv bleiben und ein eigenes Freundesnetzwerk schaffen. Es gibt immer wieder Menschen, die das nicht schaffen und dann ausziehen.«

Pflegekräfte werden erst dann organisiert, wenn es nicht mehr anders geht. Eine 85-Jährige ist dement und bekam vor drei Jahren eine von der Pflegekasse finanzierte polnische Betreuerin zur Seite gestellt. Sie begleitet die alte Dame nun liebevoll bei jedem Schritt – sogar sprichwörtlich beim morgendlichen gemeinsamen Kreistanz. Zusammen mit ihren oft zu Besuch weilenden Kindern bilden sie im Ökodorf eine kleine Familie – »ein Glücksfall«, findet auch Petra Voelker.

Alle Entscheidungen fällen die Lebensgärtner nach dem Konsensprinzip auf monatlichen Mitgliederversammlungen. »Mehrheitsentscheidungen kosten letztlich mehr Zeit, weil die Unterlegenen dann gerne quertreiben«, davon war Margrit Kennedy überzeugt. Aber auch sie wunderte sich manchmal, dass das Projekt seit nunmehr fast 30 Jahren immer noch existiert: »Eigentlich müssten wir längst an inneren Konflikten zerbrochen sein – so unterschiedlich an Alter, Bildung, Herkunft und Überzeugung, wie wir sind. Wir praktizieren offenbar kollektive Intelligenz. Bei Konflikten fanden wir immer wieder Lösungen, an die vorher niemand gedacht hatte.«

Auch für die Trauer um diese große Frau erfanden ihr Mann und ihre Tochter eine völlig neue Form: eine Zusammenkunft mit Musik, Tanz und gutem Essen. Etwa 50 Freundinnen und Weggefährten beredeten ein Wochenende lang in kleinen Open-Space-Gruppen, wie Margrit Kennedys vielfältiges Wirken von anderen weitergeführt werden könnte. Die Atmosphäre war einzigartig: inspiriert, voller Leben und Liebe, Hoffnung und Heilung.

☞ www.lebensgarten-steyerberg.de

Alltagscommonismus

Den unendlichen Reigen unbezahlter Tätigkeiten in Nachbarschaften, Verwandtschafts- und Freundschaftszirkeln kann man sprichwörtlich gar nicht hoch genug schätzen. Wir leben gleichzeitig in zwei entgegengesetzten Wirtschaftsformen. Mit einem Bein stehen wir im alles berechnenden Kapitalismus, mit dem anderen im nichtberechnenden Wirtschaften. Man könnte diesen Bereich auch »Alltagscommonismus« nennen – angelehnt an den englischen Begriff »Commons« für Gemeingüter, die weder nach Staats- noch nach Marktregeln funktionieren.

In der Bundesrepublik sind zwischen einem Viertel und einem Drittel aller Einwohner ehrenamtlich aktiv.[82] Es gibt rund 580.000 eingetragene Vereine mit 17,5 Millionen Mitgliedern.[83] Fast die Hälfte der Ehrenamtlichen sind in einem Verein tätig, aber nur drei Prozent in Parteien.[84] Männer bevorzugen dabei die Arbeit in förmlichen Organisationen wie Vereinen, Verbänden und Parteien, Frauen sind tendenziell lieber in informellen sozialen Netzwerken wie Tauschringen, Nachbarschaftszirkeln und Selbsthilfegruppen unterwegs. Die geleistete Tätigkeit ist auch in diesem Sektor der nichtberechnenden Ökonomie beachtlich: Sie entspricht der Arbeitszeit von über drei Millionen Vollerwerbstätigen. Wenn alle Ehrenamtlichen mit 15 Euro pro Stunde bezahlt würden, entspräche das knapp einem Viertel des gesamten Bundeshaushaltes.[85]

Einer der vielen Fehler der kommunistischen Bewegungen war, dass sie den Tag der Befreiung auf den Sieg des Proletariats am Sankt Nimmerleinstag verschoben. Marx und seine Nachfolger übersahen, dass wir in unserem nichtberechnenden sozialen Alltag vielfach bereits nach dem Motto »jeder nach seinen Fähigkeiten, jeder nach seinen Bedürfnissen« leben. In unseren familiären, nachbarschaftlichen und freundschaftlichen Zusammenhängen bieten wir uns gegenseitig unsere Fähigkeiten an, wir geben, schenken, helfen und teilen, sorgen dafür, dass alle gemäß ihren Bedürfnissen zufriedengestellt werden, ohne dass jemand Zeit und Geld abrechnet.

Der US-Ethnologe und Occupy-Vordenker David Graeber hat diesen Alltagscommonismus näher beleuchtet. »Bestimmte Institutionen sind ausdrücklich auf die Prinzipien von Solidarität und gegenseitiger Hilfe gegründet«, schreibt er in seinem Buch *Schulden*. »An erster Stelle sind hier die Menschen zu nennen, die wir lieben; Mütter gelten als der Inbegriff der selbstlosen Liebe. Danach kommen nahe Verwandte, Ehemänner und Ehefrauen, Geliebte, die besten Freunde. Mit diesen Menschen teilen wir alles, oder zumindest wissen wir, dass wir uns in einer Notlage an sie wenden können; überall gehört das zur Definition eines guten Freundes. Wir könnten also sagen, jede Gesellschaft sei von ›individuell kommunistischen‹ Beziehungen durchzogen, Beziehungen von Mensch zu Mensch, die unterschiedlich ausgeprägt und unterschiedlich intensiv nach dem Motto ›jeder nach seinen Fähigkeiten, jedem nach seinen Bedürfnissen‹ funktionieren.«[86]

Stadt der Zukunft:
Im kalabrischen Riace werden Flüchtlinge willkommen geheißen

Vom Alltagscommonismus motiviert war wohl auch Domenico Lucano, Bürgermeister des 1.500-Seelen-Dorfes Riace im italienischen Kalabrien. Er gründete das Sozialunternehmen Città Futura – »Stadt der Zukunft«. Rund 300 Flüchtlinge aus aller Welt richten hier zusammen mit Einheimischen Wohnungen in verlassenen Häusern her, in Werkstätten fabrizieren sie Kunsthandwerk und verkaufen es. Inzwischen ist Città Futura der größte Arbeitgeber vor Ort und bietet Migranten wie Einheimischen eine gemeinsame Zukunft.

Riace hatte mit ähnlichen Strukturproblemen zu kämpfen wie andere süditalienische Orte: Mehr als die Hälfte der einst gut 3.000 Einwohner hat das Dorf verlassen und ist auf der Suche nach Jobs in den reicheren Norden gezogen. Häuser standen leer, nur die Alten blieben zurück. Der Ort schien tot, bis Bürgermeister Lucano im Jahr 2000 sah, wie eine große Gruppe kurdischer Flüchtlinge mit ihrem Boot direkt am Strand von Riace landete. »Ich stand zufällig dort und spürte eine Art Berufung. Denn unsere Dörfer sind alle Orte der Emigration«, erzählt Domenico Lucano. »Hier im kalabrischen Hinterland kennen wir die Geschichte der Auswanderung in alle Welt sehr gut. Doch mit den Flüchtlingen ist unser Dorf zum ersten Mal wieder ein Ort der Hoffnung und Ankunft geworden.« Die regionale Regierung sorgte für unbürokratische Aufnahme der Neubürger und leistete finanzielle Unterstützung.

Es kamen Menschen aus dem Irak, Somalia, Äthiopien, Ägypten, Afghanistan, Pakistan, die meisten von ihnen Kriegsflüchtlinge. »Früher war Riace ein sterbendes Dorf, heute ist es wieder lebendig«, freut sich eine einheimische Näherin. Eine Lehrerin, die irakischen Kindern Italienisch beibringt, kommentiert: »Es ist toll, mit ihnen zu arbeiten. Zwar unterrichte ich sie, aber sie bringen mir auch viel Neues bei.« Die Pizzeria von Riace war jahrelang geschlossen. Città Futura renovierte das Gebäude. Auf einem alten Holzkohleofen backen nun Palästinenser ihr vertrautes Brot. »Domenico verdanken wir alles hier«, sagt der Flüchtling Dayaa. »Unser Leben, unser Glück. Danke, Domenico!«

Ärmere Gesellschaften verstünden das Leiden anderer besser, glaubt der Bürgermeister. »Unsere Botschaft ist, dass man alle Hindernisse aus dem Weg räumen kann, wenn man nur zusammenhält.« Und: »Die Flüchtlinge sind wichtig für uns. Durch sie haben wir wieder Lust bekommen, neu anzufangen. Dieser Neubeginn bedeutet, dass wir uns auf unsere eigenen Traditionen und Wurzeln besinnen. Wurzeln, die nun dafür sorgen, dass die Menschen in Riace bleiben, um gemeinsam an der neuen Hoffnung zu arbeiten.«

Die Mafia, die in den nahen Orangenplantagen Immigranten für Hungerlöhne schuften lässt, hält nicht viel von dieser Hoffnung. Die Tür des Bürgermeisters wurde durchschossen, jemand hat seine Hunde vergiftet. Ein Flüchtling aus Togo wurde in einem anderen Ort von Unbekannten gehetzt und angeschossen. »Wir machen einfach weiter«, sagt Lucano. Denn wenn man sich so zum Schweigen bringen lasse, dann bedeute das, im Inneren zu sterben. Europa sieht er »auf einem Weg in eine völlig neue Barbarei, die alle humanen Prinzipien und Werte über Bord wirft.« Dem will der Bürgermeister die Vision eines anderen, besseren Europa ganz praktisch entgegenstellen: eine Stadt und Stätte der Zukunft, Città Futura.[87]

Kapitel 3

Vom Homo oeconomicus zum Homo cooperativus

> »Irrtum des einen, Erfolg des anderen –
> beunruhige dich nicht über solche Einteilungen.
> Nur die große Zusammenarbeit ist fruchtbar, an der
> der eine durch den anderen teilhat.«
> *Antoine de Saint-Exupéry*

Der US-Unternehmensberater Paul Hawken bat bei einer Schulung 60 Ingenieure eines Agrochemiekonzerns, ein Raumschiff zu entwerfen, das die Erde verlassen und in 100 Jahren mit einer gesunden und glücklichen Besatzung zurückkehren sollte. Die Ergebnisse waren frappierend: Niemand wollte auch nur eines der vielen tausend Unternehmensprodukte mitnehmen. Zu giftig! Stattdessen verstauten sie Pflanzen, Pilze, Bakterien und Kleintiere an Bord. Nach der Veranstaltung, berichtet Hawken, »begannen einige Angestellte am Hauptsitz der Firma einen Biogarten anzulegen, und ein paar Ingenieure kündigten ihren Job«.[88]

So schnell kann Einsicht wachsen, wenn Menschen spielerisch ihr Tun reflektieren und Visionen entwickeln dürfen. Aber in den Wirtschaftswissenschaften dominiert immer noch der Glaube, der Mensch wäge in jeder Situation kühl ab, mit wie viel Geld er welchen Nutzen davontragen könne, ob beim Einkauf, der Warenproduktion, bei Bank- oder anderen Geschäften. Indem er seine egoistischen Interessen verfolge, werde automatisch der allgemeine Wohlstand gesteigert, so das Credo von Adam Smith. Er beschrieb in seinem 1776 erschienenen Hauptwerk *Der Wohlstand der Nationen* den Markt als »unsichtbare Hand«, die dieses Zauberwerk vollbringe. Zahlreiche Ökonomen übernahmen diesen Gedanken, unter anderem Paul A. Samuelson, der 1970 für seine »Theorie der effizienten Märkte« den Nobelpreis bekam und in seinem millionenfach gedruckten Standardwerk *Economics* die These vertrat, der Mechanismus der unsichtbaren Hand führe zur effizienten Allokation von Ressourcen.

Das Bild vom egoistischen *Homo oeconomicus*, der seinen einsamen Daseinskampf kämpft, hat das 19. und 20. Jahrhundert katastrophal negativ beeinflusst. Der britische Nationalökonom Thomas Malthus glaubte, dass die menschliche Population stets schneller wüchse als das Nahrungsangebot, und legte den »Überzähligen« der Erde das Abtreten nahe. Daraus entwickelte Charles Darwin sein Theorem vom Überlebenskampf der Arten, *Survival of the Fittest*. Kooperation spielte für ihn nur eine untergeordnete Rolle. Dass es genau andersherum ist, dass Konkurrenz gleichsam als Raubfisch im Meer einer allgegenwärtigen Kooperation schwimmt, übersah der Naturforscher.

Dieser Fehler hatte fatale Folgen: Im Zeitalter kolonialistischer Raubzüge wurde der Sozialdarwinismus zur vorherrschenden Ideologie. Und dann kamen auch noch die Nazis: Die germanische Rasse sei am stärksten und fittesten, behauptete Adolf Hitler in *Mein Kampf* – ein Lehrbeispiel dafür, wie stark sich naturwissenschaftliche und gesellschaftliche Theorien gegenseitig beeinflussen und wie schnell skrupellose Machtpolitiker sie missbrauchen können. Das Resultat ist bekannt: über 60 Millionen Tote und der Genozid an den europäischen Juden.

Heutzutage schaukeln sich Neoliberalismus und Soziobiologie gegenseitig zum gefährlichen Gebräu eines radikalen Egoismus hoch. Der Neodarwinist Richard Dawkins etwa beschreibt Gene als »egoistische Überlebensmaschinen«, denen es nur darum ginge, sich selbst zu reproduzieren. Sein Denkfehler ist der gleiche wie derjenige Darwins: Beide übertragen ökonomische Vorstellungen auf die Biologie.

Kooperation als wichtigstes Evolutionsprinzip

Doch ein Paradigmenwechsel wirft sein Licht voraus: Nicht Konkurrenz, sondern Kooperation, Kommunikation und Kreativität seien die wichtigsten Antriebe in der Evolution, argumentieren heutzutage viele Naturwissenschaftler und Forscherinnen.

Ohne die Bindung winziger Elementarteile hätte niemals Leben auf dem Planeten entstehen können, konstatiert der Freiburger Genforscher Joachim Bauer: »Biologische Kooperation war kein Mittel zum Zweck im Kampf ums Überleben. Sie war, was ›Leben‹ ausmachte.«[89] Ohne den Zusammenschluss und die Zusammenarbeit von Billionen Körperzellen hätte es keine evolutionäre Entwicklung gegeben. Allein in unserem Gehirn existieren etwa 100 Billionen Kontaktstellen zwischen Neuronen sowie fast sechs Millionen Kilometer Leitungsbahnen.[90] Und ohne millionenfache kooperative menschliche Kulturentwicklung würde keine moderne Gesellschaft funktionieren.

Schon Goethes Faust fragte nach der Kraft, »die die Welt im Innersten zusammenhält«. Offenbar sind es Bindungen: Zwischen Atomen und Molekülen gibt es ebenso Bindungskräfte wie in allen lebenden Organismen, in menschlichen Gesellschaften und sogar im All zwischen Sternen und Sternhaufen.

»Der Mensch ist ein Superkooperator«, sagt im Tonfall der Bewunderung der in Harvard lehrende Biologe und Mathematiker Martin Nowak. Für ihn ist Kooperation der eigentliche Motor der Evolution, denn damit gelinge es der Natur, aus einfachen Strukturen immer kompliziertere hervorzubringen. Körperzellen seien »nicht selbstbezogen, sie teilen sich, wenn es von Nutzen oder notwendig für den Organismus ist«. Die Entstehung von Krebs allerdings sei »der Zusammenbruch der Kooperation«.[91]

Der menschliche Organismus setzt sich zusammen aus vielen Billionen Körperzellen, ständig sterben Millionen davon, und Millionen entstehen neu. Unser Körper ist ein sich laufend erneuernder Strom aus Tod und Leben. Die Anzahl der kooperierenden Mikroorganismen aller Art, die Haut und Körper besiedeln und ohne die wir nicht leben könnten, übertrifft die unserer Körperzellen um das Zehnfache. Jede einzelne Zelle trägt ungefähr 400 Milliarden Moleküle und Billionen von Atomen in sich.

Jedes »Ich« ist ein Ökosystem, das mehr bakterielle als menschliche Gene enthält. Allein in unserem Darm tummeln sich etwa eine Billion Lebewesen, die zusammen ein bis zwei Kilo schwer sind. Sie erhalten unsere Gesundheit und liefern durch Spaltprozesse die Energie für unsere

Ideen und Handlungen. Wenn Hitler mit seinem nicht funktionierenden Verdauungssystem das gewusst hätte: sein arischer Kriegsheld – in Wahrheit ein einziges Gewimmel aus Bakterien, Viren, Pilzen, Sporen.

Wir sind also immer zugleich Eins und Viele, Ich und Wir. Die US-Evolutionsbiologin Lynn Margulis entwickelte bereits in den 1970er Jahren die Endosymbiontentheorie: Sämtliche Mehrzeller seien durch symbiotische Verschmelzung von Einzellern entstanden. Anscheinend bestehen auch Menschen im innersten Funktionsbereich jeder Zelle aus ineinandergeschachtelten Mikroorganismen. Das International Human Genome Sequencing Consortium fand 2001 heraus, dass mindestens 220 menschliche Gene der DNA von Bakterien, Tuberkelbazillen, Viren und Borrelien stammen.[92] Und ein Embryo im Mutterleib durchläuft ein amphibisches Stadium und trägt zeitweise ein Kaulquappenschwänzchen. Das Ichbewusstsein macht uns glauben, wir seien abgeschlossene Individuen. Doch unser Bewusstsein schwimmt wie die Spitze eines Eisbergs in einem Meer von Austausch und Stoffwechsel mit unendlich vielen Lebewesen.

Alles, was lebt, will *mehr* Leben, glaubt der Naturphilosoph Andreas Weber.[93] Nicht Lebenskampf, sondern Lebensdrang sieht er als Grundprinzip: Alle Organismen dürsten danach, sich zu entwickeln, sich fortzupflanzen, auszubreiten und mehr zu sein, als sie sind. Und das ist nur möglich durch unaufhörliche Gegenseitigkeit, Kooperation und Symbiose. Flechten bestehen aus Pilzen und Algen; Bäume können ohne Pilzgeflechte an ihren Wurzeln nicht leben; Menschen bilden Gedanken sozusagen aus Radieschen oder gebratenen Heuschrecken, die ihre Darmmikroben in Energie und Zucker aufgespalten haben. Der Stoffwechsel stellt aus Nicht-Ich das Ich her. »Ist eine intimere Verflechtung des Eigenen und des Anderen denkbar?«, fragt Weber.[94]

Dass viele westliche Denker an eine falsche, luftdicht abgeschlossene Ego-Autonomie glauben, ist womöglich auch ein Symptom patriarchalischer Hybris. Ähnlich wie die alten Griechen daran glaubten, dass Aphrodite dem Hirn von Zeus entsprungen sei, sahen Adam Smith, Thomas Hobbes oder John Locke als Väter westlicher Denkschulen keine Mütter mehr. Sie übersahen auch das biologische und soziale Gewebe, das Menschen zum Leben und Sprechen bringt. Überspitzt formuliert, beschränkte sich ihr Weltbild auf erwachsen zur Welt kommende Männer, die sich feindselig gegenüberstanden, mit Tauschware in der einen und Waffe in der anderen Hand.

War es die jüdisch-christliche Schöpfungslehre, die die westliche Philosophie so blind machte für Naturprozesse? Fundamentalistische Christen glauben bis heute, nach dem siebten Schöpfungstag sei alles fertig gewesen, und Gott habe die Natur den Menschen zur Ausbeutung übergeben.

Die unsichtbare Hand Gottes

Die Idee der »unsichtbaren Hand«, die Märkte lenkt und den Eigennutz der Geldbesitzer auf geheimnisvolle Weise angeblich in Gemeinnutz verwandelt, hatte schon bei Adam Smith einen religiösen Ursprung. »Man kann also in gewissem Sinne von uns sagen, dass wir Mitarbeiter der Gottheit sind«, schrieb er.[95] Smith war Stoiker und berief sich auf Epiktet, einen Hauptvertreter der Lehre der Stoa. Dieser behauptete, Zeus alias »die Weltvernunft« habe die Welt so eingerichtet, dass Menschen keinen Reichtum erlangen könnten, wenn sie nicht zugleich etwas zum Nutzen aller beitrügen.[96] Der Ausgleich erfolgt also quasi automatisch durch die omnipotente Gottesmaschine Geld.

Offenbar wurde hier ein buchstäblich frommer Wunsch zum ideologischen Leitgedanken. Die neoliberalen Anhänger von Smith glauben heute, dass der göttliche Markt oder der Marktgott mit seiner unsichtbaren Hand alle Probleme lösen werde, wenn wir nur noch härter arbeiten und noch effizienter, profitabler und produktiver werden. Wozu aber das Ganze, wenn wir dabei nicht glücklicher werden, fragt Max A. Höfer, Exgeschäftsführer der neoliberalen »Initiative Neue Soziale Marktwirtschaft«. Seine These ist gleichlautend mit dem Titel seines Buches: *Vielleicht will der Kapitalismus gar nicht, dass wir glücklich sind*, weil er von religiösen Motiven durchzogen sei und vom »puritanischen Imperativ« angetrieben werde.

Die genuss- und sinnenfeindliche protestantische Arbeitsethik hatte schon Max Weber in seiner berühmten Schrift aufgespießt: Ziel der fleißigen Puritaner und Calvinisten sei »Erwerb von Geld und immer mehr Geld, unter strengster Vermeidung allen unbefangenen Genießens«, denn nur so könnten sie ihre Auserwähltheit vor Gott beweisen.[97] Der Turbokapitalismus von heute ist zwar auf Konsumsteigerung aus, aber seine Antriebsmotive sind ähnlich geblieben: Arbeiten, um zu arbeiten, Geld machen, um Geld zu machen. »Weil wir alle Sünder sind, sind wir zur Arbeit auch ohne Lohn verpflichtet«, behauptet etwa der prominenteste Unternehmensberater der Schweiz, Klaus J. Stöhlker, denn das schaffe »Wachstum und Expansion«.[98] »Gott will, dass du reich bist«, singen die evangelikalen Tea-Party-Anhänger in den US-Kirchen. »Legen Sie die rechte Hand auf Ihr Herz, und sagen Sie: ›Ich bewundere reiche Menschen‹«, predigt der US-Millionär und Motivator Harv Eker.[99]

Dinge um ihrer selbst willen tun

Aber warum stürzt sich eine Frau in einen reißenden Fluss, um ein fremdes Kind zu retten? Weshalb empfinden Menschen Freude und tiefe Befriedigung bei selbstlosen Akten? Wieso konnten so viele atemberaubende Bau- und Kunstwerke entstehen, ohne dass die Schaffenden durch Marktkonkurrenz angetrieben wurden? Weswegen unternehmen Menschen so viele Tätigkeiten um ihrer selbst willen? Die Oma, die ihrem Enkel sein Lieblingsessen kocht; die Lesepatin, die mit einem Schulkind Lesen übt; der ehrenamtliche Bademeister, der an einem Strand aufpasst: Sie verhalten sich allesamt nicht wie der *Homo oeconomicus*.

Die Antwort darauf lautet in Abwandlung eines alten Bibelwortes: »Geben macht glücklicher denn Nehmen.« Unsere Vorfahren in der afrikanischen Savanne konnten nur gemeinschaftlich überleben, nicht als Individuen. Das hinterließ evolutionäre Spuren in ihrem größer werdenden Gehirn: Auf kooperative Verhaltensweisen reagiert es mit der Ausschüttung von Glückshormonen. Wenn jemand prosozial agiert, erhält sein oder ihr Gehirn eine Dopamindusche. Unser Hirn ist durch und durch ein soziales Organ und belohnt uns, wenn wir andere Menschen glücklich machen. Wir freuen uns, wenn sich andere freuen, und fühlen uns obendrein moralisch gut.

Beschäftigte in gemeinnützig orientierten Firmen verrichten ihre Arbeit lieber als Angestellte in gewinnorientierten Wirtschaftsunternehmen, auch wenn sie weniger verdienen. Laut Studien sind Belegschaften in Non-Profit-Betrieben in den USA und Großbritannien im

Schnitt zufriedener als die in profitorientierten.[100] Allerdings sind die Unterschiede fließend. Konkurrenz und Kooperation sind ohnehin nicht als absoluter Gegensatz zu verstehen, sondern kommen in unterschiedlicher Gewichtung in beiden Unternehmensformen vor – nicht zuletzt, weil ein Großteil der neueren Managementliteratur das Wohlbefinden der Mitarbeitenden als wichtigen Faktor für die Produktivität identifiziert hat.

Organisationssoziologen beobachten schon lange, dass wir die beste Arbeit leisten, wenn wir von innen heraus (intrinsisch) motiviert sind und nicht durch Geld oder andere äußere Anreize (extrinsisch). Wenn wir uns aus freien Stücken einer Aufgabe widmen, die uns sinnvoll erscheint und herausfordert, dann gehen wir in ihr auf, begeistern uns und geben unser Bestes. Die Bezahlung wird sekundär oder sogar vollkommen egal. Am Ende sind wir innerlich ein Stück gewachsen und zufrieden.

Geldanreize führen hingegen oftmals zu deutlich schlechteren Leistungen. In einer Metastudie werteten US-Psychologen 124 Untersuchungen zu diesem Thema aus.[101] Klares Ergebnis: Externe Anreize wie Geld oder andere Belohnungen unterminieren die innere Handlungsbereitschaft. Kinder malen weniger, Schüler und Studierende wählen leichtere Aufgaben, Künstler werden unkreativer, Beschäftigte produzieren Quantitäten statt Qualität, Freiwilligenarbeit nimmt ab.

Michael Tomasello und Felix Warneken vom Leipziger Max-Planck-Institut für Evolutionäre Anthropologie testeten Kleinkinder zwischen 14 und 20 Monaten. Wenn diese einen Mann sahen, der mit einem Stapel Bücher in der Hand vergeblich versuchte, eine Schranktür zu öffnen, halfen sie ihm spontan – offenbar aus einer angeborenen Hilfsbereitschaft heraus. Wenn sie dafür aber mit einem Spielzeug belohnt wurden, unterstützten sie ihn beim nächsten Mal nur noch, wenn weitere Belohnungen winkten. »Wir werden nicht als Egoisten geboren, wir werden dazu gemacht«, folgert der Philosoph Richard David Precht in seinem Buch *Die Kunst, kein Egoist zu sein*.[102]

Ein anderes viel zitiertes Beispiel ist die 1970 erstellte Studie des britischen Ökonomen Richard Titmuss, wonach die Anzahl der Blutspenden abnimmt, wenn sie bezahlt werden – Spenden »lohnt« sich dann nur noch für diejenigen, die dringend Geld brauchen. Wissenschaftler nennen das »Verdrängungs-« oder »Korruptionseffekt«.[103]

Ähnliche Resultate ergaben Studien des Massachussetts Institute of Technology (MIT) und der Londoner School of Economics. Der US-Autor Dan Pink, der sie auswertete, nennt das »eines der meistignorierten Ergebnisse der Sozialwissenschaften«.[104] Eines seiner vielen Beispiele ist der unsichtbare Wettkampf zwischen den Enzyklopädien Encarta und Wikipedia, deren Teams nahezu zeitgleich die Arbeit aufnahmen. Erstere waren hoch bezahlte Microsoft-Mitarbeiter, Letztere unbezahlte Freizeittüftler. Finger hoch, wer heute noch Encarta kennt! (s. S. 163)

Menschen teilen gerne

Neue Antworten auf alte Fragen, wie Menschen miteinander umgehen, liefert die mathematisch formalisierte Spieltheorie. In einer Abart lautet auch hier die Grundannahme, dass der *Homo oeconomicus*, hier »ökonomischer Agent« genannt, nur zum eigenen Vorteil agiert. Spekulanten und Broker setzen das tagtäglich in die Praxis um, indem sie bestimmte Algorithmen anwenden, die die eigenen Vorteile maximieren.

Doch es gibt auch andere Varianten der Spieltheorie. Ein Team um den US-Anthropologen Joseph Henrich bot in 15 Kulturen einer freiwilligen Testperson Geld an, das sie aber nur dann behalten durfte, wenn sie einen Teil an eine zweite, ihr unbekannte Person abgab; wie viel, durfte sie selbst bestimmen. Das erstaunliche Ergebnis: Fast alle Mitspielenden aus westlichen Nationen sowie Stadtbewohner südlicher Länder machten im Schnitt geschwisterlich halbe-halbe. Am egoistischsten benahmen sich erstaunlicherweise Angehörige einer vom Kapitalismus unberührten Ethnie im peruanischen Amazonasurwald: Die Machiguenga, die in isolierten Familien leben und kaum Kontakt zueinander haben, strichen etwa drei Viertel der Belohnung selbst ein. Am großzügigsten waren die Lamalera, indonesische Walfänger, die alltäglich kooperieren und fast zwei Drittel des Geldes abgaben.[105]

Dieses Ergebnis belegt einen angeborenen Sinn für Fairness, der aber zugleich sehr biegsam ist und sich nach gesellschaftlichen Erwartungen richtet: Sind Menschen sich ihrer gegenseitigen Abhängigkeit bewusst, verhalten sie sich weit kooperativer. Walfänger sind sozial, weil es ihre

Lebensweise so vorgibt, isolierte Familien im Urwald sind es weniger. Der an den Tests beteiligte Ernst Fehr kam zu folgendem Schluss: »Wenn der Glaube vorherrscht, dass die anderen kooperieren, dann ist die Kooperation jedes Einzelnen hoch; wenn der Glaube vorherrscht, dass die anderen nicht kooperieren, dann kooperiert tatsächlich keiner.« Diese Erkenntnis könne auf alle gesellschaftlichen Bereiche ausgeweitet werden, etwa Steuer- und Arbeitsmoral, Kriminalität und Korruption. Laut Fehr ist es deshalb sehr wichtig, »Umgebungen zu schaffen, die Menschen in ihren altruistischen Anlagen bestärken«.[106]

Italienische Ökonomen kombinierten Umfragen zur Lebenszufriedenheit mit experimentellen Daten aus der Spieltheorie und kamen zum Ergebnis, dass sich Glück und Zufriedenheit erhöhen, wenn Menschen zum sozialen Wohlergehen beitragen – selbst wenn sie dabei finanzielle Verluste erleiden. In Experimenten ließen sie Studierende das »Investitionsspiel« spielen, bei denen diese Geldbeiträge stiften konnten, und fragten nach ihrem Glücksempfinden. Ergebnis: »Das Glück der Stifter ist positiv mit dem Betrag korreliert, den sie dem Mitspieler überlassen. In anderen Worten fühlen sich Menschen, die sich dafür entscheiden, der anderen Person Geld zu übergeben, glücklicher als die, die es nicht tun. Außerdem – und das ist vielleicht das interessanteste Ergebnis – sind die Personen glücklicher, die mehr geben, obwohl ihr Geldgewinn letztlich geringer ist.«[107]

Unser empathisches Gehirn

Wir Menschen sind, glaubt Medizinprofessor Joachim Bauer, »auf soziale Resonanz und Kooperation angelegte Wesen. Kern aller menschlichen Motivation ist es, zwischenmenschliche Anerkennung, Wertschätzung, Zuwendung oder Zuneigung zu finden und zu geben.« Nichts aktiviere die Motivationssysteme im Gehirn so sehr wie der Wunsch nach Ansehen und Liebe.[108]

Spiegelneuronen in unserem Gehirn befähigen uns dazu, Stimmungen und Gefühle von Mitmenschen nachzuempfinden. Diese speziellen Nervenzellen spiegeln Freude, Schmerz, Ärger, Ekel und Leid anderer, indem sie beim Anblick von deren Gesichtern feuern, als ob wir selbst diese Gefühle empfinden würden. Sie erzeugen also eine »Als-ob-Schleife«.

Ein Team um den italienischen Hirnforscher Giacomo Rizzolatti entdeckte diese fantastischen Nervenzellen um 1990, als er die Hirnaktivität eines Schimpansen maß, der einem Wissenschaftler beim Ergreifen einer Rosine zusah. Die Neuronen des Affen feuerten, als ergreife er selbst die Rosine. Spiegelneuronen befähigen Tiere und Menschen, Handlungen nachzuahmen, indem die zuständigen Nervenzellen bei der Beobachtung einer Bewegung aktiviert werden. »Ich prophezeie, dass die Spiegelneuronen eines Tages für die Psychologie sein werden, was die DNA für die Biologie ist«, kommentierte der namhafte Neurowissenschaftler Vilayanur Ramachandran die sensationelle Entdeckung.[109]

Auch bei der urzeitlichen Sprachentwicklung von *Homo sapiens* und beim Sprechenlernen von Kleinkindern spielen sie eine Schlüsselrolle. Spiegelneuronen ermöglichen Intuition und befähigen Menschen, sich in sozialen Räumen zu bewegen. Sie sind beteiligt, wenn wir gähnen, lachen oder weinen. Sie machen Gefühle »sozial ansteckend« und erzeugen unsere Erfahrung, von unseren Mitmenschen verstanden zu werden: Sie machen das Gehirn empathisch.

Warum gibt es dann trotzdem so viel Unterdrückung, Leid und Gewalt? Die Antwort kann aus Platzgründen nur angedeutet werden. Einer der Gründe liegt darin, dass alle Menschen in Familien, Gruppen, Ethnien und Nationen aufwachsen und deshalb in ihrer Identitätsentwicklung zwischen »Wir« und »Anderen« unterscheiden lernen. Kommen bestimmte Stressoren hinzu, etwa Ressourcenmangel, wird daraus schnell ein feindseliges »Wir« gegen »die Anderen«.

Unsere soziale Stärke ist auch unsere Schwäche, unsere enorme Anpassungsfähigkeit hat ihre Nachtseite im Konformismus. Spiegelneuronen bringen auch im Gleichschritt marschierende Nazis in begeisterte Resonanz zueinander und zum »Führer«. Menschliche Moral ist immer auch eine Schwarmmoral, die sich nach den Handlungen der beobachteten Mitmenschen und ihren »Leithammeln« richtet. Katastrophal wird es, wenn diese Anführer Schritt für Schritt ethische Grundsätze aufgeben – »Shifting Baselines« heißt das in soziologischer Fachsprache – und »die Anderen« zu Nichtmenschen erklären, zu bedrohlichen Bestien, ekligen Parasiten, Kakerlaken, Blutsaugern oder Untermenschen. Dieser Trick, mit dem Machthaber soziale Spiegelneuronensysteme für Mitgefühl aus-

und für Angst und Ekel anschalten, kam im Nationalsozialismus zum Tragen und lässt sich in vielen Krisen- und Kriegsgebieten beobachten.

Anerkennung und »AnSehen«

Spiegelneuronen sind vor allem in unserem optischen und akustischen Wahrnehmungssystem angesiedelt. Menschliche Identität entsteht nie autonom, sondern indem kleine Kinder ihre Bezugspersonen beobachten, ihnen zuhören, sie kopieren und sich in deren Reaktionen spiegeln. Unsere optischen Fähigkeiten verkoppeln unsere Innen- mit unserer Außensicht.

Kein Wunder also, dass »AnSehen« im wörtlichen wie übertragenen Sinne eine absolut zentrale Rolle in allen menschlichen und sogar in manchen tierischen Gesellschaften spielt. Ein Biologieprofessor von der Universität Neuchâtel konnte beobachten, dass putzigerweise selbst Putzerfische auf ihre Reputation achten – sie reinigen ihre Wirtsfische »manierlicher« von Parasiten, wenn andere Putzerfische sie beobachten.[110]

Ohne das AnSehen ihrer Eltern können Babys sich nicht entwickeln und verkümmern. Werden sie angeblickt, reagieren sie normalerweise mit Freude, und zwischen Anschauendem und Angeschautem entsteht eine Magie, die beide Gehirne mit der Ausschüttung von Glückshormonen belohnt.

Auch Erwachsene dürsten nach AnSehen, die Blicke anderer Menschen fungieren wie ein universelles Belohnungssystem. Je mehr sie beachtet werden, umso wichtiger und glücklicher fühlen sich Menschen – auch wenn es Ausnahmen gibt wie Autisten. Laut Studien verfügen sie über weniger Spiegelneuronen.[111]

Seltsam, dass noch niemand ein Grundsatzwerk über die ursprünglichste und grundlegendste Form menschlichen Austausches verfasst hat: den von Augen-Blicken. Das Bedürfnis von Menschen nach Angesehenwerden ist universell, es spiegelt sich in der Wichtigkeit gesellschaftlichen Ansehens und verwandten Begriffen wie Respekt – lateinisch: *respectare*, zurücksehen –, Ruf, Ruhm, Reputation, Status, Prestige, Prominenz und Ehre. Menschen wollen in den Augen der Mitmenschen so gut wie möglich aussehen und ihr »Gesicht wahren«, wie es in asiatischen Kulturkreisen heißt. Auch Macht definiert sich aus der Möglichkeit, die freiwillige oder unfreiwillige Aufmerksamkeit vieler auf sich lenken zu können.

»Unser Bild im Auge der anderen leitet unser Handeln mindestens ebenso stark wie jedes harte egoistische Motiv«, schreibt Richard David Precht.[112] Was auch seine Schattenseiten hat: In patriarchalischen statusbetonten Kulturen können Männer sehr empfindlich auf Statuskränkungen und Herabsetzungen ihres Ehrgefühls reagieren – bis hin zu Gewalt, blutigen Duellen und »Ehrenmorden«.

Der Austausch von AnSehen ist nach Meinung von Georg Franck im Medienzeitalter sogar zu einer Zweitwährung geworden, wie er in seinem Buch *Ökonomie der Aufmerksamkeit* darlegt.[113] Das Streben nach Prestige und Prominenz, also die Akkumulation fremder Aufmerksamkeit über Massenmedien und Fernsehen, sei für moderne Menschen enorm wichtig, argumentiert Franck. Direkter Blickkontakt ist dabei nicht nötig, es reicht das Wissen, von Millionen gesehen zu werden. Er glaubt, regelrechte Märkte für das knappe Gut Aufmerksamkeit ausmachen zu können. Wessen Name in aller Munde ist, habe einen hohen Marktwert in den Medien, sein Prestige rentiere sich, und durch Klatsch und Tratsch werde er immer reicher.

Franck scheint allerdings Ursache und Wirkung verwechselt zu haben: Menschen streben zweifellos danach, Stars und Sternchen zu werden, aber nicht in erster Linie wegen des Geldes, sondern weil sie sich nach AnSehen sehnen. Sie begeben sich auch gerne ins Schlepptau von Prominenz, werden zu Verehrerinnen, Autogrammjägern oder gar Stalkern dieser Stars, weil sie hoffen, von deren Sternenglanz einige Funken abzubekommen. Glamour und Charisma bestehen aus den akkumulierten Augenblicken eines Millionenpublikums – einem offenbar unendlich wertvollen Schatz.

Auch bei der Jagd nach immer neuen Freunden und Followern auf Facebook und Twitter wirken ähnliche Mechanismen, die instabile und ihres AnSehens noch nicht sichere Jugendliche süchtig machen können. Posts, Likes und angebliche Freunde lösen Glücksgefühle bei Usern aus. »Wir als menschliche Wesen haben uns so entwickelt, dass uns unser Ruf wichtig ist. Und in der heutigen Welt ist eine Art, unser Ansehen zu steuern, die Nutzung sozialer Medien wie Facebook«, sagt der Neurologe

Dar Meshi von der Freien Universität Berlin, der die Folgen von Facebook-Nutzung untersucht hat.[114] Allerdings wirkt Facebook laut anderen Studien auch umgekehrt: Intensivnutzende vergleichen sich ständig mit anderen, fühlen sich dadurch weniger angesehen, hässlicher oder weniger beliebt und werden dadurch unglücklicher.[115]

Ähnliche Effekte sind bei Luxusgütern zu beobachten. Viele Männer kaufen sich nicht deshalb einen Porsche, weil sie von dessen Hinterfrontlinie so begeistert wären, sondern weil sie sich damit bewundernde Blicke einfangen wollen – von Frauen und besonders von statushohen Männern. Luxuswaren verkörpern AnSehen, weil ihre Besitzer reich, mächtig und angesehen sein müssen, um sie kaufen zu können. Gold, Diamanten, Jachten, Luxusvillen, Designerkleider werden zu Fetischen dieses AnSehens – und entsprechend angestarrt. Sie verkörpern materielles und kulturelles Kapital. Gesellschaftliches AnSehen wird durch den gigantischen Luxusgütermarkt, der weitere neidische Blicke anzieht, noch mal vervielfacht. Auch Moden und Markennamen, die Status und soziale Zugehörigkeit suggerieren, funktionieren so.

Der moderne Aufmerksamkeitsmarkt wird durch Geld dominiert und verformt. Der Psychotherapeut Werner Gross, auf dessen Couch Frankfurter Banker und Broker liegen, bestätigt: Viele Reiche sind davon getrieben, ihre Kollegen materiell zu übertrumpfen. Sie sind hochgradig geldsüchtig und bräuchten immer mehr, mehr, mehr von ihrem Suchtstoff.[116] Hirntechnisch gesprochen, hat Geld ihr Belohnungssystem vollständig besetzt, manchmal sogar auf Kosten von AnSehen. Glückshormone werden ausgeschüttet, sobald ihr Kontostand wächst oder sie ein vermeintliches Schnäppchen gemacht haben. Ein US-Neuropsychologe bot Versuchspersonen Geld an und konnte im Kernspintomografen messen, dass der für Emotionen und Suchtverhalten zuständige *Nucleus accumbens* mit höheren Geldsummen immer stärker stimuliert wurde. Das Gehirn lässt sich dabei anscheinend leicht betrügen: 1.000 Schweizer Franken lösen offenbar größere Freude aus als 900 Euro, obwohl Letztere mehr wert sind.[117]

Das führt zum Grundproblem des rasenden Konsumismus, der nach unendlicher Steigerung immer neuer Reize und Waren giert und niemals Befriedigung kennt: *I can't get no satisfaction*, wie die Stones sangen.

Und es stellt sich die Frage, ob das Bedürfnis nach AnSehen, das sich viele mit Geld und noch mehr Geld erkaufen wollen, anders befriedigt werden kann.

Geldsüchtigen wird man zwar sicherlich nicht von heute auf morgen ihren »Stoff« entziehen können. Aber langfristig könnte man eine Gesellschaft vertrauensvoller und verlässlicher Sozialbeziehungen aufbauen, in der niemand »aus den Augen verloren wird«. In einer entwickelten Ökonomie des Schenkens und Teilens könnte man das eigene AnSehen durch prosoziale Aktivitäten enorm steigern (s. S. 214). Damit wird AnSehen zunehmend demonetarisiert. Wenn kleine einflussreiche Gruppen mit vorbildhaftem Verhalten beginnen, können sie große Teile der Gesellschaft mitreißen. Und indem Menschen einander als Gleiche behandeln und auf Augenhöhe beggnen, lernen sie die Kraft und Kreativität schätzen, die in solchen Peer-Gruppen existiert (s. S. 159).

Soll der allseits erbittert geführte Kampf um Aufmerksamkeit entschärft werden, muss AnSehen demokratisiert werden und mehr oder weniger reihum wandern – dann sind alle mal dran. »Das Letzte, was wir brauchen, sind noch mehr Rankings«, schreibt Glücksforscher Richard Layard. Durch gegenseitige Anerkennung menschlicher Qualitäten könne man dem Statuswettlauf entkommen.[118] Wenn Menschen sich gegenseitig als Gleiche mit dem gleichen Recht auf Ansehen und Würde behandeln, wenn die öffentliche Aufmerksamkeit wechselt, statt sich nur auf die Mächtigen und Prominenten zu kaprizieren, wenn jeder irgendwann die Chance auf AnSehen hat, werden Gesellschaften »entstresst«. Die allgemeine Zufriedenheit und das Vertrauensniveau steigen. Das ist womöglich auch einer der Gründe dafür, warum Menschen in kleinen Ländern, in denen es familiär zugeht und sich viele persönlich kennen, glücklicher sind als in großen.

Umgekehrt gefragt: Sind wir in entwickelten kapitalistischen Gesellschaften wie Deutschland oder den USA auch deshalb so unzufrieden, weil der *Homo oeconomicus* mit seinem Ellbogenverhalten unseren Grundbedürfnissen nach Vertrauen, Kooperation und AnSehen zutiefst widerspricht? Weil wir schon immer *Homi cooperativi* waren und gezwungen werden, im hiesigen Konkurrenzkampf unsere tiefsten Sehnsüchte zu verleugnen?

Commons – gemeinsame Nutzung von gemeinsamen Gütern

Ein Blick aus dem Fenster zeigt, dass wir von Commons umgeben sind: Landschaften, Luft, Wasser, Straßen, öffentliche Plätze, all das sind Gemeingüter, die niemandem privat gehören. Es gibt natürliche Commons wie die Allmende, auf der früher Dorfbewohner gemeinschaftlich ihr Vieh weideten, kulturelle, wie Sprache und Schrift, Ideen und Wissen, technische, wie Werkzeuge oder das Internet. Wenn sie im Sinne der intergenerationellen Gerechtigkeit erhalten bleiben sollen, müssen sie immer wieder durch soziale Vereinbarungen erneuert und gegen alle Einhegungs- und Privatisierungsversuche verteidigt werden. Das geschieht durch *Commoning*, durch »Vergemeinschaften« oder »Vergemeingütern«. Das Endergebnis einer auf Commons basierten Gesellschaft nennt der ökosoziale Vordenker Johannes Heimrath eine »Commonie«.[119]

In Großbritannien entstand der Kapitalismus im 17. Jahrhundert durch die Einhegung der Commons. In Deutschland blieben viele Gewässer, Wiesen und Wälder bis zum 19. Jahrhundert im Gemeinbesitz; Allmende stand für All-Gemeinde. Wirtschaftswissenschaftler behaupteten unter Berufung auf Garret Hardins 1968 veröffentlichten viel zitierten Aufsatz *Die Tragik der Allmende*, Gemeingüter würden immer übernutzt. Der rationale Mensch entnehme einer kollektiven Ressource zum Zwecke persönlicher Gewinnmaximierung mehr, als ihm anteilig zustehe; dies führe zu Raubbau an Allmenden und damit tendenziell zu ihrer Zerstörung.

Doch die US-Ökonomin Elinor Ostrom wies nach, dass viele Gemeinschaftsgüter rund um die Welt dauerhaft genutzt werden können; dafür bekam sie 2009 als erste Frau den Wirtschaftsnobelpreis. Nach der Untersuchung von rund tausend Beispielen stellte sie Kriterien auf, unter welchen Voraussetzungen Commons langfristig funktionieren. So ist es nötig, die Gruppe der Nutzenden klar zu benennen und Sanktionen bei Missbrauch zu vereinbaren.[120]

Ausgangspunkt für eine erfolgreiche kollektive Nutzung sind stets die konkreten Bedürfnisse der Beteiligten – und die können sehr unterschiedlich sein. Es geht nicht um eine formal gleiche Verteilung, sondern um eine von allen als fair empfundene Regelung. Die Beteiligten müssen Entnahmen aus den Commons selbstbestimmt und vertrauensvoll verabreden – egal, ob es sich dabei um einen Fischteich, eine Viehweide, ein Mietshaussyndikat, eine geldlose Tauschbank oder ein als offene Quelle ausgewiesenes Softwareprogramm handelt.

Prinzipiell zu unterscheiden sind »rivale« Güter wie Wasser oder Kartoffeln, die durch Verbrauch weniger werden, und »nicht rivale« Güter wie Wissen oder Informationen, die durch Nutzung sogar wachsen, betont Silke Helfrich, Commonstheoretikerin und -praktikerin, die das Standardwerk zum Thema herausgegeben hat.[121] Digitale Dateien sind »nicht rival«, weil ohne Aufwand kopierbar und in Millisekunden auf der ganzen Welt zu verbreiten. Und alles, was im Internet veröffentlicht ist, lässt sich meist nicht mehr einfangen und bleibt für alle lesbar.

In vielen Metropolen entstehen Gemeinschaftsgärten, in Nepal, Indien oder Lateinamerika handeln Indigene oder Frauengruppen die gemeinschaftliche Nutzung von Wäldern aus. Auch das Saatgut von Nutzpflanzen war bis ins 19. Jahrhundert ein selbstverständliches Erbe der Menschheit, ein Gemeingut. Eine weltweite Bewegung verfolgt nun das Ziel, die Enteignung von Millionen Bauern durch die Agroindustrie zu überwinden und Saatgut wieder zu Commons zu machen.

Commons haben ein großes Glückspotenzial – weil sie offene Zugänge schaffen und demokratische Selbst- und Mitbestimmung ermöglichen. Könnte die Menschheit aus nichtprivatisierten offenen Quellen schöpfen und ihren Alltag daraus speisen, wären zentrale Ursachen von Armut und Elend beseitigt.

☛ commonsblog.wordpress.com

Buen Vivir oder richtig Zusammenleben

Einen alternativen Ansatz zum westlichen Konkurrenzdenken haben indigene Gemeinschaften Lateinamerikas entwickelt: *Buen Vivir*, das »gute Leben«. Im radikalen Unterschied zu den aufs eigene Ego fixierten Glücksvorstellungen in Europa geht es in dieser *cosmovisión* um ein gutes Leben in Harmonie mit der Gemeinschaft und der Natur. In den neuen Verfassungen Ecuadors und Boliviens wurde *Buen Vivir* beziehungsweise *Vivir Bien* gar als Staatsziel verankert. Einflussreiche lateinamerikanische Intellektuelle haben dazu zahlreiche Schriften veröffentlicht.[122]

Suma Qamaña oder *Sumak Kawsay*, wie das »gute Leben« in den indigenen Sprachen Aymara und Ketschua heißt, ist nicht wörtlich übersetzbar, man kann es nur umschreiben: »Mit allen Wesen richtig zusammenleben«, »Leben in Würde« oder »Zusammenleben in Vielfalt und Harmonie mit der Natur«. *Buen Vivir* ist zugleich ein explizit antikolonialistisches Modell, das sich gegen die westliche Lebensweise und deren lineare Vorstellungen von Wachstum und Fortschritt einschließlich ihrer sozialistischen Varianten abgrenzt. Auf Aymara und Ketschua gibt es keinen Begriff für »Entwicklung«, erst recht keinen für »Unterentwicklung«.

Zwei Jahre nach dem Sieg des Linken Rafael Correa bei den Präsidentschaftswahlen nahmen die Ecuadorianer 2008 die von ihm mitinitiierte neue Verfassung in einer Volksabstimmung an. Alberto Acosta, dem Präsidenten der verfassunggebenden Versammlung, ist es zuzurechnen, dass weltweit erstmalig das Recht auf *Buen Vivir* für alle Einwohner im Sinne materieller, sozialer und spiritueller Zufriedenheit als Staatsziel verankert wurde. Das schließt das Recht auf Ernährung, Bildung, Gesundheit, intakte Umwelt und Wasser ein; Letzteres darf nicht privatisiert werden. Ebenfalls einmalig: Auch die *Pachamama* – mit »Mutter Natur« schlecht übersetzt – erhielt Rechte, etwa der Schutz ihrer Artenvielfalt.

2005 wurde mit Evo Morales erstmals ein Indigener zum Präsidenten des Vielvölkerstaates Bolivien gewählt. Die danach neu erarbeitete Verfassung musste etliche innenpolitische Turbulenzen passieren, ehe sie 2009 per Volksentscheid angenommen wurde. Auch hier wurde *Vivir Bien* als Staatsziel formuliert und *Pachamama* mit eigenen Rechten ausgestattet, was die Regierung mit einem Ende 2010 verabschiedeten »Gesetz zum Schutz der Erde« samt dazugehörender »Verteidigungsbehörde« bekräftigte.

Manches klingt in unseren Ohren befremdlich, etwa Evo Morales' pathetischer Ruf *Pachamama o muerte* (Mutter Natur oder Tod) bei der alternativen Klimakonferenz 2010 in Cochabamba. Den »Kult« um die Gottheit *Pachamama* kommentieren einige Europäer kritisch, zum Beispiel Renaud Lambert in der Zeitschrift *Le Monde Diplomatique*.[123] Allerdings entstammt auch der Begriff »*Pachamama*« einer komplexen indigenen Sichtweise. Die indigene Philosophin Muruchi Poma weist auf das Grundprinzip der Wiedergeburt hin: Weil Menschen sich von den Früchten der Natur ernähren, sei die *Pachamama* Teil der biologischen Reproduktion und »Teil des menschlichen Subjekts«. So gesehen, wird die *Pachamama* zu einer Art Erweiterung unserer Extremitäten.

Pacha stehe für ein völlig anderes Verständnis von Raum und Zeit als das lineare westliche, so Muruchi Poma. *Pachakuti* sei die zyklische Wiederholung, das »Holen« eines früheren Zustands in die Gegenwart. Wenn sich durch Ausbeutung des Bodens die darin lebenden Mikroorganismen nicht mehr reproduzieren könnten, stehe das Weiterleben aller Lebewesen auf dem Spiel. »Wenn wir als Menschheit weiterhin in Zukunft existieren wollen, muss sich die frühere Fähigkeit der Erde zur Regeneration heute und in Zukunft erneut wiederholen. Die Vergangenheit muss in der Zukunft präsent sein.«[124]

Es sei ein enormer Fortschritt, glaubt der Lateinamerikaexperte Thomas Fatheuer, dass die Natur zum ersten Mal in der Geschichte zum Rechtssubjekt geworden sei.[125] *Buen Vivir* sei ein im Entstehen begriffenes, hybrides, plurikulturelles Konzept aus Tradition und Moderne, lokalen und globalen Bezügen, ohne allgemeingültige Definition und mit inneren Widersprüchen, ergänzt der einflussreiche uruguayanische Intellektuelle Eduardo Gudynas. Einer der Streitpunkte ist die Frage, ob es nur ein indigenes Modell sein könne oder alle Menschen einschließe.[126]

Die Versuche, *Buen Vivir* für alle Ecuadorianer und Bolivianerinnen zu verwirklichen, scheitern im realen Leben jedoch vor allem am Neoextraktivismus – dem Raubbau an natürlichen Ressourcen wie Erdöl und Lithium, mit dessen Exporterlösen die linken Regierungen

Lateinamerikas Sozialleistungen, Gesundheits- und Bildungsprogramme finanzieren. Ein solcher Ausverkauf von »Mutter Erde« ist im Grunde ein Verfassungsverstoß.

In Bolivien gibt es deshalb unzählige Umweltkonflikte, etliche indigene Gruppen wandten sich bereits enttäuscht von Präsident Morales ab. In Ecuador scheiterte die von Alberto Acosta eingefädelte internationale Yasuní-Initiative zur Rettung des gleichnamigen Regenwalds. Verantwortlich dafür waren »Verniebelungen«, wie Acosta es nennt, durch den früheren deutschen Entwicklungsminister Dirk Niebel von der FDP, der kein Geld für das Belassen von Erdöl in einer der artenreichsten Regionen der Welt bezahlen wollte, aber auch der autoritär regierende Präsident selbst. Trotz der schönen Verfassung besitzt er wenig Neigung, die ecuadorianische Zivilgesellschaft von unten wachsen zu lassen, er regiert lieber von oben. Dennoch eröffnet *Buen Vivir* einen utopischen Horizont, ein neues Nachdenken über ein gutes Leben jenseits des einsamen *Homo oeconomicus*, der Natur und Gesellschaft zerstört.

Mutter Erde und Muttererde

Sechs indigene Schamanen und Priesterinnen versammeln sich Anfang 2013 auf einem Dorfplatz in der Nähe von Mexico City, um eine Delegation bayerischer Bauern zu begrüßen, die ihr Wissen über naturnahen Anbau mit Einheimischen austauschen wollen. *La Abuelita* (Großmütterchen) ist eine Maya-Frau mit strammen grauen Zöpfen, winzig, doch mit einer immensen Ausstrahlung. Zusammen mit den anderen ruft sie die Götter der vier Himmelsrichtungen an, »damit eure Arbeit gelingen möge«. Die Atmosphäre ist andächtig. Weihrauch wird verbrannt, Klangschalen angeschlagen, eine Muscheltrompete geblasen.

»Öffnet eure Herzen, atmet alles aus, was schlecht ist, und alles ein, was gut ist: Liebe, Frieden, das gute Leben«, fordern die Schamaninnen ihre Gäste auf. »Legt euch auf die Erde, nehmt Kontakt auf mit Mutter Erde, der Herrin.« Zwanzig gestandene bayerische Milchbauern und Gärt-

Maya-Schamanen und -Priesterinnen auf einem Dorfplatz nahe Mexiko-Stadt.
Foto: Haiko Pieplow

nerinnen liegen auf der Wiese, fühlen Erdkrümel, Grashalme, den Wind und lassen es sich wohl sein. »Mutter Erde heißt bei uns Muttererde«, kommentiert einer später lakonisch.

In vielen Gebieten Lateinamerikas sind solche uralten Traditionen noch lebendig. Aymara, Maya, Azteken und andere indigene Gruppen teilen bestimmte mythische Vorstellungen, etwa die von der mütterlichen Erde, die alle nährt. Für die Geschenke dieser Mutter sollte man dankbar sein, glauben sie, und darauf achten, dass sich ihre Ressourcen immer wieder regenerieren können. Die Quiché in Peru etwa befolgen strenge Regeln für den Ersatz von gefällten Bäumen.[127]

Am lebendigsten haben sich diese Vorstellungswelten bei den Kogi erhalten, der letzten indigenen Hochkultur Amerikas, die Verfolgungen der spanischen Kolonisatoren durch Flucht in die unzugänglichen Gebiete der Sierra Nevada de Santa Marta im Norden Kolumbiens überlebten. Etwa 12.000 Kogi leben dort heute noch, ihr umfassendes ökologisches Wissen geben sie bewusst nur mündlich von Generation zu Generation weiter: »Die Schrift legt den Geist fest und presst ihn in ein Schema, und aus dem Schema geht Götzenverehrung hervor.« Sie sehen sich als »Hüter der Erde«, die die Schäden auszubalancieren versuchen, die ihr durch Waldabholzung, Gold- und Rohstoffausbeutung zugefügt wurden – was in ihren Augen dem Abhacken mütterlicher Körperteile gleichkommt. In ihrer Mythologie gibt es neun Welten, die durch neun Töchter der Mutter symbolisiert werden. Die letzte Tochter ist die neunte Erde, die schwarze Erde, der »zeugende Mutterkuchen« der universellen Strukturen. »Für uns ist die Erde eine Lebensquelle, sie gibt uns die Regeln vor, deshalb nennen wir sie die Mutter Erde. Für euch ist sie Eigentum, Quelle des Profits, ein Warenartikel. Wie kann man seine Mutter verkaufen?«, fragen sie.[128]

Auch auf anderen Kontinenten gibt es solche Lebensphilosophien. In Südafrika machten die Friedensnobelpreisträger Nelson Mandela und Bischof Tutu den Begriff »*Ubuntu*« populär, der aus den Bantusprachen der Zulu und Xhosa stammt. Wörtlich übersetzt, bedeutet er »Menschkeit«, also in etwa »Mitmenschlichkeit«, »Essenz des Menschseins« oder »Gemeinsinn«. Oder auch: »Ich bin, weil du bist.« Es geht um eine Grundhaltung, die nicht das Ego in den Mittelpunkt stellt, sondern die individuelle Beziehung zur Gemeinschaft, das Teilen, das gegenseitige AnSehen, Respekt und Anerkennung. Dahinter steht der Glaube an ein universelles Band des Teilens, das alle Menschen miteinander verbindet.

Ein Mensch mit *Ubuntu* hat Bewusstsein davon, dass seine eigene Identität durch Spiegelungen im Wir entstanden ist. Er oder sie verhält sich offen gegenüber anderen, teilt gerne, ist solidarisch, gastfreundlich und versöhnlich. Das Lebenskonzept des *Ubuntu* hat auch die Debatte beeinflusst, wie das Apartheidsystem zu überwinden sei. Täter, die in der Wahrheits- und Versöhnungskommission aussagten, gingen straffrei aus – was manche als »billige Versöhnung« kritisierten. In den Bantusprachen von Ruanda und Burundi bedeutet *Ubuntu* übrigens auch »gratis«. Das kostenlos erhältliche Betriebssystem von Linux trägt diesen Namen und wird von der Ubuntu Foundation vertrieben.

In Nigeria gibt es eine ähnliche Lebensphilosophie, eine Mischung aus *Buen Vivir* und *Ubuntu: Eti Uwem*. In Ibibio, einer der vielen Sprachen Nigerias, bedeutet *Eti Uwem* das »gute Leben« schreibt Nnimmo Bassey, der nigerianische Umweltaktivist und Exvorsitzende von Friends of the Earth International: »Darin enthalten ist die Idee, in Harmonie mit der Natur und allen Menschen zusammenzuleben. Das beinhaltet Würde, Respekt, Aufrichtigkeit, Integrität, Solidarität und Genügsamkeit.«[129] Damit werde Einspruch erhoben gegen »Spekulation, Ausbeutung, Enteignung und destruktive Aktivitäten«. Leben und Natur dürften nicht mit Geldpreisen versehen werden. Die Wirtschaft müsse von den Bedürfnissen der Bürger her bestimmt werden, sonst bleibe auch »grüne Ökonomie« nur Kapitalismus in Grün.

Das gute Leben

Wie wollen wir eigentlich leben? Und welche Bedingungen müssen erfüllt sein, damit wir das Gefühl haben, genug zu haben? Es geht um Suffizienz, also um die Frage nach dem rechten Maß – eine Frage, die bei *Eti Uwem* noch eine Rolle spielt, die aber moderne Gesellschaften zu stellen verlernt haben.

Einer der Ersten, der über die Bedingungen des guten Lebens nachdachte, war der altgriechische Philosoph Aristoteles. Für ihn war klar: Die Tugend der Mäßigung, neudeutsch Suffizienz, gehört unabdingbar zum guten Leben dazu. Wenn wir immer höher, schneller, weiter streben, verlieren wir das gute Leben aus den Augen, statt es zu erringen. Der Mensch – den er allerdings nur männlich dachte, was die von ihm entworfene Ordnung in manchen Punkten problematisch macht – war in seinen Augen ein *Zoon politicon*, ein Gemeinschaftstier. Deshalb ist alles, was er an Gutem oder Schlechtem tut, auch gut oder schlecht für die Gruppe respektive seine Gesellschaft. Würde Aristoteles heute leben, würde er sich mit Grausen abwenden, glaubt der belgische Psychoanalytiker Paul Verhaeghen, denn eine egoistische Glückssuche jenseits der Eingebundenheit in Gesellschaft und Natur wäre für ihn die reinste Hybris.[130]

Aristoteles glaubte zudem, dass Menschen bestimmte Glücksgüter als Teil und Selbstzweck des guten Lebens benötigen, darunter Freundschaft, Nachkommen und Gesundheit. Auch fand er es wichtig, dass Menschen »mit sich selbst befreundet sind« und ihr Selbstentwurf mit dem AnSehen der anderen zusammenpasst. Hier taucht schon in der Antike etliches auf, was die internationale Glücksforschung heute als zentral ansieht. Anderes wäre zu ergänzen: Vertrauen gehört zur langfristigen Lebenszufriedenheit von Menschen ebenso dazu wie sinnstiftende Arbeit, Muße, Sicherheit, Zugehörigkeit, Selbstwirksamkeit, Selbstbestimmung, direkte Demokratie, Naturerfahrung und Kultur.

Eine ähnliche Reihung haben Robert und Edward Skidelsky in ihrem Buch *Wie viel ist genug?* aufgestellt, für sie zählen Gesundheit, Sicherheit, Respekt, Persönlichkeit, Harmonie mit der Natur, Freundschaft und Muße zu den »Basisgütern« des guten Lebens.[131] Der indische Nobelpreisträger Amartya Sen und die feministische US-Philosophin Martha Nussbaum haben zusammen den Fokus auf die Entwicklung menschlicher Befähigungen gerichtet (Capabilities Approach).

Die bekennende Aristotelikerin Nussbaum betont die Würde und den Respekt, der allen Lebewesen zusteht – hier ist es wieder, das AnSehen. Zu den zentralen Fähigkeiten, die Menschen zum Führen eines guten Lebens brauchen, zählen für sie in enger Verknüpfung mit dem Konzept der Menschenrechte: körperliche Integrität, Gefühlserfahrung, kognitive Fähigkeiten, Vertrauen, Moralvorstellungen, soziale und ökologische Verbundenheit, Autonomie, Lachen und Spiel.[132] Der Staat sollte sicherstellen, dass seine Bürger diese Grundbefähigungen entwickeln und nutzen können, aber sich nicht einmischen, wenn es darum geht, *wie* sie dies tun.

Solche »Glücksbefähigungen« oder »Glücksgüter« muss eine »Glückswirtschaft« produzieren können, sonst ist sie keine. Wie also könnte man die bisherige Fixierung auf das Bruttosozialprodukt auf die Produktion von Glücksgütern umstellen? Das kleine Königreich von Bhutan versucht das seit einiger Zeit.

Bruttosozialglück statt Bruttosozialprodukt

Als ein Journalist den damaligen König von Bhutan 1972 nach dem Bruttonationalprodukt des Himalajastaates fragte, erwiderte der, das Bruttonationalglück seiner rund 700.000 Untertanen sei ihm wichtiger. Die königliche Wortschöpfung wurde nach den ersten demokratischen Wahlen von 2008 als Staatsziel in der Verfassung Bhutans festgeschrieben.

Bhutans Regierung richtete eine »Glücksbehörde« ein, die die Zufriedenheit der Menschen in neun Bereichen messen und steigern sollte: Lebensstandard, Erziehung, Gesundheit, Zeitwohlstand, psychisches Wohlergehen, kulturelle Vielfalt, Vitalität der Gemeinde, gute Regierungsführung und ökologische Vielfalt. Alle zwei Jahre schwärmten ihre Beamten mit einem über 100 Seiten dicken Fragebogen aus, um alle Einwohner abzufragen: Wie zufrieden sind Sie mit der Sauberkeit der Luft? Mit der Regierung? Mit den Schulen Ihrer Kinder? Vertrauen Sie Ihren Nachbarn? Kümmern sich die Mitglieder Ihrer Familie umeinander? Ergebnis im Jahre 2010: 41 Prozent der Befragten waren in sechs der neun Bereiche »glücklich«, 59 Prozent »weniger glücklich« oder »unglücklich«. Auch in Bhutan ist das Bruttosozialglück noch steigerungsfähig.

Das buddhistisch orientierte Königreich machte das Konzept des Bruttosozialglücks auf Konferenzen weltweit bekannt. »Bhutan versucht sich nicht als Land zu vermarkten, das das Glück gefunden hat«, so der frühere Premier Lyonchhen Jigmi Thinley. »Es ist lediglich so, dass wir ein Land sind, das daran glaubt, dass Glück das ist, was am meisten zählt. Und dass Glück durch die Balance zwischen Materiellem und Spirituellem, zwischen Körper und Geist erreicht werden kann.« Sein oberster »Glücksvermesser« Karma Tshiteem stellte bei einer Veranstaltung des Wuppertal Instituts in Berlin die Vorteile der Methode heraus: »Man kann dadurch sehr genau die Folgen von politischen Entscheidungen messen und verfolgen. Das führt zu tieferen Debatten, anders als früher, wo es nur um Geld ging.«

Um die Nachhaltigkeit zu fördern, arbeitete die Regierung in Kooperation mit dem Blue-Economy-Vordenker Gunter Pauli Pläne aus, wie die Nation in der Größe der Schweiz vollständig auf Biolandbau und erneuerbare Energien umzustellen sei. Ökologische Brauereien, aus Bäumen gewonnener Treibstoff und Windrotoren auf bereits bestehenden Strommasten gehören dazu. 60 Prozent des Landes sind mit Wald bedeckt und sollen es auch bleiben. Naturfraß und Landbetonierung wie in anderen Nationen sind verboten.

Alte ökologische Traditionen sollen wiederbelebt werden. So diente in traditionellen Häusern das Erdgeschoss als Stall, und die Tiere heizten im Winter mit ihrer Körperwärme auch die oberen Räume. Nutztiere dürfen tagsüber frei herumlaufen; Bauern sperren sie nicht in ein Gatter, sondern ziehen Zäune um ihre Pflanzen.

Derweil findet das Bruttosozialglück weltweit immer mehr Anhänger. In Brasilien wird es auf kommunaler Ebene benutzt, um durch Umfragen und Aktivitäten mehr Lebensqualität etwa in Favelas zu erreichen. Auf Initiative Bhutans und mit der Unterstützung von 68 Ländern erließ die UN-Generalversammlung 2011 die bereits erwähnte »Glücksresolution«, in der anstelle des Bruttosozialprodukts alternative Fortschrittsmessungen verlangt sowie Glück und nachhaltige Entwicklung als Menschheitsziel definiert werden.

Im Juli 2013 trug die Opposition bei den Wahlen in Bhutan allerdings einen erdrutschartigen Sieg davon, die frühere Regierung wurde abgewählt. Die Gründe dafür waren vor allem außenpolitischer Natur: Bhutans Annäherung an China hatte zu instabilen Beziehungen mit Indien und einer Verteuerung von Importgütern wie Kochgas geführt. Die bisherige Regierung habe sich international zu sehr mit dem Bruttosozialglück geschmückt und sich zu wenig um die interne Korruption gekümmert, wetterte der neue Premier Tshering Tobgay. Eine seiner ersten Amtshandlungen bestand jedoch darin, die 200-prozentige Steuer auf den Import von Luxuslimousinen aufheben zu lassen.

Der königstreue Premier versprach zwar, das vom König eingeführte Staatsziel Bruttosozialglück nicht abzuschaffen, will ihm aber keine internationale Bedeutung mehr zumessen. Gunter Pauli zog bereits Konsequenzen, er arbeitet nicht mehr mit der Regierung und nur noch mit Ökobetrieben in Bhutan zusammen. Die Idee des Bruttosozialglücks hat vielleicht ihren Heimathafen in Bhutan verloren, segelt aber längst um die Welt.

Kapitel 4

Die Umfairteilung von Geld, Arbeit und Status – egalitäre Gesellschaften sind glücklicher

»Viele Menschen benutzen das Geld,
das sie nicht haben, für den Einkauf von Dingen,
die sie nicht brauchen, um damit Leuten
zu imponieren, die sie nicht mögen.«
Walter Slezak, Schauspieler

Eine wichtige Erkenntnis überfiel Max A. Höfer, damals noch Geschäftsführer der neoliberalen »Initiative neue soziale Marktwirtschaft«, bei einer *taz*-Veranstaltung mit dem Beschleunigungskritiker Hartmut Rosa. Er war erstaunt, dass der Soziologe die Managerelite weder bewunderte noch kritisierte, sondern *bemitleidete*. Rosa nannte sie »armselige, raffgierige, orientierungslose Süchtige, die ein unabschließbares Steigerungsspiel betreiben: Wachstum, Reichtum, Beschleunigung, Innovationsverdichtung«.[133]

Wozu das Ganze, fragte sich Höfer. Wenig später schmiss er seinen Job hin.

Die neue Plutokratie
147 Konzerne beherrschen fast die Hälfte der Weltwirtschaft – mittels Aktienpaketen, Krediten und Anteilen an Fremdfirmen.[134] »Es herrscht Klassenkrieg, aber es ist meine Klasse, die Klasse der Reichen, die Krieg führt, und wir gewinnen«, gab Warren Buffett, zeitweise der zweitreichste Mann der Welt, vor einiger Zeit zum Besten.[135] Der Milliardär

zählt zur Gruppe der Top 50, die laut einem Bericht des International Forum on Globalization weltweite Umweltschäden verursacht und sich dabei horrend bereichert haben.[136] Die Spitzenpositionen belegen der Studie zufolge die Brüder Charles und David Koch, Inhaber der im Öl-, Gas- und Chemiegeschäft tätigen Koch Industries, Unterstützer der evangelikalen Tea Party, Financiers eines globalen Netzwerks von Thinktanks, die den menschengemachten Klimawandel leugnen und die Arbeit von Klimaforschern diskreditieren.

Der Turbokapitalismus habe extremere Ungleichheiten geschaffen als das Römische Reich, schreiben die Autoren. Tatsächlich besitzen laut einer Studie von Oxfam die 85 reichsten Menschen mehr als die arme Hälfte der Menschheit.[137] Umgekehrt verfügen diese 3,5 Milliarden Menschen gerade mal über zwei Prozent allen Eigentums.[138] In Deutschland sitzen die reichsten zehn Prozent auf fast zwei Dritteln des Volksvermögens, gleichzeitig hat gut ein Viertel fast nichts oder ist sogar verschuldet.[139]

Während Superreiche in ihren Vermögen schwimmen wie Dagobert Duck in seinem legendären Geldspeicher, bekommen Arme nur ein paar Brosamen ab. Die britische New Economic Foundation hat für die Zeit von 1990 bis 2001 errechnet, dass weltweit von 100 Dollar Gewinn aus dem Wirtschaftswachstum nur 0,60 Dollar in die Linderung der absoluten Armut flossen. So sieht also der von Neoliberalen behauptete Trickle-down-Effekt aus, das Hinabsickern des Reichtums bis zu den Armen. Lassen sich 99,40 Dollar Profit dadurch rechtfertigen, dass 60 Cent an Arme gehen?[140]

Diese Verteilung entsteht durch Zinsen, durch Spekulationen mit Aktien und anderen Finanzprodukten. Wer eine Milliarde Euro besitzt, muss, bei einer jährlichen Vermögenssteigerung von fünf Prozent, täglich 137.000 Euro ausgeben, um nicht reicher zu werden.[141] Die Zahl der Milliardäre steigt massiv, 2013 gab es in Deutschland schon 135.[142]

Hinzu kommen Steuergesetze, die Reiche begünstigen, Schlupflöcher für den Geldtransfer in Steueroasen, gigantische Gehälter und Boni für Manager und Banker. Die Chefs der Deutschen Bank verdienten 2013 jeweils fast fünf Millionen Euro im Jahr – ungefähr das 150-Fache eines Bankangestellten. Der bestbezahlte US-Hegdefonds-Manager John

Paulson scheffelte zeitweise sogar das 300.000-Fache des dortigen gesetzlichen Mindestlohns.[143] Meinungsumfragen in Großbritannien und den USA ergaben, dass etwa 80 Prozent der Befragten diese krassen Unterschiede als falsch und ungerecht empfinden.[144] Die meisten Menschen meinen, Chefs sollten nicht mehr als das Drei- bis Zwanzigfache ihrer Beschäftigten verdienen.

Warum sind Reiche so unersättlich, obwohl sie ihr Geld nicht einmal durch pausenloses Shopping ausgeben könnten? Glücksforscher Richard Layard vermutet, dass sie einer »Einkommenssucht« unterliegen.[145] Allerdings geht es ihnen wohl weniger um das Geld – eine Million mehr oder weniger auf ihrem Konto bemerken Superreiche wahrscheinlich nicht einmal –, sondern um AnSehen und Status. »Warum braucht ein Milliardär noch eine weitere Milliarde?«, fragt Jerome Barkow in seinem Buch *Darwin, Sex, and Status*. Und antwortet: »Nur um einen höheren Status zu haben als ein anderer Milliardär, der nur eine Milliarde Vermögen hat.«

Geld von oben nach unten umzuverteilen würde die durchschnittliche Zufriedenheit der Menschen enorm steigern, belegt der *Glücksatlas 2012*: »Wie die Daten für Deutschland zeigen, trägt ein Euro im Schnitt rund zehnmal mehr zur Lebenszufriedenheit einer Person bei, wenn diese über ein monatliches Nettoeinkommen von 1.000 Euro verfügt, als bei einem Einkommensbezieher von 8.000 Euro im Monat.«[146]

Statuskonkurrenz macht alle unglücklich

Konzernlenker, Banker oder auch manche Exkanzlerkandidaten wollen immer mehr verdienen, weil sie sich an der Geldelite messen. Stets gibt es aber jemanden, der noch mehr kassiert als sie selbst – ein Rattenrennen ohne Ende.

Nell Montgomery war früher selbst Investmentbankerin und therapiert nun in London ihre Exkollegen, die trotz eines Jahresgehalts von mindestens einer Million Pfund in Finanznot gerieten: »Sie vergleichen sich mit ihren Kollegen. Und in ihrer Welt ist es eben normal, zwei Häuser zu besitzen, teure Urlaubsreisen zu machen, alle drei Kinder auf Privatschulen zu schicken und Vorzeigefrauen zu heiraten. Hinzu kommen die Steuern, die Hypotheken – und schon geraten sie unter Druck.« Deshalb sei es therapeutisch »am allerwichtigsten, dass sie sich mit normalen Leuten umgeben und nicht nur mit Bankern. Nur so können sie aus dem Teufelskreis ausbrechen, wo sie sich ständig mit anderen messen müssen und wo es immer Leute geben wird, die mehr verdienen.«[147]

Die Fixierung auf ständige Geldvermehrung raubt den Reichen zudem jede Zeit für Genüsse. Einige von ihnen, wie der Milliardär Roman Abramowitsch, verschwenden immense Ressourcen für absurde Männerspielchen: Er ließ sich die längste Privatyacht der Welt bauen – 50 Zentimeter länger als die des Emirs von Dubai. Pech für Abramowitsch: Im Sommer 2011 scheiterte er beim Versuch, an der Côte d'Azur anzulegen, weil seine *Eclipse* an keinen Kai mehr passt.[148]

Solche Männer sind in einer »Statustretmühle« gefangen, sagt Glücksforscher Matthias Binswanger: »Nur ein paar wenige sind jeweils Spitze, und der Rest ist Durchschnitt oder, noch schlimmer, unter dem Durchschnitt.« Ein früherer Hedgefondsmanager bekannte: »Ich war nicht zufrieden damit, wenn ich Gewinne erzielte. Meine Gegner mussten verlieren, damit es ein wirklich guter Tag für mich war. Gewannen hingegen die anderen und verlor ich selbst, dann musste ich die Tränen zurückhalten.« Selbst die ganz oben können sich nicht ausruhen, sondern müssen ständig ihren Rang verteidigen. Eine Aufrüstungsspirale ohne Ende.[149]

Reiche tragen ihren Wettbewerb um Status und AnSehen auch mit dem Kauf exorbitant teurer Luxusgüter aus, und weniger Wohlhabende tun es ihnen nach, so gut sie eben können. Für die gesättigten Ökonomien ist Statusshopping ein wichtiger Motor für weiteren Konsum und Wirtschaftswachstum. Laut Studien steigen parallel zu Einkommensdifferenzen auch Warenkonsum, Materialverbrauch, Autodichte, Wohnungsgröße und Wasserverbrauch, während Radfahr- und Recyclingquoten sinken.[150]

In den USA wirkt diese »Statusaufrüstung« noch stärker als in Europa. Einfamilienhäuser werden immer größer und luxuriöser und mit immer mehr teurem Schnickschnack ausgestattet: Gasherde mit sechs Kochstellen, begehbare Kühlschränke und Wellnesslandschaften im Badezimmer, in den Garagen Luxuslimousinen und SUVs.[151] Das Land ist zugepflastert mit privaten Lagerhäusern, in denen Käufer und Konsumentinnen nur die Dinge stapeln, die sie nie nutzen.[152] Glücklicher sind viele Amerikaner dadurch nicht geworden – im Gegenteil. »Konsum führt zu mehr Wachstum, was zu mehr Ungleichheit führt, was wiederum zu mehr Konsum führt«, so beschreibt Paul Gilding die sich immer schneller drehende Spirale der Ressourcenschlachten.[153]

Die meisten überschätzen das Glückspotenzial eines hohen Einkommens- und Konsumniveaus, sagen Zufriedenheitsforscher. Wenn Vermögen nicht, wie in der obersten Elite üblich, geerbt wird, muss es mit viel Mühe erarbeitet werden. Und Menschen gewöhnen sich schnell an Wohlstand, die Freude darüber schmilzt rasch. Zudem müssen viele hart schuften, um Schulden für Luxusgüter abzubezahlen, und haben keine Zeit, diese zu genießen. Der Effekt ist auch den meisten Lottogewinnern bekannt: Nach zwei, drei Monaten ist die Euphorie vorbei, und sie sind wieder genauso glücklich oder unglücklich wie vorher.[154]

Die ständige Jagd nach Statusverbesserung vermindert die Lebenszufriedenheit *aller*. Materialisten sind weniger glücklich als Menschen mit sozialen Zielen, haben der deutsche Sozialpsychologe Peter Schmuck und seine US-Kollegen Richard Ryan und Tim Kasser als Ergebnis von Umfragen in Deutschland, den USA, Russland und Indien ermittelt. Gleichzeitig sind sie oft gestresster, ängstlicher und depressiver.[155]

Auch der US-Politikwissenschaftler Robert Lane kommt zum Schluss, dass der in »Marktdemokratien« vorherrschende Materialismus die Ursache der zunehmenden Unzufriedenheit ist, weil er Konkurrenz und Geld überbewertet, Kooperation und Mitmenschlichkeit aber abwertet. In Hunderten von Studien habe sich gezeigt, schreibt der emeritierte Professor, dass die Korrelation zwischen Einkommen und Glück in den USA gegen null gehe.[156]

Ungleichheit macht krank, depressiv und einsam

Konkurrenz produziert »strukturellen Hass«, wie es die Ökonomin Friederike Habermann formuliert. Viele Superreiche leben in Luxusvillen, umgeben von Hochsicherheitszäunen, Tag und Nacht bewacht. Sie bewegen sich nur in gepanzerten Limousinen fort und schaffen einen Kordon der Angst um ihre aufgehäuften Reichtümer.

In Ländern mit großer Ungleichheit sind alle Gesellschaftsmitglieder unglücklicher, depressiver, misstrauischer, einsamer und kränker. Sie erleben mehr Gewalt und Kriminalität und haben mehr Angst davor, wie Richard Wilkinson und Kate Pickett in ihrer bahnbrechenden Studie *Gleichheit ist Glück* durch Auswertung vieler Statistiken nachgewiesen haben. Auslöser zahlreicher Straftaten seien Gefühle von Status- und Ehrverlust – als Folge von Ungleichheit – sowie Ausgrenzung, Erniedrigung und daraus folgende Scham.[157]

Stress, Angst und Scham lösen wiederum häufig Krankheiten aus. Menschen aus Ländern mit großen Einkommensunterschieden – wie den USA oder Großbritannien – haben im Schnitt eine geringere Lebenserwartung und sind kränker als Menschen aus egalitärer ausgerichteten Ländern, so Pickett und Wilkinson. Auch psychische Erkrankungen sind in stark ungerechten Gesellschaften bis zu fünfmal so häufig.[158] Mehr als die Hälfte der US-Amerikaner erlebt im Laufe des Lebens Phasen seelischer Erkrankung, das Ausmaß der Angstgefühle hat in den letzten Jahrzehnten ständig zugenommen.[159] Die beiden Wissenschaftler führen das unter anderem auf die Wirkung von Stresshormonen zurück, deren biologisches Level durch Bewertungsdruck und Statusangst ständig hochgetrieben wird.

In vielen westlichen Ländern ist eine zunehmende Vereinsamung zu beobachten oder, wie der britische Professor Tim Jackson es nennt, eine »soziale Rezession«.[160] Immer mehr warme soziale Beziehungen werden durch kalte bezahlte Dienstleistungen wie Pflegedienste ersetzt – was das gesellschaftliche Vertrauensniveau sinken lässt. Der Familien- und Freundeskreis von Durchschnittsamerikanern hat sich in den letzten Jahrzehnten radikal verkleinert.

Ungleichheit und Statuskonkurrenz befördern gleichzeitig Misstrauen: Je größer die Kluft zwischen Armen und Reichen ist, desto weniger Vertrauen herrscht unter den Menschen. In Portugal, das zu den ungleichsten Ländern Europas gehört, ist der Misstrauenspegel sehr hoch: Nur zehn Prozent glauben laut einer Umfrage, anderen Menschen vertrauen zu können. Im vergleichsweise egalitären Schweden hingegen trauen 60 Prozent der Befragten ihren Mitmenschen; überhaupt ist in skandinavischen Ländern das Vertrauensniveau am höchsten.[161]

Zusammenfassend: Das Rattenrennen im Neoliberalismus verschärft die Statuspanik, steigert die seelische Not und erhöht den Ressourcenverbrauch und die Umweltzerstörung. Wie ein Schadstoff scheint Ungleichheit alle Bereiche einer Gesellschaft zu durchdringen und zu vergiften.

Gleichheit macht alle glücklicher

Die gute Nachricht ist, dass das auch umgekehrt gilt: Gleichheit macht alle glücklicher. Sie mindert Statusstress, Depression, Einsamkeit, Gewalt und Kriminalität. Wir können der aktuellen Entwicklung entgegensteuern – mit einer Strategie der solidarischen Angleichung und Umverteilung, etwa durch hohe Steuern für Reiche und eine Ökonomie des Teilens (s. Kap. 8). Hier sei an die Zeit des New Deal erinnert, als US-Präsident Franklin D. Roosevelt den Spitzensteuersatz von 24 auf 79 Prozent anhob, noch übertroffen von seinem Nachfolger Dwight D. Eisenhower, der ihn auf 91 Prozent hochsetzte. »Die Reichen steigen ab, die Arbeiter auf, und am Ende gehörte tatsächlich fast jeder der Mittelschicht an«, beschreibt Wirtschaftsjournalistin Ulrike Herrmann die Folgen.[162]

Jeder zusätzliche Taler mache den Armen glücklicher als den Reichen, ergänzt Richard Layard. Und weiter: »Aus dieser psychologischen Tatsache folgt, dass bei einer Umverteilung von Einkommen von Reich zu Arm der Arme mehr an Glück hinzugewinnt, als der Reiche verliert. So steigt das durchschnittliche Glücksempfinden. Je gleichmäßiger das Einkommen verteilt ist, desto glücklicher werden die Menschen eines Landes im Schnitt sein.«[163]

Mehr Gleichheit bringt klare Vorteile auch für Hochqualifizierte, Reiche und Superreiche, bilanzieren Pickett und Wilkinson.[164] Gerechtere Verhältnisse heben das Vertrauensniveau, steigern Gesundheit und Lebenserwartung. Laut US-Studien leben Menschen mit hohem Vertrauen zueinander länger.[165] Ein gutes Beispiel ist Kerala: Der indische Bundesstaat wird seit längerer Zeit von Kommunisten regiert, die auf Umverteilung Wert legen. Das Bildungs- und Gesundheitssystem ist dort weit höher entwickelt als in einem Großteil Indiens, und die Lebenserwartung beträgt für indische Verhältnisse sensationelle 74 Jahre.[166]

Zudem lässt mehr Gleichheit tendenziell den Konsum sinken, weil die Statuskonkurrenz geringer wird. Für unsere westlichen Länder könnte das ein Ausweg sein: Mehr Gleichheit führt zu weniger Konsum, also zu weniger Wachstum, was wiederum zu mehr Gleichheit führt.

Wie könnte der Weg dorthin aussehen? Er könnte gelingen, wenn die Zivilgesellschaft die Macht der Konzernokratie erfolgreich eindämmt. Die internationalen NGOs Attac, Tax Justice International oder Finance Watch organisieren Kampagnen zur Reichenbesteuerung, zur Bankenkontrolle und zur Trockenlegung der Steueroasen. Greenpeace oder German Watch setzen sich für eine ökosoziale Steuerreform ein, und es gibt viele Tausend andere Beispiele.

Die Länderregierungen der G 20 haben prinzipiell die Möglichkeit, in einem global koordinierten Programm neue Steuern für Superreiche und ihre Konzerne einzuführen, Steueroasen auszutrocknen, restriktive Bestimmungen für Aktiengesellschaften, Hedgefonds, Banken und Versicherungen einzuführen, Umwelt- und Klimaschäden durch Ökosteuern und neue Gesetze zu bestrafen. Pavan Sukhdev, der sich von einem begeisterten Investmentbanker zu einem Kritiker verantwortungslosen Unternehmertums entwickelt hat, schlug in einer Veranstaltung vor, die Manager der weltweit wichtigsten Unternehmen sollten, nach Sparten getrennt, mit den weltweit wichtigsten Politikern in eine Kammer gesperrt werden, damit sie Zehnjahrespläne zur Rettung des Planeten entwürfen. Beide Seiten machen allerdings keinerlei Anstalten, der freundlichen Einladung Folge zu leisten. Bei den Superreichen hat sich leider noch nicht herumgesprochen, dass auch sie von einer Politik der radikalen Umverteilung profitieren würden.

Die Zahl der Organisationen, die sich weltweit für ökologische Nachhaltigkeit und soziale Gerechtigkeit einsetzen, schätzt der US-Umweltaktivist Paul Hawken auf ein bis zwei Millionen. Er ist davon überzeugt, dass die Umweltbewegung und die Bewegung für soziale Gerechtigkeit »zwei Seiten einer Medaille« darstellen.[167] Diese Bewegung umfasst Umwelt-, Menschenrechts- und indigene Gruppen. Sie ist kleinteilig, dezentral, widersprüchlich, vielfältig, bunt, ohne Anführer, ohne zentrale Steuerung. Sie ähnelt damit einem Ökosystem der Artenvielfalt, kann keine Vorherrschaft anstreben und niemals gänzlich zerschlagen werden.

Die Globalisierungskritikerin Naomi Klein charakterisiert sie als »Bewegung der Bewegungen«. Ökoaktivist Hawken sieht sie als »Immunreaktion der Menschheit«, deren Aufgabe es sei »zu erkennen, was nicht dem Leben dient, und ebendas einzudämmen, zu neutralisieren und auszuschalten«. Das Immunsystem sei »das komplexeste System im Körper, und der menschliche Körper ist der komplexeste Organismus auf der Erde, und das komplexe Zusammenspiel von Organismen nennt sich: menschliche Zivilisation.«[168] Natürlich sei ein Immunsystem nicht immer erfolgreich, deshalb könnte es auch sein, dass die Bewegung ihre Ziele nicht erreicht. »Wir werden entweder zusammenkommen als eine globale Menschheit oder als menschliche Zivilisation verschwinden«, ist Hawken überzeugt.[169]

Gleichheit macht beide Geschlechter glücklicher

Die weitgehende Beseitigung von Statuskonkurrenz hätte auch noch auf einem anderen Feld positive Folgen: Sie würde Frauen und Männer glücklicher machen und weltweit den Frieden fördern. Studien aus der Konfliktforschung zeigen einen engen Zusammenhang zwischen Gleichstellung, innerem und äußerem Frieden. In statistischen Analysen von 159 Ländern fanden Mary Caprioli und Marc A. Boyer heraus: Staaten verfolgen eine friedlichere Innen- und Außenpolitik, wenn viele Frauen in ihren Parlamenten vertreten sind, wenn diese schon lange das Wahlrecht haben, wenn ein hoher Prozentsatz von ihnen bezahlt arbeitet und die Geburtenrate niedrig ist.[170] Die Greifswalder Professorin Margrit Bussmann wertete Daten aus 110 Ländern aus und kam zu dem Ergebnis, dass Geschlechtergleichheit eine gute Regierungsführung, Entwicklung und Demokratie befördert.

Auch das Team um Jianghong Li vom Wissenschaftszentrum Berlin belegt: Die Chancen auf demokratische Entwicklung steigen massiv, wenn Mädchenbildung und weibliche Erwerbstätigkeit zunehmen und die Geburtenrate sinkt. Ausnahme: China.[171] Analysen von Peggy Schyns, Ronald Inglehart und Christian Welzel fanden ähnliche Effekte: Männer wie Frauen sind umso glücklicher, je stärker in ihrer Gesellschaft Frauen- sowie Minderheitenrechte garantiert sind – auch weil sie dadurch mehr Wahlfreiheit für ihre eigene Lebensweise haben.[172]

Gleichheitsforscher Richard Wilkinson bestätigte auf dem Umfairteilen-Kongress im April 2012 in Berlin diese Zusammenhänge: Wo Einkommensunterschiede groß sind, gibt es auch große Ungleichheiten zwischen Männern und Frauen, egalitäre Gesellschaften produzieren dagegen auch Geschlechtergerechtigkeit. Die Ausnahme: das patriarchalische Japan; die Bestätigung: Skandinavien. Die Länder in Nordeuropa belegen seit Jahren die ersten Plätze bei weltweiten Umfragen zur Lebenszufriedenheit. Gleichheit und Geschlechterdemokratie reduzieren nicht nur Gewalt, sondern verhelfen Menschen auch zu einer besseren Balance zwischen Arbeit und Familie – was deren Lebensglück erhöht. Studien ergeben: Wenn ein Paar eine gute Balance zwischen Arbeit und Familie aushandelt, wirkt sich das positiv auf Gesundheit und Glücksgefühl von Müttern, Vätern und Kindern aus.[173]

Zusammenfassende Schlussfolgerung: Wenn nur männliche Privilegien geschützt und verteidigt werden, schadet das allen. Wenn Frauen gestärkt werden, leben auch Männer und Kinder besser.[174]

Je Topmodel, desto Unglück

Schönheitswettbewerbe machen nachweisbar unglücklich. Schon mit acht Jahren schauen sich Mädchen Heidi Klums Show *Germanys Next Topmodel* an, hat Stevie Schmiedel beobachtet, Mutter von zwei Töchtern, die die Initiative Pink Stinks gegründet hat: »Ab der dritten Klasse wird Modeln geübt, man spielt an Kindergeburtstagen Topmodel: Wer fliegt raus?« Und weiter: »Acht- bis Zehnjährige werden heute mit Essstörungen in Kliniken eingeliefert.«[175] Schmiedel hält es für keinen Zufall, dass sich zu Beginn der Show 2006 laut Umfrage noch 70 Prozent aller Mädchen in ihrem Körper wohlfühlten, es 2012 aber nur noch 47 Prozent waren. Wer den eigenen Körper ständig mit dem von Models vergleicht, kann nur unglücklich werden.

Auch dadurch sind Schönheitsoperationen zu einem gigantischen Markt geworden. Allein in Deutschland werden jährlich bis zu eine Million chirurgische Eingriffe vorgenommen: Nasen werden begradigt, Lippen und Busen aufgeblasen, Beine verlängert, Schamlippen »korrigiert«. Der übersteigerte Wunsch vieler Frauen nach Perfektion, sagt die Psychoanalytikerin Benigna Gerisch, gehe oft mit Depressionen,

Essstörungen oder Burn-out einher, also mit Unglück pur. Und wenn Operationen nicht wie erwartet dazu führen, mehr Liebe oder AnSehen zu erringen, legten sich die Patientinnen nochmals und nochmals unters Messer.[176]

Schönheitskonkurrenz ist genauso aussichtslos wie Statuskonkurrenz: Wie im Märchen gibt es immer eine andere, die »die Schönste im ganzen Land« ist und ihren Spitzenstatus mit Chirurgenmessern, Botulinspritzen und Fitnesstraining verteidigt, bis sie so zähfleischig wird wie Madonna. Der einzige Ausweg ist Verweigerung. Nur wer den eigenen Körper mit seinen Schwächen akzeptiert, kann auf Dauer zufrieden mit ihm leben.

Volkskrankheit Burn-out

Erschöpfungszustände und Depressionen nehmen in allen Industrieländern fast explosionsartig zu. Was früher als Managerkrankheit galt, breitet sich heute unter allen Erwerbstätigen aus. 63 Prozent der Frauen und 52 Prozent der Männer empfanden ihr Leben 2013 als stressig. Etwa 20 Prozent aller Befragten gaben an, unter Dauerstress zu stehen.[177] Solch hohe Zahlen gab es noch nie. »Der Mensch ist nicht mehr die Krone der Schöpfung, sondern der Erschöpfung«, so der deutsch sprechende ecuadorianische Intellektuelle Alberto Acosta.[178]

Sogar Grundschulkinder empfinden immer mehr Druck, Stress und Zeitnot. Im Alter zwischen 36 und 45 Jahren erreichen diese Gefühle ihren Höhepunkt. Vor allem Frauen mittleren Alters erleben sich wie in einem Sandwich zwischen Kind, Beruf und Haushalt eingequetscht.[179] Die meisten Paare schaffen es nicht, Familienarbeit egalitär aufzuteilen, und weder Staat noch Wirtschaft helfen ihnen dabei mit guten Arbeits- und Steuermodellen. 80 Prozent der Frauen wünschen sich eine egalitärere Aufteilung, aber nur 40 Prozent der Männer. Somit sind sich auch 40 Prozent der Paare uneinig, was zu immer mehr Trennungen beiträgt und das familiäre Unglück erhöht.[180]

Laut *Stressreport* der Bundesanstalt für Arbeitsschutz müssen 58 Prozent der fast 18.000 dazu Befragten dauernd mehrere Dinge gleichzeitig erledigen. 50 Prozent empfinden starken Zeit- und Termindruck; 44 Prozent werden ständig unterbrochen, vor allem durch E-Mails und

Anrufe. Psychische Belastungen sind die Hauptursache für vorzeitiges Ausscheiden aus dem Beruf und kosten die Gesellschaft Milliarden.[181] Jährlich 1,3 Milliarden Tagesdosen Antidepressiva rutschen deutsche Hälse herunter.[182] Viele können sich nicht einmal im Urlaub erholen: Nach einer anderen Umfrage gelang es jedem siebten Beschäftigten im Sommer 2013 nach eigenen Angaben nicht mehr, wirklich abzuschalten. Einer der wichtigsten Gründe: die ständige Erreichbarkeit per Handy oder Internet.[183]

Rasender Stillstand in der Endlosschleife

Je größer die soziale Ungleichheit in einem Land, desto länger müssen die Erwerbsfähigen dort arbeiten, stellte ein früherer US-Wirtschaftsprofessor im Vergleich zwischen OECD-Ländern fest. In besonders einkommensungleichen Ländern schuften Menschen umgerechnet jährlich zwei bis drei Monate länger als in egalitären.[184] Je mehr Ärmere malochen und auf ausgleichende Erholung verzichten, desto wohlhabender werden Reiche und Superreiche. Eine Näherin wie Jessmin Begum aus Bangladesch, die für Lidl und andere Billigketten Hosen und Hemden fertigt, muss täglich 14 Stunden für einen Lohn von etwa 50 Euro monatlich in einem stickigen, engen Gebäude arbeiten.[185]

Die Verwertungsmaschinerie ist außer Rand und Band geraten, niemand findet mehr den Ausknopf. Burn-out sei eine Extremform der Entfremdung und entstehe durch die Abwesenheit jeglicher Zielhorizonte, schreibt Hartmut Rosa. Erfolge könnten nicht mehr als Erfolge gefeiert werden, sondern seien nur noch Zwischenschritte in einem Prozess ohne Ende. Ruhe, Muße und Stillstand werden unmöglich – es könnten einen ja Konkurrenten einholen.[186]

»Zeitspartretmühle« nennt Glücksforscher Matthias Binswanger das Paradox, dass viele Kulturtechniken nur direkt nach ihrer Einführung Zeit sparen und später umso mehr Zeit verschlingen. Eine E-Mail ist viel leichter zu verschicken als ein Postbrief, und genau deshalb werden Beschäftigte von heute mit ihren überquellenden Mailboxen nicht mehr fertig. Verkehrsmittel rasen immer schneller, darum werden Wohnen und Arbeiten immer mehr auseinandergerissen. Die für Mobilität aufgewendete Zeit liegt in den meisten Gesellschaften bei täglich etwa

70 Minuten – nur dass diese in Tansania zu Fuß zurückgelegt werden und in den USA im Auto oder gar im Flugzeug.[187]
»Rasender Stillstand« nannte Paul Virilio diesen Zustand. »Die Diktatur des Jetzt« sei das, befand der Klimaforscher Hans Joachim Schellnhuber – und erinnert daran, dass die Menschheit in einem Jahr so viel Öl verbrennt, wie in 5,3 Millionen Jahren entstanden ist.[188] Wirtschaftswachstum ist also eine rastlose Endlosschleife aus unbefriedigender Arbeit und notorischem Zeitmangel, die die Menschen mit sinnlosem Konsum und wachsenden Schulden zu kompensieren versuchen.

Das kalte Herz der Zeitverdichtung schlägt in den Bankenvierteln von New York, London und anderswo. Investmentbanken wickeln bis zu 90 Prozent ihres Handels per automatisierter Software ab – in immer schnellerem Takt.[189] Hoch spezialisierte Computerprogramme vergleichen im Mikrosekundenabstand weltweit Kurse von Waren und Währungen, damit aus winzigen Differenzen riesige Profite geschlagen werden können. Broker sind dafür bekannt, das Fieberthermometer der Börsenkurse auch nach Feierabend zu verfolgen. Diese schwindelerregende Beschleunigung, entstanden aus der Marktkonkurrenz, breitet sich von dort in konzentrischen Kreisen in die ganze Wirtschaft aus.

In Michael Endes Buch *Momo* tritt ein Heer grauer Herren als Agenten der Zeitsparkasse auf, um den Leuten die Zeit zu stehlen. Aber Zeit ist nicht sparbar. Sie ist nur dann im Überfluss vorhanden, wenn sie nicht ständig zerhackt und getaktet, verdichtet und verkürzt wird. Zeit kann man nur gewinnen, indem man sich in ihr verliert – durch Muße.

Umfairteilung von Arbeitszeit macht glücklich

Die Erwerbsarbeit wird immer mehr verdichtet, die Gesellschaft immer stärker in Arbeitsplatzhabende und Erwerbslose gespalten – wobei es beiden Gruppen psychisch und physisch schlecht geht. Hier das Heer der Ausgebrannten, dort das Heer der Depressiven. Hier die Überlasteten, dort die Überflüssigen. Letztere haben zwar Zeit im Überfluss, sind aber arm und fühlen sich ausgeschlossen.

Kaum etwas senkt das individuelle Glücksempfinden so nachhaltig wie Erwerbslosigkeit, besagen Umfragen aus Deutschland genauso wie der UN-Glücksbericht von 2012.[190] Noch schlimmer als ein Burn-out durch Überarbeitung ist eine Depression durch Unterbeschäftigung und Strukturlosigkeit im Alltag. Jugendliche trifft das besonders hart. In Griechenland und Spanien ist jeder zweite junge Mensch erwerbslos: Eine ganze Generation steht am Abgrund.

Wenn es gelänge, die Arbeitszeit so gerecht wie möglich auf alle Erwerbsfähigen zu verteilen, nähmen psychische und physische Erschöpfungszustände stark ab. Umweltschädlicher Frustkonsum ginge enorm zurück, und die einzelnen Beschäftigten wären sogar produktiver, weil ausgeruhter. Rund zwei Drittel der berufstätigen Deutschen würden am liebsten nur 30 bis 40 Wochenstunden arbeiten, sieben Prozent weniger als 20 Stunden, bloß zwei Prozent würden am liebsten gar nicht malochen.[191] Die meisten aber finden keinen Ausweg aus der Arbeitstretmühle – besonders die Geringverdiener, die sich gezwungen sehen, 50 Stunden und mehr pro Woche zu schuften. Bei einer Arbeitsumverteilung, die mit einer sozialökologischen Steuerreform und einer Gehaltsumverteilung einhergehen sollte, bliebe Menschen mehr Zeit für Familien- und Eigenarbeit, gesellschaftliches Engagement und Muße. Das käme ihnen und dem Gemeinwohl zugute.

Die Soziologin Frigga Haug schlägt hier die »Vier-in-einem-Perspektive« vor: Erwerbsarbeit, Reproduktion, Kultur und Politik sollten gleichberechtigt nebeneinanderstehen. Voraussetzung dafür sei die »Teilzeitarbeit für alle«. Die 20-Stunden-Woche habe auch der Club of Rome schon 1998 angesichts weltweit erhöhter Arbeitsproduktivität und schrumpfenden Jobmengen gefordert. Bei vier Stunden Erwerbsarbeit pro Werktag bliebe viel mehr Zeit übrig für Reproduktions- und Familienarbeit, persönliche Weiterentwicklung, Muße und gesellschaftliches Engagement.[192]

Modelle der Umverteilung gibt es inzwischen im öffentlichen Dienst, der Privatwirtschaft und im Non-Profit-Sektor: Teilzeitarbeit, Sabbaticals, Altersteilzeit und anderes mehr. Auch unter Chefs spricht sich langsam herum, dass zufriedene Beschäftigte besser arbeiten. Schätzungen zufolge liegt die Produktivität von Teilzeit- gegenüber Vollzeitbeschäftigten um rund 20 Prozent höher.[193] Als die britische Regierung in der Ölkrise von 1974 zwei Monate lang die Dreitagewoche einführte, um Energiekosten zu sparen, sank die Industrieproduktion in dieser Phase nur um sechs Prozent; mehr Produktivität und weniger Fehltage glichen die verkürzte Arbeitszeit aus. Der US-Bundesstaat Utah beschloss 2008/09 eine Viertagewoche für den öffentlichen Dienst. Die Evaluation ergab Millioneneinsparungen durch reduzierte Fehltage und enorme CO_2-Minderungen aufgrund nicht stattgefundener Pendlerfahrten; über vier Fünftel der Beschäftigten gaben an, sie wollten die Viertagewoche behalten.[194] In Schweden haben mehrere Unternehmer in einer sechsjährigen Erprobung festgestellt, dass ihre Beschäftigten an einem Sechsstundentag ebenso viel leisteten wie vorher in siebeneinhalb Stunden, vor allem weil der Krankenstand stark zurückging. Das Modell soll nun im öffentlichen Dienst von Göteborg weiter ausprobiert werden.[195]

Allerdings leisten Unternehmensverbände Widerstand gegen Umverteilungsmodelle, die Lohnausgleich für Geringerverdienende vorsehen. Die 28,8-Stunden-Woche, die VW 1994 zur Verhinderung von Massenentlassungen einführte, schaffte die Konzernleitung 2006 mit Verweis auf angeblich zu hohe Arbeitskosten wieder ab. In Frankreich hat die konservative Regierung unter Präsident Nicolas Sarkozy die im Jahr 2000 eingeführte 35-Stunden-Woche peu à peu aufgeweicht. Überhaupt steigen in ganz Europa die Arbeitszeiten seit Mitte der 1990er Jahre wieder an. Grund: Gewerkschaften haben weniger Verhandlungsmacht, weil die Industrie mit Abwanderung in Billiglohnländer droht. Der sich abzeichnende Facharbeitskräftemangel könnte diese Situation aber bald wieder zugunsten der Beschäftigten ändern.

20-Stunden-Woche für alle

Ökosoziale Vordenker schlagen vor, die Regelarbeitszeit perspektivisch auf 20 Wochenstunden zu verkürzen. Das schont die Nerven der Beschäftigten, lässt ihnen Zeit für nichtmonetäre Arbeit, die reduzierte Produktion ist gut fürs Klima. Der Oldenburger Ökonom Niko Paech betont aber, dass dies nur in Kombination mit weniger Konsum und mehr Eigenarbeit möglich und deshalb nicht auf Knopfdruck einzuführen sei: »Es ist eher ein Leitbild, das wir bestenfalls innerhalb einer Dekade umsetzen könnten, ansonsten würden wir die Gesellschaft überfordern. Und es geht um einen langfristigen Durchschnittswert. Nicht ausgeschlossen wäre, etwa in jungen Jahren voll zu arbeiten und später kürzerzutreten oder ein Jahr voll und das folgende Jahr gar nicht zu arbeiten. Da gibt es viele Kombinationsmöglichkeiten. Eine Gleichmacherei nach dem Rasenmäherprinzip würde ich ablehnen.«[196]

Ein weiterer Vorschlag des Wirtschaftsprofessors, der niemals fliegt und sein Fahrrad selbst repariert: punktuell die Arbeitsproduktivität, durch Abschaffung entfremdeter monotoner Arbeit senken und stattdessen handwerkliche Tätigkeiten und mittlere Technologie nach E. F. Schumachers Prinzip (und Buchtitel) *Small is beautiful* fördern. Paech glaubt, dass »eine Halbierung der Industrieproduktion und folglich der monetär entlohnten Erwerbsarbeit keineswegs per se den materiellen Wohlstand halbieren müsste«. Wenn wir mehr Güter selbst produzieren, gemeinschaftlich nutzen und ihre Lebensdauer verlängern, senkt das zwar das Bruttosozialprodukt, erhöht aber die Zufriedenheit.[197]

Ähnliche Ideen entwickelte André Gorz bereits in den 1980er Jahren. Die immer schneller steigende Arbeitsproduktivität setze immer mehr Beschäftigte frei, wenn die Arbeitszeit nicht gerechter verteilt werde, warnte der Sozialphilosoph. Für das Jahr 2000 prognostizierte er für die Lebenszeit eines Menschen etwa 20.000 Stunden gesellschaftlich nötiger Erwerbsarbeitszeit, was umgerechnet zehn Jahre Vollzeitarbeit, 20 Jahre Teilzeitarbeit oder 40 Jahre unregelmäßige Arbeit bedeuten würde.[198] Gorz sah voraus, dass in der heutzutage entstehenden »Wissens- und Informationsökonomie« das lebendige und in Computern gespeicherte Wissen »zur entscheidenden, weitaus wichtigsten Produktivkraft« werde. Im Unterschied zu Geldkapital sei Wissenskapital ein Gemeingut und könne weiterverschenkt und geteilt werden, schrieb der Visionär schon im Jahr 2000.[199]

Selbst gewählte Ausbeutungskultur

Der Soziologe Alain Ehrenberg hat im Neoliberalismus die »Krankheit der Verantwortlichkeit« ausgemacht: Dem isolierten Individuum wird alle Verantwortung aufgebürdet, ohne dass es über die gesellschaftlichen Bedingungen bestimmen kann. Das Ich wird zur ewigen Baustelle eines Arbeitskraftunternehmers. Ständige Weiterbildung und Selbstoptimierung sind obligatorisch einschließlich der Lektüre von Büchern wie *Selbstmanagement: Machen Sie aus sich die Ich-AG* von Tom Peters.

Der Psychologe Stephan Grünewald spricht von »Erschöpfungsstolz«, einem seltsamen Masochismus, der zu unfairem Verhalten führt und vor allem höher qualifizierte Männer befällt: Sie glauben, sie müssten in ihren Leistungen brennen und verbrennen.[200] Industriegesellschaften sind Arbeitsgesellschaften, und Arbeit »adelt« – zumindest glauben das viele. Die Soziologin Greta Wagner hat festgestellt, dass Manager wie Angestellte sich mit Burn-out wie mit einem Ehrenmal oder »einer Art Verwundetenabzeichen« schmücken: Ausgebranntsein werde assoziiert mit männlichen Leistungsträgern, während Depression eher weiblich konnotiert sei. Das Idol der Arbeitsgesellschaft sei der gegen andere und sich selbst rücksichtslose Ego-Fighter, dem die eigene Leistung das Allerwichtigste sei.[201] Hier schließt sich wieder der Teufelskreis: Karrieristen und hoch motivierte Arbeitskraftunternehmer sind in der turbokapitalistischen Hölle zur ewigen Statustretmühle verdammt.

Ein Beispiel dafür ist die neue Projektkultur, die sich vom kalifornischen Silicon Valley aus über die ganze Welt ausgebreitet hat: Hoch qualifizierte Angestellte häufen freiwillig Überstunden auf Überstunden, um »ihre Projekte« fertigzustellen. In kalifornischen IT-Konzernen wie Pinterest, Evernote oder Veracode vergessen übermotivierte Mitarbeiter, ihren Jahresurlaub zu nehmen. Der um das Wohlergehen seiner hoch spezialisierten Fachkräfte besorgte Evernote-Chef schenkt deshalb jedem 1.000 Dollar, der mindestens eine Woche im Jahr freinimmt.[202]

Die Geschäftsführung des Computerkonzerns IBM schaffte 1999 alle Stempeluhren ab: »Vertrauensarbeitszeit« heißt die neue Devise. »Die vertrauen nicht der Belegschaft, sondern dem Druck, den sie durch ihre neuen Managementtechniken erzeugen«, kommentierte Wilfried Glißmann, IBM-Betriebratsvorsitzender in Düsseldorf.[203] Mitarbeitende verpflichten sich zu Jahresbeginn per Unterschrift zur Erfüllung der von oben vorgegebenen Ziele. Gewinnquoten werden festgelegt, bei Nichterreichen drohen Abmahnungen, Geldentzug, Jobverlagerung. Ergebnis: Angestellte begreifen sich als Mitunternehmer und schuften länger, exzessiver und intensiver als zuvor: Zehn Stunden am Tag sind die Regel, zwölf oder gar 16 sind nicht selten, bis zum totalen Kräfteverschleiß.

Viele Hochqualifizierte lassen sich freiwillig bis aufs Blut ausbeuten. Die Bedingungen, unter denen ihre Produkte verkauft werden, können sie nicht kontrollieren, und die Profite, die aus ihrer kreativen Selbstverbrennung entstehen, werden von anderen privat einkassiert, von Konzernchefs und Aktienbesitzern.

»Der Siegeszug der intrinsischen Motivation«, so der Exneoliberale Max A. Höfer, »hat uns noch mehr an die Arbeit gefesselt.« Die Ursache liege in einer »Pointe der Geschichte: Ausgerechnet die Ideale der Alternativbewegung wie Unabhängigkeit, Kreativität und Spontaneität hielten in die Arbeitsethik Einzug.« Die protestantische Arbeitsethik und der Hedonismus der 68er seien im kalifornischen Silicon Valley eine ungute Ehe zulasten der Beschäftigten eingegangen. Denn »ein intrinsisch motivierter Mitarbeiter ist ohne Murren bereit, Überstunden zu leisten, und identifiziert sich mit seinem Projekt. Er muss dafür nicht einmal besser bezahlt werden.« Doch wer glaube, »dass er im kalifornischen Kapitalismus als Arbeitnehmer eine Chance gegen die Konzerne hat, der dürfte zu tief an einem alten Joint gezogen haben, den ein Hippie liegen gelassen hat«.[204]

Die Alternative: durch Teilen und »Umfairteilen« von Arbeitszeit, Status und Geld Landschaften der Gleichheit schaffen. Diese wären keineswegs einheitlich flach, sondern hügelig, kleinräumig, artenvielfältig. Sie könnten an einem See namens Glück liegen, zwischen Gebirgszügen, die man Gerechtigkeit, Fürsorge und Kreativität nennen könnte.

Selbstorganisation und kollektive Intelligenz

Systemtheoretiker und Ökologinnen haben in den letzten Jahrzehnten ein neues Paradigma entdeckt: Komplexität, die sich durch kollektive Intelligenz selbst organisiert. Das ist ein klarer Bruch mit der von Isaac Newton geprägten Denkweise, die Phänomene auf ihre einfachsten Bestandteile reduziert. Denn komplexe Systeme – Organismen, Gesellschaften, Sprachen oder das Internet – lassen sich dadurch nicht verstehen. Diese funktionieren robust, redundant, dynamisch und nichtlinear und passen sich an veränderte Bedingungen an. Sie lassen sich auch nicht in dualistischer Manier in Materie und Geist aufspalten.

Die Selbstorganisation solcher Systeme verstehen Forscher dabei als nichtlinearen Prozess spontaner Koordination von Aktionen – durch »Ausrichtung, Arbeitsteilung, Werkfluss und Anpassung«.[205] Fische oder Vögel in Schwärmen etwa richten sich alle nach ihren unmittelbaren Nachbarn, kein Tier kommandiert, und doch wissen alle, wie sie vor einer Gefahr fliehen können – sie entwickeln kollektive Intelligenz.

»Ausrichtung auf ein gemeinsames Ziel« lautet also das erste Geheimnis von Selbstorganisation – von der atomaren Ebene bis hin zur gesellschaftlichen. Systemtheoretiker bezeichnen die Beteiligten – Moleküle, Zellen, Tiere, Menschen oder Computerprogramme – als »Agenten«. Wenn etwa physikalische Agenten sich in Richtung eines Objekts bewegen und sich dabei zufällig gemeinsam ausrichten, tun das auch weitere Agenten. Eine Feedbackschleife entsteht: Je mehr sich so verhalten, desto mehr und schneller tun das auch andere. »Das kreiert lokale Homogenität, aber globale Heterogenität«, weil Agenten in anderen Milieus sich anders anordnen, schreibt der belgische Kybernetiker Francis Heylighen.[206]

Das zweite Geheimnis ist Arbeitsteilung ohne Anweisung von oben. Das passiert in Ökosystemen oder auch in menschlichen Gruppen: Wenn alle Agenten wissen, was getan werden muss, übernehmen sie die Aufgabe, für die sie am besten befähigt sind. Das dritte Geheimnis ist Werkfluss: Viele Aktionen oder Tätigkeiten müssen nacheinander erledigt werden. Diese Koordination ohne Koordinator erfolgt, indem ein Agent eine Aufgabe beendet und sich dann nach einer weiteren umschaut, die er gut beherrscht.

Das vierte Geheimnis lautet Anpassung: Für eine gemeinsame Leistung haben verschiedene Agenten verschiedene Aktionen zu verschiedenen Zeiten zu erledigen. Rund um einen Ameisenhaufen etwa hinterlassen Arbeiterinnen auf ihren Wegen Duftspuren, die das externe Gedächtnis des Ameisenstaates darstellen.

Die neuen Egalitären

Tagtäglich leisten wir in unseren menschlichen Gesellschaften Koordinationsarbeit – in einem weit höheren Ausmaß, als uns bewusst ist. Wir richten uns aneinander aus und übernehmen etwa im familiären Haushalt oder in einer eingespielten Gruppe jene Aufgaben, die wir am meisten mögen oder beherrschen. Natürlich gibt es auch mal Zwist, aber vieles regelt sich ohne große Worte von selbst. In Hierarchien hingegen verpufft kreative Energie, und kollektive Intelligenz entsteht erst gar nicht, weil ja der »Boss« verantwortlich ist.

Nichthierarchische Gruppen, Betriebe und Gesellschaften praktizieren Selbstorganisation, indem alle das tun, was ihnen am liebsten ist. Und wer macht dann die Drecksarbeit? Ob unbeliebte Aufgaben entstehen, liegt auch daran, wie klug die Prozesse organisiert und aufeinander abgestimmt sind. Bei Sanitärsystemen mit intelligentem Ökodesign – vererdende Trockentrenntoiletten beispielsweise – muss niemand mehr Klos putzen oder den Gestank in Kläranlagen ertragen. Durch ökosoziale Produktion entsteht im besten Fall kein Müll mehr. Wenn Menschen sich generationsübergreifend umeinander kümmern, brauchen sich Altenpflegerinnen nicht den Rücken krummzuschuften. Und für alle angeführten Idealbeispiele gibt es auch Übergangsformen.

Die US-Plattform helpbettermeans.com hat ein offenes Unternehmensmodell entwickelt, das die Selbstorganisation in potenziell jedem Betrieb fördert. Sie bietet digitale Werkzeuge wie Reputation Feedback oder Peer Evaluation für die betriebsinterne Entscheidungsfindung durch Gleichgestellte als Open Source an – frei herunterzuladen und zu nutzen. Wer im Unternehmen viel beiträgt, erhält Punkte, die er oder sie in Geld einlösen kann. Besitzer werden jene, die zur Entwicklung beitragen; wer das nicht mehr will, verliert Einfluss und Besitz. Selbstorganisierte Peer-to-Peer-Betriebe von Gleichgestellten gibt es überall auf der Welt, und es werden immer mehr, weil solche Teams effektiver und mit größerer Lust arbeiten (s. S. 159).

In vielen Metropolen entsteht derzeit ein neues Weltbürgertum, das ähnliche Arbeitsformen praktiziert. Es sind vorwiegend junge, gut ausgebildete Leute, die oftmals mehrere Sprachen sprechen und mit Freunden auf dem ganzen Globus per Laptop und Handy kommunizieren.

Zum Beispiel Kerstin Bund. Die 31-Jährige Wirtschaftsredakteurin bei der ZEIT hat ihre Einstellungen und Erfahrungen in einem Buch mit dem programmatischen Titel *Glück schlägt Geld* zusammengefasst. »Wir wollen arbeiten. Nur anders. Mehr im Einklang mit unseren Bedürfnissen«, schreibt sie. Und weiter: »Mit den alten Insignien der Macht können wir wenig anfangen. Harte Anreize wie Gehalt, Boni und Aktienpakete treiben uns weniger an als die Aussicht auf eine Arbeit, die Freude macht und einen Sinn stiftet. Sinn zählt für uns mehr als Status, Glück schlägt Geld ... Selbstbestimmung ist das Statussymbol meiner Generation.«[207]

Oder Gerrit von Jorck. Der 27-jährige Ökonom aus Berlin hat im Ausland studiert, sein Studium mit der Note 1,0 abgeschlossen, viele Praktika absolviert. Ein potenzieller Spitzenverdiener also. Doch er lebt von 500 Euro im Monat. Zieht er die Kosten für Miete und Krankenversicherung ab, bleiben ihm etwa vier Euro pro Tag, weniger als ein Drittel des Hartz-IV-Satzes. Doch ihm reicht das, weil er Rad statt Auto fährt, Kleidung in Schenkläden zusammensucht und in seiner Wohngemeinschaft Gemüse statt Fleisch kocht. Zeitwohlstand ist ihm weit wichtiger als Geldwohlstand, seine Erwerbstätigkeit beschränkt sich auf zehn Wochenstunden beim Institut für Ökologische Wirtschaftsforschung.[208]

Viele dieser jungen internetaffinen Leute haben eine ausgeprägte Kultur des Egalitären entwickelt. Ob Männlein oder Weiblein, alt oder jung, Akademikerin oder Sozialhilfeempfänger, weiß, gelb, braun oder schwarz – alle behandeln sich von Gleich zu Gleich, Peer-to-Peer. Statuskonkurrenz scheint es unter ihnen kaum zu geben. Das AnSehen unter Gleichen genügt vollkommen. Was diese Menschen antreibt, ist Lust auf Selbstverwirklichung, auf kreative Projekte der Weltrettung, die gern gleichzeitig als riesengroße Party daherkommen können.

In Berlin sind sie oft in den Hinterhöfen Kreuzbergs, Weddings oder Neuköllns zu finden, in den immer noch vergleichsweise billigen ehemaligen Fabriketagen, in denen sie ihre Initiativen gegründet haben. Viele arbeiten als Freelancer und Selbstständige, andere in Genossenschaften, Vereinen und gemeinnützigen GmbHs. Selbstbestimmung und Selbstausbeutung gehen ineinander über, genauso wie Erwerbsarbeit, Vergnügen, Feiern und Freizeit.

Die Thinkfarm – ein Kreuzberger Zusammenarbeitsplatz

Die alte Fabriketage im dritten Hinterhof in Berlin-Kreuzberg scheint vor jugendlicher Energie zu vibrieren. Auf rund 400 Quadratmetern dehnt sich hier die Thinkfarm aus, ein Zusammenarbeitsplatz oder CoWorking Space für etwa 70 Leute, darunter auch die 15 Mitarbeitenden der Medienagentur Sinnwerkstatt.

Warum Sinnwerkstatt? »Weil wir was Sinnvolles machen wollten«, erzählt Ian Delù, ein 26-jähriger italienischstämmiger Filmemacher mit Bart und wilder Lockenfrisur, der die Agentur 2010 zusammen mit einem Informatiker und einem Grafiker gründete. Seit Anfang 2011 arbeitet die Sinnwerkstatt hier im Oranienhof ausschließlich für Kunden, die sich der Nachhaltigkeit verpflichtet haben: etwa Oxfam, Friends of the Earth, die Allgäuer Biofirma Primavera mit ihrer Kampagne »Glück teilen« oder die Global Soil Week, die Exbundesumweltminister Klaus Töpfer ins Leben rief.

Im Sommer 2013 gründete Ian Delù die Thinkfarm als organische Erweiterung der Sinnwerkstatt unter anderem zusammen mit dem Tischler und Architekten Ludwig Schuster, der Strategieberatung für Regiowährungen und nachhaltige Geldsysteme anbietet. Die Thinkfarm stellt gemeinnützigen Organisationen Raum für Arbeitsplätze zur Verfügung – darunter die »Sinnstiftung«, das »Netzwerk Nachhaltigkeit«, die »Gemeinwohlökonomie Berlin«, die »Fairbindung«, das »Netzwerk Wachstumswende«, die Sozialunternehmen »Quartiermeister« und »Soulbottle« sowie Einzelpersonen. Weil diese Leute aus ganz verschiedenen Berufen kämen, erzählt Schuster, seien die Synergieeffekte enorm: »Neulich wollte ich nur die Etage durchqueren und habe dafür einen Dreivierteltag gebraucht. Überall habe ich mich festgequatscht, unzählige neue Ideen und Projekte sind dabei entstanden.«

Zwischen wuchernden Zimmerpflanzen und Computerbildschirmen sitzen kurzhaarige Frauen und Männer mit blaugrüner Haarpracht: Digital Natives, die völlig selbstverständlich Englisch, Deutsch und »Softwareisch« durcheinanderreden. Die großzügigen Räume bieten zudem Platz

Die Thinkfarm in Berlin-Kreuzberg hat Besuch von Leuten aus der OuiShare-Bewegung.
Foto: Creative Commons Ouishare

für Yoga, gemeinsames Kochen und Partys. Jeden Mittwoch werden alle Interessierten zum »Salat der Liebe« eingeladen, der so heißt, weil er gemeinsam hergestellt wird und üblicherweise Getrenntes vereinigt: Gemüse, Obst und Nüsse. Manches, was in der Küche steht, wurde von Biosupermärkten gratis abgegeben, weil das Verfallsdatum erreicht wurde. Für gelebte Nachhaltigkeit im Alltag erhielt das Projekt eine Auszeichnung des Bundesdeutschen Arbeitskreises für umweltbewusstes Management (BAUM).

Die Idee zum »Salat der Liebe« hatte Nikolay Georgiev, ein 30-jähriger bulgarischer Softwareentwickler mit offenem, warmem Blick, der die Thinkfarm zeitweise als den »besten Platz von ganz Europa für meine Entwicklung« bezeichnete. Nach dem Studium arbeitete er 14 Monate lang bei Großkonzernen, bis er hinschmiss – wegen »Irrelevanz«. Geld und Status fand er vollkommen uninteressant, er stürzte sich ins internationale Projekt Open Source Ecology (s. S. 199), versuchte zwei Jahre lang mit aller Kraft, ein Unterstützernetzwerk in Europa aufzubauen, und kam zu der Einschätzung, dass er selbst und auch die anderen Beteiligten sich zu stark auf technische Fragen fixierten und einem neuen menschlichen Umgang zu wenig Aufmerksamkeit schenkten. Georgiev ist ein Suchender, sanft in der Ausstrahlung und doch von großer Unbedingtheit, wenn es um das Streben nach einer Welt geht, wo sich möglichst viele Menschen gegenseitig bei ihrer Entwicklung unterstützen – aus Gemeinschafts- und Eigeninteresse.

»Hier herrscht eine unglaubliche Dynamik, weil wir von Gleich zu Gleich zusammenarbeiten, statt zu konkurrieren«, findet auch Ian Delù. Nach außen ist er der Nachhaltigkeitsmanager und CEO der Sinnwerkstatt GmbH, intern aber herrscht konsensorientierte Demokratie. Oder besser gesagt: zustimmungsorientierte Soziokratie. Diese von einem Reformpädagogen ausgearbeitete Methode zielt darauf ab, Entscheidungen nur zu treffen, wenn niemand der Anwesenden begründete Einwände erhebt. Auf dem zweiwöchigen Plenum der Thinkfarm werden so neue Projekte angestoßen und weiterentwickelt. Eine Gruppe baut gerade eine Bibliothek auf, auch eine »Lachrunde« wurde schon organisiert. »Hier steckt so viel Wissen und Können drin. Die Thinkfarm ist ein Inkubator, ständig brütet sie neuen Sinn aus«, freut sich Delù.

 www.thinkfarm.org, www.sinnwerkstatt.com

Auch in London, Paris und Madrid, in Hamburg, Leipzig, Köln und München boomen solche Projekte: Repaircafés, Fablabs, Eigenarbeitshäuser, Carsharingmodelle, Co-Working-Spaces, Bildungsinitiativen, Sozialunternehmen. Und der Trend lässt sich nicht nur in Europa beobachten, sondern weltweit – auch in armen Ländern, wenngleich dort in anderen, den gegebenen Bedingungen angepassteren Formen.

Kapitel 5
Solidarische Ökonomie – gutes Leben in selbstbestimmten Zusammenhängen

»Unsere Aufgabe besteht darin, bewusst
und mit offenen Augen auf einen weiseren, freieren
und strahlenderen Zustand hinzusteuern,
ins Paradies zurückzukehren, Freundschaft mit
der Schlange zu schließen und unsere Computer
zwischen wilden Apfelbäumen aufzustellen.«
Tom Robbins

1979 siegten die Sandinisten in dem kleinen Kaffeeanbauland Nicaragua über einen blutigen Diktator. Deshalb wurde es zur ideologischen Pflicht sämtlicher linker Gruppen Europas, »Sandino-Dröhnung« zu konsumieren: ein von nicaraguanischen Genossen und internationalen Brigaden geernteter schwarzer Kaffee, dessen Säuregehalt jede Magenschleimhaut zersetzte. Schluck für Schluck wurde tapfer die Revolution unterstützt. »Solidarität ist die Zärtlichkeit der Völker!«, verkündeten die Sandinisten. Die deutschen Magenschleimhäute fühlten sich keineswegs so zärtlich behandelt – aber sie wurden ja nicht gefragt.

Niemand protestierte. Jahrelang. Bis jemand in einer Spalte der *taz* sein Leiden gestand. Auf rätselhaften Wegen sprach sich das bis zum Nationalen Kaffeeverband der Sandinisten herum. Der bestellte eilig den taz-Nicaraguakorrespondenten ein, der verschiedene Röstsorten verkosten musste. Und irgendwann gab es dann »Sandino-Dröhnung light«. So tragikomisch kann Solidarität manchmal sein – bis hin zur Selbstverleugnung. Offenbar dachten die europäischen Linken damals,

Revolution müsse bittersüß sein. Und dennoch: Ohne kollektiv masochistisches Kaffeetrinken in Europa wäre die sandinistische Revolution noch viel früher vorbei gewesen.

Auch der Begriff »Solidarische Ökonomie« stammt aus Lateinamerika. In den 1970er Jahren untersuchte der Chilene Luis Razeto Migliaro kleine Selbsthilfebetriebe von Marginalisierten und formulierte als deren Erfolgsbedingung den siebenfachen »Faktor C«: *Companerismo* (Freundschaft), *Cooperación* (Zusammenarbeit), *Comunidad* (Gemeinschaft), *ComUnion* (Einheit in der Vielfalt), *Colectividad* (Kollektivität), *Carisma* (Charisma) und *Compartir* (Teilen).[209]

Kooperation statt Konkurrenz, Gemeinwohl statt Egoismus, Selbstverwaltung statt Chefherrschaft, Nutzen statt Profit – das gehört zu den wesentlichen Merkmalen dieser Wirtschaftsform. Menschen arbeiten nicht für den Profit anderer, sondern für ihre eigenen Bedürfnisse und die ihrer Kunden; der Kampf um Marktvorteile und die Kostendrückerei fallen damit weg. Gewinne sind erlaubt bis erwünscht, werden aber nicht privat angeeignet, sondern in ökosoziale Ziele reinvestiert. Damit erfüllt sich auch hier die Definition von Glücksökonomie: Glück vermehrt sich durch Teilen.

Es gibt jedoch keine eindeutige Definition von Solidarökonomie, und niemand habe »das Recht und die Macht, diese allgemeinverbindlich festzulegen«, so die Berliner Expertin Elisabeth Voß. Solidarität gibt es auch in der Mafia oder unter Nazis. Deshalb ist das Menschenbild entscheidend, das die Betreffenden leitet. Es sollte alle Menschen einschließen und den Zugang zu allem fördern, »was sie physisch, psychisch und geistig benötigen, um ein gutes Leben in selbst gewählten sozialen Zusammenhängen zu führen«.[210] Voß sieht die Vielfalt der Solidarischen Ökonomie als Reichtum: Experimentelles Ausprobieren der am besten geeigneten Formen sei wichtig, Streitereien um den »einzig richtigen Weg« völlig fehl am Platze.

Und in der Tat, das Spektrum ist sehr breit.[211] Kleine Kollektive gehören genauso dazu wie große Genossenschaften, Ökodörfer, urbane und interkulturelle Gemeinschaftsgärten, Foodcoops und Solidarische Landwirtschaftsgruppen, Transition Towns, Seniorengenossenschaften und Mehrgenerationenprojekte, Tauschringe, Umsonst-, Fairleih- und

Fairhandelsläden, Regiogelder, Open-Source-Projekte, Gemeinwohlbetriebe, Sozialunternehmen und vieles mehr.

Niemand kann sie zählen, zumal die Übergange in die »Normalwirtschaft« fließend sind. Viele wirtschaften in Nischen, andere durchwuchern fröhlich den Mainstream: Laut einer Umfrage von 2012 praktiziert jede achte Person in Deutschland Formen des gemeinschaftlichen Teilens von Dingen und Dienstleistungen über das Internet.[212]

Genossenschaften: Brotvereine und Barmherzigkeitsbaustellen

Genossenschaften sind keineswegs Phänomene der Neuzeit. Manche behaupten, Vorformen der Kooperativen habe es schon in der neolithischen Revolution gegeben, als die ersten Dorfgemeinschaften kollektiv säten und ernteten. »Genosse« bedeutete ursprünglich »derjenige, der das Vieh mit einem anderen gemeinsam hat«. Den Begriff »*ginosscaf*« gab es schon im achten Jahrhundert, Zünfte und Gilden funktionierten nicht viel anders als heutige Kooperativen. Wieder andere verweisen auf Fruchtvereine, Talschaften, Alp-, Mark- oder Deichgenossenschaften als Vorformen.

Mitte des 19. Jahrhunderts, in der Zeit von Industrialisierung und großer sozialer Not, entstanden Genossenschaften an verschiedenen Orten gleichzeitig. In Großbritannien schlossen sich Menschen zusammen, weil Mehl mit Gips gestreckt und der Hunger leidenden Bevölkerung zu Wucherpreisen verkauft wurde. Die englische Küche war schon immer schlecht, aber das schlug dem Mehlsack den Boden aus. 1843 entwickelten einige vom sozialistischen Vordenker Robert Owen beeinflusste Männer im Örtchen Rochdale die Idee der ersten Konsumgenossenschaft. Mit ein paar Tüten Hafermehl – ohne Gips – eröffneten »die redlichen Pioniere von Rochdale« 1844 einen Laden. Jeder Kunde konnte Geschäftsanteile erwerben und hatte bei Versammlungen eine Stimme.

Im revolutionären Frankreich um 1848 probieren die Frühsozialisten erste Genossenschaftsformen aus. Louis Blanc wollte als Mitglied der provisorischen Regierung alles in selbstverwalteten

»Nationalwerkstätten« herstellen lassen. Die produzierten indes nicht nur Waren, sondern auch Chaos, zumal andere Regierungsmitglieder sie sabotierten. In einem Anfall frühkeynesianischer Intervention ließ Blanc die unwirtschaftlichen Werkstätten als *chantiers de charité*, »Barmherzigkeitsbaustellen«, weiterlaufen, bis er ins englische Exil musste.

Im Westerwald tief in der deutschen Kleinstaaterei beantragte der 28-jährige Bürgermeister der Samtgemeinde Weyerbusch im Hungerwinter 1846/47 Mehl aus staatlichen Beständen für die Armen. Doch die preußische Regierung verlangte, das Mehl dürfe nur verkauft und nicht verteilt werden. Also ließ Friedrich Wilhelm Raiffeisen Brot an die Hungernden ausgeben; sie sollten erst nach dem Ende der Not bezahlen müssen. Die preußischen Gierschlunde finanzierte er aus einem Fonds, den die Reicheren seiner Gemeinde füllten. Die Kommune blieb vom Hunger verschont.

In schneller Folge gründete er weitere Vereinigungen, die Bauern mit Saatgut, Vieh, Heugabeln und Krediten versorgten. Dabei kam er jedoch zu der Einsicht, dass karitative Organisationen nur kurzfristigen Nutzen stiften – und allein Selbsthilfe, Selbstverantwortung und Selbstverwaltung dauerhaft aus der Not heraushelfen. Der 1864 gegründete Heddesdorfer Darlehnskassen-Verein war die erste ländliche Genossenschaft in Deutschland. »Was dem Einzelnen nicht möglich ist, das vermögen viele«, wurde Raiffeisens Wahlspruch. Er legte Wert darauf, dass ihr Wirkungskreis nur so weit reichte, wie man von einem Kirchturm aus blicken konnte, damit die Beteiligten einander kannten. Heute zählen Raiffeisen-Genossenschaften mehr als 500 Millionen Mitglieder – allerdings meist unter Preisgabe des »Kirchturmprinzips«.

Hermann Schulze-Delitzsch, der zweite deutsche Vater des Genossenschaftswesens, wollte vor allem die dramatische Lage des handwerklichen Mittelstands lindern. 1849 entstand im sächsischen Delitzsch durch seine Initiative eine »Rohstoffassoziation der Schuhmacher und Tischler«, und aus den Vorschusskassen für Handwerker entwickelten sich wenig später die Volksbanken.

> Im 1871 gegründeten Deutschen Reich ließ Reichskanzler Bismarck die Sozialisten verfolgen, unterstützte aber Sozialreformen, um die Gefahr einer Revolution zu bannen. Das Genossenschaftsgesetz von 1889 beschränkte die finanzielle Haftung der Mitglieder, damit erlebten vor allem Konsumgenossenschaften einen Boom. Um die Jahrhundertwende hatten sie eine Million Mitglieder, in der Weimarer Republik bereits vier Millionen.
>
> Die politischen Genossen genossen die Genossen der Genossenschaften jedoch nicht. Produktionsgenossenschaften ließ Karl Marx im *Kapital* ja noch gelten: »Die Kooperativfabriken der Arbeiter selbst sind, innerhalb der alten Form, das erste Durchbrechen der neuen Form, obgleich sie natürlich überall, in ihrer wirklichen Organisation, alle Mängel des bestehenden Systems reproduzieren müssen.« Aber Rosa Luxemburg warnte: »In der Produktivgenossenschaft ergibt sich daraus die widerspruchsvolle Notwendigkeit für die Arbeiter, ... sich selbst gegenüber die Rolle des kapitalistischen Unternehmers zu spielen.«[213] Für sie taugten Kooperativen nicht zur Transformation.
>
> Heute existieren in Deutschland rund 8.800 Genossenschaften mit mehr als 21 Millionen Mitgliedern und fast 900.000 Mitarbeitenden, Tendenz steigend.[214] Auf Antrag der Hermann-Schulze-Delitzsch- und der Friedrich-Wilhelm-Raiffeisen-Gesellschaft soll die Idee der Genossenschaft sogar immaterielles Weltkulturerbe werden; die UNESCO wird 2014 oder 2015 darüber entscheiden.[215]

Der große Vorteil der Kooperativen ist, dass sie stabil und übernahmeresistent sind. Konzerne können sie nicht schlucken. Egal, wie hoch die Einlage eines Genossen oder einer Genossin ist: Jeder und jede hat nur eine Stimme, was interne Demokratie und Mitbestimmung garantiert. Gewinne werden an Mitgenossen ausgeschüttet oder reinvestiert. Während die Pleitequote bei Aktiengesellschaften bei über drei Prozent liegt, sind solche Solidarbetriebe fast zehnmal weniger insolvenzanfällig, hat Andreas Eisen vom Genossenschaftsverband Norddeutschland ausgerechnet.[216] Und auch wenn Volks- und Raiffeisenbanken anderen

Geldinstituten immer ähnlicher werden, mussten sie in der Finanzkrise immerhin nicht »gerettet« werden.

Deutsche Kooperativen sind heute vielfältiger denn je. Eine Gesetzesänderung von 2006 machte die Gründung von Sozial- und Kulturgenossenschaften möglich, und Energiegenossenschaften tragen heute schon einen Gutteil der Energiewende (s. Kap. 11). Zu den eher ungewöhnlichen Solidarunternehmen gehören die Frauenkooperative »Elegant Bannewitz Friseur- und Kosmetikhandwerk e. G.« bei Dresden, die »Friedrich Wilhelm Raiffeisen Schule« in Wetzlar, die »Klinik Kompetenz Bayern«, der 17 kommunale und gemeinnützige Krankenhäuser angehören, die Brauerei-Genossenschaft im hessischen Wächtersbach oder die Hallenbad-Genossenschaft im niedersächsischen Nörten-Hardenberg, die mit viel Gefühl und Wellenschlagen ihr schließungsbedrohtes Schwimmbad rettete.[217]

Weltweit (fast) eine Milliarde Mitglieder

Just zu dem Zeitpunkt, als die UNO 2012 das Jahr der Genossenschaften ausrief, begrüßte die »Internationale Allianz der Kooperativen« (ICA) symbolisch ihr milliardstes Mitglied. Die Zahl ist vielleicht etwas zu optimistisch angesetzt, es dürften eher gut 800 Millionen sein. Rechnerisch ist damit jeder siebte bis neunte Erdbewohner Genosse oder Genossin. Allerdings gibt es viele Mehrfachmitgliedschaften, und die riesige Mehrheit ist nirgendwo organisiert.

Ende 2013 kamen Mitglieder der Internationalen Allianz aus 91 Ländern in der kanadischen Stadt Québec zusammen. »Mit einer Million Organisationen, 100 Millionen Beschäftigten und einer Milliarde Mitgliedern haben wir eine globale Stimme«, befand Monique Leroux von der kanadischen Finanzkooperative *Desjardins*. Genossenschaften verleihen »der Wirtschaft ein menschliches Antlitz und eine größere Vielfalt«, ergänzte ICA-Präsidentin Dame Pauline Green.[218] In der EU mit ihren rund 80 Millionen Genossen ist rein rechnerisch etwa jede sechste Person Kooperativenmitglied. In Italien ist es jede Fünfte, in Deutschland knapp jede Vierte, in Österreich jede Dritte, in der Schweiz sogar fast jede Zweite – vor allem aufgrund der mitgliederstarken Ladenketten Migros und Coop. Die nackten Zahlen besagen allerdings nicht viel, da der Löwenanteil auf große Wohnungs-, Kredit- und Konsumgenossenschaften entfällt, die wenig anders wirtschaften als ihre profitorientierte Konkurrenz.

Anders hingegen viele Zusammenschlüsse in armen Ländern. In Indien haben sich seit 1972 etwa eine Million zuvor rechtloser Müllsammlerinnen, Marktfrauen oder Heimarbeiterinnen aus dem informellen Sektor in der Self Employed Women Association (Sewa) organisiert. In Tausenden von Basisgruppen und fast 100 Kooperativen unterstützen sie sich gegenseitig. Die Sewa-Bank vergibt Kleinkredite und -versicherungen, die Sewa-Stiftung für Wohnraum unterstützt Frauen in Slums, die Sewa-Akademie bildet sie weiter.[219]

In Old Delhi und anderen indischen Städten betreiben Straßenkinder eine eigene Bank namens *Bal Vikas*, bei deren Aufbau ihnen Erwachsene helfen. In Kolumbien und anderen lateinamerikanischen Ländern haben einige Gruppen arbeitender Kinder mangels Krankenversicherung selbst Gemeinschaftskassen angelegt, aus denen Mitglieder unterstützt werden, wenn sie krank sind oder einen Unfall hatten.[220]

Vielfältig sind auch die Gesundheitskooperativen, deren Dienste weltweit rund 40 Millionen Mitglieder in Anspruch nehmen – unter anderem in Brasilien, Bolivien, Indien, auf den Philippinen, in Schweden, im Senegal, in Singapur, Sri Lanka, Südafrika und Tansania.[221]

Steigern Genossenschaften Glück und Gemeinwohl? Nicht immer. Sie sind zwar nach innen sozial ausgerichtet, können sich aber nach außen gut in kapitalistische Märkte einpassen – und machen dann auch Geschäfte zulasten von Mensch und Natur. Um das zu verhindern, muss vor allem ihr Führungspersonal mit regelmäßigen Trainings immer wieder an moralische Werte und genossenschaftliche Prinzipien erinnert werden – das empfehlen viele, die lange in Kooperativen gearbeitet haben.

Immerhin ist Rücksichtslosigkeit bei ihnen nicht einprogrammiert. Genossen können auf Gewinne verzichten oder sie ökosozial reinvestieren, während Aktiengesellschaften rechtlich verpflichtet sind, Anteilseignern Dividenden auszuzahlen. Weil Aktionäre rasch ein- und aussteigen können, sieht sich das Management gezwungen, Wachstum und hohe Renditen durch maximale Ausbeutung anzustreben. Der Wachstumszwang bei Kooperativen hingegen ist geringer oder entfällt ganz. Die folgenden Beispiele erzählen aus dem vielfältigen, manchmal schillernden Alltag von Genossenschaften weltweit.

»Kultur der Kooperation«: Das weltweit dichteste Genossenschaftsnetz in der Emilia Romagna

Wilson, sechs Jahre alt, platzt fast vor Stolz. Der schwarze Junge steuert einen Traktor durch das Bioweingut Corte d'Aibo, die andere Hand am Lenkrad stammt von seinem Pflegevater Antonio Capelli. Langsam tuckert der Trecker den Weinberg südlich von Bologna in der norditalienischen Region Emilia Romagna hinunter – vorbei am Naturschwimmbecken, in dem Hotelgäste an blühenden Seerosen entlangpaddeln, und vorbei am Restaurant, in dem Besucher die exquisite regionale Küche genießen können. Capelli – sanftes Gesicht, Hornbrille, kurze schwarze Haare – stellt den Traktor ab und spaziert mit dem Pflegekind an der Hand durch das Weingut. Der Kleine braucht viel Zuwendung.

Diese selbstverständliche Solidarität mit den Schwächsten ist typisch für den Geist der kleinen Genossenschaft, die Antonio Capelli und Mario Pirondini 1988 gegründet haben. Die beiden wohnen zusammen mit ihren Familien auf Corte d'Aibo; weitere acht Mitgenossinnen sowie Erntehelfer unterschiedlicher Nationalität und Hautfarbe leben in der Nähe.

»Wir haben ständig Pflegekinder, und immer ist was los«, lacht Luisa Ballesti, die innerhalb der Kooperative für Hotelbetrieb und Frühstücksküche zuständig ist. Die 54-jährige lernte bereits als Kind die Zubereitung köstlicher Kuchen und Pasta, später reiste sie durch halb Asien. Seit 2000 ist sie »glückliche Genossin«, wie sie sagt: »Wir teilen alles. Wir tun das, was wir lieben. Genossenschaften sind ein Modell für gutes Leben.« Capelli bestätigt: »Wir lieben unsere Arbeit, wir sind Enthusiasten.« Die zehn Mitglieder setzen sich etwa dreimal im Jahr zur Planung zusammen: »Wir teilen die Gewinne und reinvestieren sie.« Genossenschaften, meint er, seien »der Schlüssel zur Überwindung der Krise«.

Ernte auf Corte d'Aibo. Foto: Ute Scheub

Italiens schlimmste Wirtschaftskrise der Nachkriegszeit bekommen auch die Biowinzer von Corte d'Aibo zu spüren. Der Preisdruck ist erheblich, zumal sie ihre auf 20 Hektar Hügelland wachsenden Weinreben von Hand ernten müssen. Wachstumsdruck lehnt Capelli dennoch ab: »Wir wollen nicht größer und größer werden. Das ist eine Falle. Wir müssten viel Geld investieren und würden unseren Fokus auf Qualität verlieren.« Wie hoch die ist, zeigen zahlreiche Auszeichnungen für ihre Weine und eine Küche, die fast ausschließlich lokale Zutaten verwendet.

Das Gemüse baut die eigenständige Gruppe *Streccapogn* auf dem Gelände an, zu Deutsch »Wegwarte«. Drei Hauptamtliche züchten lokale Gemüsesorten »mit den Geschmäckern des Gartens deiner Großeltern« und beliefern rund 100 Kunden und Käuferinnen mit Abogemüsekisten und Biobrot. Die Abnehmer bezahlen nicht die einzelne Lieferung, sondern die Arbeit – eine Spielart der solidarischen Landwirtschaft (s. S. 152).

Immer dienstags verkaufen die Gärtner Gemüse, Obst, Brot und Marmelade auf einem Platz am Rande des 5.000-Seelen-Ortes Monteveglio unweit von Corte d'Aibo. Abgesehen von seinem alten Kloster wirkt die

Gemeinde eher unscheinbar, doch in Sachen Nachhaltigkeit überflügelt sie viele andere. Sie errichtete ein Umweltzentrum mit Geothermie und Solarzellen, Labor und Bibliothek und schloss sich als erste italienische Kommune der Bewegung der Transition Towns an. »Wegwarten«-Aktivisten überzeugten Bürgermeister und Gemeinderat bereits Ende 2009, einen entsprechenden Beschluss zu verabschieden. Darin verpflichtet sich Monteveglio, sich mittels eines Energiesparplans zur postfossilen Stadt zu entwickeln, indem es öffentliche Gebäude energieeffizient umgestaltet, Bioanbau und den Konsum regionaler Produkte fördert und seine Bürger einbezieht. Sogar die Einführung einer lokalen Währung wird erwogen. »Ist der bulimische Konsum, an den wir gewöhnt sind, wirklich eine Quelle des Glücks?«, fragen die Gemeinderäte in ihrem Beschluss. Sei es nicht besser, stattdessen »in die Lebensqualität und die zwischenmenschlichen Beziehungen zu investieren«?

Diese hier so präsente Kultur der Kooperation wurzelt in der Geschichte der Bauern und Landarbeiterinnen Italiens. Im Süden waren sie der Willkür von Großgrundbesitzern ausgesetzt, doch in der fruchtbaren Poebene lebten sie in Gehöften nahe beieinander. Mitte des 19. Jahrhunderts schlossen sie sich zusammen, um Sumpfland zu entwässern sowie Flussdämme, Wasserleitungen, Bahnlinien oder auch Volkshäuser und Theater zu errichten.

Eine wichtige Rolle spielte Camillo Prampolini, der 1859 in der Provinzhauptstadt Reggio nell'Emilia geborene sozialistische Vordenker einer kooperativen Ökonomie. Unter seinem Einfluss vergesellschaftete die Stadtverwaltung die Versorgung mit Gas, Wasser und Strom, kommunalisierte Schlachthöfe, Bäckereien sowie Apotheken, die Arme mit billigen Medikamenten versorgten. *Fare come Reggio*, »es machen wie in Reggio nell'Emilia«, wurde zum geflügelten Wort in Italien. Die ersten sozialistisch geprägten Genossenschaften entstanden bereits 1860, um 1886 schlossen sie sich in der Lega delle Cooperative (Lega Coop) zusammen.

Die Provinzregierung Emilia Romagna funktioniere vorbildlich im Vergleich zu anderen italienischen Regionen, wo Chaos, Misswirtschaft, Korruption und Mafia herrschten, so der US-Politikwissenschaftler Robert Putnam in einer einflussreichen Studie von 1993. Seine Erklärung: Wo es soziale Zusammenschlüsse gibt, und seien sie noch so unpolitisch wie

Chöre oder Fußballclubs, arbeiten auch die Regierungen besser, weil sie durch das öffentliche Leben besser kontrolliert werden. Bürgersinn beruht auf Vertrauen und schafft Vertrauen – was Menschen glücklicher macht. In einer schlecht vernetzten Gesellschaft hingegen gedeihen Willkür und Clanwirtschaft.[222]

Giorgio Prampolini – spärliche weiße Haare, schwarze Hosenträger, lebhafte Gesten – arbeitet seit 40 Jahren in Genossenschaften und in der Lega Coop; trotz seines fortgeschrittenen Alters hat er einen Termin nach dem anderen. Die Emilia Romagna hat das dichteste Genossenschaftsnetz der Welt, berichtet er. 90 Prozent der Feldfrüchte werden hier gemeinschaftlich produziert, 72 Prozent aller Einwohner gehören einer Kooperative an – weltweit die höchste Quote. Neben großen Konsum- und Handelsgenossenschaften wie Coop und Conad gibt es auch viele kleinere: Wohnungs-, Bau-, Architekten- und Ingenieurkollektive, Tischler, Restaurateure, Gärtner, Fischer, Sozialgenossenschaften für Behinderte und Benachteiligte, Coop-Banken, Tourismusbetriebe, Bus- und Transportfirmen, Kultur-, Bildungs- und Theaterinitiativen, Kitas, Restaurantketten, Putzdienste, Verpackungscoops, Übersetzungsdienste, Fitnessstudios, Zahnarztkollektive. Sogar in einem Gefängnis existiert eine Kooperative – sie züchtet Biogemüse.

Die italienische Verfassung bezeichnet Kooperativen als unterstützenswerte Betriebsform, sie genießen deshalb Steuererleichterungen. Ideologisch reicht die Genossenschaftsbewegung von sozialistisch-kommunistisch über republikanisch bis christlich-konservativ. Ihre Dachverbände sind in der Allianz der italienischen Kooperativen zusammengeschlossen, die über 12 Millionen Mitglieder, mehr als eine Million Angestellte und über 43.000 Betriebe repräsentiert. »Die Genossenschaften arbeiten seit über 100 Jahren zusammen, auch wenn sie sich an weltanschaulichen Punkten streiten«, sagt Prampolini. So ähnlich wie Don Camillo und Peppone, der legendäre katholische Priester und der kommunistische Bürgermeister, die sich in den gleichnamigen Filmen ständig eins auf die Rübe geben und doch ihr Dorf in der Poebene einträchtig gegen Großgrundbesitzer und Faschisten verteidigen.

Stehen die Kooperativen auch in der Krise zusammen? »Wir helfen uns gegenseitig, manchmal auch mit Krediten. Und viele, wenn auch nicht alle

Genossenschaftler reduzieren ihre Arbeitszeit, damit niemand entlassen werden muss«, sagt Prampolini. Immer noch werden hier stolze 40 Prozent des regionalen Bruttosozialprodukts genossenschaftlich erwirtschaftet und sogar 85 Prozent der sozialen Dienstleistungen. Das Pro-Kopf-Einkommen in der Region Emilia Romagna liegt um etwa ein Drittel über dem nationalen Durchschnitt, die Erwerbslosigkeit ist halb so hoch. »Wenn nicht das Erdbeben von 2011 in der Poebene so viele Betriebe zerstört hätte, wäre sie sogar noch geringer«, glaubt er. Vor etwa drei Jahren betrug sie in der zur Emilia Romagna gehörenden Provinz Modena 2,7 Prozent – praktisch Vollbeschäftigung.

Das hätten sie ihrer lange erprobten »Kultur der Kooperation« zu verdanken, ist Prampolini überzeugt. Ja, die sei ihre große Chance, sagt auch Antonio Capelli im Bioweingut Corte d'Aibo. Und verschwindet mit dem kleinen schwarzen Jungen an der Hand im Haus.

Mondragón – der weltgrößte Genossenschaftsverbund

Zwischen grünen Ausläufern der Pyrenäen, mitten in der baskischen Provinz Gipuzkoa, liegt die 22.000-Seelen-Stadt Mondragón, auf Baskisch Arrasate. Hier befindet sich das Hauptquartier des weltgrößten Genossenschaftsverbundes, Mondragón Corporación Cooperativa, das die Zusammenarbeit von 289 Firmen in ganz Spanien und in weiteren 31 Ländern koordiniert. »Verbund« ist hier wörtlich zu nehmen, denn die Kooperativen arbeiten bei Mondragón weit enger zusammen als etwa in einem Dachverband. Produziert werden traditionelle Industriewaren wie Werkzeugmaschinen oder Autozubehör und Fahrstühle, aber auch Solarmodule und Fahrräder. Von den rund 84.000 Beschäftigten sind fast die Hälfte Frauen. Auf dem Firmenschild reichen sich zwei Menschen die Hände und bilden dadurch zusammen ein »M«, das Motto lautet: »Mondragón – Humanity at Work«.

Jeder zweite Stadtbewohner arbeitet im Verbund von Mondragón, zu dem auch eine Universität mit vier Fakultäten und 15 Forschungseinrichtungen, eine Bank und eine eigene Kranken- und Rentenkasse gehörten. Anfang 2014 waren 26 Prozent aller Spanier erwerbslos; in Mondragón waren es nur zehn Prozent. Bis zur Eurokrise herrschte hier sogar Vollbeschäftigung. Zudem gehört die Region zu den Gegenden Europas mit den geringsten Einkommensunterschieden, weil leitende Genossen höchstens das Achtfache des geringsten Arbeiterlohns verdienen dürfen.[223]

Die vergleichsweise niedrige Erwerbslosigkeit spreche für sich, sagt Ainara Udaondo selbstbewusst. Die etwa 40-jährige Leiterin des Lanki-Instituts für Genossenschaftswesen trägt die dunklen Haare kurz geschnitten und verteidigt dessen Werte mit lebhaftem Temperament. Zwar hat die Wirtschaftskrise auch das Baskenland in eine schwierige Situation gebracht. »Aber Kooperativen sind widerstandsfähiger. Wir können mit der Krise menschlicher umgehen als andere.« Gerät ein Unternehmen ins Trudeln, kann es Unterstützung aus einem gemeinsamen Fonds erhalten, in den alle Kooperativen zwei Prozent ihrer Gewinne einzahlen. So bleiben Arbeitsplätze erhalten.[224]

»Das Baskenland ist ein Ort, in dem viel Wert auf Kooperation gelegt wird«, erzählt Udaondo. »Wir tun viele Dinge gemeinschaftlich.« Für die im Zweiten Weltkrieg verarmte Gründergeneration von Mondragón um den Widerstandskämpfer und Jesuitenpater José Maria Arizmendiarrieta sei Sparsamkeit einer der zentralen Werte gewesen. Der Unterschied zwischen den Gehältern »war begrenzt, als Ausdruck von Solidarität und Sparsamkeit«.

Die erste Kooperative, später Fagor benannt, begann 1956 mit der Herstellung von Öllampen. 1986 trat Spanien der EU bei, der Mondragón-Verbund vergrößerte sich, drängte auf den internationalen Markt und eröffnete Filialen in aller Welt. Ein Prozess nicht ohne Widersprüche: Die meisten Firmen im Ausland sind Kapitalgesellschaften, ihre Beschäftigten keine Genossen. Faktisch fließen deren Gewinne ins Baskenland ab. Das hilft zwar den Basken, verstößt aber gegen kooperative Werte.

Gerätehersteller Fagor beauftragte deshalb das Lanki-Institut mit der Untersuchung, wie seine brasilianische Tochter in eine Kooperative umgewandelt werden könne, berichtet Udaondo. Ernüchterndes Fazit der

Studie: Das sei schwierig bis unmöglich. Genossin oder Genosse wird man bei Mondragón nämlich erst, wenn man nach zwei bis drei Jahren Mitarbeit zum Beitritt eingeladen wird und 15.000 Euro als Einlage einzahlt – Geld, das viele Brasilianer nicht bezahlen können oder wollen. Ähnliche Probleme mit dem Solidarmodell gab es in anderen Ländern.

Fagor geriet danach selbst ins Trudeln und musste trotz solidarischen Gehaltsverzichts seitens anderer baskischer Genossenschaften im Oktober 2013 Insolvenz anmelden. Der Absatz von Waschmaschinen und Haushaltsgeräten war durch die schrumpfende Kaufkraft in Spanien um 60 Prozent zurückgegangen. Einige Hundert der 4.400 Fagor-Beschäftigten wurden in andere Kooperativen übernommen oder entlassen, wobei die genossenschaftliche Sozialversicherung zwei Jahre lang 80 Prozent des Lohns weiterzahlt. Selbst Erwerbslose fallen in Mondragón weicher als anderswo.

Nach außen hin agiert die Corporación wie ein normales gewinnorientiertes Unternehmen, nach innen funktioniert sie jedoch anders: Das zentrale Gremium, der Steuerungsrat, wird von allen Mitgliedern gewählt. 2004, berichtet Ainara Unaondo, habe ihr Institut einen zweijährigen Diskussionsprozess mit rund 2.000 Mitgliedern organisiert, in dem es um die Erneuerung der genossenschaftlichen Werte, um innerbetriebliche Demokratie, Solidarität und Teilhabe ging. Im Zuge dessen erhielt Mondragón seinen neuen Namen: »Humanity at Work«.

Solidarische Ökonomie in Lateinamerika

Weltweit ist die Solidarische Ökonomie im Kommen – nicht erst seit der Finanzkrise von 2008. In Brasilien hat sich die Bewegung nach dem Wahlsieg Lula da Silvas von der Arbeiterpartei 2002 sogar ein eigenes Staatssekretariat im Arbeitsministerium erkämpft, abgekürzt SENAES. Seit 2003 verfügt Staatssekretär Paul Singer über ein eigenes Budget für Förderprogramme, Messen und Foren; unter seiner Leitung unterstützen universitäre Innovationswerkstätten den Aufbau von Genossenschaften und die Relokalisierung von Wirtschaftsbetrieben. Laut Arbeitsministerium existierten im Jahre 2013 mehr als 33.000 Solidarbetriebe mit schätzungsweise drei Millionen Mitgliedern. 60 Prozent waren Assoziationen, Vereine und selbstverwaltete Betriebe, 30 Prozent informelle Gruppen wie Tauschringe oder Kooperationsnetze für solidarischen Konsum, knapp neun Prozent Genossenschaften.[225]

Die Anfänge dieser Bewegung gehen auf die 1980er und 1990er Jahre zurück, in denen eine heftige Wirtschaftskrise viele brasilianische Unternehmen in den Konkurs trieb. Entlassene Beschäftigte führten Fabriken als selbstverwaltete Betriebe oder Kooperativen weiter, parallel dazu besetzte die Landlosenbewegung MST brachliegende Ländereien und baute Produktivgenossenschaften auf. Auf dem Weltsozialforum, das ab 2001 mehrfach in Porto Alegre tagte und Zehntausende Menschen aus aller Welt zusammenbrachte, forderte eine Arbeitsgruppe lauthals die Errichtung eines Staatssekretariats für Solidarische Ökonomie. Nachdem sie Erfolg hatte, wandelte sich die Arbeitsgruppe in das »Nationale Forum für Solidarische Ökonomie« um; ihm gehören über 3.000 alternative Betriebe, mehr als 80 Städte sowie öffentliche Verwaltungen von sechs Bundesstaaten an.[226]

Die Bewegung pflegt Vernetzungen mit Argentinien, Venezuela, Bolivien, Ecuador und Kolumbien. In Argentinien haben Arbeiter in der Wirtschaftskrise von 2002 mehrere hundert Fabriken besetzt, in diesen selbstverwalteten Kooperativen arbeiten heute noch rund 10.000 Menschen. Zudem gibt es Solidarunternehmen wie Müllsammlergenossenschaften, soziale Kleinbetriebe mit rund 350.000 Personen oder urbane Gemeinschaftsgärten und -küchen, in denen Arme gratis essen können.

Dennoch seien die Bedingungen in den populistisch regierten Ländern Argentinien und Venezuela nicht so einfach, so José Cuis Coraggio, Direktor des »Lateinamerikanischen Forschungsnetzes zu Sozialer und Solidarischer Ökonomie«: »Der Populismus erzeugt keine organisierte Gesellschaft mit unabhängigen solidarischen Gruppierungen, die fähig wären, einen öffentlichen Raum für die Ko-Konstruktion der Staatspolitik zu bilden, sondern fördert eine sozial desorganisierte Gesellschaft, die politisch als Masse geführt wird.« In Venezuela wird die Bildung von Genossenschaften oben angeordnet und unten ausgeführt, was zur Folge hat, dass viele lediglich auf dem Papier existieren. »Nur zehn Prozent dieser so gebildeten Kooperativen funktionieren«, hat Coraggio beobachtet.[227]

Cecosesola – der größte hierarchiefreie Genossenschaftsverbund der Welt

Cecosesola in Venezuela ist ein Unikum. Ausgeschrieben und übersetzt heißt der Name »Verbund der Genossenschaften für soziale Dienstleistungen im Bundesstaat Lara«. Die 1967 gegründete Organisation betreibt in Laras Hauptstadt Barquisimeto drei erfolgreiche Wochenmärkte, auf denen sich rund 55.000 Familien mit Gemüse von verbundseigenen Landkooperativen versorgen – es ist billiger als anderswo und wird zum Einheitspreis pro Kilo verkauft. Zu Cecosesola gehören zudem über 50 Organisationen mit rund 20.000 Mitgliedern: ein Transportbetrieb, eine Sparkasse, ein Solidaritätsfonds, Läden für Möbel und Haushaltsgeräte, ein Beerdigungsunternehmen sowie sechs Gesundheitsprojekte einschließlich Klinik, in der jährlich knapp 200.000 Menschen behandelt werden. Jahresumsatz: etwa 100 Millionen US-Dollar.

Das Außergewöhnliche daran: Chefs gibt es nicht, Jobrotation ist üblich, Arbeiten werden unter beiden Geschlechtern gleichberechtigt aufgeteilt und Entscheidungen im Konsens getroffen. Jährlich halten die 1.200 »hauptamtlichen« Cooperativistas mehr als 3.000 kleine und große Treffen während der Arbeitszeit ab. Sie erhalten ein Einheitsgehalt, das dem Doppelten des staatlichen Mindestlohns entspricht. Nur Ärzte bekommen »wegen ihrer größeren Verantwortung« eine prozentuale Bezahlung pro Patient und rotieren nicht.

Ironischerweise hatte die Gründung von Cecosesola eine antikommunistische Schlagseite. 1961 hob US-Präsident John F. Kennedy die »Allianz für den Fortschritt« aus der Taufe, um mit Sozialprogrammen die Guerillabewegung in Lateinamerika einzudämmen. Mit Mitteln der CDU-nahen Adenauer-Stiftung und der katholischen Caritas unterstützte das jesuitische Centro Cumila in Venezuela die Gründung von Genossenschaften. Cecosesola wurde 1967 als Dachverband initiiert, und die erste Kooperative war ausgerechnet ein hierarchisch organisierter Bestattungsbetrieb. Um den Kommunismus zu beerdigen?

Doch 1972 emanzipierten sich die Genossen und schlossen sich der »Stiftung für kommunitäre Organisierung der Marginalisierten« an. Cecosesola ist bis heute links orientiert, zur Regierung von Hugo Chavéz und seinem Nachfolger Nicolas Maduro hält sie dennoch Distanz. Die lebende Selbstorganisation passt nicht in deren autoritären Staatssozialismus – und sie ist diesem weit voraus. Als die Rechtsopposition 2002 mit einem Streik Venezuela lähmte, unterstützte Cecosesola weder den Streik noch Chavéz.

Der chilenische Neurobiologe Humberto Maturada hat mit seinem Konzept der Selbstentwicklung (Autopoiesis) Cecosesola wesentlich beeinflusst. Der Philosoph glaubt, dass alle lebenden Systeme zur Selbstorganisation ohne hierarchische Steuerung fähig sind. Kommunikation sieht er als Verhaltenskoordination durch wechselseitige Koppelungen: »Wir erzeugen die Welt, in der wir leben, buchstäblich dadurch, dass wir sie leben.« Ein Cooperativista sagt es so: »Wir sind organisierter als eine Bewegung und bewegter als eine Organisation.«

Die kollektive Entscheidungsfindung im Konsens sei vielleicht ihr größter Erfolg, glaubt die 40-jährige Ilse Marquez, die unter anderem in der Buchhaltung arbeitet und anlässlich des 45-jährigen Bestehens von Cecosesola an einer Veranstaltungstour durch Europa teilnahm. In allen Betrieben versammeln sie sich wöchentlich, auf weiteren Treffen koordinieren, pflegen und analysieren sie ihre Beziehungen. Für Außenstehende, gibt sie zu, sei das alles »nicht leicht zu erklären«. Sie praktizierten eben eine neue Form zu denken. »Wenn wir unsere Beziehungspflege als Arbeit sehen würden, wäre das furchtbar«, lacht die 34-jährige Carolina Colmenaves, die seit 16 Jahren bei Cecosesola arbeitet. »Aber wir gehen auch in Parks oder machen Liebe, sonst hätten wir keine Kinder. Und wir haben viele!«

Durch den Abbau von Hierarchie und den Aufbau von Vertrauen sei die »kollektive Energie« geradezu explodiert, heißt es in einem Buch, das anlässlich des 45-jährigen Bestehens von Cecosesola herausgegeben wurde.[228] Sobald in einer Organisation »der Kampf um die Macht als zentrales Motiv zum Verschwinden gebracht wird«, werde »eine kollektive Energie freigesetzt, die unter anderem in einer vorher ungekannten wirtschaftlichen Produktivität zum Ausdruck kommt«. Kommunikation werde überraschend flüssig. »Manchmal brauchen wir nicht einmal mehr darüber zu reden, um zu wissen, was wir alle denken. Telepathie wird greifbar.« Womöglich sei man schon »auf dem Weg zum kollektiven Gehirn«.

Gemeinwohlökonomie:
Die Wirtschaft vom Kopf auf die Füße stellen

Christian Felber steht manchmal zu Beginn einer Veranstaltung kopf. Die Wirtschaft will der 42-jährige Vortragsreisende, Ausdruckstänzer und Initiator der Gemeinwohlökonomie hingegen vom Kopf auf die Füße stellen – weg vom Profit-, hin zum Gemeinwohlprinzip.

Der Grundgedanke, mit dem der rotblonde Mann mit dem Dreitagebart die Ökonomie »wenden« will, ist das Umdrehen von Werten, Zielen und Mitteln. Das, sagt der frühere Sprecher von attac Österreich, sei der »wertvollste Teil« der von ihm angestoßenen Bewegung. Das Mittel »Geld« sei im Kapitalismus zum Ziel und Selbstzweck geworden, es fördere die schlechtesten Eigenschaften der Menschen, nämlich Gier, Geiz, Egoismus, Verantwortungslosigkeit, Rücksichtslosigkeit, Konkurrenz und Umweltzerstörung. Kein nobelpreisgekrönter Ökonom habe jemals mit einer Studie beweisen können, dass Konkurrenz die effektivste Methode sei. Sie arbeite mit Angst und Ausgrenzung. Hingegen zeigten fast alle Studien der Sozialpsychologie, Spieltheorie und Neurobiologie, dass Kooperation Menschen viel nachhaltiger motiviere als Wettbewerb.

Der Autor zahlreicher Ökonomiebücher möchte deshalb die Förderung von Werten ins Zentrum stellen: Vertrauensbildung, Wertschätzung, Kooperation, Solidarität, Nachhaltigkeit, Demokratie. Kurz: Nicht das Geld, sondern das Gemeinwohl soll das Ziel und der Leitstern allen Wirtschaftens sein. Felber sei ein »herzjesumarxistischer Enteignungseuphoriker« und »Anarchomarxist«, wetterte der Chefredakteur des konservativen Wiener Blattes »*Presse*« in mehreren Leitartikeln. Jener reagierte gelassen. »Die Gemeinwohlökonomie ist kein festes inhaltliches Modell, sondern ein demokratischer Prozess«, stellte er bei einer Veranstaltung in Berlin klar. Das Gemeinwohl allein zu definieren stehe ihm nicht an. Das könne nur in einem Wirtschaftskonvent geschehen, der eine demokratische Wirtschaftsverfassung ausarbeite und diese in den jeweiligen Länderverfassungen verankere.

Wie ein Betrieb eine Gemeinwohlbilanz aufstellen kann, hat Felber nicht alleine ausgebrütet, sondern in Kooperation mit einer Handvoll attac-nahen österreichischen Unternehmern. Zusammen haben sie eine

Matrix für die Gemeinwohlbilanz von Betrieben entworfen und nach vielen Praxisanwendungen mehrfach überarbeitet. Die Matrix besteht aus einem System, das Pluspunkte etwa dafür vergibt, dass Unternehmen die Beschäftigten mitbestimmen lassen, Gehaltsunterschiede klein halten, transparent agieren, Know-how weitergeben, Frauen in Führungspositionen wählen, einen Betriebskindergarten errichten, einen hohen Anteil ihrer Vorprodukte aus der Region, aus Fairtrade oder biologischem Anbau beziehen. Die Kategorien »Teilen« und »Schutz von Gemeingütern« fehlen allerdings.

Je höher die Punktzahl, desto mehr trägt ein Betrieb zum Gemeinwohl bei. Und desto größer könnten irgendwann auch rechtliche oder finanzielle Vorteile für ihn sein: etwa ein niedrigerer Steuersatz oder günstigere Kredite bei der ebenfalls im Aufbau befindlichen »Demokratischen Bank«. Auf den Produkten solcher Firmen könnten die verschiedenen Stufen der Gemeinnützigkeit mit handylesbaren, farbigen Codes dargestellt werden, sodass Käuferinnen und Kunden klare Kriterien geboten werden. Einige Gemeinwohlbewegte finden allerdings, dass dieses Modell noch zu sehr der alten monetären Logik verhaftet ist. Sie schlagen Bewertungssysteme vor, die ganz ohne Geld auskommen und vor allem auf AnSehen und Reputation beruhen.

Anfang 2014 gehörten zu den Unterstützern der Gemeinwohlbewegung bereits mehr als 5.000 Privatpersonen, gut 200 Organisationen und Vereine sowie über 1.500 Unternehmen. Jedes dritte erstellte eine Gemeinwohlbilanz. Die meisten sind Ein- bis Zwei-Personen-Betriebe, es gibt aber auch Hotels, Biofirmen, Reparaturzentren oder Energiedienstleister, die zwischen 40 und 400 Mitarbeitende aufweisen, sowie veritable mittelständische Unternehmen wie die Sparda Bank München oder das Bahntechnikunternehmen Rhombergbau mit etwa 1.000 Beschäftigten.

Gemeinwohlbetrieb Spardabank München

Sein Glück hänge davon ab, »ob es den Menschen um mich herum auch gut geht«, befindet Helmut Lind. Ungewöhnliche Worte für einen Bankchef. Sein Unternehmen, die Sparda Bank München mit über 700 Angestellten und einer Bilanzsumme von fast sechs Milliarden Euro, hat als erste Bank weltweit 2012 eine »Gemeinwohlbilanz« vorgelegt. Von 1.000 möglichen Punkten hat ihr der unabhängige Gutachter 385 angerechnet – für den Anfang ganz gut, aber vor allem bei der »ökologischen Gestaltung der Produkte« und »innerbetrieblichen Demokratie« noch verbesserungswürdig.[229]

Der studierte Bankbetriebswirt Lind, 53, blond, sehnig-sportlich, randlose Brille, war früher ein ehrgeiziger Karrierist wie viele andere. Doch hat ihn unter anderem seine tägliche Meditation in eine andere Richtung gebracht. Er nennt sich einen »Integraldenker«, regt sich über Billionen Dollar Fluchtgelder in Steueroasen auf und grübelt, wie der Finanzsektor nachhaltig umgestaltet werden könnte, damit es nicht zum »Finanzfukushima« kommt, wie er es nennt.

Die Spardabank, der er seit 2006 vorsteht, war trotz ihrer kooperativen Form eine Bank wie viele andere. 1930 von Eisenbahnern gegründet, zahlte die größte Genossenschaftsbank Bayerns ihrer Viertelmillion Mitgliedern lange satte Gewinne aus. »Sind wir wirklich noch so unterwegs, wie unsere Gründungsväter das wollten?«, fragte sich Lind jedoch irgendwann. Auf seine Initiative hin beschloss Sparda München, aus der Spekulation mit Lebensmitteln und Wetten auf Währungen auszusteigen: »Solche Geschäfte sind mit unserem Leitbild nicht vereinbar.« Finanziell hat ihr das kaum geschadet, denn sie gewann 2013 rund 19.000 neue Kunden hinzu. Die einen ließen sich durch ethische Verbesserungen und die Gemeinwohlbilanz überzeugen, die anderen durch gute Beratungen – das Geldinstitut war einer der Preisträger des »Deutschen Servicepreises 2014«.

Auch ihre Beschäftigten zeigen sich in anonymen Befragungen überdurchschnittlich zufrieden. 2014 belegte Sparda München beim Wettbewerb »Deutschlands beste Arbeitgeber« zum siebten Mal Platz eins unter den Banken. Sie fördert familienfreundliche Teilzeit, legt bei Elterngeld und Therapien noch was drauf, veranstaltet Workshops, pflanzt für jedes neue Mitglied einen Baum und schüttet regelmäßig Geld für ökosoziale Projekte aus, etwa die Münchner Obdachlosenzeitung BISS.

Nicht alle finden das gut. »Sehr unterschiedliche Rückmeldungen« habe er bekommen, sagt Helmut Lind. Aber Kunden und Mitarbeitende, denen es nur ums Geld gehe, seien bei ihnen fehl am Platz. »Dann sagen wir auch, okay, dann sind wir die falsche Bank.« Manche anderen Bankchefs reagierten ungehalten, weil er sie in Zugzwang bringe. Aber es gebe auch Vorstandskollegen, die ihm sagten, sein Kurs sei »spannend«, berichtet Lind.[230]

Gemeinwohlregionen im Entstehen

Sogar Kommunen wollen nun zu Gemeinwohlregionen werden. Im Südtiroler Vinschgau starteten vier Orte im März 2013 ein Pilotprojekt. Neben einer Gemeinwohlbilanz wollten sie auch einen Gemeinwohlindex erstellen, der Lebensqualität in der Region misst; eine Regionalwährung sollte lokale Wirtschaftskreisläufe in Schwung bringen. Allerdings setzt die EU solchen Initiativen rechtliche Grenzen: Schreiben Gemeinden Projekte aus, etwa zur Lebensmittelbelieferung von Kitas, dürfen sie lokale Betriebe nicht bevorzugen, sondern müssen jene unter Vertrag nehmen, die am billigsten – und oft am unfairsten – liefern. Das ist eine von vielen Systemgrenzen für die Gemeinwohlökonomie.

Kopfüber haben sich Felbers Mitstreiter in das Abenteuer gestürzt, die Wirtschaft umzudrehen. In Wien kümmern sich einige Hauptamtliche im »Verein zur Förderung der Gemeinwohlökonomie« um die Koordination und die siebensprachige Website *www.ecogood.org*. Freiwillige arbeiten vor Ort in verschiedenen »Energiefeldern«. Die Bewegung hat sich mittlerweile auf 30 Länder ausgedehnt – neben den Kernländern Österreich, Deutschland, Schweiz, Italien und Spanien auch nach Argentinien, Kolumbien, Venezuela und in weitere Nationen.

Felber spricht fließend Spanisch und vermag deshalb auch in Südeuropa und Lateinamerika Menschen mit seiner Bühnenpräsenz in Bann zu ziehen. Allerdings kann er einen Widerspruch nicht auflösen: Sosehr er den demokratischen Charakter der Gemeinwohlökonomie betont, es hängt doch viel an einer Einzelperson. An ihm.

In einigen Jahren, hofft er, haben sich die verschiedenen Stränge der Gemeinwohlwirtschaft so gut entwickelt, dass in einzelnen Ländern Wirtschaftskonvente stattfinden können. In seiner Vorstellung könnte eine »evolutionäre Demokratie« Gesetze für den Übergang in eine Gemeinwohlökonomie erlassen. Die Welthandelsorganisation WTO könnte durch eine internationale »Fairhandelszone« ersetzt werden, in der Unternehmen mit positiver Gemeinwohlbilanz Handelsfreiheit genießen und unfaire Konzerne mit höheren Zöllen zu rechnen haben. Feindliche Übernahmen, Börsenspekulation und Ausschüttungen an Personen, die Unternehmen nur besitzen, aber nicht darin mitarbeiten, könnten verboten werden: »Alle Unternehmen wären vom allgemeinen Wachstumszwang und gegenseitigen Fresszwang erlöst.« Und die Wirtschaft, so hofft der Kopfsteher Felber, würde wieder auf den Füßen landen.

Schenkwirtschaft

Am Anfang war nicht das Wort, sondern das Geschenk. Für Menschen das Geschenk des Lebens und die Fülle der Natur – alles umsonst, alles ohne Lieferschein mit Rechnung. Ist das nicht ein Grund zur Dankbarkeit? Diese elementare Dankbarkeit, die viele in der entfremdeten Rundumversorgungsmaschinerie nicht mehr empfinden, könnte auch das Anfangsmotiv für religiöse Kulte gewesen sein: Man will den Göttern etwas zurückgeben, ein Opfer, eine Gabe.

Und bloß die Götter wissen, warum nur wenige menschliche Wissenschaftler jemals Dankbarkeit und Schenkwirtschaften untersucht haben. Wenn, waren es Ethnologen und Soziologinnen, nie Ökonomen. Aus Hochmut, Ignoranz oder Furcht vor den Ergebnissen?

Der französische Ethnologe Marcel Mauss untersuchte in seinem 1924 veröffentlichten *Essay über die Gabe* den Austausch zwischen nordamerikanischen Indianerstämmen. Der Neffe und Mentée des Begründers der empirischen Soziologie Émile Durkheim sah einen grundsätzlichen Unterschied von Gaben- und Warentausch. Jede Gemeinschaft begründe sich überhaupt erst durch die Regeln von Geben und Nehmen. Der ewige Reigen von Gabe und Gegengabe umfasse ökonomische, rechtliche, moralische, ästhetische, religiöse, mythologische und soziale Dimensionen und sei somit ein »soziales Totalphänomen«.

Mauss glaubte, drei grundsätzliche soziale Regeln in allen Gesellschaften gefunden zu haben: die Pflicht zu geben. Die Pflicht, Gaben anzunehmen. Und die Pflicht zur Erwiderung von Geschenken. Das halte Gemeinschaften bei aller Unterschiedlichkeit der Individuen zusammen. Wer nimmt, bekommt dafür die Pflicht aufgebürdet, selbst zu geben. Und wer gibt, erhält dafür Wertschätzung und Anerkennung – je großzügiger die Geschenke, desto höher das AnSehen der Schenkenden. Sein Paradebeispiel dafür war der Potlatch, ritualisierte Schenkfeste der Klallam, Kwakiutl und anderer Indianerstämme, die sich in diesem Wettbewerb der Großzügigkeit gegenseitig zu übertrumpfen suchten.

Allerdings übersah der Forscher unzählige Formen freiwilliger Geschenkökonomie. Etwa wenn Stammesmitglieder der Pirahã Essensvorräte verschenkten und dies so begründeten: »Ich lagere mein Essen im Bauch meines Bruders.«[231] Die am Amazonas lebenden Pirahã hielt der Linguist David L. Everett, der lange unter ihnen gelebt hat, für das »glücklichste Volk der Welt«.

Auch die Bewohner der Salomoninsel Anuta praktizieren eine entwickelte Schenkökonomie: Ihre Lebensphilosophie *Aropa* gründet auf Zusammenarbeit, Teilen und Mitgefühl. Unzählige Güter von Essen bis Land nutzen sie gemeinsam. Einige verdienen Geld durch Fischen oder durch Erwerbsarbeit auf anderen Inseln, aber sie sacken es nicht privat ein, sondern kaufen damit Güter zum Teilen. Die Fähigkeit der Insulaner, ökologisch und sozial mit ihren begrenzten Ressourcen umzugehen, hat bereits etliche Forscher und ein BBC-Filmteam nach Anuta gelockt.[232]

Marcel Mauss sah – vielleicht allzu sehr geprägt durch die Erfahrungen mit der herrschenden Ökonomie von Geld- und Warentausch – die Schenkökonomie als ambivalent an. Die Pflicht zur Erwiderung von Geschenken schaffe Zwänge und verursache Schuld und Schuldgefühle. Das ist nicht völlig von der Hand zu weisen: Leuten, die uns unsympathisch sind, möchten wir uns nicht verpflichtet fühlen, und ihre Geschenke oder ihre Gastfreundschaft wollen wir nicht. Wenn wir schon nicht auf sie verzichten können, dann bezahlen wir sie lieber für ihre Dienste und sind so unser Schuldgefühl los. Geld schafft Distanz. Erst das kalte Geld hat uns ermöglicht, auf engem Raum in Städten zu leben, glaubte der Philosoph Georg Simmel.[233]

Aber ist dieser Hang zum Schuldgefühl ein unabänderliches Erbe der Menschheit? Oder eher das vergiftete Erbe von 10.000 Jahren Warentausch, 200 Jahren Kapitalismus und 20 Jahren Neoliberalismus? Die US-Feministin Genevieve Vaughan, die als Erbin eines texanischen Ölimperiums ihre gesamten Millionen verschenkte und ein Buch über Geschenkökonomie verfasste, kritisiert an Mauss' Ansatz, dass er patriarchalisch sei und Tauschen und Schenken komplett durcheinandergebracht habe.[234] Jede Gesellschaft beginnt mit der Fürsorge, die eine Mutter ihrem Baby schenke. Vaughans Ausgangspunkt war deshalb der Ersatz des *Homo oeconomicus* durch den *Homo donans*, den schenkenden Menschen.

Wie dem auch sei: Menschen haben kulturübergreifend ein feines Gespür für Gegenseitigkeit und sozialen Ausgleich. Wahrscheinlich ist der Drang zum Ausgleich sogar ein Nebenprodukt unseres überbordenden, evolutionär entstandenen Kooperationstriebes. Gerade *weil* wir Schuldgefühle empfinden, wenn wir eine Gabe nicht erwidern können oder wollen, greifen wir zum Geld als Distanzierungsmittel.

Doch wenn man genau hinsieht, dann durchziehen Schenkökonomien den Sektor der nichtberechnenden Ökonomie bis heute. Sie sind nicht auszurotten, weil sie Ausdruck von Großzügigkeit sind. Menschen haben Spaß daran, anderen eine Freude zu bereiten und ihre Augen leuchten zu sehen.

Austritt statt Eintritt

Direkt an der Oder, diesem mäandernden Grenzfluss zwischen Deutschland und Polen, befindet sich unter einem weitgespannten Himmel das »Theater am Rand«. Ein Theater mit 200 Plätzen in einem Ort mit 19 Einwohnern namens Zollbrücke. Ein Ding der Unmöglichkeit. Und ständig ausgebucht. »Das schönste Theater der Welt« nannte es der

Schriftsteller Volker Braun, als seine beiden Intendanten den Kulturpolitischen Preis 2013 verliehen bekamen. Die Theaterbühne, gebaut aus massivem Eichenholz und »Bohlen, die die Welt bedeuten«, wie Braun es nannte, ist wie eine Brücke: zwischen Kultur und Natur, Landwirtschaft und Landschaft, Städtern aus dem nahen Berlin und dem Landvolk im feuchtnebeligen Oderbruch.

Wer eine Vorstellung sehen will, muss nichts bezahlen. Null. Schon allein deshalb ist das Theater bei der hiesigen Randbevölkerung äußerst beliebt. Zudem belebt es den Tourismus: Der Ziegenwirt von nebenan wird seinen Käse los, die Bäckerin ihre Brote, und in der Nachbarschaft sind die zahlenden Übernachtungsgäste willkommen. Aber wie ist das mit einem halben Dutzend Mitarbeitenden möglich? Auch wenn man mitbedenkt, dass der Komponist und Bauherr Tobias Morgenstern von seiner Musik leben kann und der TV-Schauspieler Thomas Rühmann vom Fernsehen? Das Geheimnis liegt im Austritt. Am Ende des Abends bieten die beiden Intendanten Morgenstern und Rühmann um eine Gabe in selbst gewählter Höhe: »Und wenn Sie jetzt einen Beitrag vor Ihrem inneren Auge stehen sehen, dann legen Sie doch bitte noch mal das Gleiche drauf.« Am Ausgang sammelt eine Mitarbeiterin das Geld ein. Manche geben viel, andere stehlen sich so hinaus. Zehn Euro sind es im Schnitt pro Gast. Das würde keinem Staatstheater reichen, aber hier geht es.

In der Hochburg der italienischen Anarchisten, im toskanischen Städtchen Carrara, haben sich viele Kneipen über Jahre so gehalten: Jeder gibt, was er glaubt, geben zu können. Schankwirtschaft durch Schenkwirtschaft. Auch in Kreuzberg und anderen Zentren bunten Treibens existieren Lokale, in denen Gäste das spenden, was sie wollen. Im kleinen bayrischen Weilheim betreibt der Künstler Peter Frank eine »Freie Küche« namens Cantina, in der er umsonst Mittagessen anbietet. Die meisten Gäste werfen eine Spende in ein Sparschwein am Eingang, aber es gibt auch welche, die sich so durchfüttern lassen. Der Traum des Bildhauers Frank ist ein Netzwerk von Projekten, die auf Schenken basieren und das Geld langsam überflüssig machen.[235]

Ähnlich funktionieren in Salt Lake City das One World Restaurant und in St. Louis, Missouri, das Pay-what-you-want-Lokal.[236] Solche Lokalitäten laufen manchmal besser als kommerzielle, denn die Leute kommen gerne, und der Prozentsatz echter Schmarotzer ist sehr klein. Die Zweitwährung ist Vertrauen. Selbst manche Krankenhäuser und Anwaltskanzleien wirtschaften auf Spendenbasis: die kalifornische Karma Clinic etwa oder die Gifting Tree Clinic von Oregon. In den Rechnungen der Strafverteidigerkanzlei Valorem Law Group in Chicago ist das Kästchen »Gesamtsumme« stets leer, dafür gibt es ein Kästchen »Werteanpassung«, wo man einträgt, was man geben möchte.[237]

Eigensinnige Sozialunternehmer

Gehören schon die Genossenschaftsgründungen von Friedrich Wilhelm Raiffeisen oder Hermann Schultze-Delitzsch zu den ersten Sozialunternehmen? Darüber streiten sich die Gelehrten genauso wie über die Definition des Begriffs. Die meisten sehen ihn dadurch erfüllt, dass ein Betrieb in erster Linie nicht Kapitalvermehrung, sondern soziale Zwecke verfolgt. Wohlfahrtsverbände, Stiftungen, Behindertenwerkstätten, soziale Einrichtungen – in Deutschland umfasst dieser Non-Profit-Sektor schätzungsweise über 100.000 zumeist kleinere Organisationen und Betriebe.[238]

Der Begriff »Social Entrepreneurship« kam in den 1990er Jahren in Mode, als der frühere McKinsey-Manager Bill Drayton in den USA die Organisation Ashoka zur Förderung gemeinnütziger Unternehmen gründete und der britische Trendforscher Charles Leadbeater den »Aufstieg des Sozialunternehmers« beschwor. Der sollte nunmehr Aufgaben übernehmen, die früher dem Sozialstaat oblagen, im Zeitalter des Neoliberalismus aber privatisiert werden. Kein Zufall also, dass vor allem die US- und die britische Regierung Sozialunternehmen besonders unterstützen. Insofern ist das Wort genauso ambivalent wie so manche Förderer von Sozialunternehmen, etwa die Schwab Foundation von Klaus Schwab, dem Gründer des Weltwirtschaftsforums, des alljährlichen Treffpunkts der Mächtigen und Superreichen in Davos.

Doch es gibt zahlreiche Gründerpersönlichkeiten, die mehr oder weniger unter den Begriff des Sozialunternehmertums fallen und umwerfend gute Arbeit leisten. Wir wollen fünf von ihnen vorstellen und aufzeigen, was sie gemeinsam haben.

Manomama bevorzugt ältere Frauen und Erwerbslose

Als Sina Trinkwalder mit 32 Jahren beschloss, Bekleidungsunternehmerin zu werden, hatte sie noch nie an einer Nähmaschine gesessen. Auch von Stoffen hatte sie keine Ahnung, und überhaupt interessierte sie sich nur mäßig für Klamotten. Der Grund für ihre Entscheidung war ein anderer: Sie wollte Jobs schaffen für Frauen über 50, für Alleinerziehende, für Hartz-IV-Empfänger – kurzum, für Menschen, die auf dem deutschen Arbeitsmarkt sonst keine Chance haben. Bis dahin hatte sie mit ihrem Mann sehr erfolgreich eine Werbeagentur betrieben und viel Geld verdient. »Ich hatte einfach keine Lust mehr, den Leuten den fünften Rasenmäher anzudrehen oder sonst was.« Auch für sich selbst erschienen ihr teure Uhren und dicke Autos als völlig überflüssig.

Auf keinen Fall wollte die Augsburgerin irgendwelche Beschäftigungsmaßnahmen kreieren – nein, es sollten Arbeitsplätze werden, die Sinn machen und Menschen würdig ernähren. Warum nicht an die alte Textiltradition ihrer Stadt anknüpfen? Rund 20.000 Menschen hatten dort einst gearbeitet, bis in den 1970er Jahren der Niedergang begann, weil deutsche Näherinnen auf dem Weltmarkt als viel zu teuer galten. In den 1990er Jahren waren dann fast alle Kleidungsfabriken nach Asien verschwunden. Frauen, deren Können und Erfahrung die Globalisierung entwertet hatte, müsste es in Augsburg noch viele geben, überlegte Sina Trinkwalder, und schon stand für sie fest, dass das ihr künftiges Einsatzfeld sein würde.

Sie marschierte in einen Nähmaschinenladen und verlangte ein Profimodell: Die Arbeit ihrer künftigen Angestellten wollte sie zuerst selbst beherrschen. Der Händler versuchte ihr eine Einsteigermaschine zu verkaufen, doch Sina Trinkwalder bestand auf der sofortigen Lieferung des besten Exemplars. In den nächsten Wochen nähte sie vor allem krüppelige Frösche, und als die Maschine streikte, rief sie verärgert den Händler an, der vorbeikam, ihr ihren Fehler erklärte und praktische Tipps gab. Über Facebook hielt sie Freunde über ihre Fortschritte auf dem Laufenden. Auch das Textil- und Industriemuseum besuchte sie jetzt oft. Die Experten dort teilten ihr Wissen gerne mit der neugierigen und energiegeladenen Frau, erklärten aber die Idee, in Augsburg wieder eine Bekleidungsindustrie aufbauen zu wollen, für »leider völlig ausgeschlossen«.

Doch 2010 eröffnete sie ihre Firma Manomama – benannt nach dem Ausruf ihres Sohns, der ein Auslöser ihrer Sinnsuche und beruflichen Neuorientierung gewesen war. Zuerst baute Sina Trinkwalder eine kleine Manufaktur auf, die im Internet T-Shirts und Kleider anbot. Die Kundinnen konnten Farbkombinationen und Größe wählen. Bioqualität war dabei von Anfang an selbstverständlich, alles andere hätte ihrem Unternehmensziel widersprochen, gute und gesunde Jobs zu schaffen, die ein würdiges Arbeiten bis zur Rente ermöglichten – in der eigenen Firma und bei den Lieferanten.

Die Fangemeinde wuchs schnell. Bei Talkshows und Veranstaltungen kam Sina Trinkwalder sehr gut an – sie ist schlagfertig, manchmal derbe, kann sehr unterhaltsam erzählen und hat weder vor Politikern noch Wirtschaftsbossen Respekt. Den SPD-Kanzlerkandidaten Peer Steinbrück bezeichnete sie als »alten, arroganten Sack« – was der nicht übel nahm –, und den BDI-Präsident Ulrich Grillo verwirrte sie vor einer Sendung durch die Frage, wer er denn sei; dieser hatte seine Bekanntheit selbstverständlich vorausgesetzt. »Ich hab keine Lust auf Standesdünkel und will auch selbst nicht hofiert werden. Ich verbind mich lieber mit normalen Menschen«, sagt Trinkwalder, die sich als Kind oft ungerecht behandelt fühlte und deshalb ein sehr starkes Gerechtigkeitsgefühl entwickelt hat.

Bei einer Veranstaltung lernte sie den Chef der Drogeriemarktkette dm kennen, Erich Harsch. Der brachte sie auf die Idee, eine dauerhafte Massenfertigung für bunte Einkaufstaschen aufzubauen. Sina Trinkwalder überschlug den Personalbedarf und war begeistert: Etwa 40 Frauen würde das eine Brücke bis zur Rente bauen. Zwar fehlten ihr noch eine Fabrikhalle, Maschinen für einige Hunderttausend Euro und das passende Personal – doch bis zum Liefertermin ein knappes halbes Jahr später würde sie das schon irgendwie hinkriegen.

Banken aber gaben ihr keinen Kredit, die Stadt wollte nicht mit einer Immobilie helfen. Auch Treffen mit Politikern endeten bestenfalls mit Hinweisen auf Förderprogramme oder Listen weiterer Ansprechpartner. Hilfe kam hingegen von ihrem Mann, Freundinnen, Experten, Lieferanten

Sina Trinkwalder in ihrer Augsburger Fabrik Manomama. Foto: Stefan Puchner

und anderen Menschen. So war der Hersteller einer computergesteuerten Zuschneidemaschine bereit, die übliche Lieferfrist von drei bis sechs Monaten auf wenige Tage zu verkürzen, weil Manomamas Großauftrag sonst nicht rechtzeitig fertig geworden wäre. Ein anderer Händler schenkte ihr einen Teil einer Lieferung, weil das Geld für die Gesamtmenge nicht reichte. Der entscheidende Faktor bei alledem ist ohne Zweifel Sina Trinkwalders Überzeugungskraft, die sich aus Humor, Angstfreiheit, Neugier und großer Sachkenntnis speist. Kaum jemand, der ihr begegnet, wird annehmen, dass sie ein selbst gestecktes Ziel nicht erreichen könne. Dabei ist sie bereit, ständig dazuzulernen, und zugleich völlig kompromisslos, was ihre Grundsätze angeht.

Hunderte Bewerbungen trafen ein. Bei Vorstellungsgesprächen sammelten vor allem diejenigen Punkte, die eine Stelle brauchten; wer nur seinen Lohn verbessern wollte, wurde aussortiert. Heute arbeiten in der lila gestrichenen Werkshalle im Zentrum von Augsburg 140 Ladies und Gentlemen, wie Sina Trinkwalder ihre Angestellten nennt – Fachkräfte und Angelernte, Menschen aus Deutschland, Russland, der Türkei und Vietnam, Leute mit und ohne Handicap –, und sie alle verdienen mindestens zehn Euro Stundenlohn; wer sehr schnell ist, kann den sogar verdoppeln. Auch wann der Arbeitstag beginnt und endet, darf jede in Absprache mit den Kollegen selbst bestimmen. An den Säulen hängen Zettel mit klaren Regeln: Wir sind alle gleich. Wenn mir etwas nicht gefällt, sage ich es. Wir sind ehrlich zueinander. Auch von »MitsprachePFLICHT« ist dort die Rede.

Die Atmosphäre in den hellen Räumen ist familiär und entspannt, aber natürlich gab es auch immer wieder Ärger. Nicht alle können gut in einer hierarchiefreien Situation arbeiten, dann ist Sina Trinkwalder als Chefin gefragt. Ab und zu musste sie auch schon jemanden entlassen, doch die Belegschaft wächst und wächst. Inzwischen näht Manomama auch Taschen für Edeka und Jeans für die Supermarktkette Real. Anders als fast überall sonst hat Manomama als Lieferant den Preis bestimmt: Sina Trinkwalder addiert Aufwand für Material, Stoffherstellung, Transport und Arbeitszeit. Das sind zum Beispiel 1,67 Euro pro dm-Tasche. Sina Trinkwalder selbst verdient weniger als manche ihrer Angestellten.

Sina Trinkwalder wirkt auch bei großem Stress immer fidel. Zwischen all dem Trubel hat sie es sogar noch geschafft, ein amüsantes und flott geschriebenes Buch über Manomama zu verfassen. Titel: »Wunder muss man selber machen«.

Faire Schuhe und Schokolade

Heißt das Unternehmensziel nicht Gewinnmaximierung, sondern ein gutes Leben für alle Beteiligten, von den Lieferantinnen bis zu den Kunden, verschiebt sich die Perspektive. Der Bedarf steht im Zentrum und nicht der Versuch, möglichst viel Masse auf den Markt zu schieben. Für die Produkte bedeutet das Qualität, Reparatur- und Umweltfreundlichkeit. Auch die Arbeitsorganisation ist darauf ausgerichtet: Statt den Laden durch Macht und Druck von oben am Laufen zu halten, kann ein Lebensraum entstehen, in dem sich alle frei und akzeptiert fühlen und sich gerne anstrengen, weil ihre Fähigkeiten geschätzt und gewürdigt werden.

Oft sind es Quereinsteiger und Querköpfe, die ihre Firmen nach solchen Regeln führen. Die traditionelle Betriebswirtschaftslehre bewertet Unternehmensgrundsätze wie diese als unökonomisch, naiv und »zum Scheitern verurteilt«. Doch die Firmen prosperieren – weil ihre Gründer kompromisslos und eigensinnig sind. Genau das fasziniert viele Menschen und macht sie bereit, den Preis als sekundär zu betrachten.

Neben Sina Trinkwalder ist auch der österreichische Schuhfabrikant Heini Staudinger ein Beispiel. Nachdem er eine Weile lang mal dieses, mal jenes studiert hatte, entdeckte er beim Bummeln durch die Welt in Dänemark stabile Ökotreter, die ihm gefielen. Er orderte gleich eine größere Menge zum Weiterverkauf – ohne der Firma mitzuteilen, dass er weder das nötige Geld zum Bezahlen noch einen Laden besaß. Freunde halfen ihm jedoch aus, sein Geschäft in Wien kam in Schwung.

Anfang der 1990er Jahre ereilte Staudinger der SOS-Ruf eines Schusterkollektivs aus dem Örtchen Schrems im Waldviertel, von dem er regelmäßig Ware bezog. Der Betrieb stand kurz vor der Pleite, die zwölf Schuster sahen ihre letzte Chance darin, es mit einem Chef zu versuchen. Staudinger bezog eine Bude auf dem Betriebsgelände, zahlte sich selbst nur ein Minigehalt und pflegte freundschaftlichen Kontakt mit Nachbarn und Angestellten. Er nannte die Firma Gea, weitete das Sortiment auf Möbel aus, eröffnete neue Läden, und die Postillen »Gea-Album« und »Brennstoff« avancierten zum Kult. Darin beschrieb Staudinger einmal seine Geschäftsgrundsätze: »Scheiß di ned au! Bitte, sei ned so deppat!« – was er mit Mut und Klugheit übersetzt und später durch den dritten Leitsatz, »Orientiere dich an der Liebe!«, ergänzt hat.[239]

Obwohl es mit Gea stetig aufwärtsging, verweigerte die Hausbank dem Unternehmen 1999 einen Kredit für Solaranlagen und den Kauf einer Lagerhalle: Im Waldviertel gebe es zu viel Leerstand, ein Gebäude dort sei keine Sicherheit. So kam Staudinger auf die Idee, eine Art Sparverein zu gründen. Freunde und Kundinnen borgten ihm drei Millionen Euro und erhalten dafür jährlich vier Prozent Zinsen; wer das Geld zurückhaben will, bekommt es nach dreimonatiger Kündigungsfrist ausgezahlt. Alles ging gut, bis die Finanzaufsicht 2012 eine Strafe androhte: Staudinger betreibe unerlaubte Bankgeschäfte, der Staat habe die Pflicht, die Anleger zu schützen. Nach den Erfahrungen mit der Finanzkrise

2008 der blanke Hohn: Riesige anonyme Geldinstitute hatten die Weltwirtschaft mit undurchsichtigen Investitionen an den Abgrund und Millionen Menschen in den Ruin getrieben – bei Heini Staudinger herrscht hingegen reine Transparenz, wohin das Geld geht. Gea bietet inzwischen 130 Arbeitsplätze in Schrems und bildete sechs der 22 österreichischen Schuhmacherlehrlinge aus – alles scheint so solide und bodenständig wie die langlebigen Schuhe, die es inzwischen auch in Berlin, Frankfurt, Nürnberg und Zürich zu kaufen gibt.

Doch Demonstrationen mit hunderten Teilnehmenden und Unterschriftensammlungen nützten nichts, Staudinger verlor den Prozess durch alle Instanzen und war gezwungen, seine Finanzierung rechtskonform umzugestalten. Nun müssen seine Geldgeber unterschreiben, dass sie ihm ein »Nachrangigkeitsdarlehen« gewähren: Geht Gea pleite, stehen sie am Ende der Gläubigerschlange. Von ihrem besseren Schutz kann also keine Rede sein. Für Heini Staudinger erwies sich die Sache dennoch als Erfolg: Schlagartig wurde er berühmt und von privaten Kreditgebern geradezu bestürmt.

Aus herkömmlicher Wirtschaftsperspektive völlig irrational erscheint auch Josef Zotters Geschäftsgebaren. Der Hersteller köstlicher biofairer Schokolade mit höchst exotischen Zutaten interessiert sich nicht dafür, ob sich Sorten besonders gut oder schlecht verkaufen. Allein sein persönlicher Geschmack sowie die Situation seiner Lieferanten entscheiden darüber, welche Sorten in der neuen Saison weiter produziert werden. Er hat alle Kooperativen in Bolivien, Nicaragua, Ecuador, Indien und der Demokratischen Republik Kongo selbst besucht und lädt regelmäßig Kakaobauern nach Österreich ein. Über die Jahre hat er schon so manchen Kassenschlager aus dem Sortiment gekippt, doch das ist dem Mann mit den Hochwasserhosen und den Ökosandalen völlig egal.

Die Zotter-Manufaktur steht in Riegersburg, einem österreichischen Ort mit knapp 2.500 Einwohnern in Sichtweite zu Slowenien. Hier ist er aufgewachsen, hierher kehrte er zurück, nachdem er einige Zeit in New York Reiche in einem Fünfsternehotel bekocht hatte – was ihn gelangweilt hatte – und danach in Graz mit vier Cafés pleite gegangen war. Der sonst so lebensfrohe Josef Zotter war verzweifelt und fragte seine Eltern, ob er den früheren Kuhstall zur Schokowerkstatt umbauen dürfte.

Heini Staudinger (Mitte) mit zwei Schustern in der Gea-Fabrik in Schrems. Foto: privat

Josef Zotter in seiner Schokoladenmanufaktur in Riegersburg. Foto: Zotter Marketing

Susanne Jordan – Entwicklerin der fairen Computermäuse. Foto: privat

Ilona Parsch mit roter Rübe in ihrer Labor-Küche. Foto: Hannes Parsch

Zusammen mit seiner Frau kachelte er den Raum, 1996 begannen sie zu zweit mit der Produktion. Inzwischen verdienen hier 160 Menschen ihr Geld, ganze Busladungen von Zotter-Fans kommen täglich, um vom »Schokoladentheater« aus die Herstellung zu beobachten, verschiedene Mischungen zu kosten und den »essbaren Tiergarten« zu besuchen, in dem Wollschweine und Kärtner Brillenschafe ein gutes Leben führen, bevor sie im Restaurant verspeist werden. Wenn Zotter übers Gelände streift, sprechen ihn laufend begeisterte Besucher an – und er hält gerne mit jedem ein Schwätzchen. Zeit ist Lebensqualität.

Wie Heini Staudinger und Sina Trinkwalder hat auch Josef Zotter sein Geschäft unabhängig von Banken aufgebaut. Ihre Betriebe sind alle regional verankert und schaffen Arbeitsplätze an abgehängten Orten. Sie fixieren sich nicht auf ihre Kerngeschäft, sondern sehen sich als Teil eines größeren Ganzen, zu dem Lieferanten und Kundinnen gehören. Niemals würden sie ihre Angestellten als Kostenfaktor wahrnehmen.

Die faire Kommunikation zwischen allen Beteiligten steht bei ihnen im Zentrum – und ist damit der wichtigste Faktor für Glück und Zufriedenheit. Transparenz und Offenheit schaffen Vertrauen. Hierarchien sind flach, Geld ist nur ein Werkzeug – kein Selbstzweck oder Ziel an sich.

Keiner der drei vorgestellten Unternehmer ist Akademiker; unbeleckt von universitärer Betriebswirtschaft und ohne langfristigen Businessplan bauten sie ihre Betriebe auf. Doch trotz aller Eigendynamik haben sich ihre Firmen keineswegs zufällig ins Ökosoziale entwickelt. Das war Folge der starken ethischen Werte der Protagonisten, die sich fürs reine Geldverdienen nicht interessieren. »Bio« ist für sie kein Werbegag, »fair« keine Attitüde. Sie wollen verantworten können, welche Folgen ihr Tun innerhalb und außerhalb ihres Betriebes hat. Ihre Unabhängigkeit lässt sie Hierarchien und Konventionen erfolgreich ignorieren.

Trinkwalder, Staudinger und Zotter lernen aus eigenen Fehlern und von anderen. Sie stehen in ihren Firmen an der Spitze, verdienen aber nicht spitze – ganz im Gegenteil. Das haben sie selbst so entschieden, weil sie den Wert ihrer Arbeit nach anderen Kriterien bemessen. Alle drei wirken hochzufrieden.

Bedarf macht erfinderisch

Überzeugendes Sozialunternehmertum kann aber auch aus einem einsamen Entschluss erwachsen. Susanne Jordan wollte den weltweit ersten fairen Computer auf den Markt bringen. 2009 arbeitete sie noch bei der Rating-Agentur oekom research in München, die Anlegern mit ökosozialen Grundsätzen Orientierung geben will. Jordan durchkämmte Geschäftsberichte von Bergbau- und Computerkonzernen, schrieb ihnen Briefe und E-Mails, um gegen katastrophale Arbeitsbedingungen und Umweltverschmutzung zu protestieren. Wenn überhaupt, bekam sie stereotype Antworten: Man sehe das Problem, habe aber nur wenig Handlungsspielraum – leider –, die Politik, die Zulieferer, hochachtungsvoll.

Eines Nachts wachte sie auf und wusste: Sie musste die Sache selbst in die Hand nehmen und praktisch beweisen, dass es Alternativen gibt und die Konzerne daran nur kein Interesse haben. Dass sie keine Ahnung von Technik hatte, schreckte sie nicht. Sie telefonierte mit ihrem älteren Bruder, der bei einem Chiphersteller arbeitete und ihre Idee spontan als »Schmarrn« bezeichnete, ihr aber half. Die beiden entschieden, dass sie mit einer Computermaus anfangen sollte.

Susanne Jordan kündigte ihre Stelle, besorgte sich einen Elektrobaukasten und sezierte zahlreiche Computermäuse. Enttäuscht musste sie im Lauf ihrer Arbeit feststellen, dass Nichtregierungsorganisationen ihr nicht halfen, weil sie sich auf Kritik des Bestehenden beschränkten. Sie trieb sich auf Fachmessen herum, fand heraus, dass an der Herstellung der etwa 20 Mauskomponenten rund 200 Unternehmen beteiligt sind und im hinteren Teil der Produktionskette fast niemand weiß, wo die Rohstoffe herkommen.

Die Idee, eine faire Produktion in Vietnam aufzubauen, verwarf sie schnell: zu komplex und schwierig. Sie steckte ihr Erbe von 40.000 Euro in das Projekt, etwa noch mal so viel liehen ihr Freunde und Verwandte. Ende 2012 verkaufte ihre Firma Nager IT, die im Dachgeschoss einer Wohngemeinschaft im bayerischen Bichl untergebracht ist, die ersten grün-weißen Mäuse. Deren Lieferketten hat Susanne Jordan auf ihrer Internetseite übersichtlich aufgeschlüsselt: Bei der Hälfte der beteiligten Firmen kann sie inzwischen garantieren, dass deren Beschäftigte unter anständigen Bedingungen arbeiten; aber natürlich will sie nicht dabei haltmachen. Freiwillige helfen ihr bei Vertrieb und Website, sie selbst muss noch woanders Geld hinzuverdienen. Einige Tausend Computermäuse hat sie schon verkauft und ist optimistisch, dass sich das Ganze irgendwann rechnet.

Auch Ilona Parsch aus Sanitz bei Rostock wurde Erfinderin und Unternehmerin, weil sie erkannte, dass niemand als sie selbst ihre Probleme lösen würde. Nach dem Zusammenbruch der DDR hatte die Mutter von zwei kleinen Kindern eine Putzstelle bei einer westdeutschen Firma mit einem Tochterunternehmen in Rostock angetreten. Das gefiel ihr gut – nur eines störte sie sehr: Von den scharfen Putzmitteln bekamen sie und ihre Kolleginnen Ausschlag im Gesicht und an den Händen.

Bald schon entschieden ihre Chefs, die Filiale wieder dichtzumachen. Doch Ilona Parsch hatte keine Lust, erwerbslos zu sein, und fragte einige Kunden, ob sie bei ihnen weiterputzen könnten. So wurde sie selbst zur Arbeitgeberin, auch wenn sie ihre Angestellten bis heute als »Kolleginnen« bezeichnet.

Der Staat verlangte von Ilona Parsch eine Meisterprüfung, und so absolvierte sie an den Wochenenden die nötigen Kurse. Ihren Chemiedozenten löcherte sie mit Fragen nach hautschonenden Reinigungsmitteln, doch der beschied, dass moderne Hygienestandards nur mit den Segnungen aus den Häusern Bayer, Henkel und Co. zu erfüllen seien; ohne Oxalsäure gehe es einfach nicht.

Tatsächlich ist Oxalsäure in vielen Putzmitteln enthalten und wird meist mithilfe von Chlor und anderen Giftstoffen hergestellt. Allerdings kommt die Substanz auch in vielen Pflanzen vor, fand Ilona Parsch heraus. In einer Bücherei wurde sie fündig: Die höchste natürliche Konzentration ist in Rhabarber enthalten. Sie begann in ihrer Küche zu experimentieren, zerstampfte, zerquetschte und pürierte Stiele und Blätter und kippte den sauren Saft ins Putzwasser: Das Ergebnis war überzeugend. Ihr Besuch beim Patentinformationszentrum in Rostock aber verlief enttäuschend: In einem urheberrechtlich geschützten Reinigungsmittel der Firma Henkel ist ebenfalls Rhabarbersaft enthalten. Mit Henkels Rechtsabteilung wollte sich Ilona Parsch lieber nicht anlegen, sie suchte weiter.

Auf die Idee, rote Bete als Putzmittel einzusetzen, war vor ihr noch niemand gekommen. Ilona Parsch fand heraus, dass der Farbstoff aus der Knolle im Sonnenlicht schnell verblasst, die Farbe von Roséwein annimmt und ebenfalls eine sehr gute Reinigungswirkung hat. Sie ergänzte noch einige natürliche Stoffe und sprach mit ihren Auftraggebern. Die waren mit dem Einsatz des neuen Mittels einverstanden – sofern alles wirklich sauber würde. Nicht einmal in den Laborräumen der Universität, die Parschs Firma reinigte, gab es etwas zu beanstanden.

Mit roten Augen und juckender Haut war jetzt Schluss. Zudem war das aus Bioknollen gebraute Mittel deutlich günstiger als die Produkte, die sie vorher hatte einkaufen müssen. Inzwischen hat ihr älterer Sohn nach abgeschlossenem Wirtschaftsingenieurstudium das Putzmittel zum Handelsprodukt Beeta weiterentwickelt und vertreibt es über Bioläden, bei Manufaktum und im Ökoversandhandel. Ilona Parsch macht es Spaß herauszufinden, wie sie einen Fleck wegkriegt, ohne dass ein Rand entsteht. Inzwischen wird sie deswegen oft angerufen. »Ich hab Glück gehabt: Meine Arbeit ist mein Hobby geworden«, sagt die 60-Jährige.

Ohne Zweifel – auch Susanne Jordan und Ilona Parsch sind außergewöhnliche Unternehmerinnen. Sie leben in der tiefsten Provinz und haben ihre Privaträume zu Laboren gemacht: für Erfindungen, deren Bedarf sie selbst festgestellt hatten. Mit großer Beharrlichkeit verfolgen sie Ziele, die sie selbst als sinnvoll einschätzen. So etwas tun zu können macht glücklich, meint die Forschung – und die beiden belegen diese These.

Freundlicher Widerstand in Gemeinschaftsgärten

Die Industrieproduktion von Lebensmitteln macht alle Beteiligten unglücklich – Menschen, Tiere und Pflanzen. Lateinamerikas Urwälder werden abgeholzt, um genmanipuliertes Soja anzubauen; der damit verbundene Pestizideinsatz vergiftet Böden und verursacht Krebs. Das Soja wird hierzulande an arme Schweine und Hühner im Massenknast verfüttert, die dann unsere Wohlstandsbäuche formen; der Billigfleischkonsum ruiniert die kleinbäuerliche Wirtschaft und die Gesundheit hiesiger Verbraucher. Fast die Hälfte der Weltbevölkerung ist zu dick oder unterernährt. Etwa die Hälfte aller produzierten Lebensmittel wird weggeworfen, während alle fünf Sekunden irgendwo auf der Welt ein Kind an Hunger stirbt.[240]

Die Missstände in der Agro- und Lebensmittelindustrie schreien zum Himmel. Die Rahmenbedingungen dafür legen Bürokraten in Nationalstaaten, auf EU-Ebene und in internationalen Abkommen fest. Das normale Prozedere in einer Parteiendemokratie sieht vor, dass man eine Partei gründen oder ihr beitreten und sie zum Wahlerfolg führen muss, bis man Gesetze ändern darf. Ein ebenso langer wie fast aussichtsloser Weg, den viele junge Leute nicht gehen wollen.

Stattdessen legen sie Gemeinschaftsgärten an und beginnen, ihr Gemüse selbst zu produzieren. »Essen ist politisch«, sagen sie. Oder: »Eine andere Welt ist pflanzbar.« Oder auch: »Meine selbst gezüchteten Tomaten sind mein Statement gegen die pervertierte globalisierte Lebensmittelproduktion.« Sie verbinden Protest mit Gärtnerglück, Politisches mit Privatem. Statt Bomben werfen sie Samenbomben, statt Guerillakampf praktizieren sie Guerilla Gardening und Baumscheibenbegrünung rund um Straßenbaumstämme. Ihr Widerstand ist freundlich. Ihre grünen Protestformen sind sinnlich, einladend und inklusiv, denn sie umfassen tendenziell alle Generationen, Klassen und Kulturen.

Was Oma noch tun konnte – säen, pflanzen, hegen, pflegen, ernten, kochen, backen und einwecken –, eignen sich die Jungen wieder an. Dörflichen Gemeinschaftssinn verbinden sie mit urbaner Kreativität, etwas völlig Neues, Drittes entsteht. Die Sehnsucht nach Natur, nach Wiederaneignung und nach der Aufhebung von Entfremdung spielt bei der Generation Do It Yourself And Do It Together eine treibende Rolle. Die Stadt soll das Land nicht mehr parasitär aussaugen, finden sie, sondern sich selbst ernähren. Die funktionale »fordistische Stadt« mit ihrer Trennung zwischen Arbeit und Leben wollen sie durch Selbstversorgungsquartiere ablösen: Salat kann genauso gut auf Parkhäusern und Dachgärten gedeihen; Bienen finden in Citys inzwischen nachweislich mehr Nahrung als auf dem monokulturell geprägten Land auch Wildtiere flüchten zunehmend in Metropolen.

In Deutschland, Österreich und der Schweiz hat sich das Stadtgärtnern in den letzten Jahren so vielseitig entwickelt wie vielleicht nirgendwo sonst auf der Welt. Die Datenbank der »anstiftung ertomis«, die diese Projekte koordiniert, begleitet und berät, zählt Hunderte von Gemeinschaftsgärten, ein Großteil davon ist interkulturell.[241] Auf dem Allmendekontor in Berlin-Tempelhof erfahren Migranten neues An-Sehen, wenn sie Stadtbewohnerinnen ländliche Pflanzenzucht beibringen können. In Oberhausen gewinnen sozialhilfeabhängige Frauen mit Gemüseziehen Würde zurück. In Berlin-Schöneberg knüpfen traumatisierte Kriegsflüchtlinge an frühere Erfahrungen von Glück an, wenn unter ihrer Pflege Keimlinge aufgehen und Rosen wachsen. In Dessau, Halle und anderen schrumpfenden Städten erwacht auf brachliegende Flächen neues Leben. In der »Essbaren Stadt« Andernach am Rhein werden auf städtischen Grünflächen Gemüse und Kräuter angebaut. Weltweit züchten inzwischen rund 800 Millionen Menschen Essbares in der Stadt.[242]

Urbane Landwirtschaft in Basel

Ausgerechnet am Chemiestandort Basel ist innerhalb der letzten fünf Jahre das wohl größte städtische Netzwerk rund um das Thema Urban Gardening mit mehr als 40 originellen Projekten gewachsen. Dort gibt es unter anderem »essbare Landschaften« im Areal einer evangelischen Mission, in der Stadt platzierte »Keinkaufswagen« mit Pflanzen statt Supermarktwaren und eine Permakultur-Erdschule.[243] In Kooperation mit der Universität entstand Unigärtnern als Alternative zum Unisport, in Gemeinschaftsgärten wird Gemüse für die Mensa angebaut. Basel entwickelte sich mit über 4.000 Anlagen gar zur »Hauptstadt des Kompost«. Das Herz des Netzwerkes schlägt in Bastiaan Frich, einem jungen Aktivisten mit Bart und schwarzem Dutt. Er verbrachte nach seinen eigenen Angaben eine glückliche Kindheit in einem kleinen Dorf im Engadin, in dem Heilkräuter geerntet wurden. Den Umgang mit intakter Natur und gesunden Lebensmitteln, den er selbst erfuhr, sieht er als Mittel zum »beglückten Leben« und will deshalb auch die Stadt zum »Erlebnisraum« machen. Die von ihm binnen fünf Jahren aufgebaute Dachorganisation ist ein »Netzwerk von Beziehungen«, wie er selbst sagt.

Frich hat zusammen mit Dominique Oser auch den »Permakultur-Gemeinschaftsgarten Landhof« aufgebaut, der im Sommer Anlieger vollständig mit Gemüse versorgt. Er sei als interkulturelle Allmende entstanden, berichtet er, als das Gelände mit Einfamilienhäusern zugebaut werden sollte, Anwohnerinnen sich in einem Referendum aber für eine Grünzone entschieden: »Ein Parkplatz wurde umgeackert, ungefähr 50 Leute haben Hügelbeete und Kräuterspiralen gemeinsam gebaut. Leute, die sich vorher nicht kannten, haben sich ineinander verliebt und sind zusammengezogen.« Inzwischen bietet der Garten auch ein umfangreiches Bildungsprogramm zum Stadtgärtnern an. Aus dieser fröhlichen Erfahrung heraus wünscht er sich, dass in Basel noch mehr Betonflächen zu Gärten umgewandelt werden.[243]

Wer urbanes Gärtnern oder andere Formen »prosumierender« Agrikultur praktiziert, lernt quasi nebenher, dass es nicht normal ist, auch im Winter Erdbeeren und Tomaten zu bekommen; nur auf CO_2-intensiven Transportwegen können diese in unsere Supermärkte gelangen. Viele Beteiligte stellen überrascht fest, dass die Alternative, saisonales regionales Essen, nicht Verzicht bedeutet, sondern neue Gerichte und Geschmäcker. Alte Gemüsesorten wie blaue Kartoffeln oder lila Grünkohl werden wiederentdeckt, in Gemeinschaftsküchen ausprobiert und Rezepte ausgetauscht. Genuss statt Verdruss, Bereicherung und Glück statt Verzicht.

»An der Ernährungsfrage wird sich in den nächsten Jahren eine Bewegung entwickeln, die so hartnäckig und radikal werden wird wie die Antiatombewegung«, glaubt nicht nur der Publizist Mathias Greffrath.[245] Erstens entwickelt sich Ernährungsgerechtigkeit angesichts von Klimakrise und zunehmender Weltbevölkerung zum globalen Megathema. In seinem Fünften Sachstandsbericht prognostiziert der Weltklimarat IPCC, dass sich die weltweiten Ernteerträge alle zehn Jahre um bis zu zwei Prozent pro Dekade reduzieren werden, während gleichzeitig die Nahrungsnachfrage um etwa 14 Prozent steigt.[246] Verteilungskonflikte werden häufiger und härter werden. Zugleich ist die Bewegung extrem breit. Sie reicht von Dritte-Welt-Verteidigern über Slow-Food-Fans, Kleinbauern, Naturfreundinnen, Tierschützern, Veganerinnen, Gesundheitswissenschaftler bis hin zu besorgten Eltern, Biogourmets und spirituell Motivierten.

> **Solidarische Landwirtschaft**
> Die Solidarische Landwirtschaft oder »SoLaWi«, wie ihre Befürworter sagen, hat sich parallel an mehreren Orten in der Welt entwickelt. Biobauer Robyn Van En prägte 1986 den Begriff »Community Supported Agriculture« (CSA), seitdem entstanden in den USA rund 2.500 CSA-Farmen. In Japan versorgen die traditionsreichen *Teikei* (Partnerschaftshöfe) etwa ein Viertel aller Einwohner. In China hat das Vorbild der Little Donkey Farm bei Peking weitere 20 Solidarhöfe inspiriert. In Frankreich initiierte attac die »Associations pour la maintenance de l'agriculture« (AMAP), in Portugal heißen sie *Reciproco*, in Belgien *Voedselteams*. In Deutschland gibt es derzeit etwa 50 Solidarhöfe und noch mehr Initiativen, Tendenz schnell steigend.
>
> Das Modell der Solidarischen Landwirtschaft zeigt, wie Produzierende und Konsumierende unter Ausschaltung des Marktes zu »Prosumenten« oder Erzeuger-Verbraucher-Gemeinschaften werden. Privathaushalte zahlen Landwirtschaftsbetrieben die Produktionskosten im Voraus, wofür sie im Gegenzug in regelmäßigen Abständen Ernteerträge erhalten. Zumeist trifft man sich einmal im Jahr, spricht ab, was in der nächsten Saison angebaut werden soll und was es pro Nase kostet. Um den Transportaufwand gering zu halten, liefern Erzeuger ihre Erntekisten an wenige Verteilstellen, wo Stadtbewohnerinnen sie abholen.
>
> Eine Win-win-Situation für alle Beteiligten: Höfe erhalten finanzielle Sicherheit, sind bei Ernteausfällen geschützt und müssen sich nicht von Banken abhängig machen. Städtische Familien und ihre Kinder entwickeln einen unentfremdeten Bezug zum Boden und erleben mit, wo ihre Tomaten entstehen. Bei Städtern, die

> erfahren, wie mühsam es ist, gut aussehenden Blumenkohl zu züchten oder wohlschmeckenden Käse herzustellen, wächst die Hochachtung vor deren Erzeugern und die Wertschätzung von Lebensmitteln. Gemeinschaft und Vertrauen wachsen mit.

Den deutschen Begriff »Solidarische Landwirtschaft« hat Matthias von Mirbach geprägt, weil ihm als Landwirt »Supported«, also »Unterstütztwerden«, nicht gefiel. Der Biobauer vom Kattendorfer Hof nördlich von Hamburg lud in den 1990er Jahren Kunden und Konsumentinnen in seinen Hofladen ein, nahm von jedem 100 Mark und forderte sie auf, ohne Mengenbegrenzung alles mitzunehmen, was sie wollten. Niemand nutzte die Situation aus, im Gegenteil: »Einige sind in Tränen ausgebrochen, weil sie nicht zur Kasse durften. Das Basisvertrauen ist das Wertvollste überhaupt, die Humussphäre der SoLaWi«, erzählt er. Inzwischen beliefert sein Hof wöchentlich verschiedene Depots in Hamburg, aus dem größten versorgen sich 60 Erwachsene. »Eine Speisekammer zu teilen ist ziemlich intim«, benennt er einen weiteren Vernetzungseffekt.[247]

Das Münchner Kartoffelkombinat

Eine besonders ausgeklügelte Form von SoLaWi praktiziert das 2012 gegründete Münchner Kartoffelkombinat. Sein Ziel: der Aufbau einer unabhängigen selbstverwalteten Grundversorgung mit regionalen, saisonalen und geistigen Lebensmitteln.

Im Kartoffelkombinat haben sich etwa 400 Münchner Haushalte als Genossenschaft zusammengeschlossen. Sie bezahlen mit ihren Beiträgen mehr als die Ernte, nämlich auch die »freundliche Übernahme« einer Biogärtnerei. Wer Genossin oder Genosse werden will, überweist einmalig 150 Euro, die im Falle eines Austritts zurückgezahlt werden, sowie derzeit monatlich 68 Euro als Anteil an den Gesamtkosten der Lebensmittelproduktion und -verteilung. Im Gegenzug erhält er oder sie wöchentlich eine

Kiste Frischgemüse. »So nehmen wir den Lebensmitteln ihren Preis und geben ihnen dafür ihren wahren Wert zurück«, heißt es auf der Website. Der Markt ist ausgeschaltet, die Nahrung wird zum Gemeingut, nur die Bedürfnisse der Gemeinschaft der Prosumierenden zählen.

Der Vorteil für Gärtner Sigi Klein und seine fünf Angestellten aus Eschenried, zwanzig Kilometer vor München: Sie erhalten finanzielle Sicherheit sowie mit elf Euro weit höhere Stundenlöhne als die üblichen fünf oder sechs. Wie bei anderen SoLaWi-Projekten liefern sie ihre Erntekisten an knapp 30 Verteilungspunkte in und um München.

Die Genossenschaft unterhält sogar ein eigenes Bildungswerk, die Kartoffelakademie. Ihre Vorträge, Seminare und Workshops stehen allen offen. Den Anfang machte ein Film zu »Plastik – Fluch der Meere«, es folgten Veranstaltungen zur Sauerkrautherstellung, Bienenhaltung oder zu »Nachhaltigkeit versus Wachstum«. Es gehe ihnen um Gerechtigkeit zwischen Generationen, Weltregionen, Nationen und Kulturen sowie um den Weg zum »Guten Leben«, heißt es in ihrem Blog.

☞ www.kartoffelkombinat.de

Kapitel 6

Elektr(on)ische Revolution, Teil I – durch digitales Teilen entsteht Mehr und Besseres

»Eine neue Art zu denken ist notwendig,
wenn die Menschheit überleben will.«
Albert Einstein

Richard Stallman war genervt: Wieder war der US-Programmierer vergeblich zum Druckerraum gelatscht, nur um festzustellen, dass das Gerät Papierstau hatte. Deshalb beschloss er, ein kleines Programm zu schreiben. Das sollte auf seinem Monitor anzeigen, ob ein Druckauftrag abgearbeitet war – natürlich würden es auch seine Kollegen nutzen können und wer sonst Interesse hatte. Für ihn als Softwareexperten an einer der führenden Technikhochschulen der Welt, dem Massachusetts Institute of Technology (MIT), war das im Prinzip eine kleine Sache.

Doch als Stallman nach dem Quellcode des von Xerox gestifteten Laserdruckers suchte, musste er feststellen, dass der Hersteller die Software nicht wie üblich dokumentiert hatte. Stattdessen sah sich der 27-Jährige mit endlosen Reihen von Nullen und Einsen konfrontiert, mit denen er nichts anfangen konnte. Stallman fand den Namen eines Professors heraus, der den Drucker mitentwickelt hatte, und als er an dessen Universität war, bat er ihn um den Quellcode. Der aber winkte ab: Xerox hatte ihn vertraglich verpflichtet, die Programmierung geheim zu halten.[248]

Stallman war empört und verließ grußlos das Büro: »Es war die erste Software, die die MIT-Hacker nicht modifizieren durften.«[249]

Diese Situation im Jahr 1980 sollte nicht nur zum Wendepunkt in Richard Stallmans Leben werden. Es war auch die Geburtsstunde einer weltweiten Bewegung. Die setzt explizit im Interesse der Freiheit und des Wohlbefindens aller auf Gemeinschaftlichkeit statt auf Konkurrenz und entwickelt effektive Instrumente, um neu geschaffene Commons gegen die Vereinnahmung durch Konzerne zu verteidigen – im Namen der Informationsfreiheit und der Zugänglichkeit für alle. Heute gibt es solche Free and Open Sources – freie und offene Quellen – längst nicht mehr nur bei Computerprogrammen, sondern auch für die Produktion von Traktoren, Autos oder Kameras (s. Kap. 7).

Copyleft statt Copyright

In seiner Anfangszeit am MIT hatte Stallman eine Gemeinschaft von Computerenthusiasten erlebt, die hierarchiefrei alle Informationen miteinander teilten. Für alle war klar, dass Programme offen und auch für Leute außerhalb des Instituts einsehbar sein sollten. Wer immer wollte, konnte sie nutzen, Teile davon kopieren und in eigene Projekte einbauen – schließlich ging dem Programm dadurch ja nichts verloren. Im Gegenteil. Oft hatte jemand eine gute Idee zur Behebung einer Schwachstelle oder korrigierte den Fehler gleich selbst. Professorentitel oder andere Autoritätskriterien waren völlig unwichtig. Was allein zählte, war das, was ein »Hacker« hinbekam; mit diesem Begriff bezeichnen sie sich selbst, die Computertüftler mit Spaß an komplexen Programmen.

Doch zu Beginn der 1980er Jahre beobachtete Stallman frustriert, wie Software zunehmend zur Ware wurde. Nach und nach zerfiel die Gruppe am MIT, weil Computerkonzerne immer mehr Programmierer abwarben. »An die Stelle des Sharing Spirit war eine Konkurrenz um Marktanteile für dasselbe Produkt getreten, mit all ihren kommunikationswidrigen Umständen wie Vertraulichkeitsvereinbarungen und geschlossenem Quellcode«, beschreibt der Medienwissenschaftler Volker Grassmuck die Entwicklung.[250] Die Situation verschärfte sich, als Software in den USA ab 1981 zum Patent angemeldet werden konnte. Stallman sah sich am MIT als letzter Vertreter einer Hackerethik, für die das Teilen von Wissen Grundlage jeder menschlichen Gesellschaft darstellt. Zudem hielt er es für eine unglaubliche Verschwendung von Geist und

Arbeitskraft, wenn Programmierer nicht mehr auf Entwicklungen ihrer Kollegen aufbauen konnten.

So kam er auf die Idee, das Copyright durch das Copyleft zu ersetzen. Mit der von ihm ersonnenen Copyleft-Lizenz GPL – der General Public License – legte Stallman die entscheidende Grundlage für die Entwicklung freier Software, die der gesamten Menschheit gehören soll und von keinem privaten Unternehmen vereinnahmt werden kann. Wer sein Werk unter GPL-Lizenz stellt, nutzt sein traditionelles Urheberrecht und entscheidet, dass jeder und jede den Quellcode sehen und das Programm nutzen, weitergeben, an die eigenen Bedürfnisse anpassen oder verbessern darf. Diese Lizenz gilt ewig und auch für alles, was darauf aufbaut. Freie Software verbietet dabei nicht, mit daraus entwickelten Angeboten Geld zu verdienen. »Frei wie Freiheit und nicht wie Freibier«, stellte Stallman klar. Doch ist damit die Microsoft-Strategie, freie Software abzugreifen, sie weiterzuentwickeln und dann den offenen Zugriff darauf zu verweigern, ausgeschlossen. Somit ist die GPL-Lizenz ein friedliches, aber höchst wirkungsvolles Instrument, um Gemeinschaftsgüter zu verteidigen – zur Not auch vor Gericht. Und noch mehr: Stallmans Coup hat die weltweite Bewegung der internetbasierten Share Economy mit ermöglicht.

Ein mittelloser Student findet ein die Welt veränderndes Produktionsprinzip

Bald gab es viele freie Softwareprogramme, doch die zentrale Grundlage, der Kern eines Betriebssystems, fehlte noch. Dieser organisiert den Datenfluss zwischen Festplatte, Bildschirm, Arbeitsspeichern und übrigen Geräten und ist die Basis für alle Anwendungsprogramme. Entstanden ist er schließlich durch die Initiative eines 21-jährigen Informatikstudenten aus Helsinki, der damals monatlich 50 Dollar für seinen Computer abstotterte und sich dauernd mit seiner jüngeren Schwester über die Nutzung der einzigen Telefonleitung in der mütterlichen Wohnung stritt. Linus Torvalds hatte einen Sommer lang wie besessen programmiert, dann postete er am 25. August 1991 an eine Newsgroup: »Ich arbeite an einem (freien) Betriebssystem (nur so als Hobby, wird nicht groß und professionell).«[251] Er bat um Anregungen, welche Funktionen er berücksichtigen solle.

Doch es kam ganz anders, als Torvalds es sich vorgestellt hatte. Indem er alle Interessierten fast von Anfang an zu Mitentwicklern machte und vieles delegierte, gewann er rasch eine weltweite Gruppe von Unterstützern, die das Projekt Linux freiwillig und engagiert vorantrieben. Die Kommunikation lief über Mailinglisten; wer einen Fehler entdeckte, wies darauf hin oder behob ihn gleich selbst, prüfte und kommentierte die neuesten Entwicklungen oder strickte weiter am Gesamtwerk. Teilweise täglich veröffentlichte Torvalds die jeweils neueste Version, an der alle weiterarbeiten konnten. Schon bald lief das System stabil, und auch etablierte Programmierer installierten es auf ihren Rechnern. Heute arbeiten nicht nur Siemens und Google damit, sondern auch das französische Parlament oder die Münchner Stadtverwaltung. Das ist ein Beleg für die außerordentliche Qualität von Linux. Es zeigt, dass große EDV-Abteilungen die Datensicherheit bei freier Software als besonders hoch einschätzen.

Die Offenheit, Modularität und Dezentralität des Projekts erwies sich als unschlagbarer Vorteil gegenüber bisherigen Formen des Programmierens. Bis dahin war Software immer von einzelnen Menschen entwickelt worden. Dahinter stand das alte Weltbild, dass nur wenige geniale Köpfe bahnbrechende Neuerungen erschaffen. »Ich hatte geglaubt ..., dass es eine bestimmte kritische Komplexitätsstufe gebe, ab der ein zentralisierter Ansatz mit sehr genauer Vorausplanung erforderlich wird«, schrieb Eric S. Raymond, einer der bekanntesten Open-Source-Verfechter.[252] Doch die rasante Entwicklung von Linux belegte erstmals die viel größere Produktivität eines nichthierarchischen Vorgehens von Peer zu Peer, das die ganze Welt als Pool von Talenten nutzt und einzelne Module parallel entwickelt.

Linus Torvalds war der Erste, der die neuen Spielregeln entdeckte, die das Internet möglich macht.[253] Ein mittelloser Student und nicht ein weltbekanntes Forschungsinstitut oder eine bestens ausgestattete Entwicklungsabteilung eines Konzerns initiierte die Innovationsrevolution. Dass Torvalds ein freundlicher, humorvoller Mann ist, der andere als Gleichberechtigte wahrnimmt und sie für sich gewinnen kann, trug ohne Zweifel mit dazu bei, ist Eric Raymond überzeugt.[254] So wurde Linux zum Erfolgsmodell für Peer-to-Peer-Gemeinschaftsprojekte.

Schwarmintelligenz unter Gleichen

Der Begriff Peer to Peer, abgekürzt P2P, stammt aus der US-Computerentwicklung der 1960er Jahre und bezeichnet die Kommunikation zwischen Ebenbürtigen. In einem P2P-Netz gibt es keine zentrale Steuerung, alle sind gleichberechtigt Sender und Empfänger. Solche dezentralen Netzwerke verhalten sich gegenüber Störungen und Ausfällen wesentlich robuster und »intelligenter«.

Ähnliches lässt sich bei zwischenmenschlichen P2P-Beziehungsnetzen beobachten. Die Entdeckung des SARS-Virus oder des Top-Quark-Quantenteilchens kann keinem einzelnen Forscher zugeschrieben werden, sondern geschah im egalitären Schwarm. Je diverser eine Gruppe ist, was Alter, Geschlecht oder Kultur angeht, desto intelligenter sind ihre Lösungen. Hierarchien und Konkurrenz hingegen verhindern oft gute Lösungen, etwa weil leitende Angestellte oder Abteilungen gegeneinanderarbeiten oder Angst haben, dem Chef schlechte Nachrichten mitzuteilen, und sie deshalb unterdrücken. Gut funktionierende Gruppen von Peers leben hingegen »in einer mentalen Schwingung«, so James Surowiecki, Spezialist für Schwarmintelligenz.[255]

Die in jedem Menschen schlummernden Potenziale sind, wenn sie in gleichberechtigten Beziehungen zueinander freigesetzt werden, das Geheimnis der manchmal geradezu explosiven Kreativität von P2P-Gruppen. Davon ist auch der Psychologe Jascha Rohr überzeugt, der Modelle partizipativer und kollaborativer Demokratie entwickelt. Immer wieder beobachtete er, wie kollektive Intelligenz und Problemlösungen im gemeinsamen Akkord entstanden. »Ko-Kreation« nennt er das: Eine Idee »entsteht unter Mitwirkung aller Teilhaber, zu denen eine Beziehung aufgebaut wurde«.[256] P2P-Netze entwickeln Schwarmintelligenz und sind fähiger, wendiger und kreativer als die schlauesten Einzelnen, bestätigten Systemtheoretiker.[257]

Wenn sich alle Beteiligten verantwortlich fühlen und mit der Aufgabe identifizieren, sind sie bereit, Zeit und Hirnschmalz zu investieren. Trotzdem ist Linux nicht das Produkt einer amorphen Masse: Linus Torvalds und eine kleine Gruppe weiterer Entwickler haben die letzte Entscheidung darüber, welche Neuerungen Eingang finden. Doch zugleich gibt Richard Stallmans GPL-Lizenz, unter der das Betriebssystem seit 1992 steht, allen Beteiligten die Garantie, dass sich niemand das Gemeinschaftsgut unter den Nagel reißen kann und es alle jederzeit nach eigenem Gusto nutzen und an eigene Bedürfnisse anpassen dürfen.

Mit freier Software kann man aber auch durchaus Geld verdienen. Linux ermöglicht vielen Leuten, ihren Lebensunterhalt zu finanzieren, indem sie etwa Handbücher schreiben oder die Software bei Unternehmen installieren und pflegen. Christian Imhorst vergleicht freie Software mit einem Kochrezept für ein gutes Menü: »In einem Restaurant wird kein Geld für das Rezept genommen, dessen Resultat man soeben verspeist hat, sondern für die Zubereitung durch den Küchenchef, die aufmerksame Bedienung durch den Kellner und das lauschige Ambiente.«[258]

Selbst Konzerne entwickeln inzwischen Open-Source-Software. Das herausragendste Beispiel ist Android, das auf fast 80 Prozent der Smartphones weltweit installiert ist. Es basiert auf Linux und wurde ursprünglich von einer kleinen Firma entwickelt; Google schluckte das Unternehmen 2005 und entwickelte die Technik weiter. Zwar ist der Quellcode von Android offen. Doch die Google-Entwickler haben viele Schnittstellen zu proprietärer – also als Eigentum geschützter – Software in Google-Diensten einprogrammiert, sodass andere das System nicht mehr nach eigenen Bedürfnissen weiterentwickeln können. Fans freier Software raten deshalb von Android und ähnlichen Produkten ab.

Die hohe Ethik der Hacker

Alle Menschen sollen Zugang zu Computern und zu allen Informationen haben, die ihnen etwas über die Funktionsweise der Welt vermitteln können; Autoritäten ist zu misstrauen, Dezentralisierung zu fördern, so formulierte der US-Journalist Steven Levy als Erster die sogenannte Hackerethik. Der 1981 in den damaligen Räumen der Berliner *taz* gegründete Chaos Computer Club (CCC) ergänzte die Hackerregeln später um den Satz: »Öffentliche Daten nützen, private Daten schützen«.[259]

Einer breiteren Öffentlichkeit bekannt wurde der Chaos Computer Club 1984: Einige Mitglieder loggten sich in die BTX-Mailbox der Hamburger Sparkasse ein. Sie manipulierten das System so, dass es eine Nacht lang ununterbrochen ein teures Angebot anrief, das die Computerfreaks selbst eingerichtet hatten. Die so von der Bank erbeuteten 135.000 Mark überwiesen die Robin Hoods des Computerzeitalters postwendend zurück. Ihr Ziel war erreicht: Sie hatten der Bundespost als Anbieterin des BTX-Systems Sicherheitslücken nachgewiesen. Der als »Gilb« geschmähte Staatskonzern galt ihnen als Inbegriff zentralistischer, hoheitlicher Strukturen, der Kunden wenig Rechte einräumt, um selbst Machtzentrum zu bleiben.

Wohl niemand verkörperte in Deutschland die Hackerethik stärker als Wau Holland, ein begnadeter Spontanredner, der an Rübezahl erinnerte. »Keine Hacks für Geld«, war einer seiner Grundsätze. In Hollands Augen sollte Technik stets soziale Gerechtigkeit, Völkerverständigung und Meinungsfreiheit fördern. Wissen weitergeben, Technik gemeinsam verbessern und Datenmissbrauch verhindern – das gehört zu dem von ihm geprägten Ehrenkodex der Hackerszene. »Die sozialen Bewegungen, die sich vernetzen, rütteln am System«, war Holland schon in den 1980er Jahren überzeugt.[260]

Deshalb erwies es sich für die Szene als Desaster, als Computerfreaks versuchten, aus NASA-Computern abgegriffene Daten an den KGB zu verkaufen: Viele Zeitgenossen assoziierten den Begriff »Hacker« danach mit Datendiebstahl. Doch tatsächlich hat der CCC viel zum Gemeinwohl beigetragen, etwa als Berater des Bundesverfassungsgerichts zum Thema Vorratsdatenspeicherung.

Wau Holland starb 2001 im Alter von 49 Jahren. Seine Freunde und Fans beschlossen auf seiner Beerdigung die Gründung der »Wau Holland Stiftung«. Die dokumentiert die Geschichte der Hackerkultur und leitet inzwischen auch Unterstützungsgelder an die Enthüllungsplattform WikiLeaks weiter. Nachdem diese Bilder von folternden US-Soldaten in Irak und Afghanistan und peinliche US-Botschaftsdokumente veröffentlicht hatte, verweigerten Visa und Paypal auf Druck der US-Regierung Zahlungsüberweisungen zugunsten von WikiLeaks. Die Wau Holland Stiftung übernahm diese Arbeit – und deutsche Finanzämter entzogen ihr die Gemeinnützigkeit.

Viele Hacker und Whistleblower sind inzwischen nach Berlin geflohen, das heute als weltweit zentraler Ort der Hackerszene gilt.[261] Hier finden Kryptopartys statt, auf denen Nerds Laien helfen, ihre Daten zu verschlüsseln. Im Umkreis des Chaos Computer Clubs und der Wau Holland Stiftung in Stadtteil Mitte tummeln sich zentrale Figuren wie Sarah Harrison, die Edward Snowden auf der Flucht begleitete, oder Jacob Appelbaum, führender Kopf beim Anonymisierungsnetzwerk »Tor«, das Verbindungsdaten schützt. Hier gibt es Wissenschaftlerinnen, die sich mit zukünftigen Kommunikationssystemen beschäftigen, von hier kam technische Unterstützung für die Opposition in Ägypten oder Syrien. Selbstorganisation statt Hierarchie – das ist der Freiheitsbegriff in diesem Teil der Hackerszene. Er steht im krassen Gegensatz zur Vorstellung des US-Chefgeheimdienstlers Keith Alexander, der glaubt, Freiheit sei nur gegen Terrorismus zu schützen, indem die NSA jederzeit und überall sämtliche menschlichen Signale registriert.

Derzeit finden im Internet dramatische Kämpfe um die Oberhoheit statt; es geht buchstäblich um Leben und Tod von Edward Snowden und anderen Dissidenten; der Ausgang ist offen.

Hunderttausende erstellen ein Gemeinschaftslexikon

Die etablierte Wirtschafts- und Sozialwissenschaft war lange davon überzeugt, dass große Gemeinschaftswerke ohne finanziellen Anreiz gar nicht oder nur dann entstehen, wenn Beteiligte eine religiöse oder politische Überzeugung teilen. Das Anfang des Jahrtausends initiierte Internetlexikon Wikipedia galt deshalb als »unmögliches öffentliches Gut«.[262] Niemals würden viele Menschen freiwillig Wissen und Zeit investieren, wenn sie dafür kein Geld oder zumindest öffentlichen Ruhm erwarten könnten, glaubte man. Und kein Verfasser und keine Autorin würde akzeptieren, dass Fremde in ihren Werken herumpfuschen. Ein weiterer Einwand war: Die Menge der Beteiligten sei viel zu groß, um gemeinsam ein Ziel zu verfolgen.

Doch Hunderttausende beteiligen sich inzwischen aktiv an Wikipedia, obwohl sie keinen Cent damit verdienen. Es gibt 40 unabhängige Länderorganisationen und Einträge in mehr als 280 Sprachen. Auf Deutsch sind Informationen zu etwa 1,7 Millionen Stichworten zu finden. Das Internetlexikon wächst ständig, wird laufend aktualisiert und ist inzwischen unbestreitbar die meistgenutzte Enzyklopädie der Welt.

Unter den am häufigsten aufgerufenen Internetseiten belegt Wikipedia Platz sechs hinter Google, Facebook, YouTube, Yahoo und der chinesischen Suchmaschine Baidu.[263] Und insgesamt schneiden die kollektiv erstellten Texte bei Qualitätsvergleichen hervorragend ab. Die 1768 erstmals erschienene Encyclopedia Britannica musste ihre Druckausgabe 2012 deshalb komplett einstellen. Auch der gedruckte Brockhaus steht vor dem Aus. Und das digitale Lexikon Encarta, das Microsoft 1993 auf den Markt brachte, konnte sich gegen Wikipedia nicht halten: zu behäbig, zu wenig aktuell und zu teuer. 2009 verschwand es in der Versenkung.

Wikipedia ist unbestreitbar ein Commons, wie aber funktioniert es? In vielen Studien ist inzwischen nachzulesen, warum Menschen bei Wikipedia mitarbeiten und wie sie das Lexikon gegen Unsinnschreiber und PR-Agenten verteidigen.[264] Wie bei Linux sind sie keine amorphe Masse, sondern folgen einer eigenen Handlungslogik.

Viele Menschen verfassen ihren ersten Text, weil sie die Idee eines Lexikons faszinierend finden, an dem jeder und jede mitwirken kann, zumal das kollektive Produkt oft besser ist als das, was bezahlte Fachleute schreiben. Schon wenige Minuten nach Absenden der ersten Sätze begrüßt sie ein Administrator, der die Regeln erklärt. Leute, die Unfug treiben, werden sofort wieder herauskatapultiert, und viele Erstlingsversuche verschwinden aufgrund von Formfehlern innerhalb kurzer Zeit. Für zahlreiche Leute endet damit bereits ihre Mitarbeit. Doch häufig fühlen sich Neueinsteiger zum Weiterschreiben ermutigt: Jeder erhält die Möglichkeit, sich an einen Mentor zu wenden, und so wachsen viele in die Mitverantwortung für zunächst einen Text hinein. Die männliche Sprachform beschreibt hier übrigens weitgehend korrekt die Verhältnisse, denn unter den Wikipedianern befinden sich nur zehn Prozent Frauen.

Zu hochumstrittenen Themen wie Homöopathie oder Kurdistan tragen viele Dutzend Autoren bei; in der einsehbaren Versionsgeschichte der Einträge sind oft Änderungen im Minutentakt dokumentiert. Die Anzahl der Beteiligten reduziert sich allerdings rasant, wenn man nur den tatsächlichen, pingpongartigen Austausch betrachtet: Die zur selben Zeit an einem Text arbeitenden Gruppen bestehen in der Regel nur aus zwei bis drei Leuten und überschreiten nie eine Größe, in der es unübersichtlich wird. Die Beteiligten wissen dabei oft nicht, wer hinter einem Wikipedia-Pseudonym steckt. Doch in den meist sachlich, manchmal auch polemisch geführten Diskussionen werden sie als lebendige Menschen erkennbar. Außerdem kann jeder Wikipedianer eine Benutzerseite über sich anlegen und dort über seine Interessen und Vorlieben berichten. Manche Schreiber treffen sich auch zu Stammtischen, die in echten Kneipen mit realem Bier stattfinden.

Einige wenige haben inzwischen an Hunderttausenden von Artikeln mitgewirkt. Wer will, kann sich als Administrator bewerben und hat dann das Recht, neue oder unzureichend belegte Texte zu löschen und »Vandalen« zu sperren. Mitwählen dürfen hier alle, die sich an der Erstellung von mindestens 200 Artikeln beteiligt haben.

Natürlich gibt es auch erfolgreiche Versuche der PR-Abteilungen von Firmen oder Verbänden, Texte zu beeinflussen. Manche Manipulationen sind so geschickt, dass sie kaum aufzudecken sind. Gelegentlich schreiben PR-Leute unter Dutzenden von Namen und inszenieren Diskussionen untereinander, um unliebsame Teile nach und nach zu löschen oder interessengeleitete Informationen unterzubringen.[265]

Einem Wikipedianer über die Schulter geschaut

Mindestens eine Stunde am Tag arbeitet Aalfons für Wikipedia, und mehrfach hat er sich sogar schon Wochen freigenommen, um einen Text für das Internetlexikon zu verfassen. An Tausenden von Texten hat er seit 2007 mitgeschrieben, zusätzliche Abschnitte mit neuen Informationen eingefügt, Fehler korrigiert oder redigiert. Vor allem wenn er in einem Artikel einen »Rotlink« entdeckt, gibt ihm das den Impuls zur Recherche:

Ein rot eingefärbtes Wort signalisiert einen lexikalisch wichtigen Begriff, für den es bisher noch keinen eigenen Eintrag gibt. »Ich will dann, dass der Link blau wird, sodass man weiterlesen kann«, erklärt Aalfons. Natürlich heißt er nicht wirklich so – und wer sich ein bisschen Mühe gibt, kann seinen richtigen Namen herausfinden. »Meine Anonymisierung ist wie eine Karnevalsmaske«, sagt der Mittfünfziger, der sein Geld als Redakteur, Schreiber und Projektmanager verdient.

Ab und zu weitete sich das, was Aalfons zunächst als Zehnzeiler eingeschätzt hatte, zu einem seitenlangen Text aus, weil er so viel Spannendes zum Thema fand. Etwa bei einem Artikel über den 1988 erschienenen Umweltfilm *Bitteres aus Bitterfeld*, den DDR-Oppositionelle gedreht hatten. Den größten Teil hat Aalfons verfasst, ein Bewohner der Region steuerte Fotos bei, ein Mann aus Australien zeichnete eine Karte des DDR-Chemiedreiecks, weil er sich für eine Recherche von Aalfons revanchieren wollte. Seit der ersten Textfassung gab es Hunderte von Änderungen. Viele stammen von Aalfons selbst, andere beteiligten sich, ein »Vandale« trieb kurzzeitig sein Unwesen und wurde vom Administrator gesperrt; all das ist exakt nachzuverfolgen, wenn man auf die Versionsgeschichte klickt.

Auch »Ahoi« oder »Lachsargument« stammen vorwiegend aus Aalfons Tastatur. Er ist stolz, dass die Wikipedia-Gemeinde seine beiden Texte in einem demokratischen Prozess als »exzellent« ausgezeichnet hat, weshalb oben rechts in der Ecke ein kleines grünes Sternchen prangt. Am Ende jeder Seite gibt es zudem einen Link, der anzeigt, wie oft ein Text besucht wurde. Auch Aalfons schaut da öfter nach. Manche Menschen treten bei Wikipedia unter ihrem richtigen Namen auf, vor allem Lehrerinnen oder Ärzte agieren dagegen oft verdeckt, weil sie keine Lust haben, von Schülerinnen oder Patienten angesprochen zu werden, hat Aalfons beobachtet. Rund zwei Dutzend Wikipedianer kennt er persönlich. Doch die meisten, mit denen er zeitweise intensiv kommuniziert, hat er noch nie gesehen. »Mit einigen arbeite ich sehr gerne zusammen, ich schätze die Art, wie sie sich bei Wikipedia präsentieren. Die anderen Teile ihres Lebens interessieren mich aber nicht«, beschreibt Aalfons das Verhältnis.

Viele große Datenbanken bieten Wikipedianern kostenlos Zugänge an; auch Aalfons darf in zweien recherchieren. Oft wenden sich Kollegen an ihn mit der Bitte, sie bei der Materialsuche zu unterstützen. Aalfons tut

Unmaskierter Aalfons auf seinem Balkon. Foto: Annette Jensen

das gerne – auch weil er so selbst immer wieder Neues lernt. Umgekehrt bekommt auch er Informationen von anderen zugeschickt. Ein für ihn wichtiger Antrieb sind also auch Neugierde und Wissensdurst.

Regelmäßig besucht er die Relevanzcheckseite. Dort können Leute nachfragen, die Artikel zu Personen oder Stichworten planen, ob sich die Mühe lohnt. Im Laufe der Zeit haben die Wikipedianer klare Kriterien entwickelt. So muss ein Schriftsteller zwei Bücher in anerkannten Verlagen veröffentlicht haben. Ein Artikel über ein Musikfestival entgeht nur dann der »Löschhölle«, wenn er ein Mindestmaß an Klicks aufweist oder dort etwas Herausragendes passiert ist. Was das im Einzelnen bedeutet, diskutiert Aalfons manchmal intensiv mit den Anfragenden, meist entspinnt sich hier auch eine Diskussion mit anderen Wikipedianern. Aalfons ist zwar unbedingt dafür, »Müll und PR-Texte« draußen zu halten, empfindet aber den Umgang vieler Kollegen als zu ruppig und abschreckend für Neueinsteiger. Er selbst hat das Ziel, auf der Relevanzcheckseite ein »Biotop der Freundlichkeit« aufzubauen – auch weil er es wichtig findet, neue Mitarbeitende zu gewinnen.

»Andere Leute trainieren eine Jugendfußballmannschaft, mein Ehrenamt ist Wikipedia«, sagt Aalfons. Neben dem angenehmen Gefühl, Sinnvolles zu tun, geht es dabei auch um Sozialprestige und AnSehen innerhalb der Gruppe der hochaktiven Wikipedianer. Aalfons schätzt ihre Zahl im deutschsprachigen Raum auf etwa 3.000. Er ist da durchaus eine bekannte Größe, bekommt regelmäßig Lob und Anerkennung. Und ab und zu stellt ihm auch jemand einen virtuellen Blumenstrauß auf seine Benutzerseite. »Wenn ich sehe, dass ›Ahoi‹ an manchen Tagen 200-mal aufgerufen wurde, ist das eine irrsinnige Belohnung für mich. Es macht mich glücklich, weil ganz klar ist, dass es Leuten nützt, was ich tue.«

Was die Wikipedianer vereint und motiviert, ist der Wunsch, an der besten Enzyklopädie der Welt mitzuwirken – also an etwas sehr Großem und Bedeutendem, das ihre eigene Existenz überragt. Die Anfangsvorstellung vieler, dass sich »alle« daran beteiligen könnten, verschwindet jedoch schnell. Weil immer wieder Propagandisten, »Vandalen« und »Trolle« auftauchen, die – oft nach längeren Diskussionen – ausgesperrt werden, gibt es ein verbreitetes Misstrauen gegenüber neuen Schreiberlingen.

Jeden Tag erscheinen bei der deutschen Wikipedia etwa 200 neue Artikel. Von denen wandern allerdings zwei bis drei Dutzend sofort in die »Löschhölle«, weil sie den enzyklopädischen Kriterien nicht entsprechen.

Nicht weltanschauliche Überzeugungen oder Altruismus sind der Grund, warum Wikipedia funktioniert. Vielmehr entsteht eine Gruppenidentität durch aufeinander aufbauende und sich gegenseitig beeinflussende Handlungen. Wer einen Artikel neu anlegt und sich mit Änderungen konfrontiert sieht, wird diese überprüfen und gegebenenfalls darüber diskutieren wollen. Und wenn jemand die Reihenfolge in einem Artikel als unsinnig empfindet und einen Umbau vorschlägt, wird er oder sie oft aufgefordert, das in die Tat umzusetzen: Die Leserin wird zur Schreiberin.

Der engagierte Heimatforscher ist hier ebenso präsent wie die Wissenschaftlerin, der Heavy-Metal-Fan oder der Informatikstudent. Manche Wikipedianer arbeiten systematisch ein Thema ab, andere springen gleichsam von Blüte zu Blüte. Weitere kümmern sich vor allem um korrekte Rechtschreibung oder einheitliche Zitierweise oder moderieren Diskussionen. Überwiegend sind es Männer. Aus den Benutzerangaben wird das Geschlecht einer Person jedoch nicht immer ersichtlich, und erst seit Kurzem gibt es die Möglichkeit, sich als »Benutzerin« anzumelden.

Abgesehen von PR-Agenten, die sich im Auftrag von Verbänden oder Konzernen einschleichen, verdienen die Schreibenden nichts. Entlohnung passt einfach nicht zu Wikipedia. Viele beteiligen sich gerade deshalb, weil das Projekt nicht kommerziell arbeitet. Wikipedia macht keinen Gewinn, es gibt keine Werbung. Technik, Organisationspersonal und Veranstaltungen werden über Spenden finanziert, die die gemeinnützige Wikimedia Foundation in San Francisco bzw. Wikimedia Deutschland in Berlin verwaltet. Dass dort im Spätfrühjahr viele Kleinbeträge von Abiturienten eintreffen, belegt: Auch viele Digital Natives verstehen, dass Gemeingüter nicht völlig ohne Geld auskommen können und gemeinsam getragen werden müssen.

Wer besitzt das Internet?

Während Commons traditionell fast ausschließlich auf lokaler Ebene vorkamen, hat sich die Open-Source-Bewegung im Internet heute zum weltweiten Treiber für neue Formen der Gemeinschaftsnutzung entwickelt. Ein Lizenzsystem stellt sicher, dass alle aus diesen »offenen Quellen« schöpfen und Dateien weiterentwickeln dürfen, jedoch verpflichtet sind, das Ergebnis ihrerseits der Allgemeinheit zur Verfügung zu stellen.

Die Regeln im Internet

Das Internet ist in den vergangenen Jahren zum globalen Kommunikationsmedium geworden. Welche Regeln hier künftig gelten, wird eine der zentralen Fragen sein, wie sich unsere Welt im 21. Jahrhundert entwickelt. Wir stehen an einem Scheideweg: Bleibt das Internet ein von allen gleichberechtigt nutzbares Gemeingut, dann eröffnet es ein riesiges Potenzial für gemeinschaftliche und selbstbestimmte Organisation – und das weltweit und dezentral in jeder Stadt und in jedem Dorf. Dieser globale, offene Zugang zum gespeicherten Wissen der Menschheit trägt ein enormes Glückspotenzial in sich: Menschen können ihren Horizont erweitern und Lernsprünge machen. Kommunikation ist zum Zweiwegesystem geworden, potenziell sind alle zugleich Sender und Empfänger. Wissen und Macht werden dadurch demokratisiert, Selbst- und Mitbestimmung gestärkt, Selbstermächtigung und Kontrolle der Herrschenden sind leichter umsetzbar. Ideen zur Verringerung von Unterdrückung und Leid können weltweit ausgetauscht, Projekte zur Stärkung von Gemeinwohl und Glück kollaborativ entwickelt werden.

Doch die Enthüllungen Edward Snowdens zeigen, dass das Internet auch totalitäre Überwachung ermöglicht. Apple, Amazon, Facebook und Google prägen den Alltag von Milliarden Menschen in einem Ausmaß, wie es Konzernen nie zuvor gelungen war. Daten für Werbung zu gewinnen ist ihre zentrale Geschäftsgrundlage. Seit dem 11. September 2001 haben US-amerikanische und britische Geheimdienste eine umfassende Überwachungsarchitektur außerhalb jeder demokratischen Kontrolle errichtet. Google, Facebook, Microsoft, Yahoo und Co. sind dabei Komplizen: Sie bauten Hintertüren in ihre Programme ein, durch die Geheimdienste ein- und ausgehen. Erst dadurch konnte die Überwachung durch das Prism-Programm so monströs werden. Entstanden ist eine gigantische Ausspähmaschinerie. Analog zu dem »militärisch-industriellen Komplex«, vor dessen Einfluss der frühere US-Präsident Dwight D. Eisenhower 1961 in seiner Abschiedsrede warnte, könnte man sie den »daten-geheimdienstlichen Komplex« nennen. Doch gleichzeitig steigt auch die Wahrscheinlichkeit von Leaks und Whistleblowern immer mehr.

Um einerseits die Chancen eines freien Internets und andererseits die Gefahren einer umfassenden Kommerzialisierung und Ausspähung auszuloten, ist es wichtig, zwei Ebenen getrennt zu betrachten. Zum einen geht es um den Aufbau der Netzinfrastruktur und der dort geltenden »Transportregeln«, zum anderen um dadurch ermöglichte Kommunikation.

> Entwickelt wurde das Internet Anfang der 1970er Jahre in den USA von mehreren technischen Hochschulen und dem Verteidigungsministerium. Einer verbreiteten Legende zufolge wollte das US-Militär für den Fall eines Atomkriegs vorsorgen: Die Kommunikation sollte auch dann noch funktionieren, wenn Militärbasen zerstört und Kommandozentralen angegriffen wurden. Das stimmt zwar nicht – vielmehr ging es um eine bessere Nutzung der knappen Rechnerkapazitäten. Doch wahr bleibt, dass das Internet entstanden ist in »zwei Teilsystemen der Gesellschaft, für die Geld keine Rolle spielte, weil das eine genug davon hatte – das Militär – und das andere das Geld geringschätzte, weil es zur Wahrheitsfindung nicht taugte – die Wissenschaft«, schreibt der Internethistoriker Martin Warnke.[266] Robustheit, Redundanz der Verbindungswege, Anschlussmöglichkeit unterschiedlicher Computer und deren Gleichbehandlung prägen die Grundstruktur des Netzes.
>
> Als individuell nutzbares Medium war das Internet nicht geplant. Doch Forscher und Studierende begannen herumzuspielen und schrieben erste E-Mail-Programme. Bald wurde klar, dass solche Anwendungen auch für Unternehmer und Konsumentinnen interessant wären. Die Kabelnetzbetreiber versuchten, einen von ihnen entwickelten einheitlichen Standard für die neue Infrastruktur durchzusetzen – und scheiterten mit ihrem Versuch, das Cyberspace gewinnbringend unter sich aufzuteilen. Dank vorausschauender Menschen mit Hackerethik wurde das Internet zu einer offenen, hierarchiefreien Plattform, zu der es viele Zugänge gibt.[267] Jeder kann einen Server betreiben, alle Knoten sind gleichberechtigt. Damit ist es im Prinzip ein von allen nutzbarer, weltweit öffentlicher Raum, es gehört zu den Commons.

Kaum eine andere Frage dürfte so zentral für die weitere Entwicklung des 21. Jahrhunderts sein wie die, ob auch künftig im Internet strukturell alle gleich sind – oder doch einige »gleicher«, wie die Schweine in George Orwells *Farm der Tiere*. Um die Reichweite dieser Weichenstellung zu ermessen, lohnt ein Blick auf die Entwicklung des physischen öffentlichen Raums im 20. Jahrhundert und darauf, was geschieht, wenn Commons nicht gegen Partikularinteressen verteidigt werden.

Exkurs: Der Kampf um das Gemeingut Straßen

Wer gegenwärtig an Straßen denkt, sieht vor dem inneren Auge Fahrbahnen und Autos. Straßen gehören scheinbar so selbstverständlich dem motorisierten Verkehr, dass das wie ein quasinatürlicher Zustand wirkt, dem verkehrsberuhigte Zonen nur mühsam abgetrotzt werden können. Tatsächlich aber waren Europas Straßen bis zum Beginn des 20. Jahrhunderts ein kollektiver Raum: Hier waren alle gleichberechtigt, Kinder konnten vor der Haustür spielen, niemand hatte Vorrechte. Wer unachtsam war, einen Menschen verletzte oder ein Huhn totfuhr, musste für den Schaden aufkommen.

Vor etwa hundert Jahren verloren Straßen zunehmend ihre Funktion als Gemeingüter, ohne dass sie formal privatisiert wurden. Zunächst begann in Deutschland eine Handvoll gut situierter Automobilisten ihre Interessen gegen die große Mehrheit durchzusetzen.[268] 1910 forderten ihre Vertreter im Reichstag mehr Rechte für Autonutzer und begründeten das mit drohenden Wettbewerbsnachteilen der Autoindustrie gegenüber der US-Konkurrenz. Eine entscheidende Veränderung brachte die Einführung der Haftpflichtversicherung für motorisierte Fahrzeuge. Jetzt galt: Nicht mehr der Betreiber der Technik hat Schuld, wenn andere zu Schaden kommen, sondern Fußgänger müssen von der Fahrbahn verschwinden, wenn ein Auto heranbraust. Private Autoclubs stellten die ersten Verkehrsschilder auf, seit 1917 sollten Berliner Fußgänger die Straße rechtwinklig und an manchen Stellen gar nicht mehr überqueren. »Zu dieser Zeit dürfte es auf etwa 700 Einwohner einen Kraftwagen gegeben haben. 699 Menschen mussten also ihr Verhalten ändern, damit einer fahren konnte«, so der Verkehrswissenschaftler Helmut Holzapfel.[269]

1933 verabschiedeten internationale Architekten die Charta von Athen, die die Trennung von Fabrik- und Wohnvierteln zum Ideal erhob und für größere Abstände zwischen Straßenkreuzungen warb. Begründung: Die Bremsen der Autos würden sich durch Geschwindigkeitsreduzierungen zu schnell abnutzen. Angestrebt wurde die strikte Trennung der Verkehrsteilnehmenden, um einen gleichmäßigen Verkehrsfluss zu erreichen. Dieser Umbau der Infrastruktur ermöglichte in den 1960er Jahren die Massenmotorisierung. Die Folgen sind bekannt: Zersiedelung, neue Straßen, mehr Autos, Staus, neue Straßen, mehr Autos, Staus, neue Straßen, mehr Autos ...

Viele Menschen versuchen heute, mit viel Fantasie die Straße als Lebensraum für alle zurückzuerobern. In Leipzig gibt es jährlich einen Park(ing) Day, an dem Anwohnende Liegestühle, Zimmerpalmen und Tischtennisplatten auf die Fahrbahn stellen. In Freiburg finden regelmäßig Massenradtouren über Hauptstraßen statt, unter dem Motto: »Wir blockieren nicht den Verkehr – wir sind der Verkehr.« Auch der Abbau von Straßenschildern im niedersächsischen Bohmte – wie vorher schon in mehreren holländischen Ortschaften – zielt darauf ab, den öffentlichen Raum als Gemeinschaftsgut zurückzugewinnen. Beim Shared-Space-Konzept hat niemand Vorfahrt – jeder muss auf andere Verkehrsteilnehmer achten und Blickkontakt aufnehmen. In dem Ort, durch den täglich 12.000 Fahrzeuge rollen, hat es seit dem Umbau 2008 keinen schweren Unfall mehr gegeben.

So erfreulich diese Beispiele sind, so ändern sie doch nichts an der aufs Auto zugeschnittenen Siedlungs- und Infrastruktur. Die lässt sich nur langsam und mühsam ändern, weil heute Wirtschaft und Alltag darauf aufbauen. Die Entwicklung der Straßen in den vergangenen 100 Jahren zeigt, wie grundlegend, langfristig und kaum korrigierbar sich Entscheidungen über Nutzungsrechte in einer netzartigen Infrastruktur auswirken. Das Gleiche gilt für das Internet.

Noch gehört das Internet der Allgemeinheit

Zur Allmende Internet haben heute alle gleichen Zugang, egal, ob sie in einem Café, Ministerium oder Großforschungszentrum sitzen – wobei nicht vergessen werden darf, dass über 60 Prozent der Menschheit bisher noch nicht online sind. Eine Diskriminierung von Inhalten gibt es nicht: Hochzeitsfotos, Konstruktionspläne für Flugzeuge, staatliche Statistiken oder Demonstrationsaufrufe werden alle mit derselben Geschwindigkeit transportiert; es herrscht »Netzneutralität«. Zudem lassen sich Informationen per Internet so gut wie kostenlos teilen und dezentrale Kooperationen leicht organisieren.

Doch im eigenen Interesse Handelnde versuchen mit enormem Druck, das Internet zu kontrollieren, zu privatisieren oder zu »filetieren«. Aus vier Richtungen gibt es massive Angriffe, die eine existenzielle Gefahr für das freie Netz darstellen. Die erste und offensichtlichste Front bauen Regierungen wie die in China, Iran oder Russland auf. Ihnen geht es ganz offen darum, die politische Opposition im eigenen Land zu unterdrücken.

Die zweite Angriffslinie errichten große Internetanbieter. Um mehr Geld verdienen zu können, wollen sie die Netzneutralität aufheben und Kundschaft unterschiedlich schnell bedienen. Wer einen höheren Tarif wählt, soll schneller senden und empfangen können. »Für weniger zahlungskräftige Anbieter wäre dieses Zweiklasseninternet katastrophal. Seiten, die durchgehend langsamer laden als die Konkurrenz, würden in der Gunst der Nutzer immer weiter sinken«, schreibt Netzexperte Christian Stöcker.[270] Das würde der Konzentration von Wirtschaftsmacht einen weiteren immensen Schub verleihen. Im April 2013 kündigte Deutschlands größter Internetprovider Telekom an, Datenpakete von Vielsurfern künftig langsamer zu transportieren, wenn sie keinen Aufpreis zahlen. Nach Protesten und einem Gerichtsurteil nahm die Telekom davon Abschied. Vorerst. In den USA haben Behörden im Frühjahr 2014 angekündigt, dass Internetanbieter demnächst Gebühren für schnelleres Surfen verlangen dürfen.

Die dritte Front gegen das freie Internet haben Google, Facebook, Yahoo und Co. errichtet, die in unvorstellbarem Umfang private Nutzerdaten abgreifen und verkaufen.

Und schließlich gibt es noch die vierte Front: die Nutzung der Datenbestände durch Geheimdienste.

Freifunk – die digitale Allmende

Vom Turm der Zwingli-Kirche in Berlin-Friedrichshain aus kann der Blick kilometerweit schweifen – und auch Funkwellen haben freie Bahn in alle Richtungen. Ausgerüstet mit Plexiglasscheiben, ein paar Kabeln und einer Bohrmaschine, sind Elektra Wagenrad und der Student Bastian Rösner heute hier hinaufgestiegen. Elektra heißt mit bürgerlichem Namen Corinna Aichele, aber Elektra passt viel besser zu der Mittvierzigerin. Die beiden wollen die Drahtgeflechte vor den Fenstern ersetzen, weil das Metall gelegentlich den Funkverkehr stört. Schon seit 2006 hängen hier ein paar Antennen, die an flache, unbedruckte Keksbüchsen erinnern; die Kabelage endet in ein paar Tupperdosen. Hightech sieht anders aus – und doch ist das hier ein wichtiger Übertragungspunkt der Berliner Freifunker. Sie gehören zu einer inzwischen globalen Bewegung, die Anfang des Jahrtausends in mehreren Großstädten entstand. Zu deren Entwicklung hat Elektra Wagenrad entscheidend beigetragen. Es geht um den Aufbau urdemokratischer Kommunikationsnetze, die kein Konzern kapern kann. »Wir wollen die digitale Allmende«, bringt Elektra ihr Ziel auf den Punkt, während sie die Bohrlöcher für die Plexiglasscheibe ausmisst.

Allein in Deutschland gibt es schon 43 Freifunkstädte. Die Teilnehmenden können nicht nur untereinander telefonieren, chatten, Musik, Texte und Filme tauschen oder ein regionales Radio aufbauen. »Wir sind auch in der Lage, Leute mit Internet zu beliefern, die sich das sonst nicht leisten könnten«, erklärt Elektra. Dafür werden vorhandene Anschlüsse mehrfach genutzt. So bekamen auch die Flüchtlinge, die 2013 und 2014 auf dem Berliner Oranienplatz kampierten, einen Onlinezugang.

Anders als bei kommerziellen Providern, deren Infrastruktur aus großen Apparaten und zentralisierten Verbindungswegen besteht, ist bei den Freifunkern alles kleinteilig und dezentral: Jeder angeschlossene Router hilft mit, die Daten der anderen zu transportieren. Zwischen 20 und 60 Euro kostet so ein Gerät, das am besten auf dem Dach oder einem Fensterbrett platziert wird. Funkverbindungen wie die von der Zwingli-Kirche zu anderen Punkten in Berlin sorgen dafür, größere städtische Distanzen zu überwinden.

Elektra Wagenrad alias Corinna Aichele auf dem Turm der Zwingli-Kirche in Berlin-Friedrichshain. Foto: Annette Jensen

Angefangen hat die Geschichte für Elektra Wagenrad kurz nach Beginn des neuen Jahrtausends in einem selbstorganisierten Zentrum in Berlin. Damals war sie Anfang 30 und wollte Menschen Open-Source-Programme wie Linux nahebringen. Nachdem der Verein in ein ehemals besetztes Haus umgezogen war, mussten sie und ihre Kollegen feststellen, dass das Internet dort viel langsamer war: Die Telekom hatte noch keine Breitbandkabel verlegt. »Ohne diese Erfahrung hätten wichtige Episoden in meinem Leben wohl nicht stattgefunden«, lacht Elektra und streicht sich die langen, grauen Haare aus dem Gesicht.

Schon als Kind hatte sie Radios auseinandergenommen und mit Funkgeräten experimentiert. Deshalb kam sie jetzt auf die Idee, das neue Bildungszentrum via Funk mit einem wenige Kilometer entfernten Haus zu koppeln, das über eine leistungsstarke Internetverbindung verfügte. Das klappte gut, und bald wollten andere auch schneller surfen. Doch Elektra ließ sie auflaufen. »Das waren Spießer, die sich nur für ihren eigenen Anschluss interessierten«, meint sie. Das Grüppchen Berliner Freifunker, das sie damals kennenlernte, war ihr dagegen sehr sympathisch: Sie wollten ein Netz aufbauen, das den Nutzenden gehört – ein Gemeingut. Nachdem es anfangs nur ein paar Funkverbindungen zwischen Kulturzentren gegeben hatte, kam die Idee auf, die damals neue WLAN-Technik so einzusetzen, dass jeder Nutzer zugleich eine kleine Weiterleitstation betrieb.

Darüber verfasste Elektra ihr erstes Wiki – ein Onlinedokument, an dem jede und jeder mitarbeiten kann. »Zu meiner völligen Überraschung reagierten viele Leute und waren begeistert«, berichtet Elektra. Schließlich verabredeten sich die Freifunker zu einem Feldversuch mit ihren Laptops und setzten dabei die staatlich entwickelte OLSR-Technik ein – doch es funktionierte schlecht: Die Übertragungsraten waren sehr langsam, immer wieder brachen Verbindungen zusammen. »Die hatten das zu akademisch und zu kostspielig angelegt«, urteilt Elektra über OLSR, das in universitären und militärischen Kreisen entwickelt worden war, etwa um Kriegsschiffe zu vernetzen.

Zunächst versuchten sie und ihre Mitstreiter eine Reform des OLSR-Systems, die darauf basiert, dass jeder Knotenpunkt jederzeit über den Gesamtzustand des Netzes »informiert« ist. Bei einigen Flaschen Bier in Elektras Bauwagen kam ihr und einem Kollegen die Idee für eine grundsätzlich andere Struktur: Das Netz sollte so wie ein Ameisenstaat funktionieren, wo kein Tier einen zentralen Überblick hat und sich alle gegenseitig durch Kontakt mit Nachbarn informieren. Wenn klar ist, in welcher Nachbarschaft sich der Adressat befindet, gilt es nur noch, einen günstigen Verbindungsweg zwischen beiden zu ermitteln. Ein solcher Aufbau reduziert die notwendige Datenmenge radikal und macht das ganze System schneller. Aus diesen Grundüberlegungen entwickelte Elektra zusammen mit anderen Technikfreaks das Routingprotokoll B.A.T.M.A.N., das heute sehr viele Lokalnetze verwenden.

Am Aufbau mehrerer Netze war Elektra direkt beteiligt. So hat sie mit Menschen in einem Armenviertel in Santiago de Chile ein Freifunknetz installiert, und auch in Tansania und Bangladesch war sie in ähnlicher Mission unterwegs. In Indien brachte sie einer internationalen Gruppe die Funktion von B.A.T.M.A.N bei, in Südafrika trieb sie die Forschung zu digitalen Regionalnetzen voran. Inzwischen arbeitet auch die gemeinnützige Gesellschaft »One Laptop per Child« auf ähnlichen technischen Grundlagen. Deren Ziel ist es, mit robusten preisgünstigen Computern Kindern in Entwicklungs- und Schwellenländern den Zugang zum World Wide Web zu ebnen. Elektra freut sich, dass sich solche Konzepte immer weiter ausbreiten: »Mein Traum ist, dass ich irgendwo aus dem Flugzeug steige und es da schon ein Netz gibt und ich es sofort nutzen kann.«

Weltweit gibt es inzwischen in einigen Hundert Städten Freifunknetze. In Berlin existieren gegenwärtig etwa 300 aktive Knotenpunkte und einige tausend Nutzer. Seit Edward Snowdens Enthüllungen verzeichnet die Kerngruppe ein deutlich wachsendes Interesse. Zwar ist auch bei Freifunk nicht völlig auszuschließen, dass sich Geheimdienste einloggen. Doch sie müssten viele einzelne Punkte im Netz abhören und bekämen die Daten nicht gebündelt zu fassen. Die Technik ist für alle Nutzer transparent. »Der Reiz von Freifunk ist, dass er niemandem gehört – und dass das garantiert auch so bleiben wird«, fasst Elektra zusammen. Dann tritt sie den Rückweg vom zugigen Kirchturm zu ihrem Bauwagen an.

☞ http://freifunk.net/

Die Internetkraken

Google, Facebook und Co. machen die Privatsphäre ihrer Nutzer zu klingender Münze. Dabei maskiert sich Google als quasiöffentliche Infrastruktur, die in Bruchteilen von Sekunden Links zu jedem beliebigen Stichwort liefert; 70 Prozent der weltweiten Internetnutzer wählen Google als Suchmaschine, in Deutschland sogar über 90 Prozent. 1,2 Milliarden Menschen haben inzwischen einen Facebook-Account. Ständig erweitern die Internetkonzerne ihre Dienste, meist durch Aufkauf anderer Firmen.

Auf den ersten Blick ist hier alles kostenlos – tatsächlich aber müssen die Nutzenden sehr wohl bezahlen. Mit jeder Suche und jedem gesendeten Foto verraten sie ihre Interessen und Aufenthaltsorte. Sie liefern oft völlig unbewusst und unentgeltlich Daten, die anschließend teuer verkauft werden. In ungeahntem Ausmaß greifen die Unternehmen intimste Informationen ab, durchforsten die gesamte Kommunikation nach Stichworten, speichern und bündeln die Ergebnisse. Wer auf seinem PC keine Gegen- oder Präventivmaßnahmen ergreift, wird weiter verfolgt, auch wenn er die entsprechenden Internetseiten längst verlassen hat.[271] Indem Nutzer durch ihre Aktivitäten für eine ständige Verbesserung und Aktualisierung der Datensätze über sich selbst sorgen, nehmen die Internetgiganten immer weiter die Form von Quasimonopolisten an.[272]

Teilt man den Umsatz von Google 2012 durch die Anzahl seiner Nutzer, bringt jeder Suchende im Schnitt 27 Dollar pro Jahr ein; bei Facebook waren es im selben Zeitraum fünf Dollar. Es gibt auch abweichende Kalkulationen, doch klar ist: Personalisierte Daten sind das Gold des 21. Jahrhunderts.[273]

Vor allem die rasante Verbreitung mobiler Geräte treibt diese Entwicklung voran und vergrößert die Möglichkeit, Werbung auch situativ zu schalten. Wer Google Now auf seinem Smartphone installiert hat, sollte wissen, dass die Datenkrake ständig den aktuellen Standort der Nutzenden registriert und zum Beispiel eine bei Google-Maps gesuchte Frauenarztpraxis dauerhaft speichert. Diese Informationen kann der Konzern problemlos mit der kurz zuvor am heimischen PC erledigten Recherche über Schwangerschaftsfragen kombinieren. Durch die Regelmäßigkeit bestimmter Verbindungen erkennt Google zudem den täglichen Arbeitsweg. Solche Informationen sind nützlich zum Beispiel für Babyausstatter, die auf eine nach Feierabend bequem zu erreichende Filiale hinweisen können. Wir bezahlen also Google sehr wohl – mit Daten aus unseren intimsten Lebensbereichen.

Internationale Marketingfirmen wie Acxiom oder Experian kaufen solche Informationen und kombinieren sie mit Daten aus unterschiedlichen On- und Offlinequellen. Kredit- und Kundendaten, öffentlich zugängliche Verzeichnisse, Mitgliederkarteien und Erkenntnisse von Auskunfteien, Informationen über bevorzugte Zahlweisen oder Mietschulden – all das und noch viel mehr greifen die in der Öffentlichkeit weitgehend unbekannten Broker ab. Anschließend erstellen sie aus dem Wust an Informationshäppchen mithilfe von Algorithmen detaillierte Personenprofile. Die Firma Equifax kann von Zehntausenden persönlich identifizierbaren Menschen sagen, welches Shampoo sie im letzten halben Jahr bevorzugten, wie häufig sie beim Arzt waren und wie viel Whisky sie im letzten Monat konsumierten.

Andere Unternehmen bieten Datensätze zu über 1.000 Stichworten an: Raucher, Hundehalter, in Kleinstädten wohnende Liebhaber von Kitschromanen, Haftpflichtversicherte, Singles, Leute mit hohem Blutdruck oder Angstzuständen, Freunde von Luxusgütern oder Ältere mit wenig Geld und ohne Familienanschluss – sie alle können gezielt herausgefiltert werden.[274] So wirbt Acxiom auf seiner Internetseite: »Erreichen Sie den richtigen Kunden über den richtigen Kanal zur rechten Zeit mit der passenden Botschaft. Wir helfen Ihnen, Informationen über Interessenten und Kunden kanalübergreifend zu generieren.« Der Konzern verfügt über Daten von 500 Millionen aktiven Konsumierenden weltweit, 44 Millionen davon allein in Deutschland.[275]

156 Milliarden Dollar sollen US-Unternehmen 2012 mit Konsumentendaten verdient haben.[276] Zu den Kunden gehören Hotelketten oder Kreditkartenfirmen, Telefongesellschaften oder Anbieter von Wellnessprodukten, Möbelhersteller, Hundeschulen oder Umwelt-NGOs. Auch Barack Obamas Wahlkämpfe bauten systematisch auf der Nutzung von «Big Data» auf. Wahlveranstaltungen, Postwurfsendungen, die Platzierung von TV-Spots oder Besuche an der Haustür wurden aufgrund von abgegriffenen persönlichen Daten geplant und durchgeführt.[277]

Niemand kann garantieren, dass die Internetgiganten nicht irgendwann für den Zugang zu ihren Suchmaschinen und Freundschaftsnetzen zur Kasse bitten. Gegenwärtig jedoch arbeiten sie daran, ihre jeweiligen Imperien auszubauen, um Nutzer in ein Geflecht von Diensten und Geräten einzuspinnen und sie vollständig abhängig zu machen. So baute Google 2011 das soziale Netzwerk Google+ auf und stieg in das Smartphone-Geschäft ein – aus Furcht, Apple könnte Google-Dienste auf seinen iPhones blockieren. Google verlegt Glasfaserkabel, startet Ballon- und Drohnenprojekte mit dem Ziel, die gesamte Menschheit mit Internet zu versorgen, forscht am selbstfahrenden Auto, baut das menschliche Gehirn nach, erstellt eine Datenbank mit dem gesamten Menschheitswissen und forscht an der Verlängerung des menschlichen Lebens bis hin zur Ausschaltung des Todes.[278] Acht Milliarden Dollar investiert der Konzern in Forschung – laufend kauft er neue Firmen und die besten wissenschaftlichen Köpfe auf.

Umgekehrt ersetzte Apple die Google-Karten auf iPhones durch eine eigene Entwicklung, schickt eine hörende und sprechende Assistentin namens Siri als Suchmaschinenkonkurrentin ins Rennen und wildert durch Musikvermarktung in Amazons traditionellem Revier.

Trotz Milliardenumsätze zahlen die vier Megakonzerne Google, Apple, Amazon und Facebook so gut wie keine Steuern. Ihr Geschäftsgebaren ist keiner demokratischen Kontrolle zugänglich und weitgehend geheim. Bei einem Ranking der 105 weltweit größten Konzerne, das das Antikorruptionsnetzwerk »Transparency International« 2012 veröffentlicht hat, landete Amazon beim Thema intransparentes Geschäftsgebaren noch hinter der russischen Gazprom auf Platz 98, Google belegt Platz 94, und Apple erreicht Rang 90; Facebook taucht in der Untersuchung nicht auf.[279] Die EU-Kommission argwöhnt, dass Google Suchergebnisse zugunsten des eigenen Geschäfts manipuliert. Auch die US-Handelsaufsicht hegte diese Vermutung, konnte aber davon abgebracht werden, nachdem Google den Etat für Lobbyarbeit deutlich erhöht hatte.[280]

Ist der öffentliche Raum Internet also von Privatinteressen vereinnahmt und damit verloren? Fast. Die Entscheidung darüber liegt in der Hand der Datenlieferanten – also von uns allen. Wer Google meidet, schneidet den Konzern von seiner zentralen Wertschöpfungsquelle ab. Inzwischen gibt es leistungsfähige Alternativen: Suchmaschinen wie Startpage, Ixquick, Blekko und Duckduckgo garantieren, keine persönlichen Daten zu speichern oder an Dritte weiterzugeben. Auch installieren sie keine Cookies, sodass Suchaktivitäten nicht kombiniert und zu persönlichen Profilen verdichtet werden können. Diese Plattformen finanzieren sich zwar auch durch Werbung; die bezieht sich aber allein auf aktuell eingegebene Suchbegriffe. Ein Rohrkrepierer war dagegen die europäische Suchmaschine Quaero, die die französische und deutsche Regierung mit Steuergeldern als Anti-Google aufbauen wollten.

Die Plattform www.ecosia.org geht einen anderen Weg: Sie arbeitet mit Yahoo zusammen – auch ein Weltplayer im Internetwerbegeschäft, eng verbandelt mit Microsoft und ebenfalls ein intensiver Datenabsauger. Ecosia teilt sich die Werbeeinnahmen mit Yahoo und leitet 80 Prozent seines Anteils in ein Wiederaufforstungsprojekt in Brasilien. So liefern Nutzer zwar Daten, tragen aber mit den dabei erzielten Einnahmen zu einem sinnvollen Projekt bei. Da jeder gepflanzte Baum mit einem Dollar bewertet wird und Nutzende genau sehen können, wie viele Bäume ihre Surfaktivitäten finanzieren, bekommen sie einen plastischen Eindruck von den Summen, um die es in dem jungen Geschäftsfeld Internetwerbung geht.

Auch zum Google-Dienst Doodle, mit dem man Termine für Gruppentreffen verabreden kann, gibt es inzwischen eine nichtkommerzielle Alternative: Leute an der TU Dresden entwickelten Dudle. Auf https://dudle.inf.tu-dresden.de/ werden keine Adressbücher ausspioniert – alles ist transparent.

Wer sich von der Dropbox verabschieden will, mit der sich Dokumente und Onlineordner teilen lassen, findet inzwischen ebenfalls eine Open-Source-Alternative auf http://owncloud.org/. Hier werden gemeinsame Dokumente auf einem von Nutzern kontrollierten Server abgelegt. Dahinter steht der Informatiker Frank Karlitschek aus Nürnberg, der auf der re:publica-Konferenz im Mai 2014 in Berlin vorschlug: »Lasst uns ein föderales, dezentrales Internet bauen. Die Daten dezentral speichern ist das beste Mittel gegen PRISM« – das bis 2013 hochgeheime, umfassende Ausspähprogramm der NSA. Zusammen mit anderen veröffentlichte Karlitschek das »User Data Manifesto« mit acht klaren Grundsätzen zum Schutz der Privatsphäre im Internet.[281] Natürlich weiß auch er, dass alles ganz einfach nutzbar sein muss, will man die breite Masse gewinnen. Deshalb haben er und etwa 200 Unterstützende intensiv an der Alternative zur Dropbox gearbeitet. Technisch ist so eine dezentrale Speicherstruktur kein Problem – aber die Programme dafür zu schreiben braucht Zeit. Im Prinzip könnten auch Staaten solche Entwicklungen im Interesse der Allgemeinheit fördern, aber Karlitschek glaubt derzeit nicht daran: »Der Staat will Privatfirmen ja keine Konkurrenz machen.«

Freie Landkarten: Das Projekt OpenStreetMap

Seit 2005 engagieren sich Millionen Menschen auf der Welt für die freie Onlineweltkarte als Alternative zu Google Maps. Deren Clou: Kein Unternehmen kann die OpenStreetMap unter seine Kontrolle bringen. Die kollektiv gesammelten Daten sind frei und werden es dank Richard Stallmans Creative Commons Lizenz auch bleiben. Die legt fest, dass alle die Karten nutzen, kopieren, weitergeben, übermitteln und an ihre Bedürfnisse anpassen dürfen – dafür aber verpflichtet sind, Weiterentwicklungen unter dieselbe Lizenz zu stellen. Bei jeder Neuveröffentlichung ist zudem die Quelle zu nennen.

Jeder hat die Möglichkeit, sich an der ständigen Verbesserung der Karten zu beteiligen. Während Google-Satellitenaufnahmen veralten und an den Schnittstellen Ungenauigkeiten aufweisen, sorgen Hobbykartografen bei OpenStreetMap für eine laufende Aktualisierung. Sie zeichnen Satellitenbilder ab oder bringen Straßenpläne auf den neuesten Stand. Radler, Reiterinnen, Jogger oder Autofahrer schicken mit einem GPS gesammelte Daten; Anwohner melden Fehler oder Veränderungen. Auch viele staatliche Institutionen stellen ihre Karten zur Verfügung. Urheberrechtlich geschützte Quellen wie das Google-Material dagegen sind tabu – nur so ist gewährleistet, dass die Daten auf Dauer von der gesamten Menschheit genutzt werden können.

Auf der Seite https://www.mapbox.com/ können Skilangläuferinnen oder Wanderer Karten für bestimmte Gebiete erstellen und dabei ihrer Kreativität bei Farbe und Gestaltung freien Lauf lassen. Aber auch wer Kunden die Fahrt zu seiner Firma oder Freundinnen den Weg zur Party weisen will, darf die Onlinewerkzeuge kostenlos nutzen. Nur wer eine mit Mapbox erstellte Karte auf eine Internetseite stellt, die monatlich mehr als 3.000-mal angeklickt wird, wird von OpenStreetMap zur Kasse gebeten.

Die Seite http://wheelmap.org/ informiert Rollstuhlfahrerinnen oder Kinderwagenschieber über barrierefreie Kneipen, Läden und U-Bahn-Haltestellen – und alle sind aufgefordert, die noch nicht auf Rollitauglichkeit untersuchten grauen Punkte auf den Karten mit einem Ampelsystem zu bewerten und Fotos der Eingänge hochzuladen. »Einfach mal machen« ist das Motto der »Sozialhelden«, die die Wheelmap 2010 angeschoben haben. Es waren die beiden Cousins Jan und Raul Krauthausen, die die Gruppe zusammentrommelten und denen der mitleidsvolle Umgang mit dem Rollstuhlfahrer Raul ein Ärgernis war. Inzwischen gibt es die Wheelmap-Seite in 21 Sprachen, und täglich kommen neu bewertete Orte hinzu.

Als überaus segensreich für akute Nothilfe hat sich das sogenannte Crisismapping erwiesen, das ebenfalls auf OpenStreetMap basiert. Dabei werten Freiwillige aus aller Welt Satellitenbilder aus Erdbeben- und Katastrophenregionen aus und verarbeiten sie zu Karten. Diese erleichtern Hilfsorganisationen die Orientierung in einer Umgebung, in der Häuser zusammengebrochen und Wege verschüttet sind. Weil Computer oft Straßen und Flüsse verwechseln und auch den Bauzustand von Gebäuden nicht einschätzen können, braucht es für diese Tätigkeiten reale Menschen. Erstmals zum Einsatz kam Crisismapping nach dem Erdbeben in Haiti 2010, als 700 Freiwillige aus der ganzen Welt in kurzer Zeit aktuelle Landkarten erstellten. Nach dem Wirbelsturm Haiyan, der im Herbst 2013 einen Teil der Philippinen verwüstete, meldeten sich über 1.000 Leute, die ganz konkret helfen wollten – und konnten.

☛ http://www.openstreetmap.de/

Soziale Netzwerke entstehen seit jeher in verdichteten Räumen

Die Intelligenz des menschlichen Schwarms ist zentralistischen Systemen klar überlegen, wie Linux, Wikipedia und OpenStreetMap belegen. Es gibt in ihr keinen Flaschenhals, in dem Informationen stecken bleiben, und vieles geschieht gleichzeitig. Personen mit unterschiedlichen Fähigkeiten und Kapazitäten finden von selbst den richtigen Einsatzort, wo sie am liebsten und effektivsten arbeiten können. Das macht Spaß und motiviert, durch gegenseitige Verstärkung geht es rasch voran. Die offene und redundante Struktur des Internets bietet heute für vielfältige dezentrale Netzwerke einen hervorragenden Resonanzboden.

Das Internet ist jedoch keineswegs eine notwendige Voraussetzung für Netzwerke gleichberechtigter Einzelner. Wo sehr verschiedene Menschen sich auf engem Raum begegnen und gegenseitig als Gleiche respektieren, entstehen fast immer kreative Ideen. Städte sind seit rund 5.000 Jahren Menschheitsgeschichte solche Orte, jedenfalls solange Frieden herrscht: Erfindungen, Kultur, Handel, Architektur, Innovationen aller Art blühen dort auf. Auf heutige Metropolen trifft das besonders stark zu, die kulturelle Verschiedenheit ihrer Einwohner beschleunigt solche Prozesse. Und das Internet wiederum ist der Beschleuniger dieser Beschleunigungen.

Allerdings: Bei Weitem nicht alle, die sich von unten als Netzwerk organisieren, sind »gut« oder progressiv. Auch das Terrornetzwerk Al Qaida funktioniert auf die beschriebene Weise. Dass heute mehr Menschen als je zuvor an der Öffentlichkeit teilhaben können, ist eine Chance für Unterdrückte, ermöglicht aber auch Spam-Mails oder kriminelle Machenschaften wie den Verkauf von Kinderpornografie über ein nur wenigen zugängliches Darknet. Das Internet stärkt alles gleichzeitig – Informationsaustausch und Informationsmüll, die Vor-Ort-Vernetzung von Bürgerinnen und den Hochfrequenzhandel an der Börse.[282] Das Internet in seiner heutigen Form bedroht auch die Privatsphäre aller und verkleinert die toten Winkel, in denen Menschen unbeobachtet von Maschinen ihren Inspirationen und Verrücktheiten nachgehen können.[283]

Jeder sechste Erdenbürger ist bei Facebook

Facebook ist heute das mit Abstand größte soziale Netzwerk weltweit und Mark Zuckerberg ein Multimilliardär. Das ist nicht auf die Genialität des Gründers zurückzuführen, sondern auf für ihn glückliche Umstände.[284] Schon Mitte der 1990er Jahre gab es erste Plattformen, auf denen man Schulfreunde aufspüren oder Liebespartner an der eigenen Universität finden konnte. Anders als zuvor traten die Nutzenden mit ihren echten Namen auf. Doch die 1997 gegründete Firma SixDegrees, die erstmalig ein weltweit zugängliches Onlineangebot machte, startete zu früh: Einträge waren nur ohne Fotos möglich, Digitalkameras gab es kaum, das Unternehmen blieb ein Verlustgeschäft. Andere Plattformen gerieten in Verruf, weil dort zu viele schlüpfrige Bilder kursierten oder Server dem rasanten Wachstum nicht standhielten.

2004 ging Facebook an den Start und entwickelte sich zu einem weltumspannenden Netzwerk, das auch deutsche Konkurrenten wie StudiVZ und SchülerVZ austrocknete. Was soziale Medien im Internet so attraktiv für die Nutzenden macht, ist das menschliche Bedürfnis, mit anderen verbunden zu sein – und zwar unabhängig vom aktuellen Standort.

Strukturell ist Facebook aufgebaut wie das Internet selbst: Egal, ob es sich bei den Nutzerinnen um Einzelpersonen, Firmen oder Fernsehsender handelt – alle Botschaften werden gleich gewichtet. Damit hat Facebook ähnlich wie Google das Erscheinungsbild eines Commons. Tatsächlich aber handelt es sich ganz im Gegenteil um private Quasimonopole. Diese wissen viel mehr über die meisten Bürger als deren Regierungen. Deshalb sind ihre Daten so attraktiv für Geheimdienste – und so gefährlich für eine freie Gesellschaft.

Allerdings erweist sich Transparenz als schärfste Waffe gegen solche Zentralmächte. Zwar drangsaliert die US-Regierung Whistleblower wie Edward Snowden, doch sie kann nicht verhindern, dass seine Informationen weltweit verbreitet und von Millionen wahrgenommen werden. Als die britische Regierung versuchte, weitere Veröffentlichungen im »Guardian« durch die Zerstörung der Computer in den Redaktionsräumen zu verhindern, und dem Blatt sogar offen mit Zwangsschließung drohte, wurde dieser Skandal binnen Stunden bekannt – und bewirkte genau das Gegenteil dessen, was der Staat erreichen wollte.[285]

Der Blogger, Internettheoretiker und -aktivist Michael Seemann ist der Überzeugung, dass es im Grunde weltweit nur ein gemeinsames soziales Netzwerk geben kann. Grund dafür ist das sogenannte Metcalfe-Gesetz: Alle streben dahin, wo die meisten sind – eben weil dort schon so viele sind. Mit jedem neuen Nutzer steigen die Verbindungsmöglichkeiten innerhalb eines Netzwerks rasant an – und deshalb wirkt Facebook heute wie ein Staubsauger. »Es gibt keinen zweiten Platz in diesem Spiel«, gab sich Seemann auf der re:publica-Konferenz 2014 in Berlin überzeugt. Das Ziel dürfe deshalb nicht kleiner sein als das, mit einer commonsbasierten Alternative Facebook von Platz eins zu verdrängen.

Seemann zeigte auf, wie so ein neues, von Geheimdiensten nicht zu vereinnahmendes soziales Netzwerk zu konstruieren wäre: Es müsste die dezentrale Speicherung der Daten bei gleichzeitiger Einheitlichkeit von Funktionen und Oberfläche ermöglichen. Auch der freie Zugang zu den Adressbüchern der Beteiligten müsse gewährleistet sein; heute saugen Dienste wie WhatsApp oder Facebook diese Daten dagegen ungefragt ab. Was dann nur noch fehle, sei »eine großartige Idee, warum die Leute dahin wechseln sollen«, so Seemann. Die Aussicht, ein dezentrales Netz zu nutzen, reiche jedenfalls als Motivation für die meisten Zeitgenossen nicht aus, ist er überzeugt.

Würde es aber gelingen, viele Nutzer für ein offenes, von ihnen selbst kontrollierbares Netzwerk zu gewinnen, verlöre Facebook rasant sein wichtigstes Produkt – und die Geheimdienste eine ihrer wichtigsten Quellen. Schließlich schrumpft der Wert persönlicher Daten innerhalb kürzester Zeit, wenn sie nicht laufend aktualisiert werden.

Dass so etwas im Prinzip sogar über Facebook selbst organisierbar wäre, belegt die Protestbewegung, die entstanden war, nachdem Facebook seine unendlich langen Nutzungsbedingungen Anfang 2009 mal wieder geändert hatte. In diesem Fall hatten Verbraucherschützer den neuen Text studiert und eine Warnung ausgegeben. Binnen weniger Tage wussten Hunderttausende darüber Bescheid – meist weil Facebook-Freunde sie informiert hatten. Zuckerberg sah sich genötigt, über die Änderungen zu verhandeln und schließlich einen Rückzieher zu machen.[286]

So wie Richard Stallmann, der die rechtliche Schutzfunktion von Copyright in ein Copyleft umdrehte und damit das Werkzeug der etablierten Wirtschaft in einen Bumerang für sie verwandelte, könnte auch die Facebook-Gemeinde verfahren. Alternative Angebote wie Friendica oder Diaspora, die nur mit riesigem Aufwand von Geheimdiensten zu vereinnahmen wären, existieren bereits. Noch fehlt ihnen allerdings die kritische Masse.

Friendica – gegen die Monokultur im Internet

Der Weg führt durch eine silbrige Röhre mit bunten Lichtbändern. Hinter einem Gitterfenster sitzt eine Metallfigur und streckt ihre Hand aus, als ob sie kassieren wollte. Dann öffnet sich ein großer, dunkler Raum mit Theke: Selbstverständlich steht hier Club Mate an erster Stelle auf der Getränkekarte. Auf Ledersofas kauern Leute mit Laptops, andere haben sich an einem großen Tisch versammelt und basteln an einem Elektrogerät; über die riesige Leinwand laufen Filme. Was hier besprochen wird, ist für »Aliens« – wie Nichtclubmitglieder heißen – oft schwer zu verstehen. Doch die überwiegend männlichen Besucher der verqualmten Räume sind redlich bemüht, sich Fragenden verständlich zu machen und Leuten mit Computerproblemen zu helfen. Willkommen in der Berliner C-Base, einem beliebten Treffpunkt für Nerds und Hacker.

Auch Hauke Altmann und Tobias Diekershoff sind hier oft anzutreffen. Zusammen mit einem knappen Dutzend anderer haben sie eine Alternative zu Facebook entwickelt: Friendica. In dem dezentralen sozialen Netzwerk wird die Privatsphäre großgeschrieben. Die Plattform ermöglicht die Kommunikation mit den dort registrierten Nutzern und die Verbindung zu Menschen in anderen Netzwerken. »Man kann also auch erst einmal weiter Kontakt halten mit den Facebook-Freunden«, erklärt Diekershoff, ein 30-jähriger Physikstudent mit langem Zopf und offenem Blick.

»Ich finde, Gemeinschaften sollen möglichst viel selbst organisieren, statt das profitorientierten Konzernen zu überlassen«, meint Hauke Altmann, der sein Geld damit verdient, den Internetauftritt einer Hilfsorganisation aufzubauen. Früher war er mal ein richtiger Facebook-Fan, 2005 hatte er dort seine persönliche Seite eingerichtet. »Das war wie ein Poesiealbum, ich fand das gut.« Doch zunehmend wurde ihm der Konzern suspekt. Schon vor Snowdens Enthüllungen verabschiedete er sich, weil er den Verbleib seiner Daten nicht kontrollieren konnte. »Wenn jemand seiner Oma sagen will, wie lieb er sie hat, geht das keinen anderen als die beiden etwas an«, sagt Altmann.

Während die Daten beim US-Giganten Facebook auf riesigen zentralen Rechnern liegen, bauen die Leute von Friendica eine kleinteilige

Struktur auf. »Monokulturen sind in der Landwirtschaft nicht gut – und auch nicht im Internet«, ist Diekershoff überzeugt. Deshalb hat er einen der Friendica-Server in seiner Wohnung stehen. Menschen, die dem Physikstudenten persönlich vertrauen, dürfen sein Gerät mitnutzen, dessen Kapazität für mindestens 50 weitere Leute reicht. Zurzeit bezahlt er die monatlich 16 Euro für den Server alleine – bei gerechter Lastenteilung würden somit gut 30 Cent pro Nase fällig. Noch haben die Friendica-Enthusiasten kein durchgerechnetes Geschäftsmodell, die Kosten tragen sie bisher alleine und nehmen Interessierte einfach Huckepack. Wie viele aber wären wohl bereit, einen geringen Obolus für ein selbst organisiertes Netzwerk abzutreten? Diekershoff ist sich angesichts des scheinbar kostenlosen Facebook nicht sicher, ob ein paar Cent im Monat schon auf viele abschreckend wirken.

Etwa 10.000 Leute haben sich inzwischen bei Friendica angemeldet – fast alles computeraffine Menschen. Dabei erfordert der Einstieg keine besonderen Vorkenntnisse, und bei Fragen helfen die Organisatoren gerne weiter. Das früher gestartete soziale Netzwerk Diaspora mit inzwischen 380.000 Mitgliedern hat deutlich höhere Zugangshürden für Computerlaien.[287] Friendica »fehlen im Grunde Leute, die keine Nerds sind – Designer, Leute für die Öffentlichkeitsarbeit und so was«, sagt Hauke Altmann. Wie die zu gewinnen sein könnten, weiß er im Moment noch nicht. »Aber super wäre es schon.«

☛ http://friendica.com/

Facebook und Google sind binnen Kurzem zu Weltkonzernen aufgestiegen, weil Werbung ein Bombengeschäft ist. Angesichts übersättigter Konsummärkte wird es für Firmen immer wichtiger, Kunden gezielt ansprechen zu können. Die Boston Consulting Group kalkulierte den Geldwert der Daten aller EU-Bürger und -organisationen 2011 auf 315 Milliarden Euro und geht davon aus, dass sie 2020 fast eine Billion Euro wert sein dürften.[288]

Wer also nicht selbst zur Datenware werden will, muss bereit sein, sich an den Kosten der Internetdienstleistungen zu beteiligen. Der E-Mail-Dienst https://posteo.de/ beispielsweise kassiert einen Euro pro Monat. Dafür können Kundinnen aber auch sicher sein, dass weder Geheimdienste noch auf Werbung programmierte Computer mitlesen. Datenschutz gehört bei Posteo zur obersten Priorität – weshalb das vierköpfige Berliner Unternehmen seit Snowdens Enthüllungen rasanten Zulauf erfährt. Gegründet wurde die Firma 2009 von Patrik Löhr, der früher bei Greenpeace engagiert war und für seine Bekannten aus der Umweltszene ein Postfach schaffen wollte, das so grün und nachhaltig wie möglich sein sollte. Der Strom für Server und Büro kommt von Greenpeace Energy, die Finanzen laufen über GLS- und Umweltbank. Alles ist schlicht und transparent, durch die Nutzergebühren komplett finanziert und schuldenfrei.

Eigene Daten lassen sich auch durch Verschlüsselung schützen. »Wir müssen die Tatsache nutzen, dass auch der Geheimdienst nicht unendlich viel Geld hat, Verschlüsselungen zu knacken«, sagt Constanze Kurz vom Chaos Computer Club.[289] Weil viele Menschen sich von Kryptografieprogrammen überfordert fühlen, bietet eine Tübinger Firma ein Verschlüsselungsprogramm für die breite Masse an. Ihre Plattform www.trustner.com finanziert sich durch sichere Software für Krankenkassen und kann das Angebot für Privatnutzer dadurch kostenlos anbieten. Die Programmierung der Seite ist für jeden Kundigen zu kontrollieren; Hintertüren sind ausgeschlossen.

Wie viel Energie frisst das Internet?

Kann eine Lebensweise, die auf der Vernetzung elektronischer Geräte basiert, auf Dauer funktionieren – oder ist sie so energieintensiv, dass sie auf Kosten künftiger Generationen geht? Die Frage ist komplex – und noch nicht entschieden.

»Wäre das Internet ein Land, so hätte es weltweit den sechstgrößten Stromverbrauch«, schreibt Greenpeace.[290] Der Schweizer Professor Lorenz Hilty beschäftigt sich seit Jahren mit Fragen der Nachhaltigkeit von Informations- und Kommunikationstechnik und schätzt, dass diese gegenwärtig weltweit etwa zwei bis drei Prozent des gesamten Energieverbrauchs ausmachen. Damit sind diese Bereiche in den vergangenen Jahren erheblich gewachsen – und zugleich deutlich weniger energieintensiv als Verkehr, Heizen oder Ernährung.

Die technischen Effizienzgewinne sind enorm: In den 1970er Jahren benötigte eine Rechenoperation eine Million Mal so viel Strom wie heute. Die immer wieder zitierte Internetanfrage über Google, die angeblich so viel Energie kostet wie die Zubereitung einer Tasse Tee, stimmte wohl nie und ist unter heutigen Bedingungen definitiv falsch, so Hilty.[291]

Ein privater Internetanschluss benötigt laut Hilty etwa neun Kilowattstunden als Grundlast im Monat – das entspricht einem sehr energiesparenden Kühlschrank mit Gefrierfach. Hinzu kommen pro Gigabyte Datenübertragung etwa ein 20stel Kilowattstunde. Darin noch nicht enthalten ist der Stromverbrauch des Endgeräts. Ein PC frisst heutzutage ein Vielfaches des Stromverbrauchs eines Laptops; mobile Geräte wie Tablets oder Smartphones sind mit Abstand am sparsamsten. Allerdings empfangen viele Geräte die Daten heute über das Mobilfunknetz – Tendenz steigend –, und das ist deutlich energieaufwendiger als Kabel oder WLAN. Zudem ist bei Mobilfunknetzen aus physikalischen Gründen nicht zu erwarten, dass sie noch viel effizienter werden.

Jährlich gelingt es Ingenieuren und Programmierern, mit derselben Strommenge 20 bis 30 Prozent mehr Datenverkehr abzuwickeln. Doch gegenwärtig werden alle Anstrengungen vor allem durch einen Trend wieder aufgefressen: Nutzer rufen immer mehr Filme und YouTube-Videos ab. Bewegte Bilder in hoher Auflösung lassen sich kaum weiter komprimieren und brauchen etwa zehnmal so viel Strom wie intensives Surfen im Internet. Im Vergleich dazu fallen selbst große Mengen E-Mails kaum ins Gewicht.

Ebenfalls fast zu vernachlässigen sind lange Strecken beim Übertragungsweg. Hiltys Team hat 2009 eine von ihm mitorganisierte internationale Konferenz zum Thema Energieverbrauch und Klimabelastung beforscht. Teilnehmende und Referierende hatten zwei Tagungsplätze zur Auswahl: Sie konnten ins japanische Nagoya oder nach Davos in der Schweiz fahren. Dennoch konferierten alle gemeinsam: Vier hochauflösende Videostandleitungen sorgten für eine ständige Verbindung.

Ununterbrochen wurden große Datenmengen um den halben Globus geschickt: etwa 25 Megabit pro Sekunde. Doch nur die beiden Router innerhalb der Konferenzzentren und die ersten Meter bis zu den Übergabepunkten verursachten stärkeren Stromverbrauch; die Langstreckenverbindungen waren fast zu vernachlässigen. Summa summarum benötigte die dreitägige Videoverbindung 72 Kilowattstunden Strom – und damit weniger als die Beleuchtung der Veranstaltungsräume. Ein einziger fernfliegender Konferenzgast hätte das Klima um ein Vielfaches mehr belastet als die gesamte Übertragungstechnik.[292]

Serverfarmen allerdings sind deutliche Energiefresser: 2011 waren allein in Deutschland vier mittelgroße Kohlekraftwerke ausschließlich damit beschäftigt, Hosts mit Strom zu versorgen.[293] Der Stromverbrauch für die einzelne Anfrage schlägt beim Provider umgerechnet aber wesentlich weniger zu Buche als der Verbrauch des Endgeräts. Energetisch betrachtet, ist Cloud-Computing deshalb eine gute Sache: Die Daten werden nicht auf den einzelnen PCs verwaltet, sondern dort, wo Kapazitäten frei sind; so werden Leerläufe vermieden. Das Problem besteht allerdings in der Sicherheit der Daten in der Wolke: Schnell gerät aus dem Blick, wer alles mitlesen und möglicherweise Daten abgreifen kann.

Einen Großteil der Energie brauchen die Serverfarmen für Kühlung. Hier lässt sich viel sparen, wenn sie in kalten Regionen angesiedelt werden oder wie bei BMW in München organisiert sind: Der Autokonzern nutzt zum Kühlen einen Grundwasserstrom, der aufgrund eines U-Bahn-Schachts umgeleitet werden muss.

Absolut zentral für die »grüne Informationstechnik« ist die Produktion und Nachnutzung der Geräte. Ein Großteil der Energie, die ein PC, Laptop oder Server benötigt, fällt während der Herstellung an – besonders bei der Gewinnung der Rohstoffe. Zudem benötigt keine andere Technik so viele verschiedene, zum Teil sehr seltene Werkstoffe, die selbst mit neuesten Recyclingmethoden nicht zurückgewonnen werden können. »Wer selbst etwas zum grünen Internet beitragen will, sollte als Erstes hier ansetzen: möglichst selten neue Geräte kaufen«, rät Hilty – denn die Energieersparnis neuer Geräte kann den Energieaufwand für ihre Herstellung nie ausgleichen. Anders sieht das bei Servern, Modems und Routern aus, die rund um die Uhr laufen.

Doch die neuen Informationstechniken benötigen nicht nur viel Strom – sie helfen auch beim Energiesparen. Würde überall mithilfe von IT intelligent geheizt und gekühlt, könnte das den gesamten Energieverbrauch der heutigen Computernutzung ausgleichen, schätzt Hilty. Und weil sich übers Internet der Austausch von Gegenständen leicht organisieren lässt, haben Teilen und Tauschen das Potenzial, die Herstellungsenergie für Staubsauger, Autos oder Fonduetöpfe radikal zu senken.

Kurzum: Wie grün oder global zerstörerisch sich das Internet entwickelt, kommt darauf an, wie es genutzt wird. Die neuen Techniken können den Energieverbrauch enorm steigern – ihn aber auch erheblich verringern.

Handel im Wandel

Wer die Adresse www.relentless.com eingibt, landet auf der Internetseite von Amazon. Relentless – »Gnadenlos« – wollte Jeff Bezos sein Unternehmen ursprünglich nennen, das 1995 als Buchversand begann und inzwischen das Ziel verfolgt, alles an jeden zu verkaufen – und zwar überall. Tatsächlich ist der Computerexperte Bezos seiner Ursprungsidee treu geblieben: Sowohl seinen Beschäftigten als auch anderen Händlern gegenüber gilt er als rücksichtslos.

Nachdem Amazon viele stationäre Buchläden zum Aufgeben gezwungen hat, baut er das Sortiment immer weiter aus. Nicht wenige Kunden schauen sich Kameras oder Sportschuhe in einem Fachgeschäft an und bestellen anschließend billiger im Internet; manche stellen sogar noch im Laden via Smartphone Preisvergleiche mit Onlineangeboten an. Kein Wunder also, dass die Arbeitsbedingungen im Einzelhandel immer schlechter werden und die Zahl traditioneller Läden schrumpft. Manche Waren sind bei Amazon so billig, dass kein Cent Gewinn dabei herausspringt. Das zwingt die Vor-Ort-Konkurrenz zu Verlusten und sogar in den Ruin. Experten rechnen damit, dass Klein- und Mittelzentren innerhalb der kommenden zehn Jahre aufgrund des Onlinehandels ein Drittel ihrer Verkaufsflächen einbüßen.[294]

Auch die Doppelfunktion Amazons als Marktplatz und Händler gibt Anlass zu Misstrauen: Die Provisionen, die Amazon von Händlern verlangt, liegen zwischen 7 und 35 Prozent des Verkaufspreises. Viele argwöhnen, dass Amazon genau beobachtet, welche Waren anderer Anbieter auf der Plattform gut laufen, um dann selbst mit einem billigeren Angebot aufzutreten und rasch das Geschäftsfeld zu übernehmen. Immerhin hat das Bundeskartellamt unterbunden, dass Amazon Anbieter verpflichtet, die gleiche Ware nirgendwo anders billiger feilzubieten.

Auch Amazon sammelt exzessiv Kunden- und Händlerdaten und bietet seit Neuestem durch sein Tochterunternehmen AWS Cloud Computing an – die Auslagerung von Firmendaten auf externe Server. Und bei Inhalten mischt Amazon jetzt ebenfalls mit: Im Sommer 2013 kaufte der Konzern die altehrwürdige *Washington Post*.

Die Arbeitsbedingungen der weltweit etwa 100.000 Beschäftigten in den knapp 90 Amazon-Logistikzentren gelten als katastrophal. In vielen Hallen gibt es keine Fenster, oft sollen weder Heizungen noch Klimaanlagen laufen. Immer wieder gibt es Berichte, dass Beschäftigte bei eisigen oder tropischen Temperaturen zusammenbrechen. Reden während der Arbeit ist verboten, die Pickers – also die Sammler – müssen, von Scannern dirigiert, im Laufschritt durch die Gänge eilen, die bestellte Ware auf Wagen legen und sofort weiterspurten. Die individuelle Leistung jedes Einzelnen ist in Echtzeit zu kontrollieren. Amazon zahlt in Deutschland deutlich weniger als den Branchentarif.[295] Laut *Süddeutscher Zeitung* soll Inhaber Bezos einen Strafkatalog für Beschäftigte eingeführt haben; wer sechs Punkte hat, fliegt angeblich raus. Schon eine Krankmeldung soll demnach einen Punkt kosten.[296]

Fairmondo – ein Internetmarktplatz als Genossenschaft

»Wir wollen eine Alternative zu Amazon und eBay werden«, sagt Felix Weth, Geschäftsführer des Internetmarktplatzes Fairmondo. Berater versuchten, dem 34-jährigen Berliner seine Unternehmensidee auszureden: Daran seien doch schon andere gescheitert, und wo denn der entscheidende Vorteil für Kunden liegen solle? Tatsächlich gebe es keine neuen, modischen Funktionen, doch viele Leute hätten einfach keine Lust mehr,

Fairmondo hieß früher Fairnopoly. In der Regel ist die Belegschaft bekleidet.
Foto: Kristoffer Schwetje

bei Monopolspielen mitzumachen, ist Weth überzeugt. Ihnen will er die Alternative bieten, den Marktplatz einer Genossenschaft zu nutzen, statt bei einem Großkonzern einzukaufen.

Die erste Crowdfunding-Kampagne im Winter 2013 gab ihm recht: 210.000 Euro kamen zusammen – deutlich mehr, als er und seine Mitstreitenden zu hoffen gewagt hatten. Zudem beantragten rund 1.000 Menschen die Aufnahme in die Genossenschaft, noch bevor die Verkaufsplattform eröffnet war. Im September 2013 ging die Firma unter dem Namen Fairnopoly online; nach Streitigkeiten mit dem Hersteller des Brettspiels Monopoly wechselte sie später den Namen. 4.000 Produkte waren am Starttag im Angebot – Kleidung, Spielzeug, Bücher, Handtaschen und vor allem fair Gehandeltes. Im Frühjahr 2014 gab es dann schon 500.000 Artikel; so gut wie jedes deutschsprachige Buch ist inzwischen hier zu finden. »Wenn schon Bücher online kaufen, wie das inzwischen zu 60 Prozent geschieht, dann bei uns«, sagt Weth – und empfiehlt zugleich, dem örtlichen Buchhändler den Vorzug zu geben.

Eine Einstellgebühr gibt es bei Fairmondo nicht. Wer etwas verkauft, muss sechs Prozent an die Plattform zahlen; zusätzlich geht mindestens ein Prozent an politische und soziale Projekte. Wirtschaftlich tragfähig ist das Unternehmen, wenn stabil mindestens 100.000 Verkäufe im Quartal abgewickelt werden.

Selbstverständlich nutzt Fairmondo Open-Source-Software, die von Kunden und Sympathisantinnen verbessert werden kann. Und natürlich speichert das Unternehmen keine Daten und versucht in einem Blog, so transparent wie möglich mit Fragen und Widersprüchen umzugehen. Um Vor-Ort-Händlern nicht zu schaden, sieht die Satzung den Aufbau lokaler Arbeitsgruppen vor, damit sie On- und Offlinehandel sinnvoll kombinieren können. Auch eine spezielle Software ist dafür in Arbeit.

☛ www.fairmondo.de

Selbstermächtigung der Konsumierenden

Dem Anschein nach nimmt die Vielfalt der Warenangebote national und international ständig zu – tatsächlich aber beherrschen wenige Marken und Hersteller den Markt. Bis vor Kurzem waren ihnen Verbraucher hilflos ausgeliefert: Wer kennt nicht das Ohnmachtsgefühl, in einer Hotline festzuhängen, sich Musikgedudel anhören und dankbar sein zu müssen, wenn sich nach zahlreichen Computerstimmen endlich eine lebendige Person meldet? Heute müssen Unternehmen dank des Internets fürchten, dass unzufriedene Kunden ihrem Ärger Luft machen und alle Welt lesen kann, worüber sich jemand beschwert.

Die Seite www.murks-nein-danke.de sammelt Fälle, bei denen Geräte kurz nach der Garantiezeit kaputt gegangen sind. Im »Murks-Barometer« stechen die Namen der Firmen am meisten ins Auge, die am häufigsten als »Schrottlieferanten« gemeldet wurden: Im Frühjahr 2014 waren das Samsung, Philips und HP. Initiator Stefan Schridde aus Berlin verfolgt das Ziel, vom Ende der Konsumkette her Einfluss auf die Produktion zu nehmen. Auch hierfür entstehen also Infrastrukturen.

Innerhalb kurzer Zeit hat seine Seite große Popularität erlangt. Schridde ist mittlerweile ein beliebter Talkshowgast, mit immer neuen Ideen piesackt er die Weltkonzerne. So erbat er die Zusendung von Schrottobjekten und machte daraus eine Ausstellung, die nun durch Deutschland wandert, um auch Menschen ohne Internet über den größten Murks zu informieren.

Obwohl viele Hersteller keine Reparaturanleitungen mitliefern, sind diese dank der Zusammenarbeit vieler Nutzender oft trotzdem verfügbar. Auf der Internetseite www.Ifixit.com finden sich Hunderte von Handbüchern zur Funktionsweise von Laptops, Autos, Toastern oder Kameras sowie Tipps zum Heilemachen. Damit das Ganze übersichtlich ist, finden Autoren Ratschläge und Hinweise, wie sie eine Reparaturanleitung am besten dokumentieren. Auch Ersatzteile lassen sich hier bestellen. Eine ähnliche Seite wird gerade auf Deutsch aufgebaut: http://www.kaputt.de/. In vielen Städten sind auch Repaircafés entstanden, wo Leute Unterstützung finden, um selbst ihre eigenen Dinge zu reparieren; auf der Website http://anstiftung-ertomis.de/ sind Adressen und Termine zu finden.[297]

Manche Zeitgenossen gehen noch weiter. Sie wollen die Produktion dezentralisieren und Dinge wieder dort herstellen lassen, wo sie benötigt werden. Genau wie im Softwarebereich entsteht auch bei der Hardware inzwischen eine Open-Source-Bewegung.

Kapitel 7
Patentfreie Produktion – alle können sich nehmen, was sie brauchen

»Wirklichkeit ist keine starre Realität,
sie ist voller Möglichkeiten – und sie ist in uns.
Sie kann von uns geändert und
neu gestaltet werden.«
Hans Peter Dürr

Bei der Herstellung materieller Güter experimentieren Menschen weltweit mit Konzepten offener Quellen – doch die Bedingungen sind hier verzwickter als bei Software: Zwar können auch Produktionspläne dank digitaler Technik einfach weitergegeben werden, aber damit existiert der Gegenstand selbst noch nicht. Wer ihn produzieren will, benötigt Maschinen und Material, das möglicherweise sehr vielfältig ist. In jedem Fall müssen Prototypen entwickelt und auf ihre Funktionstüchtigkeit hin getestet werden; bei technisch anspruchsvollen Konstruktionen ist das immer ein längeres und meist auch teures Pingpongspiel zwischen Plan und Objekt.[298]

Open-Source-Hardware
Die digitale Informationstechnik hat die weiträumige Trennung von Produktentwicklung und -herstellung ermöglicht. Ingenieure und Designer großer Konzerne arbeiten heute in Europa oder den USA, die Fertigungshallen stehen in Asien oder Lateinamerika. Dort stellen schlecht bezahlte Menschen unter teilweise katastropha-

len Bedingungen Einheitsprodukte für die ganze Welt her, die dann anschließend über den halben Globus zu den Käufern reisen.

Auch bei Open-Source-Hardware sind Entwicklung und Produktion räumlich getrennt. Doch hier werden nicht die fertigen Gegenstände transportiert, sondern die Konstruktionspläne dort heruntergeladen, wo etwas gebraucht wird. Weil die Pläne veränderbar sind, können Nutzende sie an die jeweiligen Bedürfnisse und verfügbaren Ressourcen vor Ort anpassen. Potenziell ist eine auf Open-Source-Hardware basierende Produktion somit dezentral, regional angepasst und kommt ohne weite Transporte aus. In den jeweiligen Regionen können neue Jobs entstehen, kleinteilige Wirtschaftskreisläufe aufblühen.

Open-Hardware-Projekte für Alltagsgegenstände gibt es inzwischen viele. In Freiburg entwickeln einige Menschen den Lastenfahrradanhänger Carla Cargo, der stabil genug ist, um 16 Gemüsekisten oder 100 Kilogramm sonstige Ladung zu transportieren; er soll an jedes Rad ankoppelbar sein. Auch Bauanleitungen für preiswerte Laborgeräte, mit denen Wissenschaftler in armen Ländern DNA synthetisieren oder Schüler Wasser testen können, eine Kamera oder einen Lasercutter gibt es schon, um nur einige zu nennen.[299]

Neben konkreten Projekten entstehen auch neue Infrastrukturen: Die Plattform www.sensorica.co/ gibt Hilfe für die Organisation hierarchiefreier Projekte und will Menschen zusammenbringen, die Beiträge technischer, organisatorischer oder finanzieller Art leisten möchten. Die Website http://owiowi.org/ sammelt offene Baupläne und gibt Ratschläge, wie man Dinge ressourcenschonend konstruiert und eine gute Dokumentation erstellt. Bei http://openmaterials.org/ teilen Menschen ihre Informationen und Erfahrungen über Werkstoffe aus.

Bisher engagieren sich in diesen Netzwerken vor allem Tüftler, die Dinge für sich selbst basteln oder Kleinserien fertigen. Manche diskutieren aber auch schon, wie eine nachhaltige Wirtschaft aussehen könnte, die auf offener, von Gleich zu Gleich geteilter Hardware als Gemeingut beruht.

Open Source Ecology

Ein Projekt, das viele elektrisiert, findet seit einigen Jahren auf einem 15 Hektar großen Hof im US-Staat Missouri statt. Den hat der aus Polen stammende Physiker Marcin Jakubowski gekauft, nachdem er zu der Überzeugung gelangt war, in seinem Studium wenig Brauchbares gelernt zu haben. Über ein Wiki suchte er Unterstützer aus aller Welt für ein ambitioniertes Vorhaben: Er will 50 Maschinen konstruieren, mit denen sich ein ganzes Dorf aufbauen und dauerhaft aufrechterhalten lässt – von der Ziegelpresse über Traktor und Bulldozer bis zu einem Hochofen zum Aufbereiten von Alteisen. Das Ganze soll modular, hyperflexibel und preiswert sein. Motoren sollen für verschiedene Geräte genutzt werden, indem sie mal hier und mal da eingebaut werden. Jakubowski geht davon aus, dass der Maschinenpark nur ein Zehntel so teuer sein wird wie heutige Hightechprodukte. Außerdem will er, dass technische Laien die Geräte vor Ort zusammenbauen und reparieren können – denn Langlebigkeit steht bei Open Source Ecology (OSE) ganz oben auf der Agenda.

Tatsächlich sehen die meisten der bereits entstandenen und durch Internetvideos dokumentierten Maschinen sehr robust und simpel konstruiert aus. Die Grundstrukturen bestehen aus gleichmäßig gelochten Metallgestängen, die von riesigen Muttern zusammengehalten werden.

Einige Millionen Dollar Startkapital hat die Stiftung eines erfolgreichen Softwareentwicklers spendiert, der gesellschaftlichen Wandel durch Teilen von Wissen fördern will. Allerdings lässt die Dokumentation bisher zu wünschen übrig, und auch Marcin Jakubowskis Zeitplan war zu ambitioniert: Statt der 50 Prototypen existieren bisher erst 13. Die Verwendung der Gelder ist wenig transparent, und der Initiator zentriert das Projekt stark auf sich selbst, berichten Beteiligte.

Dennoch: Die Idee, ein kostengünstiges, in aller Welt frei zugängliches Konstruktionsset für ein Dorf zu liefern, hat viele Menschen inspiriert, die Hackerethik auch auf Hardware zu übertragen. »Die Vision ist, auf der Grundlage von Open Source, Modularität und offenen Standards Technologien zu entwickeln, die weltweit austauschbar, reparabel und innovativ sind«, sagt Nikolay Georgiev, der eine Zeit lang die Öffentlichkeitsarbeit für OSE in Europa geleitet hatte. Weil jeder berechtigt ist, die Idee zu nutzen, haben sich inzwischen drei neue OSE-Gruppen gegründet – eine davon in Deutschland. »Forken« heißt es im Jargon, wenn offene Quellen sich in verschiedene Ströme aufteilen – abgeleitet vom englischen Wort für Gabel.

Strom ohne Steckdose

Auch Alex Shure, ein Erfinder aus Berlin, gehört zum deutschen OSE-Netzwerk. Unter der Garage seiner Wahlfamilie in Siegen hat der 27-Jährige eine Werkstatt eingerichtet – dort gibt es feine japanische Handsägen, eine Drehbank und eine selbst gebaute CNC-Fräse. Alles, was er hier entwickelt, stellt Alex Shure als offene Quellen zur Verfügung.

Da ist etwa ein handschmeichelnder, faustgroßer Holzwürfel, mit dem sich Licht dimmen und Musiklautstärke regeln lässt. Von der darin enthaltenen Elektronik ist nichts zu sehen – die Schaltung funktioniert drahtlos. Durch Unterschiede in der Oberflächenbeschaffenheit der Würfelseiten lassen sich die Funktionen ertasten. »Ich habe den Würfel meiner Oma und meinem zweijährigen Patenkind gegeben, um zu verstehen, was ich noch verbessern muss«, berichtet Shure. Nachdem er beobachtet hatte, dass eine zu große Bewegung notwendig war, um das Licht voll zu dimmen, verkleinerte er den Drehwinkel. Außerdem baute er einen winzigen Motor mit einer Unwucht ein, sodass das Gerät vibriert, wenn der jeweilige Endpunkt erreicht ist. Das ist mehr als eine Spielerei – das Potenzial ist immens: Würde sich die Technik durchsetzen, wären sehr viele Stromleitungen in Wohnungswänden überflüssig.

Alex Shure beschäftigt sich intensiv mit Elektrizität. Solaranlagen und Windräder liefern Gleichstrom, der in Wechselstrom umgewandelt wird, um ihn ins öffentliche Netz einspeisen zu können. Umgekehrt überführen Netzteile den Wechselstrom aus der Steckdose in Gleichstrom mit wenigen Volt Spannung, wenn damit Smartphones, LED-Lampen oder moderne Fernseher betrieben werden sollen. »In allen Wohnungen liegen Dutzende von Transformatoren herum, und zu jedem Smartphone wird

Alex Shure mit eigenem Werk im Hinterhof der NowHere-Kitchen in Berlin-Neukölln.
Foto: Annette Jensen

ein neues Ladegerät mitgeliefert – das sind auch wieder große Mengen Kupfer und andere Rohstoffe«, erklärt er. Zudem ist jede Wandlung mit Energieverlusten verbunden. Deshalb macht Shure es anders: Er speichert Sonnenenergie vom Dach in einer Batterie und versorgt seine Bürolampen und die CNC-Fräse direkt mit Gleichstrom. Weil er sich bei alledem im Niedrigspannungsbereich unter 60 Volt bewegt, ist das legal und ungefährlich.

Shures Ziel ist es, dass sich viele mit solchen Fragen und Zusammenhängen beschäftigen und weiterexperimentieren. Deshalb stellt er auch Unfertiges auf http://etemu.com/ online: »Ich muss ja nicht alles selbst zu Ende denken.« Shure bastelt auch an einer Forschungsplattform für ein vertikales Windrad mit, hat in Siegen Transition-Town- und Food-sharing-Gruppen initiiert, kocht und quatscht gerne – und stressen will er sich auch nicht. »Mein höchster Grundsatz ist, dass ich glücklich bin bei der Arbeit und selbstbestimmt.«

Eine formale Berufsausbildung hat Alex Shure nicht. Nach zwei Semestern Elektro- und Informationstechnikstudium ist er durch die Welt getingelt, hat mancherorts einige Monate verbracht und viel Wissen aufgesaugt:

in einer Schreinerei, einer Zimmerei, bei einem Automobilzulieferer, einem IT-Unternehmen, einem Kindergarten, einer Metallwerkstatt. Gelegentlich fotografiert er Hochzeiten oder unterstützt kleine Firmen bei ihren Hard- und Softwareproblemen, um ein wenig Geld zu verdienen. Viel braucht er nicht – in der Open-Source-Szene ist Teilen auch im Alltag angesagt.

Do it yourself – neu aufgelegt

Do it yourself liegt heute wieder im Trend. Anders als früher findet das oft in Gemeinschaftswerkstätten statt und läuft auch unter dem Label »Demokratisierung der Produktion«. Viele Leute haben Massenware satt und möchten, dass die Gegenstände, mit denen sie sich umgeben, eine Geschichte und einen persönlichen Bezug zu ihnen haben. Zwar ist das für die meisten Beteiligten kein ausschlaggebendes Argument – aber aus Umweltsicht liegt darin eine Chance: Wer etwas wertschätzt, pflegt und repariert es; das spart Ressourcen.

Computerschal – jede nach ihren Bedürfnissen

Fabienne Serrière bezeichnet sich selbst als Hardwarehackerin. »In der Szene bin ich schon eine alte Dame«, sagt die 35-Jährige und grinst. Sie ist in Kalifornien aufgewachsen, hat einen US-amerikanischen und einen französischen Pass, lebt in Berlin und will die nächsten Monate in Amerika und vor allem China verbringen. »Da gibt es eine sehr interessante freie Ingenieurszene«, berichtet sie.

Serrière ist ein unruhiger Geist: Alle paar Monate beginnt sie ein neues Projekt. Im Moment entwickelt sie Antennen, mit denen jeder Daten von Wettersatelliten oder Nachrichten eines chinesischen Mondfahrzeugs auf seinen Computer herunterladen kann. Zentrales Bauteil ist ein handelsüblicher DVB-T-USB-Stick für Fernseher. »Ich interessiere mich für Raumfahrt«, begründet sie ihr Tun. Alles, was sie erforscht, herstellt oder programmiert, stellt sie ins Internet; sie findet es beglückend, wenn ihre für kurze Zeit leidenschaftlich verfolgten Ideen weiterleben und andere sie fortentwickeln.

Auf ihrer Homepage sind Soft- und Hardware für ein ferngesteuertes Orchideengewächshaus zu finden, Equipment für Musiker oder Informationen über eine interaktive Massagecouch. Wer mit der studierten Mathematikerin und Musikwissenschaftlerin spricht, dem schwirrt schnell der Kopf. Doch es gibt rote Fäden, die alle Projekte verbinden: Fabienne Serrière arbeitet seit 9/11 bewusst gemeinsam mit anderen. Als sie im Herbst 2001 in New York ein Praktikum in der Nähe des World Trade Center absolvierte, wurde sie Zeugin, wie das erste Flugzeug in die Zwillingstürme raste. »Etwas zusammen zu entwickeln war meine Therapie; ich bin damals in Open Source hineingefallen«, beschreibt sie den Ursprungsimpuls. Zudem verspürte sie das Bedürfnis, die von ihr benutzten Maschinen kontrollieren zu können – und das auch anderen zu ermöglichen.

Ein zentraler Ort für die umtriebige Weltenbummlerin in Berlin ist das »Electronic + Textile Institute« – ein Ladenlokal, das die Designerin Victoria Pawlik in Berlin-Wedding betreibt. Hier stehen über 20 Strickmaschinen – filigrane Konstrukte aus den 1970er bis 1990er Jahren. Früher mussten sie mühsam über eine Tastatur oder Floppy-Disk programmiert werden, was unübersichtlich und fehleranfällig war. Serrière hat sie so gehackt, dass sich Muster und Maße nun bequem am Laptop eingeben lassen. Für sich selbst hat sie einen lila-schwarzen Schal gestrickt, der ihre Leidenschaft für Primzahlen und Computerprogrammierung widerspiegelt. Unwissende würden ihn als interessantes Muster mit vielen Dreiecken beschreiben, Kundige als 1D-CA-Regel 110 der Turing-Vollständigkeit. Gelegentlich finden in der Werkstatt Workshops statt, in denen Interessierte lernen können, wie sie Strickmaschinen umbauen und programmieren können.

Und womit verdient Fabienne Serrière ihr Geld? Bis vor Kurzem hatte sie einen Job in einem Berliner Rechenzentrum. Gerade ist sie Projektleiterin einer weltweit verstreuten, sechsköpfigen Gruppe geworden, die einen

Code entwickeln soll, mit dem sich die Qualität und Sicherheit von Computersprachen und -programmformaten testen lassen. Nur weil vertraglich vereinbart ist, dass sämtliche Ergebnisse auch dieses Projekts als offene Quellen im Internet veröffentlicht werden, hat sie sich dafür entschieden.

☞ http://fabienne.us/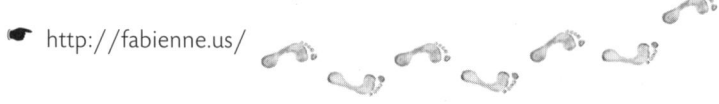

Hightechwerkstätten und FabLabs

Inzwischen können auch Menschen ohne technische Kenntnisse Alltagsgegenstände herstellen: Sie wählen einen Open-Source-Gegenstand aus, den sie haben möchten, und schicken eine entsprechende Datei an eine Maschine. Geeignete Apparate finden sich in Gemeinschaftswerkstätten oder bei Dienstleistern. Manche Zeitgenossen erwarten sogar, dass 3-D-Drucker bald in vielen Privathaushalten stehen – gleichsam die Fabrik auf dem Schreibtisch.

Die erste offene Hightechwerkstatt in Deutschland wurde 2009 in Aachen errichtet, initiiert vom dortigen Lehrstuhlleiter für Medieninformatik, Jan Borchers. Jeden Dienstag können Bürger den 3-D-Drucker, Lasercutter, die Platinenfräse und die CNC-Maschine kostenlos nutzen; lediglich ein paar Euro für das Material werden fällig. Ihre Werke werden fotografiert und im Internet veröffentlicht. Borchers übernahm die Idee von Neil Gershenfeld, der Anfang des Jahrtausends das erste FabLab am Massachusetts Institute of Technology (MIT) einrichtete, am selben Ort, wo Richard Stallmann einst über freie Software nachdachte. Inzwischen existieren weltweit eine ganze Reihe solcher öffentlich oder durch Stiftungen finanzierte Werkstätten – von Indien über Ghana bis in die Niederlande. Zahlenmäßig größer, aber technisch in der Regel schlechter ausgestattet sind selbst organisierte Werkstätten. Sie nennen sich ebenfalls FabLab, Hackerspace, Dingfabrik oder Eigenbaukombinat.

3-D-Drucker sind hier und in der Hightechindustrie der Hit. Entsprechend einem digitalen Konstruktionsplan baut die Maschine einen realen Gegenstand Schicht um Schicht von unten auf. Verschnitt und Abfallstoffe gibt es nicht, das gesamte Rohmaterial wird verarbeitet. Zudem lassen sich mit 3-D-Druck Innenstrukturen herstellen, die mit herkömmlichen Werkzeugen unmöglich zu produzieren sind – etwa Scharniere, die ohne Schrauben auskommen, oder Kugeln in Käfigen.

Lasersinter zur Herstellung von Flugzeugkomponenten oder Zahnersatz verarbeiten verschiedene Metalle; billige Apparate, die es bereits für ein paar hundert Euro zu kaufen gibt, erhitzen lange Kunststofffäden. Der RepRap ist ein einfaches Open-Source-Gerät, das in der Lage ist, sämtliche Teile für weitere RepRaps herzustellen. Die notwendigen Dateien sind auf der Plattform www.thingiverse.com zu finden – wie Zehntausende anderer, mit denen sich Saftpressen, Tassen, Uhrenzahnräder, Kleiderhaken und vielerlei Kitsch- und Nippesgegenstände herstellen lassen. Die Produktion dauert in der Regel einige Stunden und ist energieintensiv.

Die mit neuen Techniken verbundenen Erwartungen sind widersprüchlich. Der US-Autor Jeremy Rifkin ist euphorisch und glaubt, dass der Einsatz von 3-D-Druckern zusammen mit intelligenten Sensoren, fahrerlosen Transportmitteln und erneuerbaren Energien die Produktionskosten für Dinge und Dienstleistungen in einer »dritten industriellen Revolution« gegen null drücken werde.[300] Andere sehen dagegen die Gefahr einer neuen Runde der Ressourcenverschwendung, wenn viele Haushalte einen 3-D-Drucker anschaffen und mehr oder weniger sinnvolle Dinge damit herstellen. Zudem gibt es Befürchtungen, dass künftig jeder mit 3-D-Druckern Waffen produzieren kann. Erste Versuche erwiesen sich allerdings als Schuss in den Ofen: Gehäuseteile hielten der mechanischen Belastung nicht stand.

Absehbar sind dagegen Konflikte um Markenrechte. Mit neuartigen Kameras lassen sich Gegenstände so abfotografieren, dass die Formen anschließend mit 3-D-Druckern nachgebildet werden können. Baupläne, die von Anfang an als Commons konzipiert und als offene Quellen ins Netz gestellt werden, könnten bisherige Konzepte von Patenten und geistigem Eigentum ebenso untergraben wie die Techniken selbst.

Finger aus dem 3-D-Drucker

Im Mai 2011 schnitt sich der südafrikanische Zimmermann Richard van As mit einer Kreissäge zwei Finger seiner rechten Hand ab; zwei weitere wurden verstümmelt. Kaum aus der Klinik entlassen, begann van As nach einer Prothese zu suchen; schließlich wollte und musste er bald wieder arbeiten.

Ersatzhände für Menschen in seiner Lage gibt es zu kaufen, doch sie kosten mehrere Zehntausend Euro – Geld, das van As nicht hatte. Bei seinen Recherchen stieß er auf ein YouTube-Video, das der US-Künstler Ivan Owen ins Netz gestellt hatte. Er baut Puppen, deren Metallfinger sich mittels am Handrücken befestigter Stahlseile bewegen. Van As nahm Kontakt auf, mehrfach skypten die beiden Männer, und Owen konstruierte ein paar Teile für die Hand des Südafrikaners. Doch die Ergebnisse waren unbefriedigend, und so setzte sich der Amerikaner schließlich ins Flugzeug, um die Prothese persönlich anzupassen.

Die Mutter des fünfjährigen Liam Dippenaar erfuhr von dem Besuch und rief bei van As an: Ihr Sohn war ohne Finger geboren worden und konnte weder Stift noch Becher halten. Einige Tage lang bastelten die beiden Männer gemeinsam, und noch bevor Owen wieder abreiste, hatte auch der Junge fünf anschnallbare Aluminiumfinger. Durch Bewegungen des Unterarms ermöglichen sie ihm zum ersten Mal in seinem Leben, Gegenstände zu greifen.

Auf dem Rückflug grübelte Owen darüber nach, wie er diese Erfahrungen nutzbar machen könnte. Schließlich kam ihm die Idee mit dem 3-D-Drucker. Er fragte beim führenden Hersteller MakerBot in New York nach, und der war bereit, ihm und van As eine Maschine zu spendieren. Der kleine Liam war der Erste, der eine mit 3-D-Drucker hergestellte Robohand erhielt.

Heute ist es möglich, mithilfe eines Computerprogramms einzelne Teile für eine Handprothese an die eigenen Maße anzupassen und auf einem 3-D-Drucker herzustellen. Die Baupläne kann jeder von der Website Thingiverse herunterladen. Vor allem für Kinder, die noch wachsen und deshalb häufig Ersatz benötigen, hat sich das System bewährt. Van As arbeitet längst wieder in seinem Beruf. In seiner Freizeit hilft er Betroffenen, wenn sie mit dem 3-D-Programm nicht klarkommen, und bildet Freiwillige aus.

Auch das Open Prosthetics Project will Menschen in südlichen Ländern unterstützen, wenn sie Prothesen benötigen. Bisher befindet sich das Ganze noch in der Anfangsphase. Verschiedene Personen und Institutionen haben auf einem Wiki ihre Kenntnisse und Beiträge zum Thema vorgestellt: Verbände, die sich mit den realen Bedürfnissen und Wünschen von Amputierten auskennen, Programmierer und Leute, die über entsprechende Patente Bescheid wissen. Unterstützer sind explizit aufgefordert zu benennen, wie sie sich engagieren möchten – inhaltlich, technisch oder finanziell.

☞ http://www.thingiverse.com
http://openprosthetics.org/

Im Sommer 2013 fand in Hannover die erste Maker Fair auf deutschem Boden statt – eine Do-it-yourself-Messe, die es inzwischen in Dutzenden von Ländern gibt und die sich dem Prinzip der offenen Quellen verschrieben hat. Ein Großteil dessen, was dort vorgestellt wurde, erscheint allerdings wenig nützlich für Allgemeinheit und Umwelt und wirkt wie das Spielzeug erwachsener Männer. In der stickigen, überfüllten Halle schwebten Miniaturluftschiffe über den Köpfen, während Technikfreaks Kleidung mit rhythmisch blinkenden Lämpchen bestaunten oder sich vor 3-D-Druckern zusammenklumpten, die langsam kleine Trillerpfeifen aufbauten.

Viele Produkte basieren auf dem Ein-Platinen-Computer Arduino. Er lässt sich über einen PC programmieren und ist so klein, dass er in eine Zigarettenschachtel passt. Jeder darf ihn nachbauen oder weiterentwickeln, aber tatsächlich kaufen die meisten Nutzer ein Exemplar etwa beim Onlineelektronikanbieter Sparkfun, der Hobbybastler mit Leiterplatten und Prozessoren versorgt und damit Millionen verdient.

Die Hauptattraktion bei der Messe waren Flugobjekte. Was früher die Märklin-Modelleisenbahn, sind heute Minidrohnen. Das Unternehmen 3D Robotics bietet sie für 450 bis 1.300 Dollar an. Die meisten Fans besorgen sich allerdings lieber Einzelteile oder Bausätze und entwickelt daraus eigene Projekte, die sie auf der Internetseite des Unternehmens veröffentlichen und mit anderen Begeisterten diskutieren. Dabei entstehen ständig neue Bedürfnisse und neue Anforderungen an Hersteller und technische Machbarkeit. Hier zeigt sich, dass Open Source ein sehr lukratives Geschäftsmodell sein kann, bei dem die »Wunscherzeugungsmaschine« des kapitalistischen Marktes ein neues Feld erschließt; Ressourcen- und Transportaufwand wachsen weiter.

Drohnen sind aber nicht nur bei Hobbybastlern angesagt. Amazon will perspektivisch sein Geschäft durch einen Expressservice ausbauen, bei dem fahrerlose Flugobjekte Pakete schon kurz nach der Bestellung beim Kunden abliefern. Militärs und Geheimdienste setzen ebenfalls auf die Minihelikopter. Drohnen können ohne Personal vor Ort auch handylose Menschen beobachten und ausforschen, sodass eine weitere Lücke im totalitären Überwachungssystem geschlossen würde. Zudem verwischt die neue Technik die Grenze zwischen Krieg und Frieden. Wie bei Cyberangriffen ist es gar nicht mehr nötig, dass auch nur ein Soldat seinen Fuß auf fremdes Territorium setzt, um dort Macht auszuüben und Menschen zu töten.

Design neu denken

Parallel aber entwickeln sich auch ganz andere Ansätze zur Ressourcenschonung und Grundbedürfnisbefriedigung. Ein wichtiger Impuls kommt von Designern. In ihrem Arbeitsfeld ging es in den vergangenen Jahrzehnten fast nur darum, Waren ansprechend zu gestalten, um sie gut verkaufen zu können. »Gegenwärtig krempelt sich das Verständnis von Design so grundlegend um wie die Kunst zu Beginn des 18. Jahrhunderts. In den 1970er und 1980er Jahren sollte die Formsprache über den Warencharakter der Gegenstände hinwegtäuschen. Heute geht es um Komplexitätskompetenz«, meint der Dozent Bernd Draser von der Akademie Ecosign in Köln, die einige hundert Designer in neuen Methoden und Inhalten ausbildet. Zum Lehrplan gehört die Reflexion über die

Folgen ästhetischer Entscheidungen. Zerlegbarkeit und Materialauswahl entscheiden darüber, ob es nach der Nutzungsphase eine Alternative zur Müllverbrennungsanlage gibt.

Der Designer Thomas Lommée schlägt deshalb klare Normen und Standards für wichtige Einzelteile vor, aus denen Open-Source-Hardwareprodukte hergestellt werden – egal, ob es sich dabei um Möbel, Fahrzeuge, Kaffeemaschinen oder Architektur handelt.

Die von ihm entwickelte Plattform www.openstructures.net ist eine offene Datenbank für Konstruktionskomponenten, die jeder und jede nutzen und mit weiteren Teilen bestücken kann. Ziel ist es, kaputte Gegenstände ohne großen Aufwand zu reparieren und aus denselben Bauteilen immer wieder Neues entstehen zu lassen – im Prinzip wie bei einem Legobaukasten. Damit das geht, müssen Module einfach demontierbar sein und genormte Kantenlängen und Lochabstände haben.

Die Grundform ist ein vier mal vier Zentimeter großes Quadrat, in dem die Bohrlöcher im Zentrum der Diagonale sitzen. »Das ist so etwas wie eine Objekt-DNA«, erklärt Thomas Lommée.[301] Selbstverständlich lassen sich daraus kleinere und größere, lange und kurze Teile ableiten, doch immer sollten Kantenlängen und Lochabstände so bemessen sein, dass es sich dabei entweder um ein Vielfaches oder um Bruchteile der Grundform handelt. Auch runde und ovale Teile sind dieser Bemaßung anzupassen. So ist garantiert, dass Dinge kombiniert oder umgebaut werden können, die Menschen an verschiedenen Orten und zu verschiedenen Zeiten herstellen. »Ich koche nicht mehr das Essen, sondern bestücke die Küche, damit andere Leute darin gut kochen können«, so beschreibt Lommée seine eigene Rolle als Designer.

In seiner Werkstatt in Brüssel und auf seiner Internetplattform finden sich »Zutaten« in Form von Winkeln, Steckerdosen und Leisten, die man kaufen oder selbst nachbauen kann. Wer damit ein Fahrrad, einen Koffer oder Sessel herstellt, veröffentlicht Fotos und weitere Informationen auf der Plattform.

Sollten sich Normen wie die von Open Structures breit etablieren, wären tendenziell Skaleneffekte wie bei der Herstellung von Massenprodukten denkbar: Durch die Produktion größerer Mengen eines Bauteils sinken der Aufwand pro Stück und damit die Kosten. Zugleich sind Demontage, Umbauten und Reparaturen einfach, wenn genormte, leicht zusammensetzbare Teile verwendet wurden.

Häuser für alle

»Im 20. Jahrhundert haben Firmen wie Coca-Cola und Ford den Konsum demokratisiert, im 21. Jahrhundert geht es darum, die Produktion zu demokratisieren«, sagt der britische Architekt Alastair Parvin.[302] Zusammen mit Mitstreitern entwickelt der rhetorisch brillante 30-Jährige einen Open-Source-Bausatz für einfache Wohnhäuser. Im 21. Jahrhundert ist die Fabrik überall, so Parvins Motto – und jeder gehört zum Designteam.

Die ersten Prototypen gibt es schon. Sie bestehen aus Sperrholz und können von wenigen Leuten binnen eines Tages aufgebaut werden. Alastair Parvins Team arbeitet an Dateien für einen Lasercutter, der aus Brettern mit möglichst wenig Verschnitt die nötigen Teile heraustrennt. Ähnlich wie ein Ikea-Schrank ist das Ganze ohne besondere Fähigkeiten für jede und jeden zusammenbaubar. Weitere Grundsätze für die Konstrukteure: Je einfacher Einzelteile austauschbar sind, desto besser. Das ist ein zentraler Vorteil von Modularität.

»Fast alles, was wir heute Architektur nennen, sind Entwürfe für das reichste Prozent der Weltbevölkerung«, so Alastair Parvin. Teuer und hochwertig aber sei keine Perspektive für eine Menschheit von bald neun Milliarden, von denen ein Großteil in Slums lebt. Vielmehr müsse ein zukunftsfähiges Design auf billigen Materialien aufbauen, die nicht von weither transportiert werden müssen und klima-, umwelt- und recyclingfreundlich sind. Ziel der Initiatoren ist es, eine Plattform zu entwickeln, auf der Menschen aus aller Welt Konstruktionspläne für günstige Häuser und Bauteile finden, die sie herunterladen, modifizieren und vor Ort selbst umsetzen können.

Schon kurz nachdem die Londoner Gruppe ihre Pläne ins Internet gestellt hatte, meldeten sich Leute aus dem neuseeländischen Christchurch, wo ein Erdbeben viele Häuser zerstört hatte. Auch Menschen, die in der Finanz- und Wirtschaftskrise ihr Zuhause verloren hatten oder in einem Slum von Rio de Janeiro leben, signalisierten Interesse und Unterstützungswillen.

Ein anderes Beispiel ist das Kölner Projekt Jack in the Box. Unter dem Namen »Rachel« werden autarke, 24 m² große Ökohäuser zu Preisen unter 25.000 Euro je Modul hergestellt. Den von den Kölnern ausgeschriebenen offenen Architekturwettbewerb gewann ein Schweizer Tüftler.

☛ http://www.koelnerbox.de/architektur/rachel-architektur-projekt/
http://www.wikihouse.cc/

Was bringt die Zukunft?

Würde sich das Prinzip der offenen Quellen auf breiter Front durchsetzen, stünde die Geschäftsgrundlage vieler traditioneller Unternehmen zur Disposition. Sie lassen ihre Erfindungen mit Patenten schützen und behaupten, nur so könnten Innovationen zustande kommen. »Tatsächlich aber belegen ausreichend viele Studien, dass Patente die Innovation in Wirklichkeit bremsen«, schreibt der Commons-Vordenker Michael Bauwens.[303] Jeder, der in Open-Source-Kreisen unterwegs sei, wisse, dass viele Ideen nur durch ungehinderte Kommunikation entstünden und sich am besten in gemeinsamen Prozessen weiterentwickelten. Allerdings räumt Bauwens ein, dass Forschung und Entwicklung oft sehr teuer sind und ohne ausreichende Finanzierung unterbleiben. Für Projekte, die einen hohen gesellschaftlichen Nutzen versprechen, müssten deshalb parallel neue Formen der Finanzierung entwickelt werden.

Das Potenzial der noch sehr jungen Open-Source-Hardware-Bewegung ist enorm. Hier muss nicht immer alles neu erfunden und um bestehende Patente herumkonstruiert werden, sondern gute technische Lösungen stehen allen zur Verfügung. Jeder kann die Pläne verbessern oder auf die Bedürfnisse seiner Kundschaft zuschneiden. Das Internet ermöglicht die kostenlose Verbreitung sämtlicher Varianten, sodass die Anpassung an den jeweiligen Bedarf immer einfacher wird und die Vielfalt wächst.

Basieren die Konstruktionen auf weltweit geltenden Normen, könnten Einzelteile und Module problemlos überall und immer wieder eingesetzt werden. Nur bei starker Abnutzung entsteht neuer Materialbedarf. Während profitorientierte Unternehmen Interesse an immer aufwendigeren Funktionen haben, um neuen Absatz zu generieren, dürften sich auf offenen Quellen basierende Produkte tendenziell in Richtung schlanke und sparsame Konstruktion entwickeln.

Im Prinzip haben Erfindungen wie die von Alex Shure gute Chancen, sich durchzusetzen, weil sie Energie und Ressourcen sparen. Und noch einen zweiten strukturellen Vorteil hat Open-Source-Hardware: Was einmal öffentlich gemacht und durch eine Copyleft-Lizenz geschützt worden ist, kann nicht mehr privatisiert werden; es bleibt ein Common. Patente verlieren an Macht, sobald es offene Quellen als Alternativen gibt.

Kapitel 8

Wie das Internet lokales Tauschen, Teilen und gemeinsames Nutzen ermöglicht

»Handle so, als ob alles
miteinander in Verbindung stünde.«
Paul Hawken

Fremde zu beherbergen ist für Thomas Dönnebrink nichts Ungewöhnliches. Und für Berlin-Touristen ist es viel günstiger, in seiner gepflegten Zweizimmerwohnung abzusteigen als in einem Hotel. Gelegentlich räumt der 45-Jährige sogar seine ganze Wohnung und zieht ein paar Tage zu Freund oder Freundin, doch meistens praktiziert er mit seinen Gästen eine Kurzzeitwohngemeinschaft. Seine Erfahrungen sind durchweg positiv: Nie ist etwas weggekommen, niemand hat ihm je schmutziges Geschirr hinterlassen. Freundinnen eines Musikers, die bei ihm abstiegen, nahmen ihn zu einem Konzert mit und ließen ihn hinter die Bühne schauen. »Einige Gäste sind meine Freunde geworden«, berichtet er. Weil er ein reisefreudiger Mensch ist, steht er demnächst vielleicht auch bei ihnen auf der Matte.

Dönnebrink hat sein Profil bei AirBnB eingestellt – die Abkürzung steht für AirBedAndBreakfast (»Luftmatratze und Frühstück«). Die Internetplattform vermittelt Privatunterkünfte an Leute, die sich Kontakt mit Einheimischen wünschen – so lautete zumindest die Gründungsidee der 2008 im Silicon Valley entstandenen Firma, bei der heute Menschen aus 192 Ländern inserieren. In Thomas Dönnebrinks Profil finden sich Fotos und Beschreibungen von seiner Wohnung und ihm selbst. Noch wichtiger sind die etwa 40 Beurteilungen durch seine Gäste. Sie alle berichten, dass er ein hervorragender, hilfsbereiter Gastgeber sei und seine Angaben über die Wohnung mit der Realität übereinstimmten. Umgekehrt wählt auch er aus, wem er Bett und Tisch überlässt: Er schaut sich Bilder, Selbstbeschreibungen und Erfahrungen früherer Vermieter an und entscheidet dann, ob er eine Anfrage akzeptiert. »Wenn ich zu wenig Informationen habe oder mir der Stil nicht passt, lehne ich ab. Fühlt es sich gut an und ist es mit meinem Terminkalender vereinbar, sage ich zu. Bisher hab ich mich nie getäuscht«, sagt er.

Der polyglotte Weltbürger, der mehrere Sprachen fließend spricht, ist ein enthusiastischer Anhänger der ShareEconomy, des Teilens und Teilhabens. Er ist überzeugt, dass die Zukunft dem gemeinsamen Zugang zu Dingen statt dem Besitzen gehört. Auch Gegenstände borgt er gelegentlich aus. Am nächsten Tag will jemand seinen Scanner abholen. 15 Euro zahlt der noch unbekannte, aber keineswegs anonyme Entleiher für eine Woche. »Ich hab auf einer Plattform nachgeguckt, der hat eine gute Reputation.«

Vertrauen ist für Menschen wie ihn die neue Währung. Um das unter Fremden herzustellen, gibt es auf Leih- und Verkaufsplattformen persönliche Bewertungen. So können beide Seiten mühelos herausfinden, welche Erfahrungen andere mit dieser Person gemacht haben. Wer unpünktlich, unfreundlich oder anzüglich war, einen fettverschmierten Grill zurückgebracht hat oder einen überquellendem Aschenbecher in seinem Auto spazieren fahren lässt, muss mit negativen Kommentaren rechnen, die jede und jeder lesen kann. Zudem verschaffen die gegenseitigen Bewertungssysteme ein Gefühl von Sicherheit, beim Öffnen der Haustür oder Betreten einer fremden Wohnung nicht überfallen oder angegrabscht zu werden. Umgekehrt fördern positive Berichte die Chancen, durch Verleihen ein paar Euro dazuzuverdienen oder als Nutzer akzeptiert zu werden. Durch diese ständige Rückkopplung sind auch Fremde bereit, einander Vorschussvertrauen entgegenzubringen – und mit jeder positiven Erfahrung verstärkt sich das weiter.

Erfunden hat das Reputationssystem Pierre Omidyar, Gründer des Internetmarktplatzes eBay, bei dem Privatpersonen und professionelle Händler inserieren können. 1996, im ersten Jahr nachdem eBay online

Thomas Dönnebrink beim Ouishare-Festival 2014 in Berlin. Foto: Creative Commons Ouishare

gegangen war, äußerten sich viele Nutzer begeistert, aber es gab auch einige Dutzend Beschwerden über Handelspartner. Darin sah der eBay-Gründer eine ernste Gefahr für Ruf und Zukunft des Unternehmens; zudem wollte er sich nicht selbst mit schiefgelaufenen Auktionen beschäftigen müssen. Deshalb programmierte er ein offenes Forum und schrieb zur Einführung einen Brief an die eBay-Community: »Die meisten Leute sind ehrlich. Aber manche sind unehrlich. Oder betrügerisch. So etwas kommt überall vor – sei es in Infogruppen, in Kleinanzeigen oder in der direkten Nachbarschaft. So ist das Leben. Aber hier können sich solche Leute nicht mehr verstecken. Wir werden sie vertreiben. Schützt andere vor ihnen … Wir haben jetzt das offene Forum … Macht Eure Beschwerden öffentlich. Und noch wichtiger: Macht Euer Lob öffentlich.«[304]

Die allermeisten Einschätzungen auf solchen Plattformen fallen positiv aus. »Frangers« nennt Thomas Dönnebrink solche Menschen – ein Zwischending aus den englischen Wörtern für Freunde und Fremde und eine neue Kategorie für soziale Beziehungen, wie sie nur das Internet schaffen kann. Beide Seiten wissen, dass das Gegenüber die gleiche Macht hat wie man selbst. Wer sich danebenbenimmt oder andere übers Ohr hat, verliert seinen guten Ruf – der entscheidende Faktor in der Social Community.

Hier mitzumachen ist angesagt. Laut einer Studie der Leuphana-Universität Lüneburg wächst mit zunehmender Bildung und steigendem Einkommen die Bereitschaft, Dinge über das Internet zu teilen.[305] Damit lösen sich Wohlstand und Sozialprestige immer mehr vom Eigentum; wichtig sind Zugangsmöglichkeiten im Bedarfsfall.[306] Vor allem junge Smartphone- und Laptop-Besitzende tummeln sich hier. Sie sind es gewohnt zu teilen: Ob Fotos, Videos, Ideen oder Aufsätze – vieles produzieren sie ausschließlich, um es online zu stellen, zu teilen und weiterzugeben.

Eine neue Ökonomie des Teilens, Tauschens und Schenkens zu etablieren ist gegenwärtig Thomas Dönnebrinks Hauptbeschäftigung. Früher war er Lehrer und Schuldirektor in der Türkei, aber Beamter wollte er nie werden: »Das ist mir zu wenig selbstbestimmt. Und die Privilegien sind ja auch Nachteile, weil man sie dann nicht mehr loslassen will.« Mit dieser Sichtweise gehört er zu den neuen Egalitären. So kündigte er eine feste Stelle, kam nach Berlin, tat sich eine Weile lang in der lebendigen Start-up-Szene um, stieß auf ein Buch zum Thema »kollaborativer Konsum« und das internationale OuiShare-Netzwerk. Dessen Name setzt sich aus dem französischen »Ja« und dem englischen Wort für »Teilen« zusammen; seine Grundsätze lauten Transparenz, Offenheit, Unabhängigkeit sowie Vielfalt der Ansätze und Geschäftsmodelle. »Wenn die letzten zehn Jahre dem Finden neuer Wege galten, über das Internet in Kontakt zu treten, Ideen zu entwickeln, zu teilen und neue Kollaborationsformen auszuprobieren, so werden die kommenden zehn Jahre sich dem Anwenden dieser Prinzipien im wahren Leben widmen«, fasst Dönnebrink das Credo der Organisation zusammen. Nachdem um das Jahr 2000 das Schlagwort vom »digitalen Dorf« die Runde gemacht hatte, hilft das Internet nun in der realen Welt der Großstadt »dörfliche« Kontakt- und Vertrauenskulturen zu etablieren.

Im Mai 2013 bereitete OuiShare gerade sein erstes internationales Festival in Paris vor – und Thomas Dönnebrink fand das spannend und half mit. Ziel des Netzwerkes ist es, alle Formen von Teilen, kollaborativer Ökonomie und gemeinsamem Spaß durch reale Begegnungen zu fördern und das Internet als Werkzeug dafür zu nutzen. Im Herbst 2013 startete eine OuiShare-Tour durch 30 europäische Städte, Thomas Dönnebrink organisierte drei dieser Veranstaltungen in Deutschland, mit

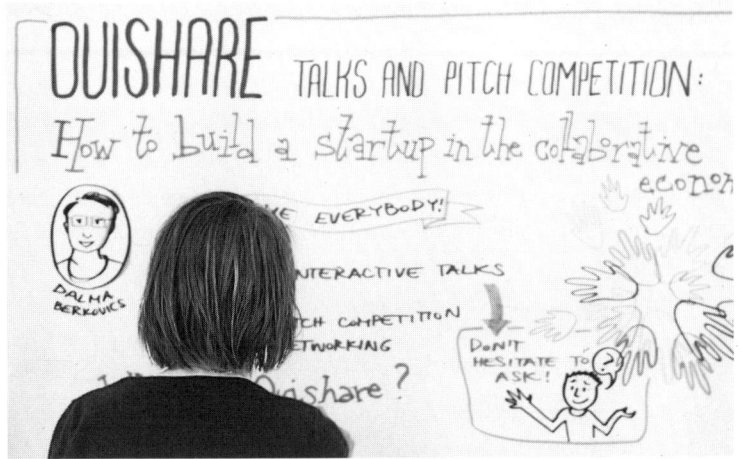

Auch die Protokolle sind bei Ouishare innovativ. Foto: Creative Commons Ouishare

Vorträgen, Diskussionen und sogenannten Ein-bis-zwei-Minuten-Pitches, bei denen lokale Aktivisten und Firmen ihre Carsharingorganisationen, internetgestützten Tauschplattformen oder Gemeinschaftswerkstätten vorstellen. Von idealistisch bis kommerziell war alles präsent. Die Berliner Website Polly & Bob etwa hilft, Nachbarschaftsständchen auf Balkonen oder Konzerte in Privatwohnungen zu veranstalten. Das Unternehmen Friendsurance organisiert Gruppen, die gemeinsam eine Haft-, Elektronik- oder Rechtsschutzversicherung bei Großkonzernen wie Axa oder Allianz abschließen und einen Teil ihres Jahresbeitrags zurückbekommen, wenn niemand von ihnen die Versicherung in Anspruch genommen hat.

All das läuft heute unter dem Label ShareEconomy und zeigt, dass die Bewegung extrem vielfältig und amorph ist. Während sich einige als Teil einer politischen Transformationsbewegung verstehen, wollen andere auf möglichst nette Weise Geld verdienen. Vieles entwickelt sich parallel, niemand nimmt für sich in Anspruch, den richtigen Weg zu wissen. »Wir schauen mehr auf Gemeinsamkeiten als auf Unterschiede«, so Dönnebrink. Weil es sowohl um konservative Werte wie Gemeinschaft und Werterhaltung als auch um progressive wie Veränderung und Gleichheit gehe, sei man politisch nicht einzuordnen – was er als großen Vorteil sieht. Anders als bei den Bewegungen in den 1970er Jahren kommt es nicht laufend zu Spaltungen, sondern hier wuchert vieles mit- und ineinander. Thomas Dönnebrink sieht OuiShare gerade aufgrund seiner Vielfalt und breiten Anschlussfähigkeit als Chance, die Wirtschaft in ein ökosoziales Fahrwasser zu bringen. »Es ist doch gut, wenn Leute aus verschiedenen Motiven und Winkeln am großen Tanker ziehen. Und auch wenn ihn das nur ein bisschen in eine bessere Richtung bewegt, sollte es nicht verpönt werden.«

Entstanden ist die europäische OuiShare-Bewegung in Frankreich etwa zeitgleich zum Erscheinen des US-Bestsellers *What's mine is (y)ours* von Rachel Botsman. Die in Sydney lebende Autorin prägte auch den Begriff »Collaborative Consumption«. Die Idee lag offenbar weltweit in der Luft, denn Internet und Smartphones machen es einfach, Dinge gemeinsam zu nutzen. Besonders in Großstädten haben Verleih- und Verschenkplattformen wie www.fairleihen.de oder www.freecycle.de gute Chancen, sich auszubreiten. Hier gibt es die nötige kritische Masse von Angebot und Nachfrage, sodass Suchende einen erwünschten Gegenstand in akzeptabler Entfernung finden können.

> **Vom Kaufen zum Leihen**
>
> In vordigitaler Zeit war es fast ausgeschlossen, etwas von Unbekannten zu leihen. Die Kenntnis über den Inhalt fremder Schränke fehlte ebenso wie das Vertrauen der Eigentümer. Es war viel einfacher, sich die Gegenstände selbst zu kaufen – zumal sie immer billiger wurden. Untersuchungen für die USA und Großbritannien belegen, dass 80 Prozent der Dinge in einem durchschnittlichen Haushalt seltener als einmal monatlich genutzt werden; in Zentraleuropa dürfte das nicht wesentlich anders sein.[307]
>
> Zwar kann Verleihen auch neue ökologische Belastungen erzeugen: etwa durch weite Wege, um etwas abzuholen, oder durch das Wecken neuer Begehrlichkeiten. Doch gerade bei selten benötigten Gegenständen lassen sich immense Rohstoffmengen für deren Produktion einsparen. Die Heinrich-Böll-Stiftung und der Naturschutzbund Deutschland haben das beispielhaft für

> Vertikutierer zur Belüftung von Rasenflächen abschätzen lassen: Ein Mietgerät verbraucht 87,5 Prozent weniger Ressourcen.[308] Wer mit Verleihen Geld verdienen will, hat zudem Interesse an der dauerhaften Funktionsfähigkeit von Geräten. Achten deren Verwalter auf Stabilität, niedrigen Energieverbrauch, Reparatur- und Recyclingfähigkeit, können Teilen und Leihen einen wichtigen Beitrag zur Schonung der Umwelt leisten – ohne jeden Verzicht.

Geld sparen zu wollen oder zu müssen ist für viele der Einstieg, hat Thomas Dönnebrink beobachtet. In den USA und Südeuropa hat die Wirtschaftskrise viele Leute hart getroffen; in Spanien ist mehr als die Hälfte der Jugendlichen arbeitslos. In Deutschland haben immer mehr Menschen keine Lust auf fremdbestimmte Jobs und traditionelle Karrierewege, ist Dönnebrink überzeugt. Wie er selbst verzichten sie lieber auf Geld als auf ein selbstbestimmtes Leben.

Viele finden es zudem überflüssig und lästig, Dinge zu besitzen. Kaufen bedeutet Aufwand: Wer unterschiedliche Geräte vergleichen will, benötigt neben Geld auch Zeit. Darüber hinaus muss der ganze Kram anschließend geputzt, gepflegt und verstaut werden. Bohrmaschinen oder Vertikutierer sind pro Jahr im Durchschnitt etwa drei Stunden lang im Einsatz.[309] Auch ein Auto steht üblicherweise 23 Stunden am Tag am Straßenrand.

Kreiselnde Kleider

Cremefarbene High Heels, ein Mickymaushemd oder ein glitzerndes Abendkleid – auf der Internetplattform Kleiderkreisel verschaffen sich inzwischen etwa eine Million junger Frauen neue Outfits aus gebrauchten Klamotten. Jede kann hier Fotos von Sachen einstellen, die sie verschenken, tauschen oder verkaufen will. Preise und finanzielle Abwicklung legen die Beteiligten selbst fest. Die Idee brachten die Münchner Studentinnen Sophie Utikal und Susanne Richter 2008 aus Litauen mit. Damals wohnten die beiden ein paar Tage bei Justas Janauskas, der eine kostenlose Übernachtungsmöglichkeit auf der Internetseite Couchsurfing angeboten und kurz zuvor Manodrabuziai gegründet hatte – quasi die ältere Schwester des Kleiderkreisels.

Swap-Partys sind hingegen lokale Tauschbörsen, wo die Besucherinnen hochwertige Gebrauchtkleidung abgeben und dafür Jetons bekommen. Während die Organisatoren die Sachen drapieren, genießen die Besucherinnen Cocktails oder eine Gurkenmaske und kleiden sich anschließend im Wert ihrer Swap-Münzen neu ein. Noch ein anderes Konzept hat die in Hamburg gestartete Kleiderei: Für einen Beitrag von 14 Euro können jeden Monat vier Kleidungsstücke ausgeliehen werden.

☛ http://www.kleiderkreisel.de/
http://www.klamottentausch.net/,
http://kleiderei.tumblr.com/

Heute muss man keinen eigenen Topf mehr kaufen, um Freunde zu einem Fondue einzuladen, und keine Säge, um ein Regal zu bauen. In Sekundenschnelle lässt sich herausfinden, ob und wo etwas Gewünschtes in der nahen Umgebung verfügbar ist. Wer mag, kann sofort beim Verleiher anrufen oder ihm eine E-Mail schicken. Zwar funktioniert das Ganze bisher nur in Großstädten und keineswegs flächendeckend. Doch das Potenzial ist absehbar: Eigentum ist nicht länger die Voraussetzung für Konsum, Teilen ist bequem. Zudem macht es mehr Spaß, sich von Gleich zu Gleich zu unterhalten und auszutauschen, statt die eigene Einflusslosigkeit gegenüber einem ungreifbaren Großkonzern erleben zu müssen.

Thomas Dönnebrink nennt sich »Connector« – Verbinder. Denn OuiShare hat keine Chefs, weil hier alles auf Augenhöhe läuft, von Peer to Peer. Europaweit versuchen etwa 70 Connectors, die Bewegung durch lokale Treffen und Bereitstellen von Informationen und Werkzeugen zu beflügeln, im weiteren Dunstkreis gibt es einige hundert Aktive und Tausende Anhänger. Das gemeinsame Ziel besteht in Kommunikation von Gleich zu Gleich.

Das ist auch spürbar bei Veranstaltungen, etwa im »Supermarkt« in Berlin-Wedding – einem früheren Geschäft, das viel Freiraum bietet für Nerds, Sharer und unterschiedlich große Stuhlkreise. Zu Beginn eines Treffens stellen sich alle vor, man ist aufmerksam, neugierig, zugewandt. Hier ist wieder jene positive Energie spürbar, die so typisch ist für Peers und Gleichgesinnte. Posern und Alphatieren fehlt in solchen Runden die Bühne. Redezeit und Ideen werden völlig selbstverständlich geteilt, ohne dass der Fokus verloren geht.

Essen für den Bauch statt für die Tonne

Gegenwärtig landen in Deutschland pro Kopf und Jahr 80 Kilogramm Nahrung im Müll. Valentin Thurn, der diese ungeheure Verschwendung 2011 in seinem Film *Taste the Waste* dokumentiert hatte, initiierte als praktische Konsequenz daraus einen bundesweiten Verein mit Sitz in Köln. Dessen Homepage bietet Privatleuten, Händlern und Herstellern eine einfache Möglichkeit, Essbares vor der Tonne zu bewahren.

Inseriert werden oft Lebensmittel, deren Haltbarkeitsdatum abgelaufen ist, die aber noch genießbar sind. Die Berliner Ladenkette Bio Company lässt solche Waren seit April 2012 von Freiwilligen abholen. Eine Karte im Internet informiert, wo gerade Käse, Obst oder Ostereier aus Schokolade zu finden sind, auch Melde- und Haltbarkeitsdatum sind verzeichnet. Bezahlt wird nichts – »denn Teilen hat auch eine ethische Dimension«, heißt es in der Selbstdarstellung. Ein Rechtsanwaltsbüro berät die Foodsharer ehrenamtlich bei juristischen Fragen, auch der Server hat einen Sponsor. Gerettet wird hier nicht nur Nahrung, sondern auch soziale Verantwortung.

☛ http://foodsharing.de

Tausch- und Geschenkringe

Tauschringe sind wohl fast so alt wie die Menschheit: Beerenmus gegen Bärenfleisch, Steinkeil gegen Hirschkeule. Doch mit der Erfindung des Internets änderte sich die Form des Tausches, weil Dinge und Dienstleistungen viel weitreichender auf Plattformen und Mailinglisten angeboten werden konnten. Heutzutage gibt es in Deutschland etwa 300 Tauschsysteme und 180 ins Tauschring-Verzeichnis eingetragene Gruppen, allein in Berlin sind es knapp 30.[310] Mal wird auf der Basis von Regiogeld (s. S. 257) abgerechnet, mal wird Zeitaufwand gegen Zeitaufwand getauscht, mal Gegenstand gegen Gegenstand, mal wird einfach geschenkt, mal passiert alles durcheinander: Der Übergang zu Zeitbanken und Schenkringen ist fließend.

Der Nachbarschaftsverein Papageiensiedlung in Berlin-Zehlendorf beispielsweise hat eine Weile lang vergeblich versucht, eine Zeitwährung für gegenseitige Dienstleistungen einzuführen. Die Mitglieder des Tauschrings aber waren nicht daran interessiert, Formulare auszufüllen und gegenseitig abzurechnen. Sie schenken sich lieber ihre Gunst. Bei einem Treffen war ein Tauschring-Veteran aus Berlin-Kreuzberg zugegen, der gar nicht aufhören konnte, diese Praxis zu loben: »Ihr seid Avantgarde. Die Mitglieder der fortgeschrittensten Tauschringe haben mit dem Tauschen aufgehört. Sie schenken.«

Auch in Umsonstläden erhält man Alltagsdinge gratis. Der Tausch gegen andere mitgebrachte Gegenstände ist erwünscht, aber nicht Bedingung. Anfang 2014 zählte das Bundesgebiet über 40 von Freiwilligen geführte Umsonstläden. Berlin hat gleich drei, aber auch in kleinen Orten gibt es welche, etwa den »Ladenschluss Saasen«, den »Umsonstladen Prignitz« oder den »Umverteiler« in Potsdam, auf dessen Website steht: »Wir kritisieren dieses egoistische Wirtschaften und möchten eine andere Art, eine verantwortungsvolle Art des Wirtschaftens und des Miteinanders anregen. Wer mit der Umsonstkultur lebt, lernt zu vertrauen: darauf, dass du, wenn du etwas brauchst, etwas bekommen wirst. Und darauf, dass das, was du gibst, von Menschen genutzt wird, die es brauchen.« Auch in Österreich verbreiten sich Umsonstläden, in den Niederlanden heißen sie *Weggeefwinkels*, und in Spanien gibt es mit http://reutil.net ebenfalls eine Verschenk- und Wiederverwendungsbörse.

Giveboxes, auf der Straße aufgestellte begehbare Geschenkschachteln, breiten sich ebenfalls aus. Wer eine Jacke oder ein Skatspiel zu verschenken hat, legt sie hinein; wer etwas davon brauchen kann, holt es sich. In Berlin stehen die Dinger vor allem in Szenevierteln wie Prenzlauer Berg, Kreuzberg und Neukölln. Manche werden von ihren Einrichtern liebevoll betreut, mit Blümchen und Glitter geschmückt, manche machen einen etwas verwahrlosten Eindruck. Die Bauanleitungen werden über Facebook und andere Internetseiten verbreitet. Giveboxes existieren auch in Österreich, Frankreich, Italien, Schweden, USA, Kanada oder Brasilien.

Der erste Berliner Leihladen »Leila« ist in den Souterrainräumen eines Nachbarschaftshauses in Prenzlauer Berg untergebracht. Hier gibt es alles vom Bolzenschneider über Isomatte, Koffer, Kinderfahrradhelm und Gitarre bis zum Sektglas und Einmachtopf – gespendet von etwa 450 Mitgliedern. Doch nutzen kann den Laden jeder. Wer etwas abholt, vereinbart einen Rückgabetermin, was in einer Aktennotiz festgehalten wird. Gibt es zu viele Kinderwagen oder Bügelbretter, werden sie auch verschenkt. »Nicht alle verstehen, was wir hier machen und warum«, sagt Leila-Initiator Nikolai Wolfert, dem seit seinem Soziologiestudium alle Themen von Ressourcensparen bis Commons am Herzen liegen. Wer mag, dem kocht er erst einmal einen Tee und lädt ihn ein, auf dem Sofa ein bisschen zu plaudern.

All das sind Versuche, sich die Stadt wieder anzueignen, die noch Anfang des Jahrtausends viele Architekten und Stadtplaner für tot erklärt hatten – verödet, von weltweiten Ladenketten vereinheitlicht und privatisiert, bewohnt von Menschen, die einsam vor ihren Computern hocken und Erlebnisse in virtuellen Weiten suchen.[311]

»In einer Welt, die fast nur noch aus indirekten Erfahrungen besteht, zu 90 Prozent aus Fernseherfahrung, Leseerfahrung, Hörensagenerfahrung, ist unmittelbare Erfahrung ein knappes Gut« und somit attraktiv, schreibt Alexander Kluge.[312] Die Übergabe beim Verleihen, Verkaufen oder Verschenken zwischen Peers und Einzelpersonen ist eine Mischung aus funktionaler Übergabe und privatem Kontakt. Sie findet oft in einer Wohnung statt und nicht in einem gesichtslosen »Einkaufsparadies«, wo auf immer größeren Verkaufsflächen immer weniger Personal anzutreffen ist oder mit viel Aufwand pseudoemotionale »Erlebniseinkäufe« inszeniert werden. Begegnungen mit Menschen in ihrer Küche bieten hingegen Einblicke in authentische Welten.

Yochai Benkler, Forscher in Harvard, spricht deshalb von einer »Explosion der kooperativen Bemühungen, online wie offline«.[313] Auch Thomas Dönnebrink ist überzeugt: »Der Peak des autistischen Materialismus liegt hinter uns.« Er hat das Gefühl, auf einer Welle mitzusurfen in Richtung einer besseren Welt, in der es mehr Einfachheit, Genuss und Sinn – kurzum Glück – gibt. Er lebt möglichst sparsam und hat sein Auto abgeschafft. Ab und zu verdient er Geld mit einem Vortrag, Artikel oder Workshop, und das Teilen seiner Wohnung hält seine Fixkosten niedrig.

Erkaltete Liebe zum Blech

Der durchschnittliche Neuwagenbesitzer ist heute 51,3 Jahre alt; nur sieben Prozent der unter 30-Jährigen kaufen sich noch ein eigenes Auto.[314] Besonders Akademiker, Stadtbewohnerinnen und Männer vor der Familienphase schwingen sich viel häufiger als früher aufs Rad oder nehmen den Bus – und so verliert das »heilig' Blechle« rasant seine Funktion als Statussymbol. Immer mehr Leute verbinden inzwischen mit einem eigenen Auto nicht mehr das von Herstellern in Aussicht gestellte Freiheitsgefühl, sondern vor allem Staus und ständige Parkplatzsuche, dazu hohe Kosten für Sprit, Reparaturen und Versicherung. Lebten 1998 noch 91 Prozent der jungen Erwachsenen in einem Haushalt mit Pkw, so waren es zehn Jahre später nur noch 81 Prozent,[315] Tendenz weiter sinkend.

Schlüsselerlebnisse mit dem Autoverleih Tamyca

Wer einen Wagen sucht, braucht auf der Internetseite Tamyca nur seine Postleitzahl einzugeben, und sofort erscheinen die Angebote in der eigenen Umgebung. Einen Peugeot gibt es schon für 13 Euro am Tag, für einen neuen Porsche muss man mit knapp 140 Euro kalkulieren. Der vom

Besitzer selbst festgelegte Tagespreis enthält bereits die Kosten für eine Vollkaskoversicherung. So können Ver- und Entleiherinnen dem Deal ganz entspannt entgegensehen.

»Die Sache mit der Versicherung hinzukriegen war eine Sisyphosarbeit«, berichtet Michael Minis, Mitgründer von Tamyca – Abkürzung für »Take my Car«. Bei Dutzenden von Assekuranzen fragten sie nach. Doch meist weigerten sich Sekretärinnen, sie zum Chef durchzustellen; für solchen Unsinn habe der keine Zeit, hieß es.

Dass die Idee Quatsch sei, hatten auch die älteren Herren behauptet, die im Sommer 2010 in einem Workshop diese und andere Unternehmensideen von Studierenden bewerten sollten. »Unser Konzept könne nicht funktionieren: Kein Mensch würde einem Wildfremden sein Auto leihen, und eine Versicherung ließe sich auf so was auch nicht ein«, referiert Minis das vernichtende Urteil der Rechtsanwälte, Banker und Unternehmer der Jury. Doch die Gruppe mit der innovativen Carsharingidee, die sich gerade erst kennengelernt hatte, wollte sich nicht ausbremsen lassen. Voller Begeisterung erzählten sie überall davon – und plötzlich meldete sich ein Versicherungsmakler aus Hamburg und bot seine Hilfe an.

4.500 Autos in der gesamten Republik sind inzwischen bei Tamyca gemeldet. In Berlin ist es nicht schwierig, ein passendes Gefährt zu finden, und in der Tamyca-Heimatstadt Aachen sind 150 Wagen verfügbar. Sogar in Buxtehude ist ein Kleinwagen im Angebot und wurde schon mehrfach verliehen – zur vollen Zufriedenheit der Nutzer, wie auf der Homepage zu lesen ist. Ebenso erfährt man auf der Tamyca-Seite, dass eine Frau namens Jette mit einem Berliner Nichtraucher-Mercedes von Reinhold sehr zufrieden war und dass Judith mit demselben Wagen liegen geblieben ist. Umgekehrt können sich natürlich auch die Verleiher über Interessenten informieren – ob jemand ein Auto zu spät zurückgebracht oder eine Beule hineingefahren hat. Die leibhaftige Begegnung geschieht in jedem Fall beim »Schlüsselerlebnis« – dem persönlichen Treffen von Autobesitzer und -nutzer bei der Übergabe.

»Wir sind kein klassisches Unternehmen, sondern Teil einer Community«, beschreibt Minis das Selbstverständnis der Firma, die an einem WG-Küchentisch die erste Plattform online stellte, inzwischen in einem

Aachener Gründerzentrum residiert und zehn Leute beschäftigt. Schon hat sich das erste Pärchen über Tamyca gefunden: Offenbar hat es beim Schlüsselerlebnis gefunkt.

Die Community gibt eifrig Hinweise, wo etwas zu verbessern ist. Wer will, kann einen kleinen Ablass für die gefahrenen Kilometer zahlen, damit dafür Bäume in Afrika gepflanzt werden. Als jemand die Frage aufwarf, ob es sich bei der Organisation dieses Angebotes um einen Abzocker handele, wurde eifrig diskutiert und recherchiert, bis die Tamyca-Community zu dem Ergebnis kam: Der Verein »PrimaKlima weltweit« aus Düsseldorf ist in Ordnung. Etwa jeder dritte Autonutzer zahlt 30 Cent für 100 gefahrene Kilometer. Und noch ein Umweltargument führt Minis für Tamycas Art des Autoteilens ins Feld: Vier bis sechs Tonnen klimaschädliches CO_2 entstehen bei der Herstellung eines Neuwagens. Bei Tamyca werden – anders als bei klassischen Carsharern – keine zusätzlichen Autos produziert, sondern die vorhandenen besser genutzt; die CO_2-Belastung sinkt also.

Inzwischen ist Tamyca längst nicht mehr der einzige Vermittler von Privatautos. Nachbarschaftsauto.de startete 2011 in Berlin, Autonetzer kurz danach in Stuttgart – alle sind dank des Internets in vielen Städten präsent.

☛ www.tamyca.de

Konzerne geraten in die Defensive

Zwar findet Carsharing zwischen Peers noch in der Nische statt – aber die Wachstumsraten sind beträchtlich. Eine Forscherin des Instituts für ökologische Wirtschaftsforschung fand heraus, dass private Autoanbieter zwar schon früher offen dafür waren, ihren Wagen zu verleihen, das aber fast nie praktizierten. Neben dem Motiv, ein paar Euros dazuzuverdienen, spielt für die Mehrheit der Befragten auch die soziale Komponente eine wichtige Rolle.[316]

Die Mitfahrzentrale BlaBlaCar versteht sich sogar ganz explizit als Kontaktbörse. Hier können Beteiligte im Vorfeld schauen, wie potenzielle Mitreisende aussehen, kennen ihr Alter, manchmal auch ihren Musikgeschmack und ihre Gesprächsfreudigkeit: Der Button »Bla« steht für schweigsam, »Blablabla« für äußerst redselig. Bei einer stundenlangen Fahrt sind zueinanderpassende Bedürfnisse von großem Vorteil fürs Wohlbefinden.

Die Aussicht auf interessante Kontakte können traditionelle Autoverleiher nicht bieten. Argwöhnisch beobachten sie die Neuen und versuchen sie zu stoppen. Der Bundesverband der Autovermieter nörgelte Anfang 2013 über die »spürbare Konkurrenz« und verlangte, dass auch privat verliehene Autos einem jährlichen Sicherheitscheck unterworfen werden müssten, so wie es für die Flotten von Sixt und Co. vorgeschrieben ist. Im Herbst 2013 reichte die Lobbyorganisation gar Klage beim Landgericht Berlin ein: Angeblich sind viele private Leihwagen in schlechtem Zustand und gefährlich für Mieter und Umwelt. Das Mietwagenunternehmen Avis ging einen anderen Weg: Es schluckte 2013 das nordamerikanische Carsharingnetz Zipcar.

Wie immer im Kapitalismus versuchen etablierte Firmen, neue Trends aufzugreifen, zu vereinnahmen und die Regeln zu bestimmen. Daimler, VW und BMW sind inzwischen ins Carsharinggeschäft eingestiegen. Als erfolgreichstes Konzept gilt bisher Daimlers Car2Go: Anfang 2014 standen bereits 10.500 Smarts in 26 europäischen und nordamerikanischen Städten. Nutzer können sie per Handy orten, reservieren und nach Gebrauch wieder in der City abstellen. Noch rentiert sich das Projekt für den Stuttgarter Konzern nicht, doch er rechnet ab 2015 mit 100 Millionen Euro Umsatz und einer positiven Bilanz.

Carsharing gilt bei Daimler als Einstiegsdroge. »Spätestens wenn die junge Familie raus aufs Land zieht, wird sie um ein eigenes Auto nicht herumkommen«, meint ein Daimler-Manager.[317] Die Universität von Kalifornien geht hingegen davon aus, dass jedes Sharingauto neun bis 13 Privatwagen ersetzt.[318] Das deutsche Verkehrsministerium rechnet damit, dass pro Leihwagen acht Autos weniger verkauft werden.[319] Klare Konsequenz: Wenn Carsharing nicht durch mehr Autoverkäufe in anderen Weltgegenden kompensiert wird, sinkt der Absatz.

Schwarm oder Hai – wer gewinnt?

Entmachten sich die Großen selbst – oder bemächtigen sie sich der Entwicklungen? Werden wir gerade Zeugen einer neuen Runde »schöpferischer Zerstörung«, die die Wirtschaft modernisiert und den Kapitalismus noch umfassender macht? Oder liegt im Teilen, Tauschen und persönlichen Beziehungen der Schlüssel zu einer ökosozialen Entwicklung, die nicht auf Wachstum baut?

AirBnB begann 2007 mit einer Luftmatratze, die die Designer Joe Gebbia und Brian Chesky in ihrem Loft in San Francisco ausgerollt hatten. Sie vermieteten den Schlafplatz, weil die Hotels aufgrund einer Messe ausgebucht waren. Mit ihren Übernachtungsgästen hatten sie viel Spaß – das war die Initialzündung für ihr Unternehmenskonzept: Privatleute lassen gelegentlich andere bei sich übernachten, bekommen dafür etwas Geld, und beim gemeinsamen Wohnen entstehen persönliche Kontakte. »Travel like a human«, so der Werbespruch.

Inzwischen ist AirBnB längst ein Millionengeschäft, an dem auch Amazon-Chef Jeff Bezos und der Springer-Konzern eifrig mitverdienen. Der Schätzwert des Unternehmens lag Anfang 2014 bei zehn Milliarden Dollar und damit höher als der Börsenwert der weltweiten Hotelketten Hyatt und Ramada, die durch solche Dienste in die Defensive geraten.

Die Spannbreite der Bettenbereitsteller ist riesig – neben Privatpersonen tummeln sich hier auch Geschäftemacher. Nach Ermittlungen der Staatsanwaltschaft haben allein in New York 40 AirBnB-Anbieter binnen drei Jahren jeweils mehr als 400.000 Dollar eingenommen – ohne die knapp 15 Prozent Übernachtungssteuern für Hotels abzuführen. Auch in Berlin gelten von großen AirBnB-Anbietern gemietete oder gekaufte Wohnungen ohne Dauerbewohner als ein Grund für steigende Preise.

Das Gastfreundschaftsnetzwerk Couchsurfing hat sich ebenfalls kommerzialisiert. Zwar geht zwischen Sofabesitzern und Schläfern nach wie vor kein Geld über den Tisch. Doch 2011 änderte die Plattform ihre Geschäftsbedingungen und verkauft nun die Daten der Nutzer. Manche meldeten sich ab, viele nahmen die Neuerung hingegen gar nicht wahr.

Beide Beispiele zeigen, dass gesellschaftliche Trends immer gefährdet sind, wenn die Community sie nicht verteidigt und Gefahren ignoriert. Was dann verloren zu gehen droht, sind einmalige soziale Erfahrungen mit zuvor Fremden, was die Bewegung für viele so faszinierend macht. Andererseits müssen Anbieter aber auch von irgendetwas leben. Gerade in der euphorischen Anfangszeit sind viele bereit, mehr oder weniger unbezahlt zu arbeiten und sich irgendwie über Wasser zu halten. Doch ohne eine dauerhafte Finanzierung ist jedes Unternehmen zum Scheitern verurteilt. Zudem gilt es, Infrastrukturen so aufzubauen, dass sie möglichst nicht zu vereinnahmen sind. Die in der Sharingbewegung aktive Anwältin Janelle Orsi aus Kalifornien rät deshalb zu Genossenschaften als Unternehmensform, weil die sich nur schwer kapern lassen. Wo hingegen Risikokapital im Spiel ist, geht es über kurz oder lang um Profitsteigerung.

Mangopay – Finanzabwicklung für neue Plattformen

Mit Mangopay können Plattformen für Tauschen, Leihen und Schwarmfinanzierung (s. S. 248) zuverlässig und günstig ihren Zahlungsverkehr abwickeln – und sich damit unabhängig machen von Amazon und von Paypal, das zu eBay gehört. Das System ist flexibel an Wünsche und Strukturen anpassbar, leicht zu integrieren und transparent.

Chefin von Mangopay mit Sitz in Paris ist Céline Lazorthes. Als Wirtschaftsstudentin hatte sie den Job übernommen, Kennenlernwochenenden für ihre Kommilitonen zu organisieren. Um die Kosten fürs Büfett oder für Tickets einzutreiben, legte sie Namenslisten an und versuchte, den Beitrag jedes und jeder Beteiligten einzutreiben. Das war anstrengend und riss immer wieder Löcher in ihre eigene Kasse. Deshalb suchte sie nach einer nervenschonenden Alternative im Internet – und weil sie die nicht finden konnte, organisierte die damals 26-Jährige sie schließlich selbst.

Sie gründete das Unternehmen leetchi.com, wo jeder ein Kurzzeitkonto anlegen kann, um damit zusammen mit anderen eine Party, ein

Hochzeits- oder Abschiedsgeschenk zu organisieren. Alles ist sehr simpel: Per E-Mail oder Facebook werden Freunde oder Kolleginnen zum Mitmachen aufgefordert. Während Paypal mit einer ähnlichen Idee scheiterte, übersprang leetchi.com schon bald die Hürde von einer Million Nutzern. Das Portal erscheint in vier Sprachen und ist in Dutzenden von Ländern einsetzbar.

Mangopay ist die Fortentwicklung für soziale Plattformen. »Das Problem bestand darin, Investoren für das Projekt zu gewinnen und die Banklizenzen zu erhalten. Sie haben mich angesehen, ausgelacht und gesagt, okay Mädchen, wenn du willst, kannst du hier ein Praktikum machen. So ging das zwei Jahre lang. Aber ich hab es durchgezogen«, berichtet Lazorthes.[320] Ende 2012 hatte sie endlich eine der begehrten staatlichen Genehmigungen. Kurz danach ging ihr Team an den Start und bietet nun mit Mangopay.com Tausch-, Leih- und Schwarmfinanzierungsplattformen eine Infrastruktur an – dabei arbeitet es allerdings eng mit Microsoft zusammen.

Ungewöhnlich ist auch Lazorthes Personalpolitik. Auf die Frage eines Reporters, nach welchen Kriterien sie ihre 25 Beschäftigten eingestellt hat, antwortete sie: »Ich schaue nicht auf Kompetenz. Ich schaue darauf, wie sich die Leute verhalten. Wissen kann man sich erarbeiten, eine Einstellung nicht.«[321]

☛ http://www.leetchi.com/de, http://www.mangopay.com/

Auch auf politischer Ebene ist das Thema Teilen angekommen. In den USA haben 15 Bürgermeister, darunter die von New York und San Francisco, ihre Städte zu Sharing Cities erklärt. Entsprechende Infrastrukturen sollen unterstützt werden, heißt es in einer Resolution, die explizit die wachsende Ungleichheit in den USA beklagt und dem etwas entgegensetzen will. Auch in Südkoreas Hauptstadt Seoul fördert die Stadtverwaltung das Teilen auf vielen Ebenen – um Ressourcen zu sparen, Jobs zu schaffen und den Gemeinschaftsgeist zu stärken.

Allerdings wird dabei sehr viel Unterschiedliches unter dem Label »Teilen« subsumiert. Wo Geld im Spiel ist, besteht die Gefahr, dass Unternehmen die ursprünglich gute Absicht als neues Geschäftsfeld vereinnahmen und im schlechtesten Fall sogar die Gräben zwischen Wohlhabenden und Armen vergrößern. Nachhaltigkeitsforscher Niko Paech weist zudem auf die Gefahr des Reboundeffekts hin: Sparen Leute durch Teilen Geld, haben sie mehr übrig, um es anderswo auszugeben – was in der Gesamtbilanz sogar zu mehr Ressourcenverschleiß führen kann.[322]

Visionäre Ausblicke

Dennoch scheint der Grundsatz richtig. Vordenker aus aller Welt sehen Teilen als entscheidenden Baustein für eine zukunftsfähige Ökonomie an. »Teilen, um zu überleben«, bringt Benita Matofska, Gründerin der britischen Organisation The People Who Share, die gegebene Notwendigkeit auf den Punkt.[323]

Und der Berliner Thorsten Wiesmann, Begründer der Plattform www.think2Share.de, beschreibt die Kreuzung, an der wir stehen, so: »Entweder die Menschheit sieht sich als Ganzes, verwirklicht das Prinzip des Teilens untereinander und geht so einer glorreichen Zukunft mit vollkommen neuen umweltfreundlichen Technologien entgegen, oder ihr droht ganz real die Aussicht, sich selbst zu vernichten.«[324]

Doch der 45-jährige Theateringenieur und Meditationslehrer ist auch optimistisch. Ob in Lebensgemeinschaften, Ökodörfern oder Netzwerken von Peers und Aktivisten – er beobachtet eine sich rasch entwickelnde neue Kultur des Teilens und der Teilhabe in Form von Selbstverwaltung. Statische Rollen wie Unternehmer, Vermittler oder Kundin lösen sich auf, was für die Beteiligten bereichernd und beglückend ist. Bisher utopisch Erscheinendes wird nun möglich: »Selbstsucht kann in Freigiebigkeit umgewandelt werden, Wettbewerbs- und Dominanzstreben in gerechten Ausgleich, Verschwendung in Genügsamkeit.« Das entspricht dem, was Ernst Bloch als »konkrete Utopie« bezeichnet hat. »Teilen enthält eine praktische Beziehungsethik, wie sie in allen Religionen und Weisheiten verankert ist«, schreibt Thorsten Wiesmann zusammen mit seinem Koautor Thomas Weis.[325]

Im April 2014 lud er seinen Freund, den US-Kulturphilosophen Charles Eisenstein, zu einem Vortrag ein. Auch der Occupy-Vordenker beschrieb an jenem Abend im völlig überfüllten Berliner »Supermarkt« deutliche Anzeichen für eine Zeitenwende: Die Machtstrukturen in den USA erinnerten an das Ende der Sowjetunion, als niemand mehr an das glaubte, was die Politiker verlautbarten. Die Behauptung, dass Kontrolle, Konkurrenzkampf und Gewalteinsatz zur Verteidigung der Freiheit notwendig seien, klängen völlig hohl und überzeugten kaum noch jemanden.

Diese »alte Erzählung« könne nun abgelöst werden von dem, was Eisenstein als »New Story« beschreibt. Die handelt davon, dass Menschen eng verbunden sind mit dem Kosmos, der Natur und ihren Mitmenschen: »Jeder ist ein Spiegel von mir, und ich bin ein Spiegel aller anderen. Was wir anderen antun, tun wir uns selbst an.« In dieser Perspektive ist Teilen nicht mehr selbstloser Altruismus, sondern nützt allen Beteiligten. Und während der Erfolg eines anderen in auf Konkurrenz fixierter Perspektive gleichbedeutend war mit dem eigenen Misserfolg, ist er in der »neuen Erzählung« für alle wünschenswert, »weil es dann anschließend mehr zu teilen gibt«, so Eisenstein.

Der frühere Occupy-Aktivist nennt die SharEconomy einen »Schritt in Richtung commonsbasierten Lebensstil« und Wachstumsschrumpfung. Der Übergang von der Ideologie des Individualismus zu einer Vertrauenskultur, in der alle schauen, was sie beitragen können, werde sich langsam vollziehen, so Eisenstein. Nur durch praktische Erfahrung könnten die alten Gewohnheiten überwunden werden. Die Übergangszeit sei eine Phase der Krise und Konfusion, in der die alten Sicherheiten nicht mehr und die neuen noch nicht trügen. Dass dieser Prozess durch frontalen Widerstand gegen die bisherigen Machtstrukturen zu beschleunigen sei, hält er für eine Illusion. Förderlich hingegen seien konkrete Fantasien und Visionen, wie es in einer Welt aussieht, die sich in eine positive Richtung entwickelt hat – etwa indem man sich vorstellt, man sei ein Mensch im Jahr 2140 und berichte nun den Gegenwärtigen, wie es sich dort lebt.

Auch Commons-Vordenkerin Silke Helfrich sieht den Trend zum Teilen zwischen Gleichgesinnten und Gleichgestellten als Brücke zur

Gemeingutwirtschaft, in der egalitäre Partner jenseits von Markt und Staat Commons gemeinsam nutzen und pflegen. Thomas Dönnebrink weist darauf hin, dass internetbasiertes Teilen die Nutzungskosten für viele Gegenstände minimieren oder nivellieren kann. Firmen sehen sich angesichts dieser Situation genötigt, selbst statt Waren Plattformen zu schaffen, die den kurzzeitigen Zugang zu ihren Gütern ermöglichen. Das aber untergräbt naturgemäß den Verkauf als Kerngeschäft. Zudem erweist sich die bisher geläufige Strategie, die Nachfrage durch den absichtlichen Einbau von Schwachstellen künstlich hochzutreiben, beim Verleihgeschäft als Eigentor.

Der belgische Peer-to-Peer-Theoretiker Michael Bauwens glaubt ebenfalls, dass die traditionelle Mehrwertschöpfung unmöglich geworden ist. Im wirtschaftlich bisher einseitig auf Rohstoffausbeutung fixierten Ecuador versucht er das konkret umzusetzen. Sein Auftrag von der Regierung ist, »den nationalen Übergang in Richtung einer sozialen Wissensökonomie« einzuleiten. Die Vision: der Aufbau einer eigenen Open-Source-Industrie, die mit globalen Open Design Communities und lokalen Gemeinden verbunden ist.[326]

Kapitel 9

Forschung und Bildung befreien – Wissensdurst aus offenen Quellen stillen

»Teile dein Wissen. Das ist ein Weg,
Unsterblichkeit zu erlangen.«
Dalai-Lama

Martin Grötschel hat gerade noch seinen neuesten Aufsatz korrigiert, nun schickt er ihn an den Verlag. Gleichzeitig lädt er ihn auf seine Homepage hoch: Wer immer sich dafür interessiert, kann ihn sofort und kostenlos lesen. Eigentlich verbieten die Geschäftsbedingungen der großen Wissenschaftsverlage ein solches Vorgehen, doch den Mathematikprofessor interessiert das nicht. »Ich werde vom Staat bezahlt und will mein Wissen vermitteln«, sagt der Leiter des Berliner Konrad-Zuse-Zentrums für Informationstechnik und Generalsekretär des Weltmathematikerverbands.

Grötschels Renommee verhindert, dass er deswegen Ärger bekommt; unbekanntere Kollegen müssten dagegen mit einem harten Vorgehen der Fachverlage rechnen. Schließlich geht es um sehr viel Geld. 30 bis 35 Prozent Gewinnmargen sind üblich für Konzerne wie Elsevier und Springer, die wissenschaftliche Publikationen herausbringen. Für sie ist die gegenwärtige Praxis ein Bombengeschäft: Die Doktoranden und Professorinnen bekommen keinen Cent für ihr Manuskript, und auch für die kritische Prüfung durch andere Experten, das Peer Review, bezahlt der Verlag meist nicht. Selbst die Organisation dieses Prozesses obliegt in der Regel einer Gruppe von Wissenschaftlern. Grötschel ist

Mitherausgeber von zehn Zeitschriften und hat dafür nie einen Cent gesehen. »Im Prinzip finde ich das ja auch in Ordnung. So etwas gehört zu meinem Job, und den mache ich ausgesprochen gerne«, meint der graubärtige Mann.

Doch was ihn ärgert, ist die Behinderung der freien Wissenschaft durch große Verlage, die immer höhere Preise für die Zeitschriften verlangen. Ein einziges elektronisches Jahresabo kann mit 10.000 bis 20.000 Euro zu Buche schlagen, das Herunterladen eines Artikels kostet 30 Euro und mehr. Den im herrschenden Sparwahn ohnehin immer schlechter ausgestatteten Bibliotheken an Hochschulen und in staatlichen Forschungseinrichtungen »geht die Luft aus, die können das einfach nicht mehr bezahlen«, benennt Beate Rusch, Chefin des Kooperativen Bibliotheksverbunds Berlin-Brandenburg, das Problem. Hinzu kommt, dass die Großanbieter ihre Zeitschriften inzwischen zu Paketen bündeln. Die Bibliotheken bekommen dann zwar deutlich mehr Textmasse – doch teurer als zuvor. Das zwingt die Bibliothekarinnen, anderswo zu sparen. So sind viele kleinere, sehr qualitätsvolle Fachverlage vom Markt verschwunden.

Während eine Bibliothek früher nach der Kündigung eines Abonnements die gelieferten Hefte weiterhin besaß, ist ihr heute nach einer Abbestellung oft der Zugang auch zu allen bisherigen digitalen Ausgaben versperrt. »Das sind üble Machenschaften, die auf unserem Rücken ausgetragen werden«, empört sich Mathematiker Grötschel und meint mit »uns« die internationale Wissenschaftlergemeinschaft. »Die Verlage sind Dienstleister, die einen Server betreiben und den Vertrieb organisieren. Dafür sollten sie auch bezahlt werden – aber für mehr auch nicht«, findet er.

Open Access

Das Medium Zeitschrift hat im 17. und 18. Jahrhundert dafür gesorgt, dass Forscher ihr Wissen der Allgemeinheit zur Verfügung stellten. Ihr Name war mit den jeweiligen Erkenntnissen verbunden; wer darauf aufbaute, musste den Verfasser zitieren und steigerte dadurch dessen Reputation und AnSehen. Auch heute ist karriereentscheidend, wie oft eine Person zitiert wird. Doch Wissenschaft könnte sich viel rasanter entwickeln, wenn neue Erkenntnisse schnell und kostenlos im Netz stünden. Das sehen im Prinzip auch viele Professoren und Doktorandinnen so – doch warum sollten sie teilen und kooperieren, wenn sie damit ihre eigenen Karrierechancen reduzieren und die der Konkurrenz steigern?

So begrüßten viele anfangs wissenschaftliche Wiki-Plattformen, doch lieferten sie wenig Input, weil jeder zwar gerne lesen wollte, was der andere schrieb – seine Zeit investierte man aber lieber in die Produktion eines eigenen Artikels statt eines Wiki-Eintrages, erklärt Michael Nielsen das Dilemma.[327] Der Australier ist einer der führenden Köpfe der 2004 gegründeten Open Knowledge Foundation, die sich für das Teilen von wissenschaftlichen Daten und Erkenntnissen einsetzt. Er beobachtet eine »langsame Revolution, die seit Jahren leise Dampf ansammelt«.[328] Nach und nach entwickeln sich neue Instrumente, die dem Bedürfnis der Forscherinnen und Wissenschaftler nach Sichtbarkeit der eigenen Leistung und dem offenen Zugang zu neuesten Erkenntnissen Rechnung tragen. So macht die Internetplattform http://arxiv.org/ auch sogenannte naturwissenschaftliche Preprints – Aufsätze in der Fassung vor dem Peer-Review – zugänglich, und die Online-Datenbank http://inspirehep.net/ registriert, wo und wie oft verschiedene Arbeiten – nicht nur Zeitschriftenaufsätze – im Bereich Hochenergiephysik zitiert wurden.

Seit Jahren diskutiert die internationale Mathematikervereinigung, wie eine für alle Menschen kostenlos zugängliche Weltbibliothek der Mathematik realisiert werden könnte. 99 Prozent der Kollegen seien dafür, ist Grötschel überzeugt – politisch und juristisch aber ist die Sache äußerst kompliziert. Verlage und Politiker, die nur ihr eigenes Land im Blick haben, halten dagegen. Doch auch der etablierte Wissenschaftsbetrieb stabilisiert die Machtstrukturen. Wer Karriere machen will, muss bei Bewerbungen einen möglichst hohen Impaktfaktor vorweisen können. Der berechnet sich daraus, wie oft seine Aufsätze in wissenschaftlichen

Zeitschriften zitiert wurden. Ähnlich wie Ratingagenturen im Finanzsektor sind aber auch Impactfaktorenermittler keineswegs unabhängig: Das Institute for Scientific Information gehört der US-Aktiengesellschaft Thomson Reuters, die selbst zahlreiche Zeitschriften herausgibt. Viele Forscherinnen und Autoren berichten, dass ihnen vor Veröffentlichung eines Aufsatzes in einem Fachblatt signalisiert wurde, sie mögen bitte noch Fußnoten aus der einen oder anderen hauseigenen Fachpublikation einflechten. Wer eine der wenigen Professuren ergattern will, glaubt sich solchen Vorgaben anpassen zu müssen – zur Steigerung des eigenen Impactfaktors.

Weil aber der Ruf nach Open Access – also dem direkten und kostenlosen Zugang zu wissenschaftlichen Erkenntnissen – schon zur Gründung von freien Publikationen im Internet geführt hat, sahen sich die Großverlage genötigt zu reagieren. Sie haben nun unter dem Label Open Access zwei neue Publikationsmodelle mitentwickelt, die für sie nach wie vor sehr lukrativ sind: Beim »goldenen Weg« müssen Autoren im Vorfeld der Veröffentlichung oft einige Tausend Euro zahlen, damit ihr Werk im Rahmen einer Fachzeitschrift offen im Internet zugänglich ist; meist übernehmen staatlich finanzierte Fonds diese Kosten. Der »grüne Weg« erlaubt es, Artikel mit sechs- oder zwölfmonatiger Zeitverzögerung selbst online zu stellen. Wissenschaftliche Bibliotheken aber können die teuren Abos trotzdem nicht abbestellen, weil sie ja möglichst aktuell sein müssen.

ResearchGate vernetzt Millionen Wissenschaftler

Nach seinem Medizinstudium in Hannover saß Ijad Madisch 2008 in Boston an seiner Doktorarbeit. Er hatte ein kniffliges Problem zu lösen: Zur Untersuchung von Knochengewebe brauchte er hochauflösende Bilder aus einem Computertomografen. Seine Laborkollegen konnten ihm nicht weiterhelfen, auch sonst fand er niemanden, der seine speziellen Fragen beantworten konnte. »Den Experten habe ich nie gefunden und mir schließlich selbst beigebracht, was ich brauchte. Aber die Situation war mein Heureka-Moment«, erinnert sich Madisch, der gern eine Wollmütze und eine cool-löchrige Hose trägt.

Plötzlich war ihm klar: Er wollte eine Internetplattform aufbauen, die Forscher aller Disziplinen vernetzt, sodass sie sich gegenseitig helfen können. Sie sollte so klar strukturiert sein, dass sie eine schnelle Recherche und Kontaktaufnahme ermöglicht. Sein Doktorvater fand die Überlegungen des jungen Virologen völlig abwegig; Facebook und derlei neumodischen Quatsch brauche man in der Wissenschaft nicht. Doch Madisch war nicht mehr zu bremsen. Zusammen mit einem Kommilitonen und einem Informatiker gründete er 2008 ResearchGate. Das erklärte Ziel der inzwischen in Berlin ansässigen Firma ist nichts Geringeres als die Revolution der Wissenschaftskommunikation: Sie will das alte Humboldt'sche Ideal vom einsamen Wissenschafter überwinden und den weltweiten solidarischen Austausch aller Forschenden durch digitales Teilen und Austauschen ermöglichen.

Auf der Seite anmelden können sich Menschen, die eine E-Mail-Adresse bei einer wissenschaftlichen Institution oder einem forschenden Unternehmen nachweisen. Wer mit Links zu Publikationen belegen kann, ernsthaft Forschung zu betreiben, darf sich ebenfalls eine kostenlose Nutzerseite einrichten. Die ist gleichermaßen übersichtlich wie informativ aufgebaut, sodass sich Fachkolleginnen und Besucher rasch einen Überblick über inhaltliche Schwerpunkte der Person verschaffen können. Doch auch Kollegen aus derselben Institution, Mitautorinnen oder Wissenschafter aus anderen Erdteilen, die sich im selben Themengebiet tummeln, sind nur einen Klick weit entfernt. Wer mag, kann seine Aufsätze oder E-Books hier vollständig einstellen und eine Zusammenfassung oder einen Link hinterlegen. Weil es sich bei den ResearchGate-Seiten offiziell um persönliche Websites handelt, widerspricht die Veröffentlichung einer sogenannten Autorenversion den Verträgen mit den meisten Verlagen nicht. Schon knapp 70 Millionen Kurzfassungen und über 14 Millionen Volltexte waren im Frühjahr 2014 auf ResearchGate zu finden.

Auch der jeweilige Impactfaktor ist zu sehen, doch daneben gibt es den sogenannten RG Score – also einen ResearchGate-Punktestand. Zitierungen von Preprintdokumenten und Erfahrungen anderer Wissen-

Ijad Madisch in seinem Büro. Foto: Researchgate

schaftler bei der Zusammenarbeit auf dem Portal bringen hier Pluspunkte. ResearchGate ruft explizit dazu auf, die Kriterien für dieses Messinstrument von Reputation gemeinsam weiterzuentwickeln.

Datensätze, die in der publizierten Form keinen Platz fanden, sind ebenfalls auf ResearchGate zu finden – und Wissenschaftler zitieren auch daraus. Statt Ergebnisse erst am Ende eines jahrelangen, oft einsamen Forschungsprozesses in einer renommierten Fachzeitschrift zu veröffentlichen, kann man hier bereits vorher diskutieren, bewerten und abwägen. »In den Publikationen stehen nur die zehn Prozent der Forschung, die erfolgreich waren, von den anderen 90 Prozent erfährt man nichts«, kritisiert Ijad Madisch das traditionelle Zeitschriftenwesen.[329] Häufig ließe sich aber gerade aus Sackgassen und Fehlannahmen der Vorgänger viel lernen. Und statt eine Studie erst am Ende einem Peer Review auszusetzen, können Hinweise von Experten zu einem früheren Zeitpunkt viele Umwege verhindern. Kurzum: Das weltweite Netzwerk könnte die wissenschaftliche Forschung enorm beschleunigen und Menschen in armen Staaten Zugang zu aktuellen Forschungsergebnissen verschaffen.

Um mit Informationen beliefert zu werden, gibt jedes ResearchGate-Mitglied eine Palette von Schlagworten zu den eigenen Interessen an.

70.000 sind es bisher – von Statistik oder Klimawandel bis zu Halluzinationen und Lignozellulose. Wer mag, kann neue Veröffentlichung oder Diskussionen zu seinen Themen abonnieren, Fragen an die wissenschaftliche Weltgemeinschaft stellen, das Tun bestimmter Kollegen verfolgen oder gezielt eine Forscherin in Seoul oder einen Experten im holländischen Wageningen anmailen. Auch nichtöffentliche Debatten sind möglich. Laien dürfen bei ResearchGate zwar nicht selbst aktiv werden, aber alle veröffentlichten Dokumente studieren.

Als sich die drei Gründer 2010 für Berlin als Unternehmenssitz entschieden, bestand die Firma aus zehn Menschen, heute hat die GmbH 120 Angestellte – vor allem Programmierer. In dem früheren Hotel unweit vom Hauptbahnhof steht die für Start-ups übliche Tischtennisplatte, auch Billard können die Beschäftigten zwischendurch spielen, und jeden Freitagmorgen gibt es eine Yogastunde. Dennoch wirkt hier alles extrem aufgeräumt, nüchtern und reduziert auf das Notwendigste: Nirgends steht etwas nur herum, sämtliche Yogamatten liegen ordentlich zusammengerollt im Regal, alle Tische vor den Sofas sind komplett leer und die abstrakten Bilder an den Wänden auf wenige Farben reduziert.

Schon über vier Millionen Nutzer aus 193 Ländern hatten sich im Mai 2014 auf ResearchGate registriert, täglich kommen Tausende hinzu. Es sind Akademiker aller Disziplinen, die sich hier von Gleich zu Gleich und über Fachgrenzen hinweg austauschen. Da ist der pakistanische Soziologe, der die Ursachen von Terrorismus in seiner Heimat erforscht und bei einem statistischen Problem stecken blieb; ein Radiologe aus Oxford half ihm schließlich bei den Berechnungen, gemeinsam veröffentlichten sie schließlich einen Aufsatz. Oder ein philippinischer Student, der mit Mais experimentierte, von seinem Professor abgelehnt wurde und nun mit einem spanischen Chemiker weiter an der Grundidee arbeitet. Längst nicht nur junge Leute sind auf ResearchGate präsent. Auch die 1921 in Chemnitz geborene Anneliese Pontius, die als Psychiatrieprofessorin in Harvard lehrte, hat ihre gesamte Forschung eingescannt.

Doch wie verdient man damit Geld? Das wollte auch Kanzlerin Angela Merkel bei ihrem Besuch im März 2013 bei ResearchGate in der Berliner Invalidenstraße wissen. Eine Einnahmequelle ist die Jobbörse: Firmen können hier zwar kostenlos inserieren, doch wenn das für bestimmte Wissenschaftler sichtbar werden soll, müssen sie 299 Dollar zahlen. Demnächst soll auch der Verkauf von Geräten und Laborprodukten über die Seite Geld einspielen. »Und es werden sich noch viel mehr Wege ergeben«, meint Pressesprecherin Danielle Bengsch. Das Unternehmen werde auf keinen Fall Daten verkaufen, versichert sie. Von außen nachprüfbar ist das allerdings nicht wirklich: Nur ein Teil des Plattformcodes beruht auf offenen Quellen.

Das Startkapital stammte von Matt Cohler, Risikokapitalgeber und Facebook-Angestellter der ersten Stunde. Danach hatte ResearchGate Ende 2012 ein Minus von 3,7 Millionen Euro in der Bilanz. Doch pleite geht die junge Firma deshalb nicht: Microsoftgründer Bill Gates und andere Investoren schossen 35 Millionen Dollar zu. Das ruft Kritik unter einigen Nutzern hervor. Auch die neue Reputationsmessung RG-Score ist umstritten: »Das ideale Reputationssystem muss von Wissenschaftlern für Wissenschaftler geschaffen werden, nicht von Unternehmen«, meint der Biologe Christoph Bruch vom Helmholtz Open Access Coordination Office.[330]

Inwieweit ResearchGate sich weiter in Richtung Commons oder doch vorwiegend als kommerzielles Unternehmen entwickelt, ist noch nicht auszumachen.

☛ http://www.researchgate.net

Wissenschaft als Kollektivprozess

Neue Forschungsergebnisse fußen stets auf kollektiven Leistungen, auch wenn Beteiligte sich oft nicht kennen und manchmal nicht einmal Zeitgenossen sind. Viele knifflige Probleme werden in einem kaskadenartigen Prozess gelöst. An jedem Punkt bringt das Spezialwissen oder auch der Geistesblitz Einzelner den Gesamtprozess voran und schafft damit eine neue Stufe – für alle.

Wissenschaft funktioniert seit jeher so – aber das Internet ermöglicht eine extreme Beschleunigung und stimuliert die Beteiligten durch den gemeinsamen raschen Erfolg. Nicht selten kommen Einzelne dabei auf Ideen, die sie im stillen oder computerlosen Kämmerlein nie gehabt hätten – eine Art Kettenreaktion, die erst durch eine kritische Masse entstehen kann. Die Diversität der Beteiligten in Onlineprozessen ist häufig deutlich größer als bei Vor-Ort-Treffen. Blockierer sind leichter zu ignorieren als in realen Versammlungen. So dauerte es nur gut einen Monat, bis ein schwieriges mathematisches Problem gelöst war, über das der Cambridge-Professor Tim Gowers schon lange nachgegrübelt hatte. Ja, mehr noch: Die kollaborierende Menge der Teilnehmenden hatte – quasi nebenbei – sogar eine noch viel umfassendere Frage zur Mehrdimensionalität beantwortet.[331] Solche gemeinsamen Erfolge und Lernprozesse erhöhen den Spaß und die Zufriedenheit aller Beteiligten.

Nicht alle Themen sind für solche Prozesse kollektiver Intelligenz geeignet. Politische Fragen, geistes- und sozialwissenschaftliche Probleme lassen sich kaum auf diese Weise angehen, weil es hier keine grundsätzliche Übereinstimmung über Methoden, Standards und Werte gibt.[332]

Gerade im Bereich der Laienwissenschaft können große Mengen offen zugänglicher Daten die Schwarmintelligenz anstacheln. Ein bekanntes Beispiel ist Galaxy Zoo, bei dem Laien neuartige Himmelskörper entdecken. Grundlage sind Fotos, die ein automatisches Teleskop in New Mexiko vom Nachthimmel aufnimmt. 2007 wollte der Doktorand Kevin Schawinski aus Oxford die Bilder durchstöbern, um anhand der Form von Galaxien mehr über ihr Alter und die Zusammenhänge mit Schwarzen Löchern zu erkunden – doch nach einer anstrengenden Woche vorm Bildschirm hatte er nur einen winzigen Teil der gigantischen Materialmenge bewältigt. Beim Feierabendbier in einem Pub kam er mit einem Kommilitonen auf die Idee: Warum nicht Freiwillige um Unterstützung bitten?

Schon kurz nach dem Aufruf über einen BBC-Radiosender trafen stündlich 70.000 Klassifizierungen von Galaxien ein, innerhalb der nächsten Monate beteiligten sich weltweit über 150.000 Menschen. Dabei verharrten die Hobbyastronomen nicht in der Rolle von Hilfskräften, sondern gaben sich gegenseitig Hinweise auf Besonderheiten. Die niederländische Lehrerin Hanny van Arkel entdeckte sogar eine völlig neue Klasse von Himmelsphänomenen – eine Gaswolke, die wie ein Lichtspiegel eines vor 100.000 Jahren leuchtenden Quasars wirkt. Während die Profiforscher versuchten, dem Phänomen mithilfe anderer Teleskope weiter nachzugehen, machten Arkel und die anderen Amateurastronomen schon die nächste Entdeckung: Jemandem war eine »Grüne Erbse« aufgefallen – und auch andere meldeten kompakte, grünlich schimmernde Galaxien. Bald stellte sich heraus, dass diese Himmelsformationen extrem interessant sind, weil sie außergewöhnlich schnell neue Sterne produzieren und Rückschlüsse auf frühere Phasen des Universums erlauben. »Keine Einzelperson hätte diese Entdeckung machen können«, meint Carolin Cardamone, die das Phänomen später weiter erforschte.[333]

Auch Unternehmen entdecken, dass es schlau sein kann, für den öffentlichen Zugang wissenschaftlicher Daten zu sorgen. So ist die Schokoladenfirma Mars auf langfristige Kakaolieferungen angewiesen – doch bei der Züchtung von Kakaobäumen gab es in den vergangenen 100 Jahren wenig Neues. Zudem breiten sich Pilzkrankheiten und Schädlinge auf den Plantagen aus. Deshalb beauftragte Mars den Biologen Howard-Yana Shapiro, das Erbgut von Kakaopflanzen zu entschlüsseln, und erlaubte dabei, dass er die Daten ins Internet stellte. »Der Gencode ermöglicht eine gezielte Züchtung, und zwar auf dem klassischen Weg, ohne Gene zu manipulieren«, so Sharpiro.[334] Schon wenige Minuten nachdem er seine Ergebnisse ins Netz gestellt hatte, wurden die Daten erstmals abgerufen – vom staatlichen Kakaoinstitut in Ghana. Inzwischen nutzen Forscher und Züchterinnen vieler Länder die frei zugänglichen Informationen zur Verbesserung des Kakaoanbaus – was sich auch für Mars auf längere Sicht auszahlen dürfte.

Oft kommen entscheidende Ideen zur Lösung technischer Probleme aus Ecken, an die Experten gar nicht gedacht hatten. Auf der Plattform http://www.innocentive.com, die ein Privatunternehmen in Massachusetts betreibt, können Firmen, humanitäre Organisationen oder Institutionen Ideenwettbewerbe veranstalten. Da geht es um Müllbeseitigung in Flüchtlingscamps, chemische Ersatzstoffe oder die Lärmreduzierung von Lkw. Jede und jeder kann innerhalb einer vorgegebenen Zeit Vorschläge liefern. Für die beste Lösung gibt es ein Preisgeld von jener Institution, die das Problem online gestellt hatte. »Bei einer Studie haben wir festgestellt, dass via Crowdsourcing über die Plattform technische oder chemische Probleme, die große Unternehmen in sechs Monaten bis zwei Jahren nicht bewältigen konnten, binnen 74 Stunden von einer Einzelperson gelöst wurden«, berichtet Frank Piller, Professor für Innovationsmanagement an der TH Aachen.[335] Interessant auch, dass weibliche Beteiligte hier überdurchschnittlich erfolgreich sind – was umgekehrt als Beleg dafür interpretiert werden kann, dass ihre Perspektive in klassischen Forschungsabteilungen unterrepräsentiert und unterschätzt wird.[336]

Mal Lehrer, mal Schüler

Bildung ist ein Prozess, bei der Erfahrene ihr Wissen teilen und Lernende sich das Wissen anderer aneignen – wodurch es wächst, was häufig ein beglückender Prozess ist. Zwar musste für Bildung auch früher Schul- und Lehrgeld als Aufwandsentschädigung bezahlt werden. Doch Bildung zur Ware zu machen, mit der sich Profite erwirtschaften lassen, ist eine kapitalistische Erfindung. Auch hier wächst eine Gegenbewegung, die sich die freie Vermehrung des Wissens und Könnens auf die Fahnen geschrieben hat und Bildungsinhalte als Commons gestaltet.

Die OpenTechSchool ist ein gemeinnütziger Verein, in dem sich jede und jeder Interessierte zu Computerkursen anmelden oder Videofilmproduktion lernen kann; alle Angebote sind gratis. Angesiedelt ist die Initiative im Co-Working-Space Co Up in Berlin-Kreuzberg, wo Leute einen Schreibtisch mieten oder sich mit anderen Freiberuflern zum Arbeiten verabreden können. Die Infrastruktur in zwei Fabriketagen eines Berliner Hinterhofs ist für Personen ausgelegt, deren Arbeitsgerät ein Laptop ist. Stammplätze gibt es nicht, jeden Abend müssen die Tische komplett abgeräumt sein, weil dann die Veranstaltungen der OpenTechSchool stattfinden. Der Andrang ist enorm: Schon einen Tag nach Veröffentlichung trafen 100 Anmeldungen für das Ein-Tages-Seminar »Java für absolute Anfänger« ein.

»Vor einem Jahr hab ich auch noch gedacht: Warum tun die Leute das, anderen kostenlos etwas beibringen«, räumt der gelernte Grafikdesigner Lorenzo Pilla ein, der heute im Organisationsteam der OpenTechSchool sitzt. Doch dann hat ihn seine Freundin hierher geschleppt, und inzwischen kommt ihm die Frage vor wie aus einer anderen Ära. »Open

Source ist ja von der Software ausgegangen, aber seit Kurzem schwappt diese Haltung in viele andere Bereiche rüber. Hier in Berlin scheint es geradezu eine Explosion von solchen Projekten zu geben: Jeder gibt seine Zeit, sein Wissen und bekommt auch was zurück – alle sind gleich«, beschreibt der 31-jährige Italiener seine Wahrnehmung.

Lernen, Lehren und Zusammenarbeiten sind in der Szene untrennbar miteinander verbunden; wer sich hier tummelt, sieht sich dauernd mit neuen Trends und Möglichkeiten konfrontiert. Formale Bildungsabschlüsse haben eine kurze Halbwertszeit und oft gar keine Bedeutung. Arbeit und Privates gehen vielfach durcheinander. »Wir reden doch sowieso am liebsten über das, was wir gerade entwickeln«, grinst Programmierer Stefan Hoth, der ebenfalls im Organisationsteam der OpenTechSchool mitmacht. Doch auch ihn hat erstaunt, dass die freiwilligen Trainer geradezu Schlange stehen: »Sehr viele Coachs scheinen nur auf eine Chance zu warten.« So wie er selbst hätten die meisten von ihnen ein hohes Einkommen und wollten der Gesellschaft einfach etwas zurückgeben, versucht er eine Erklärung.

Wer zur OpenTechSchool kommt, kann damit rechnen, freundlich und offen empfangen zu werden. Die Bereitschaft ist spürbar, sich auf unterschiedliche Anliegen einzulassen und zu vermitteln, dass keine Frage »zu doof« ist, um gestellt zu werden. Bei den Kursen sind die Coachs bemüht, sich auf das Niveau der Lernenden einzustellen.

Trotzdem wirkt die Szene der Macher sehr homogen: Kaum jemand hier ist älter als 35 Jahre, und die Umgangssprache unter den Engagierten ist selbstverständlich Englisch: Ein Großteil der Anwesenden kommt aus Italien, Ungarn oder Neuseeland, der Ukraine oder Kanada. Man ist weltweit und überall vernetzt – und zugleich finden dauernd Meetings vor Ort statt. »Es ist effektiver und macht mehr Spaß, gemeinsam etwas mit Anwesenden zu tun als ausschließlich im Internet«, so Pilla. Wer aber gerade in der Welt unterwegs ist, kann sich zu einem Treffen dazuschalten – umgekehrt können Besucher bei jemandem aus dem Netzwerk ein Sofa zum Schlafen finden. Die OpenTechSchool ist noch jung – denn auch ihr Vorbild, die Railsgirls, sind erst 2010 entstanden.

Railsgirls – Frauen lernen programmieren

»Wenn die Frauen begeistert sind und sagen, dass sie sich jetzt mehr zutrauen am Computer, dann finde ich das sehr schön«, sagt Ute Mayer. Regelmäßig organisiert die 36-Jährige eintägige Workshops, in denen Anfängerinnen selbst eine kleine Website programmieren. Die meisten sind zwischen 20 und 30 Jahre alt, aber auch 19-jährige Schülerinnen oder Mittfünfzigerinnen nach der Familiengründungsphase tauchen hier auf. Für ein bis zwei Lernende gibt es einen Coach, zwischendurch erklärt eine Dozentin Grundlagen – und Zeit zum Quatschen ist auch noch eingeplant. Niemand verdient hier Geld, niemand bezahlt etwas, und alle fühlen sich am Abend bereichert.

Angefangen hat alles 2010 in Finnland. Zwei Fans der Programmiersprache Ruby organisierten einen ersten Lerntag für Frauen. Nachdem dieser sehr gut angekommen war, nahmen sie sich vor, Nachahmerprojekte in der ganzen Welt anzustoßen. Mit Erfolg: Ob in Brasilien, China, Indien, Japan, Kolumbien, Israel, Australien, Serbien oder auf den Philippinen – überall gibt es inzwischen regelmäßig Railsgirls-Tage.

Ute Mayer ist seit April 2012 in Berlin dabei. Die Medieninformatikerin wechselte noch am Kursabend die Seite, weil ihr die Atmosphäre des Miteinanders gefiel. Das war so ganz anders als die Ellbogengesellschaft, die sie damals jeden Tag in der Zentrale einer Zeitarbeitsfirma erlebte: »Da kamen immer zuerst die Zahlen und dann der Mensch.« Ständig musste sie erreichbar sein, Freiräume hatte sie kaum. Und auch wenn sie nicht schlecht verdiente, war sie doch sauer auf ihren Boss: »Ich rackerte mich ab, damit es meinem Chef finanziell richtig gut ging.« Inzwischen hat sie gekündigt und studiert wieder. »Ich konnte mir zwar alle paar Monate ein Handy leisten – aber wozu? Das macht keinen Spaß. Ich brauch kein Auto und will auch nicht dreimal im Jahr in Urlaub fahren. Ich will einfach mehr qualitative Zeit haben«, begründet sie ihre Entscheidung.

Ute Mayer hat 80 Adressen von Berliner Ruby-Fans in ihrer Kartei, die bereit sind, ihr Wissen weiterzugeben. Während am Anfang vor-

Ute Mayer (hinten) mit einem neu gewonnenen Ruby-Fan. Foto: privat

wiegend Männer unterrichtet haben, ist inzwischen die Hälfte der Coachs weiblich. »Das finde ich einen großen Erfolg«, betont die Frau mit dem Piercing in der Wange. Manche der Frauen verdienen jetzt sogar ihr Geld mit Computerprogrammierung; sie gefördert zu haben macht Ute Mayer glücklich.

Kapitel 10

Schwarmgeld – Kleingeld schafft große Geldhaufen

»Reich sind nur die, die wahre Freunde haben.«
Thomas Fuller

Was dem Einzelnen nicht möglich ist, das vermögen viele, wenn sie kleine Beiträge zusammenlegen. Dieser alte genossenschaftliche Gedanke findet sich heute bei der Schwarmfinanzierung wieder – allgemein als »Crowdfunding« bezeichnet. Hier geht es um Produkte, Dienstleistungen oder Projekte, für die traditionelle Banken keine Kredite vergeben. Crowdfunding demokratisiert das Finanzwesen und unterhöhlt die Macht der traditionellen Geldinstitute: Potenziell hat jede und jeder die Chance, Mittel zur Umsetzung einer Idee zu sammeln.

Wenn ausreichend zusammenkommt, kann es losgehen. »Schwarmgeld« hat auch einen ökosozialen Vorteil: Es werden keine Güter produziert, die nicht nachgefragt werden; Kunden müssen nicht mit Dumpingpreisen und Werbetricks zum Kaufen verführt werden.

Die erste Internetplattform, die Schwarmfinanzierung 2009 systematisch organisierte, war www.kickstarter.com, deren Zentrale in New York angesiedelt ist. Vor allem kreative Projekte – Tanz, Buch, Comic, Film, Fotografie, Musik oder Technik – werden gefördert. Die Initiatoren benennen die benötigte Summe und den Zeitraum, in dem das Geld zusammenkommen soll. Wird das erforderliche Limit nicht erreicht, geschieht nichts weiter. Bei Erfolg erhält Kickstarter fünf Prozent der erreichten Summe; schließlich sind einige Dutzend Leute mit der Organisation beschäftigt. Etwa die Hälfte von ihnen programmiert und gestaltet die Plattform, der Rest hält Kontakt mit Projektinitiatoren, Unterstützerinnen und Öffentlichkeit. Die finanzielle Abwicklung läuft – bedauerlicherweise – über den Riesen Amazon, der dafür zwischen drei und fünf Prozent der eingespielten Summen kassiert.

Fünf Jahre nach dem Start waren über 62.000 Projekte erfolgreich, während rund 85.000 Leute vergeblich versucht hatten, Geld für ihre Ideen zusammenzubringen.[337] Die meisten Künstler und Kreativen wünschen sich einen Betrag bis zu 10.000 Dollar, aber manchmal geht es auch um mehr als eine Million.

Der Hamburger Fotograf Jens Umbach wollte 20.000 Dollar haben, um ein Buch mit eindrücklichen Porträts deutscher Soldaten produzieren zu können, in deren Gesichtern sich die Erfahrungen ihrer Afghanistaneinsätze spiegeln. Zwei Monate dauerte es – dann hatte er die Summe beisammen. Einige Menschen unterstützten das Projekt mit einem einzelnen Dollar, einer ließ sogar 3.000 Dollar springen. Einen erheblichen Teil der Financiers kennt Jens Umbach persönlich, doch auch Unbekannte aus Thailand oder Singapur trugen dazu bei, dass der Fotoband des 40-Jährigen gedruckt werden konnte.

Crowdfunding, Crowdinvesting, Crowdsourcing

Im Frühjahr 2014 hatten sich bereits über sechs Millionen Menschen an Crowdfunding-Initiativen des Pioniers Kickstarter beteiligt und weit über eine Milliarde Dollar zur Verfügung gestellt. Manche besonders beliebten Projekte sind vielfach überfinanziert und erhalten in Ausnahmefällen über 20-mal so viel Geld, wie sie als gewünschtes Startkapital selbst angegeben hatten. Sowohl die erfolgreichen als auch die gescheiterten Projekte bleiben online zugänglich, sodass alle daraus lernen können.

Kickstarter entwickelte sich schwindelerregend schnell und wurde zu einem vielfach kopierten Geschäftsmodell. Dutzende von Plattformen stehen inzwischen im Internet – viele mit Spezialinteressen wie der Förderung von Sportlern, Autoren oder der Spieleentwicklung.[338] Experten vermuten, dass im Jahr 2013 weltweit über fünf Milliarden US-Dollar durch Crowdfunding zusammengekom-

> men sind. Das Wirtschaftsmagazin Forbes erwartet für das Jahr 2020 die unglaubliche Summe von einer Billion Dollar.[339]
>
> Dabei differenzieren sich die Zielgruppen und -richtungen zunehmend aus. Während die Finanzierung von Kulturprojekten eher Spendencharakter hat, sind Investitionen in Firmen Risikokapitaleinlagen, stille Beteiligungen oder Kredite und werden auch deshalb als »Schwarminvestitionen« – »Crowdinvesting« – bezeichnet. Nicht allen Plattformen geht es aber allein ums Geld: Manche wünschen sich auch Engagement, Ideen oder andere Ressourcen von den Unterstützenden – das wird dann »Crowdsourcing« genannt.

Bei www.seedmatch.de, deren Macher in Dresden sitzen, geht es ausschließlich um den Aufbau von Start-ups, in die man ab 250 Euro investieren kann und deren Geschäftsideen vom Plattformteam intensiv geprüft wurden. Die von drei Münchnern gegründete Seite www.mashup-finance.de richtet sich an kleine und mittelständische Unternehmen wie Brauereien, Bäckereien oder Schlachter im bayerischen Raum, die erweitern, umbauen oder modernisieren wollen. Dagegen ist www.startnext.de/ der größte Schwarmfinanzierer für Non-Profit-Projekte in Deutschland – und ebenfalls in Dresden zu Hause.

Goteo – steter Tropfen höhlt den Privatbesitz

Goteo bedeutet auf Spanisch Tropfen – und wo viele Tropfen zusammenkommen, entstehen Bäche, Flüsse, Ströme, die die Landschaft prägen. Genau das ist die Idee der spanischen Schwarmgeldplattform Goteo, die weit mehr sein will als eine reine Geldsammelstelle. Hier sollen sich nur ökosoziale Vorhaben präsentieren dürfen, die übertragbar und wiederholbar sind. Unterstützer können sich nicht nur finanziell beteiligen, sondern auch ihre Mitarbeit und ihre Ideen beisteuern; schließlich ist etwa die

Hälfte der jungen Menschen in Spanien arbeitslos und hat kein Geld – aber viele Fähigkeiten. Ziel ist es, alternative Produkte, Infrastrukturen und Finanzierungsmöglichkeiten aufzubauen. Was der Schwarm zusammenträgt, ist anschließend Gemeingut.

Ein Hilfsprojekt für Haiti hat dort ebenso inseriert wie zwei Fahrradkuriere aus Bilbao, die ein Lastenfahrrad anschaffen und einen fahrradfreundlichen Stadtplan im Internet veröffentlichen wollen. In Barcelona haben Tüftler Dateien für Schuhe entwickelt, die jeder und jede einfach herunterladen kann: Sohlen und Lederteile lassen sich in gut ausgestatteten Gemeinschaftswerkstätten mithilfe von computergesteuerten Maschinen aussägen und -stanzen sowie selbst zusammennähen. Auch der Aufbau eines mobilen WLAN-Netzes für soziale Bewegungen oder die Entwicklung von Fragebögen, mit denen Bürger Auskunft von Behörden verlangen können, sind bei Goteo zu finden.

Betrieben wird die 2010 gegründete Plattform von der nichtkommerziellen Fundación Fuentes Abiertas, der »Stiftung Offene Quellen«. Ihren achtprozentigen Anteil an den Einnahmen steckt sie vollständig in Aufbau und Betrieb der Plattform, öffentliche Kampagnen und unterfinanzierte Projekte. Ziel ist nicht weniger als die Transformation von Staat, Firmen und Nichtregierungsorganisationen in Richtung Gemeinwohl.

☛ http://goteo.org/

Weltweit sammeln für ungewöhnliche Projekte

Beim Crowdfunding werben die Initiatoren meist per Text und Kurzvideo für ihr Anliegen und erklären, wofür sie das Geld brauchen. Die »junge deutsche Philharmonie« etwa wollte 25.000 Euro haben, um im Rahmen eines Festivals ein einzigartiges Musikereignis zu realisieren: Bei einem Composer Slam sollen Stücke unbekannter Komponisten präsentiert werden, die die Werke zuvor mit den Musikern einstudieren und auf der Bühne eine aktive Rolle spielen. Das Publikum darf darüber abstimmen, welche Werke nach der Pause ein zweites Mal aufgeführt werden und welche Gewinnerkomposition beim Abschlusskonzert gespielt wird. Das alles erklärt ein junger Musiker, der im Film mehrere Anläufe braucht, um den auswendig gelernten Text fehlerfrei aufzusagen – was sehr sympathisch wirkt.

Der Nachweis, wofür das Geld gebraucht wird, würde einen konventionellen Investor als Finanzplan nicht unbedingt zufriedenstellen: Gage für Dirigent, Reisekosten, Übernachtungskosten und Bühnenbild – mehr erfährt man dazu nicht auf der Seite von Startnext. Dafür gibt es Belohnungen für Unterstützende: Wer 10 Euro bezahlt, bekommt einen persönlichen Dank, für 50 Euro gibt es eine Eintrittskarte, und für 5.000 Euro lockt die Aussicht, das Orchester bei sich zu Hause oder in der eigenen Firma empfangen zu dürfen. Nach gut sechs Wochen hatte die junge Philharmonie den gewünschten Betrag beisammen: 185 Fans trugen mit unterschiedlichen Beträgen zum Erfolg bei, sodass der Composer Slam im August 2014 in Frankfurt am Main und Berlin stattfinden kann.

Erfinder können selbst den Hut aufbehalten

Früher hatten Erfinder kaum Chancen, selbst in die Produktion einzusteigen. Einen Bankkredit für innovative Geschäfte zu bekommen ist schwer – und wer die Hürde nimmt, hat hohe Schulden, ohne sicher zu sein, dass es eine Nachfrage gibt. Einen Risikokapitalgeber zu suchen ist zwar eine Alternative, doch der will bei der Unternehmensentwicklung mitreden, um später abzukassieren. Manchmal ist es auch möglich, eine Idee an ein etabliertes Unternehmen aus der Branche zu verkaufen.

Neuerdings eröffnet über das Internet organisierte Schwarmfinanzierung Erfindern die Möglichkeit, selbst den Hut aufzubehalten. So haben drei Freunde aus San Diego in ihrer Freizeit eine eckige Glühbirne mit integrierten LED-Lämpchen entwickelt. »Nanolight« hat das Flair von etwas Selbstgebasteltem, spart aber nach Angaben der Hersteller 87 Prozent Strom und ist damit bei der Lichtausbeute Weltspitze. 5.746 Menschen ließen sich begeistern und zahlten den drei Tüftlern zwischen 30 und 1.000 Dollar. Sie fühlen sich als Teil des Projekts – und benehmen sich auch so. Ungeduldig fragen sie nach, wann ihre Birne eingeschifft wird, beschreiben ihre Begeisterung beim Anknipsen, stellen Nachfragen und kommentieren ihre Beiträge auch untereinander. Zweifellos ist ihr Interesse an dem Produkt wesentlich größer und emotionaler besetzt als bei einem Leuchtmittel aus dem Baumarkt.

Der unbürokratische Direktvertrieb ohne Zwischenhändler hebt die Anonymität zwischen den Geschäftspartnern auf. Während ansonsten häufig allein der Preis beim Einkaufen zählt, spielen bei schwarmfinanzierten Produkten die dahinterstehenden Menschen eine zentrale Rolle: Die Kunden und Finanziers haben sie im Filmclip erlebt, einen Blick in ihre Werkstatt geworfen und ihre Stimmen gehört. Umgekehrt posten viele Unterstützenden Ermutigungen, Fragen, Anregungen und Kommentare – und erwarten von den Erfindern Antworten. Wer hier investiert, geht ein finanzielles Risiko ein und schießt Vertrauen vor, das wohl manchmal auch enttäuscht werden wird.

Gemeinschaftsfinanzierung ist jedoch keine Garantie dafür, dass nachhaltige Produkte entstehen. Auch Autorennteams oder energiefressende Computerspielzeuge werden so finanziert. Schwarmgeld ist ein Instrument, das sich so oder so nutzen lässt.

Andererseits ermöglicht Crowdfunding auch Produkte, die das Geschäftsgebaren traditioneller Firmen aushöhlen. Initiatoren wollen Platzhirschen und Großkonzernen zeigen, dass diese fairer, menschengerechter und umweltfreundlicher produzieren könnten, wenn sie nur wollten. Statt sie anzuklagen oder mit Unterschriftenaktionen unter Druck zu setzen, demonstrieren die Neuunternehmer ganz praktisch, wie es besser geht.

Faires Smartphone

Das Fairphone – ein Smartphone mit ethischem Anspruch – war bereits ausverkauft, bevor die Massenproduktion im November 2013 tatsächlich anlief: 25.000 Menschen waren bereit, je 325 Euro vorzuschießen und bis zu ein halbes Jahr lang auf ihr neues Handy zu warten.

Während Apple ein riesiges Geheimnis daraus macht, wie die nächsten Geräte aussehen und sich ihr Preis zusammensetzt, lief beim Fairphone in den Niederlanden alles transparent ab. Kunden wissen, wo wichtige Rohstoffe herkommen und an welchen Stellen die Hersteller selbst noch Wissenslücken haben. Damit Arbeitsbedingungen in chinesischen Montagehallen nachhaltig verbessert werden, finanzieren Käufer unabhängige Kontrollen und ein Trainingsprogramm für die gesamte Belegschaft. Im Herstellungspreis inbegriffen sind 1,93 Euro für einen arbeiterverwalteten Sozialfonds und 3,75 Euro für Initiativen, welche sich um den Abbau von Metallen kümmern, die garantiert keine Bürgerkriege finanzieren. 25 Euro kosten Patente und Lizenzen.

»Das Fairphone ist nicht das beste Smartphone im Markt, aber es ist gut genug«, sagt Fairphone-Gründer Bas van Abel. Der Niederländer hatte vorher für eine gemeinnützige Kulturorganisation gearbeitet und dort über die Herkunft der Rohstoffe für elektronische Alltagsgeräte recherchiert: Das Coltan für Mobiltelefone kam lange Zeit fast ausschließlich aus der Demokratischen Republik Kongo; der Rohstoffreichtum brachte dem Land vor allem blutige Auseinandersetzungen, Ausbeutung und Armut. Bei der Montage in China sind giftige Chemikalien im Einsatz, und immer wieder nehmen sich Arbeiterinnen das Leben, weil sie Zeitdruck und Schikanen nicht mehr aushalten. »Wir entschieden uns, eine Firma zu gründen, Teil des Systems zu werden, um es von innen zu verändern«, so van Abel.[340]

Bei 5.000 Vorbestellungen wollten er und sein 15-köpfiges Team loslegen, doch die Nachfrage war so groß, dass sie die Zahl immer weiter bis auf 25.000 erhöhten. Gleich nach der Auslieferung der ersten Charge Ende 2013 lief die zweite Runde an: Diesmal kalkulieren die Organisatoren von Anfang an mit 35.000 Bestellenden. Und die Infrastruktur wächst mit. Im Internet gibt es bei Ifixit Reparaturanleitungen und Ersatzteile für das Fairphone.

☛ www.fairphone.com, http://eustore.ifixit.com

Das Erstaunliche ist, dass diese neuen fairen Unternehmer in der Regel vorher keine technischen Branchenkenntnisse besaßen und dennoch qualitativ akzeptable, wenn nicht sogar gute Produkte herstellen. Das liegt daran, dass auch Markenfirmen ihre Geräte von Dienstleistern zumeist in Asien produzieren lassen, die hohe Exportqualität liefern. Die Fairen nutzen diese Strukturen – nur eben zu anderen Konditionen. Sie sind nicht teurer als die Konventionellen, weil sie den Zwischenhandel ausschalten und keine horrenden Summen für Marketing, renditehungrige Manager und Aktionäre einkalkulieren müssen.

Van Bo Le-Mentzel fördert Schuhe mit gutem Karma

Der in Berlin lebende Architekt Van Bo Le-Mentzel trägt am liebsten rote Turnschuhe – so wie der legendäre US-Basketballer Chuck Taylor vor fast 100 Jahren. In manchen Kreisen gelten die knöchelhohen Treter als überaus »kultig«, mehrere Hundert Millionen Paare wurden schon verkauft. Erfunden und produziert wurden die Chucks von der US-Firma Converse. Doch dann schluckte der Weltkonzern Nike das Traditionshaus und verlegte die gesamte Produktion nach Asien. »Ein Riesenschock«, sagt Van Bo Le-Mentzel.

2011 wurde bekannt, dass Arbeiterinnen in einer indonesischen Turnschuhfabrik geschlagen wurden und nur 36 Cent pro Stunde verdienten – und das, obwohl Nike versicherte, sich für anständige Arbeitsbedingungen bei Zulieferern einzusetzen, und eine entsprechende Selbstverpflichtung unterschrieben hatte. »Auf so was hab ich einfach keinen Bock«, begründet Van Bo Le-Mentzel, warum er die Produktion seiner Lieblingsschuhe selbst in die Hand nehmen wollte.

Er recherchierte, wo es Baumwoll-, Sohlen- und Schuhfertigungsbetriebe mit anständigen Arbeitsbedingungen gibt, reiste nach Sri Lanka, Indien und Pakistan und schaute sich Firmen an. Weil die Näherei eine Mindestbestellmenge von 500 Paaren verlangte, suchte Le-Mentzel über die Crowdfunding-Plattform Startnext 499 weitere Interessierte, die bereit

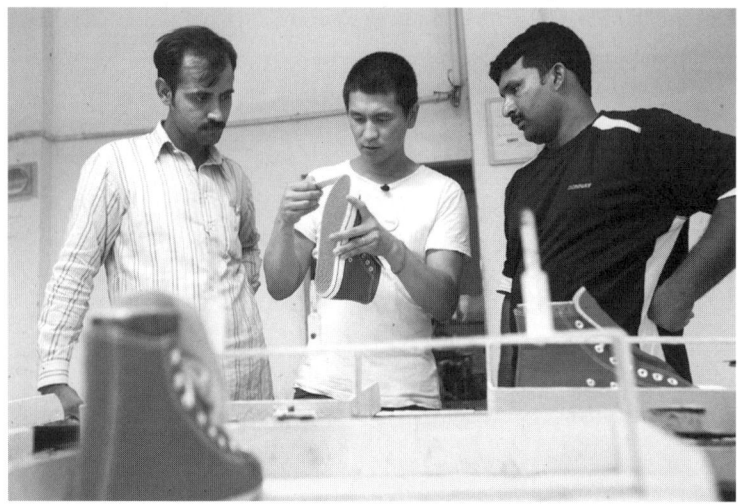

Van Bo Le-Mentzel bei seinem Besuch in der Schuhfabrik, die seine Chucks gefertigt hat.
Foto: Kathrin Harms

waren, 70 Euro zu bezahlen und dafür eine Weile auf ihre Schuhe zu warten. Verdient hat Le-Mentzel nichts an dem Projekt – doch nach eigenem Bekunden viel gewonnen: neben Schuhen mit gutem Karma auch Erfahrungen und Erkenntnisse.

Van Bo Le-Mentzel, Sohn einer Vietnamesin und eines Chinesen, verdient sein Geld, indem er Shoppingmalls oder Freizeitparks entwirft. »Die Auftraggeber sind Konzerne – solche, wo viel Geld sitzt«, berichtet er. Die Einsichten, die er bei dieser Arbeit sammelt, findet er wertvoll: »Ich guck immer, was ich da lernen kann, wie die Leute arbeiten, welche Farben sie einsetzen, wie sie ihre Lieferketten entwickeln.« Das bürstet er nicht selten gegen den Strich und entwickelt daraus Projekte wie die »Hartz-IV-Möbel« – seine Form der Auseinandersetzung mit teuren und wenig nachhaltig genutzten Messemöbeln. Jedem Interessierten schickt er die Open-Source-Bauanleitung etwa für einen 24-Euro-Sessel kostenlos – aber unter der Bedingung, dass der Empfänger ihm anschließend die Geschichte über sich und das Möbelstück erzählt. Schon Zehntausende haben ihn wegen der Baupläne kontaktiert, zusammen mit einer bunt zusammengewürfelten Gruppe hat er aus ihren Geschichten ein Buch gemacht. Auch seine

Einsichten bei der Produktion der Turnschuhe hat er selbstverständlich veröffentlicht – und andere greifen sie auf und führen das Projekt nun fort.

»Seitdem ich lebe, wurde mir immer gesagt, dass ich das große Glück dann finde, wenn ich konsumiere. Ich wehre mich gegen diese Vorstellung. Mein Leitspruch ist: Konstruieren statt konsumieren. Bauen, reparieren und gemeinsam Dinge entwickeln – das macht mich glücklich«, sagt der Mann mit dem Meckihaarschnitt. Mit seiner offenen und unprätentiösen Art gelingt es ihm selbst per Video, bei Zuhörenden das Gefühl auszulösen, persönlich angesprochen zu sein. Gerade versucht er, mit einer Schwarmfinanzierungskampagne den Lebensunterhalt für ein Jahr zusammenzubekommen, um sich eine Weile lang ausschließlich seinen Ideen für eine nichtkommerzielle Wirtschaft widmen zu können.

☞ www.hartzivmoebel.de/

Das Geld im Dorf lassen

Eine völlig andere Art der finanziellen Gemeinschaftsstärkung sind Regiogelder. Zum ersten Mal ausprobiert wurde das Ganze Anfang der 1930er Jahre im österreichischen Städtchen Wörgl. Auch dort herrschte nach dem Börsencrash in den USA Krise, viele verloren ihren Job. Die Zentralregierung in Wien versuchte, der Lage durch einen strikten Sparkurs, Personalabbau und Lohnsenkungen Herr zu werden – so wie die EU heute in Südeuropa. Dagegen plädierte Wörgls sozialdemokratischer Bürgermeister Michael Unterguggenberger für das genaue Gegenteil: Die öffentliche Hand solle mehr Geld ausgeben. Er führte in Wörgl eine Komplementärwährung zum Schilling ein. Damit die Leute das Geld nicht horteten, verloren die Scheine am Ende jedes Monats ein bisschen an Wert. Die Idee des »Schrumpfgeldes« hatte Unterguggenberger einem Buch des Finanzreformers Silvio Gesell entnommen.

Im Juli 1932 ging es dann los: Die städtischen Angestellten wurden als Erste auf diese Weise entlohnt, und wer von ihnen im August noch einen Schein vom Juli übrig hatte, musste gegen Gebühr einen kleinen

»Aufwerter« dafür kaufen. Zuerst akzeptierten nur wenige Ladenbesitzer die bunten Scheine. Doch neue Wasserleitungen und eine Brücke wurden gebaut, und so verdienten die Handwerker etwas. Auch die Bauern spürten den Nachfrageschub, und nach und nach entschlossen sich auch die meisten Einzelhändler mitzumachen. Während in den umliegenden Regionen die Arbeitslosigkeit weiter zunahm, sank sie in Wörgl um ein Viertel. Doch das Wunder von Wörgl endete jäh, weil Österreichs Nationalbank die Lokalwährung per Gerichtsbeschluss verbieten ließ.

Die Schweizer WIR-Bank arbeitet ohne Zinsen

Die Schweizer WIR-Banker sehen aus, wie Banker eben so aussehen. Doch zu Recht behauptet Geschäftsführer Germann Wiggli: »Wir sind eine glaubwürdige Alternative zu den Auswüchsen der internationalen Finanzspekulationen.« Die Genossenschaft existiert seit 1934 und arbeitet traditionell ohne Zinsen und Bargeld. Nur kleine und mittelständische Schweizer Unternehmen sowie ausgewählte Privatleute dürfen in einer der neun Filialen ein Konto eröffnen. Ziel ist es, die Kunden miteinander ins Geschäft zu bringen – und die Großkonzerne draußen zu halten.

Umgerechnet 1,2 Milliarden Euro Umsatz haben sich die 50.000 Kontoinhaber im Jahr 2013 gegenseitig beschert. Kauft beispielsweise ein Handwerker Holz bei einem kleinen Sägewerk, geht sein Konto bei der WIR-Bank um den Kaufbetrag ins Minus – und beim Lieferanten ins Plus. Der Sägewerksbetreiber kann nun mit seiner WIR-Karte sein Geschäftsessen begleichen oder eine Überweisung für die Reparatur seiner Maschine ausfüllen. Verrechnungseinheit ist der Schweizer Franken. Bei regelmäßigen Treffen haben die Beteiligten die Chance, sich zwanglos kennenzulernen. Darüber hinaus gibt es Teilnehmerverzeichnisse in Papierform und im Internet. Seit Neuestem können sich WIR-Bankkunden auch spontan mit dem Smartphone orten.

Zinsen für Guthaben gab es bei der WIR-Bank noch nie. Bis 1952 wurden diejenigen, die im Plus lagen, sogar mit Gebühren belegt, damit aus ihrem Verdienst schnellstmöglich neue Aufträge für andere erwuchsen. Inzwischen ist das Ganze ein Nullsummenspiel – und finanziert damit weiter zu 100 Prozent die Realwirtschaft. Am besten läuft das Geschäft in wirtschaftlich schwierigen Phasen und wenn die allgemeinen Zinsen hoch sind. So herrscht gegenwärtig Flaute – doch die nächste Krise kommt bestimmt.

☛ http://www.wir.ch/

In Japan entwickelten in den 1990er Jahren gleich mehrere hundert lokale Gemeinschaften ihr eigenes Geld, weil die nationale Wirtschaft in einer Deflationsspirale steckte. Rund sieben Prozent der argentinischen Bevölkerung sollen Anfang des Jahrtausends aufgrund der extrem hohen Arbeitslosigkeit die Parallelwährung Créditos genutzt haben. Und in Griechenland sind seit der Finanzkrise 2008 etwa 30 Regionalwährungen entstanden. Manche Modelle laufen mit Papierscheinen, andere über Verrechnungseinheiten im Internet. In jedem Fall haben lokale Anbieter von Waren und Dienstleistungen den Vorteil, nicht gegen Weltkonzerne konkurrieren zu müssen, weil das Geld ausschließlich vor Ort einen Wert hat. Da außerdem keine Bank beteiligt ist, sind die griechischen Parallelwährungen völlig abgekoppelt von den ständig wachsenden Schuldenbergen des Landes. Natürlich gibt es in jedem griechischen Dorf auch weiterhin alles für Euros zu kaufen, doch viele Leute haben heute kaum noch welche im Portemonnaie.

In einem Slum von Mombasa hatte der Lehrer Will Ruddick erstaunt beobachtet, dass junge Kenianer den ganzen Tag lang nur herumhingen, obwohl er die Kinder und Jugendlichen im Unterricht als interessiert und wissensdurstig erlebte. Der US-Amerikaner sprach mit Markthändlerinnen, Fahrradreparateuren, Wäscherinnen und Velotaxifahrern und hörte immer wieder das Gleiche: Alle wollten gerne mehr arbeiten, doch weil die meisten Menschen hier weniger als einen Dollar am Tag zur Verfügung hätten, käme die Wirtschaft einfach nicht in Schwung. Zusammen mit einem Netzwerk von Kleinstunternehmern entwickelte Ruddick eine lokale Währung: Ein Künstler gestaltete bunte Scheine, eine Hilfsorganisation gab das Startkapital. Jeder, der mitmachen wollte, bekam 400 Bangla-Pesas (etwa 3,30 Euro) – wobei der Umrechnungskurs denkbar einfach ist: Jeder Bangla-Pesa entspricht einem kenianischen Schilling. Die Vouchers können nur bei den anderen Beteiligten eingelöst werden, und so wanderten sie bald von Hand zu Hand, die Umsätze stiegen spürbar, immer mehr Leute wollten mitmachen. Die Wirtschaft vor Ort begann zu florieren – bis die Polizei der Sache nach sieben Monaten ein Ende bereitete und mehrere Beteiligte ins Gefängnis warf. Doch Ruddick gelang es, weltweit Unterstützer zu mobilisieren und einen Freispruch zu erlangen. So geht das Experiment weiter, es gilt jetzt in Kenia auch offiziell als legal und wurde durch den Prozess in anderen Landesteilen bekannt.

Obwohl das deutsche Gesetz eigentlich keine Privatwährungen zulässt, existiert auch hierzulande Regionalgeld in über 20 Orten. Die Scheine heißen »Chiemgauer«, »Karlsruher Bürgerblüte«, »Dresdner Elbtaler« oder »Sterntaler« und werden vom Staat geduldet. Die meisten Regiogelder sind mit Euros unterlegt und entstehen zum Beispiel im Berchtesgadener Land dadurch, dass Vereinsmitglieder ihre orangefarbene Chipkarte in einen Apparat stecken, der in beteiligten Läden zu finden ist und ähnlich wie ein Kreditkartengerät aussieht. Damit überweisen sie Euros von ihrem Girokonto auf ein Sperrkonto der GLS-Bank und bekommen anschließend vor Ort die entsprechende Menge Sterntaler ausgezahlt, mit denen sie ihre Rechnungen in knapp 180 Läden, bei Handwerkern oder Kneipen bezahlen können. Allerdings zeigt das Beispiel im Berchtesgadener Land auch, dass so ein System außerhalb von Krisenzeiten leicht einschläft, wenn wichtige Antreiber wegbrechen. Früher waren einmal 80.000 Sterntaler im Umlauf, heute sind es nur noch 50.000.

Tanzen, Feiern, Kaufen für die Energiebilanz

Lustbetont sind neue Formen der Gemeinschaftsfinanzierung von Energiesparmaßnahmen. In Berlin haben schon mehrere ClubMobs stattgefunden. Energieberater geben Tanzlokalbetreibern kostenlos Tipps, wie sie ihren Club mit weniger Strom, Wasser und Heizöl am Laufen halten können. Danach findet ein Wettbewerb statt: Wer bereit ist, den höchsten Anteil der Abendeinnahmen an einem verabredeten Datum in Energiesparmaßnahmen zu investieren, macht ein Bombengeschäft: Die Initiatoren des ClubMobs fordern Freundinnen und Bekannte über ihre sozialen Netzwerke auf, den auserwählten Club am Stichtag zu besuchen und dort für einen hohen Umsatz zu sorgen. Zwar lassen sich mit den erwirtschafteten 1.000 bis 2.000 Euro nur kleinere Maßnahmen anschieben – doch immerhin liegt das Energiethema in den Tanzlokalen oft zum ersten Mal überhaupt »auf dem Tresen«.

Ähnliche Aktionen mit Einzelhändlern gibt es schon länger und an vielen Orten. Die Betreiber von Buch- und Kleidungsläden, Kiosken und Supermärkten haben so in neue Kühlschränke, Energiesparlampen und Zeitschaltuhren investiert und ihre Energiebilanz dauerhaft verbessert. Häufig erfahren viele Menschen durch die Aktion erstmals von der Existenz eines Ladengeschäfts – und kommen vielleicht wieder. Zugleich ist es für die Beteiligten ein netter Event, bei dem man Freunde trifft und neue Menschen kennenlernt.

Die Aktionsform erfunden hat Brent Schulkin, seinerzeit Student im kalifornischen Stanford. Er hatte sich zuvor an mehreren – mäßig erfolgreichen – Boykottaktionen beteiligt. Da kam ihm der Gedanke mit dem Esel und der Karotte. Um ein störrisches Tier voranzutreiben, kann man entweder von hinten mit einem Stock darauf einprügeln – oder es von vorne mit einer Möhre locken. Und schon hatte seine Idee einen Namen: Carrotmob.

Einsparungen gemeinsam finanzieren

Energie- und Ressourcensparen sind positiv für die betriebswirtschaftliche Bilanz – und für Umwelt und Klima. Das Potenzial ist gewaltig: Die deutsche Energieagentur Dena schätzt, dass es bei Industriepumpen Einsparmöglichkeiten von 30 Prozent gibt. Für die Informations- und Kommunikationstechnik geht sie sogar davon aus, dass der gleiche Nutzen mit 75 Prozent weniger Energie zu schaffen ist. Dennoch unterbleiben Umbauten, weil häufig das Geld für die Anfangsinvestition fehlt.

Die Idee, Strom- und Wärmesparmaßnahmen von außen finanzieren zu lassen und sich den Ertrag anschließend zu teilen, ist nicht neu: Energiekontraktoren berechnen für Schulen oder Krankenhäuser, wie sich mit möglichst geringem finanziellen Einsatz der größte Effekt erzielen lässt. Danach entscheiden sie, ob in den öffentlichen Gebäuden neue Fenster, Heizungen, Dämmungen oder computergesteuerte Jalousien eingebaut werden. Die Kontraktoren organisieren die Finanzierung und bekommen dafür später einen Teil der so eingesparten Gelder ausgezahlt.

Das Prinzip ließe sich auch auf Privatfirmen übertragen. Doch geschieht dies nur selten, weil Unternehmer keinem Betriebsfremden Entscheidungen überlassen wollen. Eine Lösung für dieses Problem bietet die Plattform Bettervest: Dort präsentieren kleine und mittlere Unternehmen ihr Energiesparkonzept, das sie selbst zusammen mit einem Profi entwickelt haben, und suchen dafür Kleinfinanciers.

Bettervest – Schwarmgeld für Fische und Weltklima

Das saarländische Zoohaus Schleidt hat ein früheres Gartencenter in Saarlouis-Röderberg angemietet und baut dort eine neue Filiale auf, deren Räume mehr Licht einlassen sollen. Zudem brauchen die exotischen Fische viel Wärme, um sich wohlzufühlen.

Geschäftsführer Hans Michael Schleidt hat einen Energiefachmann durchrechnen lassen, welche Alternativen es gibt. Branchenüblich sind Aquarien mit Elektroheizung und Umwälzpumpe in jedem Becken. Die neue Zoohandlung in Saarlouis wird hingegen mit Fernwärme versorgt werden. Das ist zwar am Anfang teurer – senkt aber langfristig die Betriebskosten. Das Gleiche gilt für ein klug ausgetüfteltes Beleuchtungssystem.

Schleidt kalkuliert mit jährlich 5.336,91 Euro geringeren Energiekosten im Vergleich zu einer konventionellen Ausstattung; zugleich bleiben dem Klima über 25 Tonnen CO_2 erspart. Einziger Haken: Am Anfang muss er 23.350 Euro mehr investieren. Die hat er binnen eines Monats auf der

Crowdfunding-Seite Bettervest eingesammelt, wo Energiesparkonzepte für kleine und mittlere Unternehmen vorgestellt werden. Nach gut vier Jahren werden sich die Ein- und Umbauten für die Tierhandlung amortisiert haben, zwei Jahre später sind die Geldgeber ausbezahlt und haben zusätzlich neun Prozent Rendite mitgenommen. Weil der Pachtvertrag für das Gelände mindestens zehn Jahre lang läuft, lohnt sich die Sache auf jeden Fall. Das einzige Risiko für die Investoren besteht darin, dass der Zoohändler pleitegeht.

Ob diese Gefahr tatsächlich droht, versuchen die fünf Leute von Bettervest im Vorfeld herauszufinden. Getroffen hat sich das bunte Grüppchen aus Ökonomen, Energieexperten und einem Programmierer bei einem Start-up-Wochenende; noch haben alle anderswo einen Hauptjob. »Wir verstehen uns als soziales Unternehmen und wollen die Energiewende angehen«, sagt Ideengeber Patrick Mijnals. Die Zeiten dafür sind günstig, ist der Mittdreißiger überzeugt: »Die Leute wollen heute wissen, was mit ihrem Geld passiert.« Bei den angemeldeten Vorhaben haben sie die Chance, sich alles vor Ort anzuschauen – und tatsächlich stammt ein erheblicher Anteil der Investoren aus der jeweiligen Region. Zugleich spart der Projektinhaber von Anfang an Kosten und kann sich öffentlich als umweltfreundlicher Unternehmer präsentieren. Somit ist das Ganze wirtschaftlich tragfähig und eine eindeutige Win-win-Situation.

Patrick Mijnals stellt eine Frage in den Raum: Warum nicht auf ähnliche Weise das Weltklima retten? 100 Euro pro Kopf und Jahr müssten investiert werden, um die Temperaturen auf der Erde stabil zu halten, hat der Direktor des Potsdam-Instituts für Klimafolgenforschung Hans Joachim Schellnhuber errechnet.[341] Staaten sind offenbar nicht dazu in der Lage, entsprechende Summen aufzubringen, wie die internationalen Megakonferenzen der vergangenen Jahrzehnte gezeigt haben. Einen Versuch, das Geld für die Klimarettung über Schwarmfinanzierung zu organisieren, wäre es doch allemal wert, träumt Mijnals.

☛ https://bettervest.de/

Kapitel 11

Elektr(on)ische Revolution, Teil II – erneuerbare Energien fördern dezentrale Selbstorganisation

»Das Erdöl ist eine nutzlose Absonderung der Erde – eine klebrige Flüssigkeit, die stinkt und in keiner Weise verwendet werden kann.«
Akademie der Wissenschaften in St. Petersburg, 1806

Wind- und Sonnenkraft: uralt, vergessen, erneuerbar

An einem strahlend heißen Tag im Juli 1913 versammelte sich eine Gruppe von Journalisten und hohen Staatsbeamten in Maadi, einem kleinen Dorf im damals britisch kolonialisierten Ägypten. Die Männer trugen Panamahüte und Tropenhelme, die Frauen Sonnenschirme. Konzentriert beobachteten sie eine seltsame Maschine, die der anwesende US-Erfinder Frank Shuman am Nilufer aufgebaut hatte. Scheinbar ohne jede Energie von außen begann sie rund 2.000 Liter Wasser pro Minute aus dem Fluss zu pumpen und Baumwollfelder zu bewässern.

Es war das erste solarbetriebene Parabolrinnenkraftwerk der Welt, mit damals stolzen 75 PS. Schon Ende des 19. Jahrhunderts hatte Shuman mit solar angetriebenen Dampfmaschinen experimentiert und 1908 die Sun Power Company gegründet, um größere Anlagen zu bauen. Er sei sicher, schrieb der Erfinder 1914 an Scientific American, dass die Menschheit entweder Sonnenkraft nutzt »oder in die Barbarei zurückfällt«.[342]

Die Barbarei begann noch im selben Jahr mit dem Ersten Weltkrieg. Er war der erste Krieg, den Generäle mit ölangetriebenen Panzern, Schiffen und Flugzeugen kämpften, gefolgt von späteren blutigen Konflikten um die Fossilquellen selbst. Mit den Unsummen für die militärische Sicherung der Ölförderländer von heute hätten Energiesysteme, etwa das der USA, längst auf erneuerbare Energien umgestellt werden können.[343]

Man stelle sich vor, Sonnenenergie und solare Dampfmaschinen hätten sich vor 100 Jahren durchgesetzt – zusammen mit den ersten modernen Windstromanlagen, die Ende des 19. Jahrhunderts fast zeitgleich in Schottland, USA und Dänemark erfunden wurden, und mit dem Druckluftauto, das der Niederländer Johannes Wardenier 1934 erfand; danach wurde er auf Veranlassung eines Industriellen in die Psychiatrie eingewiesen. Wir hätten eine völlig andere Welt – ohne Abhängigkeit vom Billigöl, ohne benzingetränkte Kriege, ohne auto- und smogverpestete Städte, ohne Klimakrise.

Energieversorgung heute

Energie ist das Rückgrat moderner Gesellschaften. Umgerechnet in Arbeitsleistung und Watt, stellt das jetzige Energiesystem jedem Menschen in Deutschland 60 »Energiesklaven« an die Seite, die quasi für ihn arbeiten.[344] Doch die »Versklavung« der schwarzen Fossilen neigt sich definitiv ihrem Ende zu: Laut einer Studie der – ökologischer Umtriebe gewiss nicht verdächtigen – Bundeswehr geht die weltweite Ölförderung seit etwa 2010 zurück; neuere Untersuchungen verlagern den Peak aufgrund des Frackingbooms auf ungefähr 2020.[345]

Erneuerbare Energien stehen uns hingegen in praktisch unendlicher Menge zur Verfügung. Täglich schickt die Sonne 20.000-mal mehr Energie auf die Erde, als die Menschheit verbraucht; auch Wind- und Bioenergie basieren letztlich auf der Sonne.[346] Der Deutsch-Iraker Achmed Khammas hat in seinem Webportal www.buch-der-synergie.de Hunderte von Beispielen solcher teils vergessener, teils bewusst unterdrückter Energietechniken dokumentiert. Die Solarenergie sei schon bei den alten Mesopotamiern bekannt gewesen, so Khammas. Das Olympische Feuer wurde mit Parabolspiegeln entzündet, das erste Patent zur Ausnutzung von Wellenenergie stammt von 1717. Khammas führt auch viele Formen von Micro Energy Harvesting an: Schon kleinste Unterschiede bei Schall, Temperatur oder Licht lassen sich »ernten« und energetisch nutzen. Beispiele sind Joggingschuhe, die bei jedem Schritt schwache Elektroimpulse in der Sohle sammeln, oder mikrobielle Brennstoffzellenbatterien, die Handys aufladen.[347]

Die Pionierleistung des EEG

Das deutsche Erneuerbare-Energien-Gesetz (EEG) hat die Nutzung von Sonnen- und Windkraft national und weltweit enorm verbilligt. Seinen Vorgänger, das »Stromeinspeisegesetz«, hatten zwei Bundestagsabgeordnete von CSU und Grünen, von vielen unbemerkt, in den Wirren der Wiedervereinigung initiiert; die Ursprungsidee stammt freilich von einer Tüftlergruppe aus Aachen. Es garantierte Betreibern von Wind- und Solaranlagen einen festen Prozentsatz der Endverbraucherpreise – finanziert von allen Stromkunden. Daraus entwickelte die rot-grüne Bundesregierung im Jahr 2000 das EEG, das einen Boom bei den Erneuerbaren auslöste. Nach Berechnung von Hermann Scheer, dem verstorbenen Gründer der Europäischen Vereinigung für Erneuerbare Energien (Eurosolar), hat es zu wesentlich mehr CO_2-Reduktionen geführt, als das Klimaprotokoll von Kyoto Deutschland auferlegte.[348]

Kein deutsches Gesetz ist weltweit so oft übernommen oder nachgeahmt worden. Über 100 Staaten und Bundesländer bzw. Provinzen führten bis 2013 Einspeisevergütungen für Erneuerbare ein – darunter auch viele arme Länder, etwa Nigeria, Ruanda, Uganda, die Philippinen oder die palästinensischen Gebiete.[349] Das alles geschah ohne Steuerung von oben, etwa durch UN-Klimakonferenzen. Das EEG und die Nachahmergesetze ließen die Anlagenpreise weltweit rasch fallen. Allein in China sind heute die Hälfte aller global vorhandenen Photovoltaikanlagen installiert; rund 130 Millionen Haushalte wärmen ihr Wasser mit Solarthermieanlagen.[350] Und je knapper und teurer Fossilenergie in den kommenden Jahrzehnten wird, desto glücklicher werden jene sein, die rechtzeitig auf Erneuerbare umgestellt haben.

Auch wenn deutsche Medien heutzutage unter dem Trommelfeuer von »Fossilisten« einen gegenteiligen Eindruck vermitteln: Preiswerter Onshore-Windstrom drückt in Deutschland inzwischen die Strompreise nach unten, und Solarstrom vom eigenen Dach ist billiger als der aus der Steckdose. Doch unter anderem die Freistellung energieintensiver Industrien von der EEG-Umlage lässt die Strompreise für Endverbraucher dennoch steigen.

Energie als Gemeingut

Erneuerbare Energien erneuern auch das Denken. Eine Vision wird greifbarer: Energie als Teil der Commons – erzeugt von allen für alle. Erzeuger und Verbraucherinnen vernetzen sich ohne kontrollierende Zentrale, nutzen auf der Basis von freiem Wissen gemeinsam Energiequellen wie Sonne, Wind und Wasser, die niemandem oder allen gehören. Die nötigen Anlagen entstehen als Open-Source-Technologie in schwarmintelligenter Kooperation.

In Anlehnung an die Commons-Prinzipien von Elinor Ostrom glaubt Julio Lambing, Geschäftsführer des European Business Council for Sustainable Energy, dass eine »Stromallmende« aus Erzeuger-Nutzer-Gemeinschaften bestehen sollte, die ihre Regeln selbst bestimmen, mit Energie sorgsam umgehen und Konflikte lokal regeln.[351] Energiegenossenschaften sind eines der besten Modelle dafür.

In Europa gibt es mittlerweile schon rund 10.000 grüne Energiekooperativen, schätzt Dirk Vansintjan, Präsident des europaweiten Energiegenossenschaftsverbundes www.REScoop.eu und Mitbegründer der belgischen Erzeuger-Verbraucher-Genossenschaft Ecopower. Die wurde 1991 von zehn Personen gegründet und hat mittlerweile etwa 60.000 Mitglieder. Vansintjan spricht kaum über den Klimawandel, wenn er für den Bau von Grünstromanlagen wirbt, sondern über das Geld für Öl, das jährlich nach Saudi-Arabien abfließt: »Wir aber produzieren und konsumieren unsere eigene Energie, der Zirkel ist geschlossen.«[352]

Auch die Elektrizitätswerke Schönau sind eine Erzeuger-Nutzer-Gemeinschaft. Es war die Sorge um ihre fünf Kinder und ihre Mitmenschen, die die frühere Sekretärin und Grundschullehrerin Ursula Sladek antrieb, die Stromversorgung in dem Schwarzwaldflecken Schönau selbst in die Hand zu nehmen. Nie hätte sie geahnt, dass sie es als Geschäftsführerin eines Energieunternehmens einmal bis ins Weiße Haus schaffen würde. Doch im April 2011 verlieh ihr US-Präsident Obama dort den renommierten Goldman Environmental Prize – und sie versuchte, ihn von ihrer Vision einer atomkraftfreien Welt zu überzeugen.

Dabei hatte die lebensfrohe Schwarzwälderin nie vorgehabt, ein Unternehmen zu führen. Nach der Explosion des Atomkraftwerks Tschernobyl 1986 wollte sie im Rahmen der Initiative »Eltern für eine atomfreie Zukunft« eigentlich nur helfen, Energie zu sparen. »Entwickeln Sie ein liebevolles Verhältnis zu Ihrem Stromzähler, besuchen Sie ihn täglich«, riet ihr Ehemann, der Arzt Michael Sladek, seinen Mitbürgern.

Beim damaligen örtlichen Energiemonopolisten KWR biss das engagierte Paar damit auf Granit. Sind Sie verrückt? Wir leben vom Stromverkauf, wieso sollten wir Energie sparen?, herrschten deren Vertreter sie an. Letztendlich sprach die KWR damit ihr eigenes Todesurteil aus. Nach langen Auseinandersetzungen, zwei dramatisch verlaufenen Bürgerentscheiden und einer bundesweiten Kampagne entstand 1994 der Ökostromanbieter EWS, der 1997 das lokale Stromnetz übernahm, seit 1999 bundesweit liefert und sich als Genossenschaft organisierte.

Die EWS Schönau waren das erste Bürgernetzwerk, das Strom ausschließlich aus erneuerbaren Energien anbot – bundesweit und wahrscheinlich sogar weltweit. Heute hat es etwa 100 Beschäftigte, 3.300 Genossenschaftsmitglieder und 150.000 Stromzahlende. Teurer als anderswo ist der EWS-Strom nicht – oft im Gegenteil. »Die Großen stopfen sich die Taschen voll. Bei uns gibt es dagegen vergleichsweise schmale Margen«, erklärt Ursula Sladek.

Vieles erledigen immer noch Ehrenamtliche. »Unser Produkt ist ja ein gesellschaftliches Produkt, und die Leute, die wir beliefern, sind nicht nur unsere Kunden, sondern vor allem Mitstreiter und Mitbewegende«, beschreibt Aufsichtsrat Michael Sladek seine Sicht der Dinge. »Unsere Geschichte macht vielen anderen Mut. Und mir selbst macht es auch immer wieder Spaß, wenn andere Kommunen sich aus den Klauen der Monopole befreien wollen.«

Energiegenossenschaften als Treiber der Energiewende

Die Schönauer Stromrebellen dienten vielen Energiegenossenschaften als Vorbild, seitdem 2006 eine Gesetzesnovelle die Bildung von Kooperativen erleichterte. Fast 140.000 Menschen beteiligten sich bis Ende 2013 an 888 Energiegenossenschaften und Bürgerkraftwerken, vor allem in Bayern, Baden-Württemberg und Niedersachsen.[353] Im bayrischen Landkreis Rhön-Grabfeld tauften die Genossen ihre Kooperative auf den Namen »Friedrich Wilhelm Raiffeisen«, bestückten das Dach des örtliches Fußballstadions mit Photovoltaik und versorgten die Mitglieder mit »Energiesparbüchern«. Im schwäbischen Horb pflasterte eine »Ökumenische Energiegenossenschaft« das Gemeindehaus mit Sonnenmodulen. Und in Emden betreiben 220 VW-Beschäftigte gemeinsam Solaranlagen auf Werksdächern.[354]

»Wir sind die Energiewende«, sagen diese Menschen selbstbewusst. Tatsächlich betreiben Bürger heute laut einer Studie des Instituts trend:research fast die Hälfte solcher Anlagen; die großen vier Energiekonzerne RWE, E.ON, Vattenfall und EnBW kommen dagegen zusammen nur auf fünf Prozent.[355] 62 Prozent der Bundesbürger bestätigten in einer Umfrage 2013, sie würden ihren Strom gerne selbst produzieren; nur 28 Prozent meinten, dies sei Aufgabe der Konzerne.[356]

Ein Viertel des deutschen Stroms stammte 2013 aus erneuerbaren Quellen. An manchen Tagen produzieren Sonnen- und Windstrom zusammen sogar bereits über 60 Prozent der benötigten Menge.[357] Für die Großkonzerne ist das ein echtes Problem: Kohle- und Atomkraftwerke lassen sich nur langsam herauf- und herunterfahren, ab einem Anteil von 35 Prozent Erneuerbare lohnt sich der Betrieb nicht mehr. Das Geschäftsmodell der zentralistischen Fossilkonzerne geht damit definitiv zu Ende, die »großen Vier« machen Verluste und entlassen Beschäftigte. Mit aller Kraft versuchen sie darum, der Energiewende so viel Sand wie möglich ins Getriebe zu werfen.

Wie stark es den Kohle- und Atomlobbyisten gelingt, den Schwung der Bürgerenergie ausbremsen, ist schwer voraussehbar. Die Lage ist komplex und unübersichtlich, die Entwicklungen müssen in gesellschaftlichen »Energiekämpfen« ausgehandelt werden. Die kläglichen Klimaschutzziele der Großen Koalition und der EU-Kommission entsprechen jedenfalls nicht im Geringsten dem Willen einer breiten Bevölkerungsmehrheit. Das ist besonders tragisch, weil die halbe Welt auf »The German Energiewende« starrt. Wenn Deutschland als Industrieland sie nicht hinbekommt, schafft es niemand, ist in internationalen Fachkreisen allenthalben zu hören. Scheitert der Umbau hierzulande, werden die Folgen wohl auf dem ganzen Planeten zu spüren sein.

Weil auf Politiker hier wenig Verlass ist, kommt der deutschen Zivilgesellschaft eine große Verantwortung zu. Projekte wie buzzn zeigen beispielhaft, wie Prosumierende die Energiewende von unten vorantreiben können.

buzzn vernetzt kleine Stromerzeuger und -abnehmerinnen

In Wolfratshausen südlich von München hat sich das achtköpfige Team von buzzn um den Wohnzimmertisch von Justus Schütze versammelt. Die kleine GmbH, deren Name sich vom englischen Wort für »summen« herleitet, hat große Ziele: Sie will den Energiekonzernen den Profit abklemmen, eine Kulturrevolution der Kleinproduzenten und -verbraucherinnen vom Zaun brechen und die Energiewende beschleunigen. »Es ist entscheidend, wohin das Geld fließt, das ich für meinen Strom bezahle: Fördere ich damit Kleinerzeuger oder die Betreiber von Riesenwindparks?«, fasst Gastgeber Schütze zusammen. Er produziert seinen Strom auf dem Dach und im Keller selbst; Überschüsse verkauft er an die Nachbarschaft – übers öffentliche Netz und die Internetplattform buzzn.net.

Justus Schütze ist ein Dissident. Früher hat der spitzbübisch aussehende 43-Jährige viel Geld als Broker und Energy Trader beim Energiekonzern

Justus Schütze mit Sohn neben dem E-Mobil, das selbstverständlich mit People Power fährt.
Foto: privat

Vattenfall verdient. »Ich fühlte mich wie in einem goldenen Hamsterrad«, erzählt er. Als dann aber 2007 Vattenfalls Atommeiler in Schweden und bei Hamburg fast havarierten, schmiss er hin und steckte in einer Sinnkrise – so wie Danusch Mahmoudi, Kreativchef einer Werbeagentur. Beim Brainstorming kamen beide Männer auf die Idee, über soziale Medien ein neuartiges Netzwerk zu schaffen.

Der Ex-Vattenfall-Mann ist heute einer der schärfsten Kritiker zentraler Kraftwerke, auch wenn sie als Offshore-Windanlagen oder Solarfarmen in Nordafrika daherkommen: Die hohen Kosten für die dafür benötigten Stromautobahnen seien hinausgeschmissenes Geld, so Schütze. Auch die Vorstellung, eine höhere Macht müsse passive Konsumenten versorgen, hält er für veraltet. Schütze schwärmt vom Prosumententum – mal ist jemand Lieferant, mal Verbraucherin, »People Power« nennt er das.

Gegenwärtig hat buzzn etwa 1.000 Beteiligte. Stromerzeuger bekommen pro eingespeister Kilowattstunde einen zusätzlichen Cent als Anreiz, während Abnehmer keinen erhöhten Strompreis zahlen müssen. »Wir haben eine sehr geringe Marge und wirtschaften äußerst sparsam«, erklärt Schütze, warum sein Betrieb das hinkriegt.

Doch der Ansatz ist noch umfassender. »Bei der Energiewende geht es bisher fast immer nur um Strom. Dabei sind Wärme und Mobilität in der Summe viel wichtiger«, erläutert Schütze. Wer in diesen beiden Bereichen klimafreundlich werden wolle, müsse ebenfalls dezentrale und kleinteilige Strukturen unterstützen. Blockheizkraftwerke sind deshalb ein wichtiger Baustein für buzzn, selbst wenn sie zunächst noch mit fossilem Erdgas betrieben werden. Die Minikraftwerke sind verbrauchernah, können gleichzeitig Wohnungen heizen und Lampen erhellen. Zudem lassen sich damit die Launen von Solaranlagen und Windrädern, mal viel und dann wenig Strom zu liefern, ausgleichen. Heute steuert der Wärmebedarf die Blockheizkraftwerke. Aber warum nicht umgekehrt Strom produzieren, wenn er gebraucht wird, und die Wärme eine Weile lang speichern?

Ein Beispiel dafür, wie buzzn im Alltag funktioniert, findet sich im Keller der Häberlstraße 15 in München. Dort brummt es gleichmäßig aus einer blauen, knapp brusthohen Metallkiste. »Da drinnen ist ein robustes Motörchen – sehr zuverlässig –, stammt aus der Gabelstaplertechnik«, erklärt Peter Schmidt, Geschäftsführer der Münchner Wohnungsbaugenossenschaft Wogeno. Das Blockheizkraftwerk kann Erdgas zu 90 Prozent in Nutzenergie wandeln: Ein Viertel davon ist Strom, der Rest Wärme. Beides verbrauchen die Mieter in den 24 darüberliegenden Wohnungen fast vollständig.

Schmidts Credo lautet: demokratisches und profitbefreites Wohnen für möglichst viele Menschen. Deshalb gründete er zusammen mit anderen vor über zwei Jahrzehnten die Wogeno, der inzwischen 300 Wohnungen gehören. Zudem verfolgt das Unternehmen das Ziel, Mietern günstige umweltfreundliche Energie zu liefern. Auf drei Dächern sammeln Module Sonnenstrom, in vier Kellern laufen Blockheizkraftwerke, weitere Anlagen sind in Planung.

Jahrelang kämpfte Peter Schmidt mit den Stadtwerken, dem Übertragungsnetzbetreiber Tennet und den Behörden: Sie alle wollten verhindern, dass die Wogeno-Mieter den vor Ort erzeugten Strom selbst verbrauchten. »Als wir anfingen, sagten die Stadtwerke: Das dürft ihr nicht machen«, berichtet Schmidt. Danach gängelten sie die Blockheizer durch technisch unsinnige Auflagen zum Umbau der Zähleranlage.

Deshalb ist er heilfroh, dass es buzzn gibt: Mit seinem Dienstleistungsangebot http://localpool.de ist das Unternehmen nun für Stromzähler und die Erledigung der Bürokratie verantwortlich. Zwar sind Mieter frei in ihrer Entscheidung, ob sie hauseigenen Strom kaufen oder andere Anbieter wählen. Doch fast alle haben sich für Wogeno-Strom entschieden – der Kilowattpreis ist günstiger, weil für den hauseigenen Strom keine Entgelte für das öffentliche Netz anfallen. Wogeno-Geschäftsführer Peter Schmidt versucht deshalb, weitere Kollegen aus seiner Branche vom buzzn-Prinzip zu überzeugen: »Das ist schließlich ein lukratives Betätigungsfeld für Genossenschaften und private Wohnungsunternehmen.« Vermieter und Mieter können gemeinsam profitieren.

☛ www.buzzn.net

Ein Viertel des Bundesgebiets von Fossilen befreit

Bürgerwindanlagen! Solarparks! Energiegenossenschaften! Alle Ausstellungsstände bewerben erneuerbare Energien. Wir befinden uns auf dem jährlichen Bundeskongress der »100% Erneuerbare-Energie-Regionen« in der ehrwürdigen Stadthalle von Kassel. Hier formiert sich die Energiewende von unten. Fast 140 Landkreise, Regionalverbünde und Gemeinden mit zusammen etwa 22 Millionen Bewohnern haben beschlossen, bis 2020, 2030 oder 2050 eine eigenständige Versorgung mit 100 Prozent grüner Energie aufzubauen. Die »100-ee-Regionen« (http://100ee.deenet.org) umfassen bereits etwa ein Viertel des Bundesgebiets.

Strickende Ökos mit Rauschebart sieht man hier nicht, dafür viele Männer und wenige Frauen im Businessdress. Sie vertreten eine pragmatische Generation, die parteiübergreifend agiert und Klimaschutz mit Geschäftemachen verbinden will. Bertram Fleck etwa, konservativer CDU-Landrat des Landkreises Rhein-Hunsrück, schwärmt von der regionalen Wertschöpfung durch die Erneuerbaren. 1999 begann sein Landkreis mit dem Ausbau erneuerbarer Energien, heute decken rund 1.500 Anlagen fast 60 Prozent des Strombedarfs. Die Ausgaben für Energie blieben damit im Lande, betont Fleck gerne. Sie kommen regionalen Firmen, Handwerkern oder Bauern zugute statt fundamentalistischen Ölscheichs und korrupten Gasmagnaten. Laut einer Studie des Instituts für ökologische Wirtschaftsforschung summierte sich die direkte Wertschöpfung durch erneuerbare Energien 2012 bundesweit auf fast 17 Milliarden Euro.[358] Satte Summen, die eine Aufwertung ländlicher Räume anzeigen – und damit ein neues Verhältnis zwischen Stadt und Land einleiten können.

Will eine Gemeinde zur 100-ee-Region werden, muss sie sich in Kassel beim deENet-Verein bewerben und detailliert nachweisen, wie und wann sie energieautark werden will. Das deENet-Team begleitet, berät, unterstützt und vernetzt Kommunen bis zum Erreichen ihrer selbst gesteckten Ziele. Allerdings hat sich der anfangs fast stürmische Aufschwung der Bewegung abgeschwächt, seitdem die Bundesregierung heftig an den Rahmenbedingungen für grüne Energie sägt. Interessierte wissen nicht mehr, ob ihr Geld dort sicher investiert ist, weil die Politik den Ausbau der Erneuerbaren deckeln und die Anlagenrendite massiv kürzen will.

Die Motive der »Energiebürger« sind laut Umfragen nicht in erster Linie monetär begründet. Die meisten wollen vor allem etwas fürs Klima tun, CO_2 verringern und das »Wir«-Gefühl in ihrer Region stärken.[359] Bei der Errichtung von Bürgersolaranlagen oder Windgenossenschaften haben Menschen das Gefühl, für das Klima und für sich selbst etwas tun zu können – und Selbstbestimmung macht bekanntlich glücklich. Umgekehrt haben Energiekonzerne lange genug der Bevölkerung fossile und atomare Großkraftwerke vor die Nase gesetzt, ohne sie zu fragen.

Die Zustimmung zu erneuerbaren Energien erreicht deshalb trotz massiver Propaganda der Gegenseite immer noch geradezu »sozialistische Werte«, wie Philipp Vohrer von der »Agentur für Erneuerbare Energien« in Kassel schmunzelnd feststellt. Laut Umfrage von 2013 hielten 93 Prozent der Bundesbürger ihren Ausbau für »wichtig bis außerordentlich wichtig«. Unabhängig von ihrer Parteipräferenz wollten fast drei Viertel der Befragten keinen Förderstopp; selbst die Höhe der EEG-Umlage fand eine Mehrheit in Ordnung. Mit einem Solarpark in ihrer Nachbarschaft wären 72 Prozent einverstanden, mit einer Windanlage 59 Prozent, mit einem Kohlekraftwerk aber nur acht und einem Atommeiler bloß drei Prozent.[360]

Die Erneuerbare-Energie-Regionen wollen nun auch international agieren. »100% EE goes global«, verkündet Anna Leidreiter vom Weltzukunftsrat in der Kasseler Stadthalle. Der von Jakob Uexküll gegründete World Future Council hat mit www.go100re.net eine Webplattform ins Leben gerufen, auf der sich Energiepioniere mit ihren Best Practices global vernetzen, voneinander lernen und in nationale Parlamente hineinwirken können. Denn »es tut sich global sehr viel«, so Harald Neitz vom Bundesumweltministerium. Vor allem von unten, weniger von oben.

Ausstiegsszenarien

Die Energiewende schafft Hunderttausende sinnvolle – und damit potenziell glücklich machende – Jobs. Allerdings ist sie finanziell, technisch und organisatorisch ein höchst anspruchsvolles Projekt. Das Stromnetz muss sich verändern: weg von einer Struktur, bei der Großkraftwerke Elektrizität an die Kunden liefern, hin zu einem dezentralen Netz, in dem viele mal Lieferanten und mal Abnehmer sind. Das ist im Prinzip kein Problem: Strom fließt in beide Richtungen. Aber Speichermöglichkeiten müssen eingeplant, der Stromverbrauch intelligent reduziert und so organisiert werden, dass bisherige Spitzenlasten abflachen.

Wie schnell der Umstieg zu schaffen ist, darüber gehen die Meinungen auseinander. Matthias Willenbacher, Gründer des pfälzischen Grünenergie-Unternehmens juwi, hält einen vollständigen Ausstieg aus den Nuklearfossilen bereits im Jahr 2020 für möglich. »Mein unmoralisches Angebot an die Kanzlerin« heißt sein Buch, in dem er Angela Merkel für diesen Fall verspricht, alle seine Anteile an juwi und den deutschen Energiegenossenschaften zu verschenken. Sein Masterplan sieht vor, so viel Energie wie möglich lokal und dezentral zu erzeugen – ohne Offshore-Windparks, Solarkraftwerke in der Wüste und Stromtrassen quer durch die Republik.

Dafür, so Willenbacher, brauche man nicht mehr als die schon jetzt existierenden rund 25.000 Windräder, die am selben Ort durch effektivere Anlagen ersetzt werden müssten, sodass sie doppelt so viel Volllaststunden laufen wie jetzt und damit im Schnitt rund 60 Prozent des deutschen Strombedarfs decken könnten. Ähnliches müsse bei Solarmodulen geschehen, um ihren Stromanteil auf 25 Prozent zu steigern, Wasserkraft liefere weitere fünf Prozent. In wind- und sonnenlosen Zeiten sollten Pumpspeicherwerke, Batteriespeicher und Blockheizkraftwerke mit windkrafterzeugtem Methangas einspringen. Letztere könnten mit jenen 20 Milliarden Euro finanziert werden, die bisher für große Überlandnetze vorgesehen sind.[361] Auch wenn man Willenbachers Szenario nicht folgen mag – machbar wäre vieles, wenn der wichtigste Rohstoff dafür vorhanden wäre: der politische Wille der Regierung.

Ähnliches gilt für Europa und die ganze Welt. Das Szenario »Roadmap 2050« der Europäischen Klimastiftung prognostiziert, dass in der EU eine vollständige Versorgung mit erneuerbaren Energien bis 2050 möglich ist und bis zu sechs Millionen neue grüne Jobs schaffen könnte.[362] Ähnliches besagt eine Studie des Potsdam-Instituts für Klimafolgenforschung. Und Wissenschaftler von den Universitäten Stanford und Davis haben ausgerechnet, dass die globale Umstellung auf erneuerbare Energien bis 2030 nur halb so teuer wäre wie die Energieversorgung durch fossile und atomare Brennstoffe; zu einem vergleichbaren Ergebnis für Deutschland kommt eine Untersuchung des Fraunhofer-Instituts.[363]

Power to the People

Die Abkürzung P2P steht für »Peer to Peer«, von Gleich zu Gleich, aber sie könnte auch – in Anlehnung an John Lennons berühmten Song – »Power to the People« bedeuten. Manche Initiativen arbeiten P2P mal P2P: Von Gleich zu Gleich versorgen sie »People« mit »Power« und engagieren sich für Klimagerechtigkeit und das globale Gemeinwohl.

Den Anstoß zur Gründung der Klimaschutzplus-Stiftung 2010 in Heidelberg gab eine Schülerin. Durch die raffinierte Kombination einer

Verbrauchsstiftung mit einer Energiegenossenschaft können pro gespendetem Euro bis zu zwei Euro in nationale und internationale Projekte gesteckt werden, etwa in heimische Solardächer oder in ein Ecofarming-Projekt in Ruanda. Die Zustiftenden dürfen mitbestimmen, welche gemeinnützigen Initiativen gefördert werden sollen.

Die internationale Genossenschaft FairPla.net, 2006 im Münsterland gegründet, hat inzwischen über 800 Mitglieder aus elf Nationen und vier Kontinenten. Diese stecken ihr Geld in Solaranlagen auf deutschen Bildungseinrichtungen und parallel dazu in grüne Entwicklungsprojekte. In zwei Dörfern im nordindischen Bihar baute FairPla.nets indischer Partner Biomassekraftwerke, die Arbeitsplätze und lokale Wirtschaftskreisläufe schufen. In einem weißrussischen Dorf für Tschernobyl-Flüchtlinge, im argentischen Hochland und in einer ländlichen Region Afghanistans wurden Solar- und Windprojekte installiert, in Nigeria wurden 200 energiesparende Kochöfen finanziert. In Nordkenia gibt es nun 300 Kleinbiogasanlagen, die das Brennholz fürs Kochen ersetzen. Auf den Philippinen ermöglichte ein fairPla.net-Kredit 1.350 Familien den Kauf von Solarleuchten, die teure und ungesunde Kerosinlampen ersetzten und damit ein Viertel ihrer Haushaltsausgaben einsparten. Die Projektevaluation ergab zudem, dass Schulkinder mehr lernten und Familien sich sicherer und wohler fühlten.

»Brücken bauen« zwischen Armen und Reichen sei das Ziel ihrer Initiative, sagen die Genossenschaftsgründer Sabine Terhaar und Edgar Boes-Wenner. Die Erdatmosphäre sei ein Gemeingut aller Menschen, das wir gleichberechtigt und gemeinschaftlich schützen müssten. Genossenschaftliches Wirtschaften sei dafür gut geeignet, weil »es garantiert, dass alle Mitglieder die gleichen Rechte haben, egal, ob reicher Arzt mit vielen Genossenschaftsanteilen aus Deutschland oder arme Bäuerin aus Indien«, so Terhaar.[364] Kabarettist und fairPla.net-Mitbegründer Volker Pispers lobt das solidarische Investment: Es »bringt Arbeitsplätze, Klimaschutz und global-gerechtes Wirtschaften auf einen Nenner«.

☞ www.klimaschutzplus.org, www.fairPla.net

Globale elektr(on)ische Revolution

Weltweit erscheint heute eine elektr(on)ische Revolution möglich, die aus der Kombination dezentral einsetzbarer Techniken entsteht – Solarenergie, Handys, Laptops und Smart Grids, also clever gesteuerter Netze. »Small ist beautiful«, propagierten Vordenker wie Leopold Kohr und E. F. Schumacher bereits vor Jahrzehnten: Gesellschaften sollten das Recht erhalten, an ihre speziellen Gegebenheiten und Bedürfnisse angepasste Technologien einzufordern, statt über »Entwicklungshilfe« teure und abhängig machende Technoinfrastrukturen vorgesetzt zu bekommen. Dank Solarstrom und Internet wäre das heute leichter denn je – würden Politiker und Manager sie nicht ständig torpedieren.

Länder, die bisher kaum Kraftwerke und Stromtrassen besitzen, hätten jetzt die Chance, eine »Entwicklungs«-Stufe auszulassen und direkt ins Solarzeitalter zu hüpfen. Das käme weltweit vor allem den an Energiearmut leidenden zwei Milliarden Menschen auf dem Land zugute, die so gut wie keinen Zugang zu Strom haben. Wenn sie genug Unterstützung beim Technologietransfer erfahren würden – was zurzeit nicht der Fall ist –, könnten sie auch und gerade in vernachlässigten Gegenden elektrorevolutionäre Commons aufbauen: flexible mobile Stromstationen, solarbeleuchtete Gesundheits- und Bildungseinrichtungen, sonnenkraftgestützte Internet- und Telefonverbindungen, Solarfahrzeuge. Und womöglich irgendwann sogar wind- oder solarbetriebene 3-D-Drucker, die es möglich machen, örtlich angepasste Werkzeuge und Haushaltsdinge in jedem Dorf zu produzieren. Eine andere Welt erscheint schemenhaft am Horizont, in der ein Klima der Gerechtigkeit herrscht.

Schon jetzt sorgen Solarpanele in einigen Gegenden Afrikas, Asiens und Lateinamerikas für Operationsmöglichkeiten in Krankenstationen oder öffentliche Internetzugänge in Gemeindezentren. Solar- und Windpumpen fördern Wasser, billige Solarlampen erleichtern Familien das Leben und Kindern das Lesen. In Indien hat ein Elektrifizierungsprogramm binnen fünf Jahren 3.000 Dörfer mit Solarstrom versorgt. In Bangladesch finanzierte die Grameen-Shakti-Bank binnen acht Jahren fünf Millionen Solarkocher und den Bau von anderthalb Millionen Solar- und hunderttausend Biogasanlagen.[365] In Chile lernen indigene Frauen aus der Atacama-Wüste, wie man Solarmodule zusammensetzt und wartet.[366] »Solarkraft ist eine Chance für ganz Afrika. Durch seine Lage am Äquator scheint über dem Kontinent häufiger die Sonne als anderswo in der Welt«, spricht das kamerunische Energieministerium stellvertretend für viele.[367] Da Solarenergie in jedem Dorf installierbar ist, kann sie zu Sprüngen in der Lebensqualität führen und damit das Glück der Bevölkerung befördern.

Erneuerbare Energien haben auch hierzulande eine schier unglaubliche Bandbreite von Nutzungsmöglichkeiten. Sogenannte Guerilla-Photovoltaik, mobile Minisolarmodule, können Strom direkt ins Hausnetz leiten.[368] Fenster, Fassaden und Hauswände sind zur Energieherstellung nutzbar[369], genauso wie unattraktive Bau- oder Brachflächen, etwa am Rande von Autobahnen, oder sogar Straßenflächen selbst.[370] Passiv- oder Energieplushäuser zu bauen ist kein Problem mehr, ganze Stadtquartiere könnten sich dadurch in CO_2-Senken verwandeln. Windanlagen werden immer vielfältiger: Es gibt kleine handliche für den eigenen Garten, fliegende Windturbinen und computergesteuerte Lenkdrachen.[371] Aus überschüssigem Wind- und Solarstrom kann Methan erzeugt werden – »Power to Gas« –, das im Gasnetz gespeichert und in wind- und sonnenarmen Zeiten zurück in Strom verwandelt wird. Neue Arten von Wasserstoff erzeugenden Solarzellen könnten in Fahrzeugen zum Einsatz kommen.[372] Und vieles andere mehr.

Ein »Renewable Lifestyle« zeichnet sich ab. Es wird zunehmend schick, mit Elektroautos oder -fahrrädern, »Pedelecs«, herumzufahren, die zuvor mit Sonnenkraft von der eigenen Garage oder dem Gemeinschaftsdach aufgetankt wurden. Es gilt als hip, Computer, Handys, Taschenlampen und andere Geräte mit Solarpanels aufzuladen. Partys, auf denen Radler auf feststehenden Bikes den Strom für die Musik per Muskelkraft erzeugen, sind in.

Hinzu kommt: Je dezentraler das Energienetz gegenseitiger Abhängigkeit gewoben wird, desto stärker wächst der achtsame Umgang mit Energie – was bitter nötig ist, weil Energieffizienz die Erneuerbaren begleiten muss. Desto stärker nehmen aber auch Vertrauensbeziehungen zwischen Produzierenden und Konsumierenden zu, was wiederum bei allen Beteiligten den Glücksfaktor Selbstbestimmung erhöht.

Eine Kette von Trauminseln

Inselbewohner sind es gewohnt, autark zu leben und sich auf ihre eigenen Kräfte zu besinnen. Deshalb sind Eilande weltweit oft Schauplätze für zukunftsfähige Wirtschaftsweisen. Hier wird erprobt, was irgendwann einmal auch in Metropolen und ihrem Umland Alltag werden muss, wenn die globale Transformation gelingen soll.

Pellworm: Nordseeinsel mit Leuchtturmprojekt

Die 37 Quadratkilometer große Nordseeinsel Pellworm mit ihren knapp 1.100 Einwohnern ist wie ein Minimodell der deutschen Energiewende – einschließlich aller Probleme und Konflikte. Ein Hybridkraftwerk aus Solarfeld und Windanlagen erzeugt heute zusammen mit den zahlreichen Solardächern sowie der Bürgerbiogasanlage samt angeschlossenem Wärmenetz doppelt so viel Energie wie hier verbraucht wird; der Überschuss geht ans Festland. »Wir sind faktisch eine Kohlendioxidsenke«, freut sich Uwe Kurzke.

Der gebürtige Rheinländer lebt hier seit 1987, ist der einzige Arzt auf der Insel und gründete 1990, als noch niemand das Wort »Energiewende« kannte, zusammen mit Biobauern, Naturschützerinnen, Pastoren und Lehrerinnen den Verein »Ökologisch Wirtschaften«. Dieser initiierte Studien, entwickelte Ideen und Visionen, knüpfte Netzwerke und erreichte, dass fast zehn Prozent der Bewohner dem Verein beitraten. Aber es gab auch viel Widerstand: Mitstreiter wurden als »Klookschieter« (Klugscheißer) und »Ökospinner« beschimpft.

Die Grabenkämpfe sind Geschichte: Pellworm wurde zur Ökoinsel und zu einer »100%-Erneuerbare-Energie-Region«. Die einstigen Gegner haben eingesehen, dass sie Don Quijote spielen, wenn sie weiter gegen Windmühlen ankämpfen. Der Bürgerwindpark im Nordosten, in den 42 Familien investiert haben, spült viel Geld in die Inselkassen.

Im September 2013 hat Schleswig-Holsteins Ministerpräsident Torsten Albig Pellworm zum »Leuchtturmprojekt SmartRegion« erklärt. Ein sogenanntes Smart Grid, eine vom Fraunhofer-Institut entwickelte Internet-

Solarmodule auf dem Hotel Leuchtfeuer in Pellworm. Foto: Ute Scheub

steuerung, bezieht Wettervorhersagen ein und bringt Energieerzeugung und -verbrauch so nah wie möglich zusammen. Bei Flaute und Nebel springen Redox-Flow-Großbatterien ein.

Uwe Kurzke liegt der Export von Wind- und Sonnenstrom am Herzen: »Pellworm ist wie ein Dritte-Welt-Land, unsere Bauern produzieren jede Menge Rohstoffe und kriegen jämmerliche Preise für ihre Milch. Aber Wind können wir veredeln! Gewinne aus unseren wirtschaftlichen Aktivitäten müssen auf der Insel bleiben, sonst haben wir keine Chance.«

☛ www.pellworm.de

El Hierro: Ökoinsel am südwestlichen Ende Europas

El Hierro, mit 280 Quadratkilometern und knapp 11.000 Einwohnern die kleinste der sieben Kanarischen Inseln, entwickelt sich immer mehr zur Ökoinsel. Dank einer Regierung, die seit vielen Jahren ganzheitliche Pläne zur nachhaltigen Entwicklung verfolgt, versorgt sich die Bevölkerung seit

Juni 2014 vollständig mit Erneuerbaren. Ab 2020 sollen ausschließlich Elektro- und Biodieselautos fahren. Ziel ist außerdem, die genossenschaftlich organisierte Landwirtschaft, die vor allem Wein, Bananen, Papayas, Ananas und Ziegenkäse produziert, schrittweise ganz auf Ökolandbau umzustellen sowie peu à peu sämtliche auf der Insel verbrauchten Materialien zu recyceln.

Der Schutz der ebenso vielfältigen wie empfindlichen Natur genießt bei der Inselregierung Priorität. Die UNESCO hat das vulkanische El Hierro im Jahr 2000 als Biosphärenreservat anerkannt, eine Aufnahme in das internationale Netz der Geoparks wird vorbereitet. Die Bevölkerung ist in die Planungen einbezogen und unterstützt sie mit breiten Mehrheiten. »Das Konzept Ökoinsel gefällt mir«, sagen viele, mit denen man im Alltag ein Schwätzchen hält.

Herzstück der »Ökoinsel« ist ein Pumpspeicherkraftwerk, das in weltweit einmaliger Weise die Produktion von Grünstrom und Trinkwasser kombiniert. Fünf Windkraftanlagen liefern Elektrizität fürs Inselnetz und die zuvor dieselbetriebenen Meerwasser-Entsalzungsanlagen. Weht der Wind kräftig, was oft der Fall ist, nutzen Pumpen den überschüssigen Strom, um entsalztes Wasser in ein hoch liegendes Becken zu pumpen. Es dient als Energie- und als Wasserspeicher für die Insel, die in der Vergangenheit katastrophale Dürren erlebt hat. Bei Flaute fließt das kostbare Nass in ein tiefer liegendes Becken und treibt dabei Stromturbinen an.

☞ www.elhierro.es, www.goronadelviento.es

Samsø: Holzhackschnitzel statt Schweineschnitzel

Holzhackschnitzel statt Schweineschnitzel: So könnte man Samsøs ökosoziale Transformation zusammenfassen. Das windumtoste dänische Eiland – 114 Quadratkilometer, knapp 4.000 Einwohner, 22 Dörfer – versorgt sich seit 2007 vollständig selbst mit erneuerbarer Energie und exportiert auch noch Grünstrom aufs Festland. Hier stehen elf On- und zehn Offshore-Windräder, diverse Solaranlagen sowie vier Heizwerke, die Holzschnitzel und Stroh in Nahwärme verwandeln. Ein Masterplan schreibt vor, die Biomasse zu 100 Prozent auf der Insel zu erzeugen, um teure Fährtransporte zu vermeiden. Bis 2030 will Samsø komplett fossilfrei werden; dann sollen hier nur noch Elektroautos fahren.

1995 hatte die größte Schweinefarm Nordeuropas den Betrieb auf Samsø eingestellt: für die Tiere eine Erlösung, für etwa 100 Angestellte eine Katastrophe, für die Insulaner »die Große Depression«. Doch »die Leute hier lassen sich nicht so schnell kleinkriegen, die haben ihren Stolz«, berichtet Bernd Garbers, ein deutscher Ingenieur und Projektberater, der in Samsøs »Energieakademie« arbeitet. Zufällig suchte das dänische Energieministerium damals gerade Orte, die binnen zehn Jahren energieautark werden wollten. Einige Bewohner sahen sofort Chancen für nachhaltige Jobs, andere sorgten sich um das Urlaubsparadies: Windanlagen – wie sieht das denn aus?

Der heute 55 Jahre alte Sören Hermansen, als Bauernssohn und Landwirt auf der Insel breit akzeptiert, gehörte zu jenen, die sofort zupackten. Er gründete einen Verein, ging von Haus zu Haus und warb dafür, dass die neuen Energieanlagen nicht großen Firmen gehören sollten, sondern den »Samsingern«, wie die Insulaner sich selbst nennen. Tatsächlich besitzen sie heute 90 Prozent der 21 Windturbinen. Das gelang, weil die Inselbanken ein Kreditmodell austüftelten, mit dem Bürger Anteile an Windrädern kaufen konnten. Für die Samsinger war das im Prinzip nichts Neues – schon die historischen Windmühlen gehörten vielen. Da die dänischen Stromversorger gesetzlich verpflichtet sind, Windstrom gut zu bezahlen, barg das Geschäft kein Risiko, die ersten Anlagen hatten sich bereits nach sechs Jahren amortisiert. Auch die Steuereinnahmen bleiben auf der Insel.

Der Gemeinde gehören fünf Offshore-Generatoren, deren finanzielle Überschüsse in neue Projekte sowie in die »Energieakademie« fließen. Etwa 400 Samsinger teilen sich weitere Anlagen. Für manche Milchbauern, die mit jedem Cent pro Liter rechnen müssen, sind die Erneuerbaren zur Haupteinnahmequelle geworden – und im Gegensatz zu Kühen melkt sich der Wind von selbst.

Die Energieakademie residiert in einem raffiniert konstruierten Ökogebäude in Form eines Wikingerlanghauses und beherbergt das Denklabor für Samsøs nachhaltige Zukunft. Etwa ein Dutzend Menschen arbeiten hier. Chef Sören Hermansen reist das halbe Jahr um die Welt, zugleich empfängt die Akademie jährlich 6.000 Gäste: Ökotouristen und Fachleute, darunter viele Chinesen und Japaner, aber auch rund 2.000 Schulkinder.

Hier wird das Konzept der »fossilfreien Insel« weiterentwickelt, hier finden Seminare statt zur »Wiedererfindung der Commons«, in denen Teilnehmende darüber nachdenken, wie sich möglichst viele an der ökosozialen Transformation beteiligen können. »Ein Commons ist etwas, mit dem Leute sich verbinden ... Es ist ein Platz, wo du etwas beitragen kannst, es geht um Geben und Nehmen«, heißt es in einer Seminardokumentation.

Das Geben und Nehmen, die aktive Beteiligung an der Gemeinschaftsaufgabe Transformation, die Selbstermächtigung – das ist das Geheimnis des Erfolges von Samsø. Energieberater Bernd Garbert kennt »ganz viele Geschichten«, wie die Samsinger sich selbst zu helfen wussten. Als die dänische Telefongesellschaft sich weigerte, die Insel ans Internet anzuschließen, beschlossen fünf Leute, das selbst zu organisieren. Zwei Jahre später hatte ihr gemeinnütziges Unternehmen etwa 700 Kunden und machte Überschüsse.

Statt Schweine-Holzhackschnitzel, statt windiger Ölscheichs Windstrom, statt Abhängigkeit vom Internetkonzern Inselnetbetrieb.

Ausblick
Am Scheideweg zwischen Verderben und Glück

»Ich denke, es gibt gute Gründe für die Annahme,
dass das moderne Zeitalter zu Ende geht.
Es gibt heutzutage viele Hinweise darauf, dass wir uns
in einem Übergangsstadium befinden, es sieht so aus,
als ob etwas auf dem Weg hinaus ist und als ob
etwas anderes unter Schmerzen geboren wird.
Es ist so, als ob etwas taumelt, schwankt, schwindet
und sich selbst erschöpft – während sich etwas anderes,
noch Unbestimmtes, langsam beginnt aus den
Trümmern zu erheben.«
Václav Havel

Der Globus schwitzt, der Plastikteppich in den Meeren wird immer größer, Arten sterben rasant aus. Seit dem Zusammenbruch des Ostblocks ist der Welthandel geradezu explodiert und damit auch Ressourcenverschwendung und Zerstörung. Die für elektronische Geräte unverzichtbaren seltenen Erden werden knapp, Erdöl geht unweigerlich zu Ende – trotz des Versuchs, den Prozess durch Fracking auf die lange Bank zu schieben, die sich in der Realität als verdammt kurz erweisen könnte.

Die nächste Finanzblase platzt bestimmt – und die Politik schafft es nicht, die Volkswirtschaften vor den Auswirkungen zu schützen. Selbst Konservative glauben, dass das alles auf Dauer nicht gut gehen kann. »Das, was auf den Finanzmärkten stattfindet, hat mit Wertschöpfung überhaupt nichts zu tun«, so Bundestagspräsident Norbert Lammert bei einer gewerkschaftlichen Veranstaltung Anfang 2014.[373] Die Entwicklung habe zu extremen Ungerechtigkeiten in der Vermögensverteilung geführt, die die Bevölkerung immer weniger akzeptiere und die gesamte Wirtschaft destabilisiere. Hilfesuchend wandte sich der CDU-Mann an die versammelten Betriebsräte.

Wer kann die sich immer schneller drehende Spirale stoppen, die niemanden glücklich macht und im rasenden Tempo die Lebensgrundlagen der Menschheit zerstört? Der konservative Sozialwissenschaftler Meinhard Miegel plädiert für einen Wachstumsstopp durch Verzicht und meint damit vor allem eine Senkung der Sozialleistungen. Er will öffentliche Ausgaben einsparen – die Wirtschaft also über den Staat steuern und ihn gleichzeitig schwächen.[374] Auch der britische Postwachstumsexperte Tim Jackson, der viele Jahre die Labour-Regierung beriet, sieht den entscheidenden Hebel in der Hand des Staates – obwohl er einräumt: »Das Problem ist, dass über die letzten 50 Jahre, insbesondere in den liberalen Marktwirtschaften, fast genau der entgegengesetzte Kurs gefahren wurde.«[375] Politiker haben den Staat zugunsten der freien Wirtschaft bewusst entmachtet – wie soll der nun plötzlich die verlorene Handlungshoheit zurückgewinnen?

Staat und Ökonomie sind aufs Engste miteinander verbandelt. »Kapitalismus ist nicht das Gegenteil von Staat« und »nicht gegen den Staat entstanden …, sondern hat immer Staatshilfe genossen«, schreibt die Wirtschaftsjournalistin Ulrike Hermann.[376] Wenn das Wachstum stockt, springt stets der Staat ein. Weil selbst in Krisenzeiten Renten weiterlaufen, Arbeitslose Geld bekommen und Krankenkassen zahlen, kollabiert die Wirtschaft auch dann nicht, wenn Firmen nichts investieren. Somit wirkt die von Unternehmensverbänden vielfach kritisierte Staatsquote von über 45 Prozent in Deutschland überaus stabilisierend auf Konsum und Arbeitsmarkt. Zudem stellt der Staat einen Großteil der Infrastruktur bereit, die für das »Immer mehr, schneller, weiter« benötigt wird: Straßen und Häfen, Rechtssicherheit und Bildung. Ohne das alles würde der Kapitalismus sofort zusammenbrechen.[377]

Zugleich erleben wir, dass die Weltprobleme auf staatlicher oder überstaatlicher Ebene nicht gelöst werden. Weder wurden Großbanken auf ein ungefährliches Maß geschrumpft, noch gibt es ein wirksames Weltklimaabkommen. Nach über zwei Jahrzehnten Klimadiplomatie erreicht der Ausstoß der Treibhausgase ständig neue Rekordwerte; in Deutschland gab es 2013 ein Plus von 1,2 Prozent.[378]

Die Versuche, diese Probleme durch Technik zu lösen, sind ebenfalls gescheitert. Zwar steigt das BIP heute schneller als der Ressourcen- und Energieverbrauch, aber von einer Entkopplung kann aufgrund der immensen Produktionszuwächse keine Rede sein. Im Jahr 2000 gab es weltweit 750 Millionen Autos, zehn Jahre später waren es über eine Milliarde. Die Mühen der Ingenieure, benzinsparende Motoren zu entwickeln, werden durch den Einbau von Einparkhilfen, Klimaanlagen und anderem Schnickschnack aufgefressen.

Die Vorstellung, dass sich mit Green New Deals das herrschende System in die Zukunft retten lässt, ist gleichfalls unrealistisch. Nicht nur werden für jedes große Windrad 30 Tonnen Kupfer benötigt. Vor allem bleibt das Wachstumsparadigma ungebrochen, und das führt zu immer rascher aufeinanderfolgenden Finanzcrashs.

Die neueste technische Hoffnung der Wirtschaftskapitäne, die damit ihr Geschäftsmodell retten wollen, sind Nanotechnologie und eine Industrie 4.0, auch »Internet der Dinge« genannt. Erstere soll knappe Ressourcen ersetzen, weil viele Stoffe in winzigen Dosen andere Eigenschaften haben als in größeren Mengen. Auch eine intelligente, sich selbst steuernde Produktion wird als effizient und ressourcenschonend angepriesen. Diese Idee ist keineswegs neu: In den 1980er Jahren verfolgten mehrere Autokonzerne die Vision der »vollautomatisierten Fabrik« – und scheiterten, weil sich reale Produktionsabläufe nicht am Reißbrett planen und programmieren lassen.[379] Das Internet der Dinge wird sich womöglich an ähnlichen Problemen verschlucken. Und die Aussicht, im Alltag von Millionen Überwachsungssensoren, Maschinen mit Eigenleben und selbsttätig einkaufenden Kühlschränken umzingelt zu werden, erscheint auch nicht besonders attraktiv. Gesellschaften, die sich weiterhin dem stummen Zwang der Verhältnisse und dem stürmischen Drang der Technik unterwerfen, statt souverän darüber zu bestimmen, was sie wirklich brauchen, werden keinesfalls glücklicher.

Machtlose Politiker

Dass die etablierten politischen Systeme in Ost und West, Nord und Süd gleichzeitig in die Krise geraten, ist kein Zufall. Angesichts der instabilen Hyperkomplexität von Politik, Wirtschaft, Finanzen, Wissenschaft und Technik sind die alten Hierarchien wohl grundsätzlich nicht mehr in der Lage, die Probleme zu lösen.

Die Politik versucht, die eigene Machtlosigkeit zu überwinden, indem sie die Prinzipien der von ihr entfesselten und nun dominanten Wirtschaft auf die eigene Sphäre überträgt. Kanzlerin Merkel prägte das Wort von der »marktförmigen Demokratie«. In Wahlkämpfen preisen sich Parteien im Ton von Waschmittelwerbungen an. Je aggressiver sie das tun, desto mehr wendet sich das Wahlvolk ab: Eigenlob stinkt, Reklame ist unglaubwürdig.

Abgeordnete sind trotz ihrer Privilegien gestresst und unglücklich, wie manche hinter vorgehaltener Hand zugeben. Die Konkurrenz zueinander bewirkt strukturellen Hass: Sie sind in ständige Konfrontationen verwickelt, angstgetrieben müssen sie um ihre unsicheren Karrieren kämpfen. Sie sind unbeliebt, ihr Berufsprestige rangiert in Umfragen ganz unten. Der Europaparlamentarier Sven Giegold nennt die Atmosphäre in Brüssel und Straßburg »lieblos«. Der Politikberater Herbert Hönigsberger betrachtet die Mehrheit der Abgeordneten »eher als arme Säue denn als harte Hunde, viel Arbeit, Stress und Konkurrenzdruck. Und zu entscheiden haben sie nur wenig.«[380]

Der Publizist Roger Willemsen hat sich den Tort angetan, ein ganzes Jahr lang Politiker im Bundestag zu beobachten. Sehr selten erlebte er eine Sternstunde, und zwar nur dann, wenn sich das Parlament von der Fixierung auf Regierung kontra Opposition löste – diesen Fraktionszwang dauerhaft aufzuheben wäre eine echte Reform, dazu noch völlig gratis. Der Standard des »Hohen Hauses« bestand nach Willemsens Beobachtung in Respektlosigkeit, gegenseitiger Missachtung und Herabsetzungen aller Art. Politischen Gegnern werden »grundsätzlich die niedrigsten Beweggründe« unterstellt. Zuhören ist vollkommen unüblich: »Niemand darf seinen Standpunkt verlassen, niemand darf je überzeugt werden.« Im Bundestag herrscht »bisweilen ein Geschrei wie auf dem Pausenhof, die Redner werden ignoriert, man unterhält sich laut, beschäftigt sich mit seinem Handy, dann wieder schaut eine komplette Fraktion nach hinten«.[381]

Wir als angeblicher Souverän stimmen dem formal zu, indem wir alle vier oder fünf Jahre eine Stimme in eine Urne werfen. Die so ermittelte, oft recht zufällige Mehrheit bildet eine Regierung, die ohne jede Rückkopplung ihre Pläne durchzieht. Wir stecken in einer tiefen Repräsentations- und Legitimationskrise der Parteiendemokratie.

An manchen Tagen zucken Katastrophen wie apokalyptische Reiter über den politischen Horizont, die Regierenden haben weder Zeit, Interesse noch die Möglichkeit, sie einzufangen. Heutige Regierungen agieren politisch wie handwerklich auf niedrigem Niveau; sie scheinen befallen vom Murxismus-Lähminismus. Angesichts von Nachrichten, Geld- und Warenströmen, die in Millisekunden um den Globus jagen, geraten auch fähige Politiker rasch an ihre Grenzen.

Sie jetten von Krisentreffen zu Krisengipfel, jagen den Ereignissen hinterher, gehetzt von Schlagzeilen; in jeder Stunde, jeder SMS, jeder Twitter-Nachricht ein neuer Skandal; mit der Schnelligkeit wachsen die mediale Hysterie, die Zeitnot, die Atemlosigkeit aller Beteiligten; Nachdenken, Besinnen, gar kreative Problemlösung sind Fremdworte geworden, was alle bestätigen, die mit Berliner Regierungspersonal zu tun haben: »Die entwickeln keine Strategien mehr«, hört man allenthalben; wie ein Junkie klebt die Kanzlerin an ihrem Handy, versendet SMS-Nachrichten, versucht damit die Kontrolle über die Ereignisse und ihre eigenen Leute zu behalten, eine neue Form von Voodoo und genauso wirkungslos.

»Wir haben keine Zeit, obwohl wir sie im Überfluss gewinnen«, beschreibt der Soziologe Hartmut Rosa das Paradox der Moderne.[382] Einerseits verfügt die Menschheit über historisch einmalig viele Möglichkeiten, Zeit einzusparen. Andererseits rast die Zeit immer schneller – durch die Beschleunigung von Technik, Mobilität, Lebenstempo und kulturelle Veränderungen. Der Zeitraum für Entscheidungen schrumpft rasant, die Zahl der notwendigen Entscheidungen wächst exponentiell – und am Rand der immer tieferen Kluft taumelt die Politikerkaste entlang. Sie reagiert nur noch und agiert nicht mehr. Womöglich überstürzen und überlagern sich bald Klimakatastrophen und Wirtschaftskrisen derart, dass nicht einmal reichen Ländern mehr genug Geld, Zeit und Ressourcen zu ihrer Bekämpfung bleiben. Fragile Staaten haben die notwendigen Mittel mit Sicherheit nicht.

Alternativen von unten
Dezentrale Selbstregulierung ist deshalb das Gebot der Stunde. Forscherinnen und Systemtheoretiker beobachten bei Ameisenstaaten oder Fischschwärmen, dass sich Millionen Tiere ohne Zentralkommando sicher bewegen. Kann das nicht ein Vorbild sein? Könnte nicht alles, was relokalisierbar ist, konsequent entglobalisiert und lokaler Steuerungsintelligenz zugeführt werden? Viele Probleme, die zentrale Machtagglomerate verursachen, würden durch regional angepasste Lösungen verschwinden.

Die dafür nötige Vielfalt von Projekten, Betrieben und Initiativen gibt es schon weltweit. Diese basieren auf anderen Werten als das gegenwärtige Wirtschaftssystem und durchwuchern es von allen Seiten. Das Alte dient nur noch als Steinbruch oder als Werkzeugkasten: Man nutzt, was davon noch nützlich ist. Angetreten sind die Bewegungen nicht, um das herrschende System zu bekämpfen, sondern um das Wohlergehen der Beteiligten zu mehren. Deshalb beziehen sie sich auch nicht direkt auf den Kapitalismus – sie ignorieren ihn einfach und stellen stattdessen selbst Regeln auf. Dieses Vorgehen verschwendet die eigene Kraft nicht damit, sich an einem übermächtigen Gegner abzuarbeiten, sondern konzentriert sich auf das Entwickeln des Eigenen.

Weil selbstbestimmte Arbeit beglückend ist, gibt sie den Beteiligten Energie und wirkt anziehend auf andere. Netzwerke entstehen, in denen sich die Projekte gegenseitig stützen und anregen – und je dichter die Maschen werden, desto rascher der Prozess. Teilen und Austauschen, Transparenz und Offenheit wohnt fast allen Initiativen inne. Die sich dabei entwickelnden Strukturen erweisen sich als hocheffizient: In sozialen Netzwerken lässt sich schnell herausfinden, wer fehlende Ressourcen zur Verfügung stellen kann – Werkzeuge, Räume, Ideen. Die Vielfalt der Beteiligten steigert den Nutzen aller. Das Menschenbild der Aufklärung 2.0 zeichnet sich ab: Das Individuum, eingebunden und vernetzt in vielschichtigen Strukturen, kann durch ständigen Austausch und gegenseitige Unterstützung sein enormes Potenzial entwickeln.

All das entsteht parallel zu den noch dominierenden staatlich-wirtschaftlichen Strukturen und gerät mit diesen nicht in Konflikt. Die Methoden der Beteiligten sind friedlich, kleinteilig, technisch ungefährlich. Deshalb schwebten sie auch lange unterhalb des Radarschirms von Politik und Industrie. Inzwischen aber wuchert das Neue immer stärker und ist nicht mehr zu übersehen.

Aber können diese vielen Kleinen das herrschende Wirtschaftssystem tatsächlich kippen? Oder greifen die Etablierten das Neue auf und vereinnahmen es für sich? Hat die Menschheit eine realistische Chance, den Planeten zukunftsfähig zu gestalten? Wir wissen es nicht. Vorhersagen für die nächsten Jahre abgeben zu wollen erscheint wie eine Einladung zur Blamage. Klar aber ist: Wir stehen vor grundlegenden Entscheidungen.

Der Informatiker und Commons-Vordenker Stefan Meretz hat den Ansatz des »Fünfschritts«, wie Neues aus einem vorherrschenden Alten erwachsen kann, aus der kritischen Psychologie auf die Gesellschaft übertragen.[383] Zunächst entstehen Keimformen – einzelne Projekte, die nach anderen Werten und Regeln funktionieren als bisher. Aus der Nische herauskommen können sie allerdings nur, wenn sich das etablierte System auf Dauer nicht mehr selbst aufrechterhalten kann. Nur in diesen Fällen besteht die Chance, Stufe drei zu erreichen: »Die Keimform tritt aus ihrer untergeordneten und randständigen Bedeutung heraus und gewinnt eine qualitativ neue Funktion für den gesamten Systemprozess«, so Meretz. Zum jetzigen Zeitpunkt existieren Altes und Neues nebeneinander. Genau am Anfang dieser Phase befinden wir uns: Ein Großteil der Bewegten verdient ihr Geld in alten Strukturen und entwickelt parallel dazu die neue bedürfnisorientierte »Wirtschaft unter Gleichen« weiter – zugleich nutzen Großkonzerne freie Software und bauen selbst Geschäftszweige zum Teilen auf.

Die solidarische Selbstversorgung macht aber nicht nur die Beteiligten froh, sondern auch den Staat: Er spart Sozialausgaben. Das Absaugen von Informationen über soziale Netzwerke bei Facebook verschafft zudem Geheimdiensten Einblicke, die sie selbst nie erlangen könnten.

Doch das Ganze ist fragil: Ein Parallelnetz, das auf Transparenz und Kontrollierbarkeit basiert, könnte den Quasimonopolisten Facebook schlagartig austrocknen. Die Verabredung zum Sturz des Kolosses könnte sogar auf der Plattform selbst organisiert werden und damit wie in asiatischen Kampfsportarten die Kraft des Gegners umlenken in eigene. Auch die Geheimdienstler verlören damit ein zentrales Machtinstrument. Gerade weil die Überwachung so total und der wirtschaftlich-staatliche Komplex so mächtig geworden ist, könnte ein Gegenentwurf attraktiv werden und viele zum Mitmachen bewegen.

Ein »Weiter so« unserer Wirtschaftsweise ist aus ökonomischen und ökologischen Gründen ausgeschlossen – deshalb gibt es jetzt prinzipiell nur zwei Entwicklungspfade: Entweder dem alten System gelingt es, die Keimformen zu absorbieren und sich zu reformieren, um die existentiellen Probleme zu lösen oder zumindest zeitlich zu verzögern. Oder die Werte und Funktionsweisen der einstigen Keimformen werden dominant, und es entsteht ein neues Gesellschafts- und Wirtschaftssystem.

Politik und Staat haben großen Einfluss darauf, wohin die Reise geht. Als Antreiber des Wandels sind sie unbrauchbar – für das Zimmern geeigneter Rahmenbedingungen jedoch unerlässlich. Wie Rechtssystem und Infrastruktur an Veränderungen angepasst werden, ist absolut zentral für den Weg in die Zukunft. Genossenschaften und Sozialunternehmen können nur gedeihen, wenn der Staat sie zulässt und einen guten Nährboden bereitet. Die Energiewende hat nur eine Chance, wenn sie von oben mitbefördert wird. Werden Fossilenergien dagegen weiter subventioniert, während Ökosteuern tabu bleiben, wird die Klimakatastrophe unausweichlich.

Also müssen gesellschaftliche Debatten um das gute Leben geführt, Verbündete in traditionellen Strukturen gesucht, Rahmenbedingungen angepasst, neue Normen und Gesetze entwickelt werden. Veränderungen von unten und oben müssen zusammenwachsen, wenn der Weg der Menschheit vom Abgrund wegführen soll.

Nichts prägt das Verhalten so stark wie gesellschaftliche Routinen. Gilt es heute als normal, mit dem eigenen Auto zum Supermarkt zu fahren, billige, in Plastik verpackte Lebensmittel in den Kofferraum zu laden, um wenige Tage später die Hälfte davon in den Müll zu schmeißen, so würde das unseren Ahnen und wahrscheinlich auch unseren Nachkommen völlig verrückt erscheinen. Zugleich wird vieles von dem, wie unsere heutige Welt aufgebaut ist, sehr lange nachwirken: Verkehrswege und Siedlungsstrukturen prägen Gesellschaften dauerhaft; gewachsene Produktionsstrukturen und Lieferbeziehungen sind nicht einfach umzuschalten; Lebensversicherungen sind auf Jahrzehnte hinaus angelegt, Eigentum juristisch vielfach abgesichert. Doch je mehr Teilen, Tauschen und gemeinsames Nutzen als Formen des Wirtschaftens sichtbar werden, desto selbstverständlicher werden sie Eingang in den Alltag finden.

Eine Metamorphose zeichnet sich ab
Unter der gestressten Haut der alten Ökonomie wächst eine Alternative heran – unsichtbar für alle, die Wirtschaft nur in Zahlen und Quantitäten wahrnehmen. Die daran Beteiligten könnten wirken wie die »imaginalen Zellen« von Schmetterlingsraupen. Die Tiere fressen ab einem bestimmten Stadium mehr, als ihr Stoffwechsel benötigt, und beginnen dabei abzusterben. Das ist der Zeitpunkt, wo ihre imaginalen Körperzellen aktiv werden. Sie schließen sich zu Gruppen zusammen, die per Stoffwechsel auf geheimnisvolle Weise miteinander kommunizieren. Das Immunsystem der Raupen versucht sie auszuschalten – aber es ist schon zu spät. Die sterbenden Raupen werden zum Nährboden für etwas völlig Neues: für einen Schmetterling.

Die weltweiten Zusammenschlüsse von Menschen, die das Klima retten, teilen statt besitzen, kooperieren statt konkurrieren wollen – sie könnten die imaginalen Zellen sein, die den Turbokapitalismus von innen zersetzen. Der Schmetterling, das ist die neue Glückswirtschaft, deren Ziel die Erhöhung des Wohlergehens aller Lebewesen ist.

Um diese zu erreichen, präsentieren wir hier einen »AKTIONSPLAN ZUR FÖRDERUNG DES GUTEN LEBENS«:

❊ Bindungen und Empathie pflegen ❊
Das Wertvollste auf der Welt, was zugleich am beglückendsten wirkt, sind freundliche, empathische Beziehungen in Liebe, Familie, Freundschaft und Gemeinschaft. Gerade für Männer, die sich oft schwerer auf

Beziehungen einlassen als Frauen, weil das herrschende Männlichkeitsideal Unabhängigkeit und aggressive Coolness betont, ist interessant zu wissen: Bindungen machen unabhängig und fördern unsere individuelle Autonomie.[384] Nur sie geben jene soziale Sicherheit und Geborgenheit, die wir alle brauchen. Philosophien wie *Buen Vivir* oder *Ubuntu* besagen: Ich kann nicht glücklich sein, wenn du unglücklich bist; wir gehören alle zusammen. Die große ökosoziale Transformation könnte Waren durch Beziehungen ersetzen, Menschen in Verbindung zueinander bringen und das Netz zwischen Menschen und Natur flicken.

❀ Konkurrenz meiden, Kooperation fördern ❀

Wir haben mit vielen Beispielen gezeigt: Konkurrenz macht unglücklich, Kooperation glücklich. Um das allgemeine Zufriedenheitsniveau zu heben, hört man am besten auf mit dem dauernden Gerede über Wettbewerb, dem Berechnungs- und Evaluationswahn, mit Quantitäten und Quantitätern. Jeder Betrieb, der sich solidarisch mit anderen verknüpft, ist ein Glücksgewinn für die Welt.

❀ Selbst- und Mitbestimmung stärken ❀

Die Einwohner der Schweiz mit ihrer direkten Demokratie oder von Ländern mit starken Frauen- und Minderheitsrechten sind zufriedener als andere, besagt die Glücksforschung. Das eigene Lebensmodell selbst wählen, die eigenen Lebensumstände kontrollieren zu können macht glücklich. Dasselbe gilt für jede Form und Erfahrung der Selbstwirksamkeit.

❀ Altruismus pflegen ❀

Hunderte von Studien haben immer wieder bestätigt: Menschen geben lieber, als zu nehmen. Egoisten sind tendenziell unglücklich, Altruisten glücklich – auch weil Geben und Teilen das AnSehen einer Person erhöhen. Allerdings wird Altruismus oft falsch verstanden. Es geht nicht darum, die eigene Person zu vergessen, sondern sie im Gegenteil ernst zu nehmen. Achtsamkeit gegenüber dem eigenen Körper und der eigenen Seele ist unabdingbar für Achtsamkeit gegenüber anderen. Altruismus ist letztlich die klügere Form von Egoismus.

❧ Selbermachen und selbst ernähren ❧

Es gibt eine neue Sehnsucht nach dem Echten, Unverfälschten, nicht Warenförmigen; nach Gärtnern, Einkochen, Nähen und Basteln wie zu Omas Zeiten. Die Bewegung des Do-it-yourself and Do-it-together macht sich in Stadtgärten, Fablabs und Repaircafés bemerkbar. Elemente verschiedener Zeiten schließen miteinander Freundschaft: Dörfliche Gemeinschaftsbildung verbindet sich mit urbanen Freiheitsgefühlen. Vornehmlich der urbane Selbstanbau von Lebensmitteln ist ein begrüßenswerter Welttrend: Gärtnern erdet Menschen, schont Ressourcen, macht Entfremdung rückgängig, fördert Rückbindungen an die Natur und ist beglückend. Tomaten schmecken ganz anders, wenn wir sie selbst gezüchtet haben oder zumindest wissen, in welchem Gewächshaus sie sich hochrankten. Je mehr wir selbst die Erfahrung machen, wie vieler Pflege ein einziger Tomatenstock bedarf, desto mehr wissen wir sein Wachsen wertzuschätzen, desto achtsamer ist unser Umgang mit Lebensmitteln, desto weniger werden wir wegwerfen.

❧ Artenvielfalt vergrößern ❧

»Das Lebende lebendiger werden lassen!«, formulierte der Physiker und alternative Nobelpreisträger Hans-Peter Dürr eine Leitlinie für gutes Gelingen und Gedeihen. Pflanzliche, tierische und menschliche Artenvielfalt stärkt das Leben und die Widerstandsfähigkeit gegen Katastrophen. Aber auch in menschlichen Gesellschaften gilt der Grundsatz, dass sie robuster, kreativer und freundlicher sind, je mehr ihre Beteiligten ihre Unterschiede in Geschlecht, Alter, Kenntnissen und Kultur zum Ausdruck bringen können. Unsere Diversität ist unser Reichtum und unsere Stärke – und jeder, der das Gegenteil behauptet, ist ein Verarmer. Die Trennung von Mensch und Natur ist künstlich: Ohne die Großzügigkeit der Natur können wir keinen Tag überleben. Deshalb braucht auch sie Rechte, damit ihre Ressourcen nicht weiter ausgeschlachtet werden und wir am Ende mit ihr sterben. Menschenrechte sollten ergänzt werden durch Rechte für Tiere und Pflanzen. Das heißt nicht, dass wir sie nicht nutzen und verzehren dürfen, sondern dass auch sie ein Recht auf gutes Leben und Gedeihen haben. »Ich bin Leben, das leben will, inmitten von Leben, das leben will«, hat Albert Schweitzer formuliert.

❇ Hierarchien abbauen, von Gleich zu Gleich leben ❇

Hierarchien machen unglücklich, weil sie das Rattenrennen der Statuskonkurrenz anstacheln. Wer in Alltag und Beruf unter hierarchischen Systemen leidet, sollte sich überlegen, ob er oder sie – wie die Bremer Stadtmusikanten – irgendwo anders eine bessere Alternative findet. Peer-to-Peer-Gruppen machen glücklich, weil sie das eigene Potenzial entwickeln und entfalten helfen. Wer in solchen Gruppen von Gleichgesinnten arbeitet, weiß, wie oft dort ein kreativer, glücklich machender Flow entsteht: Wo Peers agieren, fließt Dopamin.

❇ Neue Formen der Bildung ❇

Im Bildungsbereich verstoßen hierarchische Systeme und Stoff-in-Kopf-stopf-Fabriken, wie die meisten Schulen und Universitäten genannt werden können, gegen elementare Glücksregeln, weil sie durch ihr starres Regelwerk die angeborene Neugier und Lernfreude zerstören. Am meisten lernen wir von jenen, die uns auf Augenhöhe begegnen. Immer weiter lernen ist ein menschliches Grundbedürfnis, es hält das Hirn fit, den Menschen jung und glücklich und Glückshormone am Fließen. Manche Schulen haben inzwischen ein Schulfach Glück eingeführt; Evaluierungen zeigen, dass die so Unterrichteten nachhaltig glücklicher, stressresistenter, selbstbewusster und sozial kompetenter geworden sind.

❇ AnSehen statt Geld ❇

AnSehen und Angesehenwerden ist das Ziel und Glück fast aller Menschen. Ein Rolls-Royce verspricht Reputation, Ruhm und Respekt. Doch er ist nur ein – teurer! – Umweg. Je mehr wir AnSehen demokratisieren und in gegenseitigem Respekt von Gleich zu Gleich miteinander leben, desto weniger brauchen wir Geld für Prestige und Prominenz.

❇ Materielle Unterschiede verringern, Egalität fördern ❇

Gesellschaften mit gleichmäßiger materieller Verteilung sind nachweislich glücklicher. Ungleichheit ist ein Schadstoff, der ganze Nationen vergiftet, auch Reiche vereinsamen lässt und unglücklich macht. Die heutigen extremen Unterschiede zwischen Arm und Reich sind eine Bedrohung für die ganze Welt – das haben inzwischen auch die Klügeren auf dem Weltwirtschaftsforum in Davos begriffen. Wozu brauchen wir überhaupt Bankkonten mit so vielen Nullen? Am Wohlergehen der Banken- und Versicherungsbranche kann man den Pegel der Angst in einer Gesellschaft ablesen. Die Branche lebt vom Wahn der Menschen, sich gegen Leid und Schmerz absichern zu können. Sinnvoller ist es, sich den eigenen Ängsten zu stellen – und vor allem soziale Netze zu bilden. Sie sind in Krisenzeiten das einzig Tragfähige, nicht Bankkonten.

❧ Teilen und gemeinsam nutzen, beitragen statt eintauschen ❧

Wer teilt, hat mehr vom Leben. Glück, Wissen und Lachen gehören zu jenen Dingen, die sich vermehren, wenn man sie teilt. Teilen ist ein sozialer Prozess und verstärkt positive Feedbackschleifen. Wertschätzung statt Wertschöpfung, beitragen statt eintauschen, teilhaben und nutzen statt kaufen: Das sind Elemente eines neuen menschen- und naturfreundlichen Lebensstils. Nichtberechnendes Sharing und Caring tragen dazu bei, die »Ökonomie« wieder ganzheitlich wahrzunehmen, angelehnt an den aus dem Griechischen stammenden ursprünglichen Wortsinn der »Haushaltslenkung«.

❧ Zeitwohlstand mehren ❧

Etwa 80 Prozent unseres Alltags besteht aus Routinen – vieles davon schadet uns selbst und anderen. Gehetzte Politiker und Manager sind trotz ihrer Privilegien nicht glücklich, gestresste Angestellte und Arbeiter erst recht nicht. Viele Menschen haben heute keine andere Wahl, als sich in schlechten Jobs ausbeuten zu lassen, andere trauen sich nicht, einen neuen Lebensstil mit weniger Geld, Besitz und Reputation zu pflegen. Mutige Frauen und Männer könnten mit sinnlosen Tretmühlen Schluss machen, sich Muße und Zeit für sich selbst nehmen, sich freundschaftlich Kindern, Nachbarn, Fremden und der Umwelt widmen, die Schönheit pflegen und genießen. Nur wer Muße hat, kann darüber nachdenken, welche Alltagsroutinen er oder sie ändern könnte. Gruppen und Institutionen könnten dabei helfen, das umzusetzen. Eine allgemeine Verkürzung der Erwerbszeit wäre ein wichtiger Schritt.

✸ Selbstorganisation von Arbeit fördern ✸

»Wer macht die miesen Jobs in einer Gesellschaft?«, fragen viele. Dabei bleiben uns manche entwürdigenden, öden und schmutzigen Aufgaben erspart, wenn Arbeitsteilung selbstorganisiert verlaufen darf und Arbeitsprozesse entsprechend umgestaltet werden. Im »Föderalen Öffentlichen Dienst für Soziale Sicherheit« in Belgien etwa bestimmen die Menschen selbst, wo, wann und wie sie arbeiten; das Amt gehört deshalb zu den beliebtesten Arbeitsplätzen aller belgischen Bediensteten, und Initiator Frank Van Massenhove wurde 2007 zum »besten Behördenleiter des Jahres« gewählt.[385] Ökosoziale Produktionsweisen vermeiden zudem Müll. Ökologische Sanitärsysteme, etwa mit Pflanzenkohle, können stinkende Toiletten und Kläranlagen ersetzen, Dünger produzieren und die Klimakrise mildern. Und wenn alle Menschen das machen dürfen, was sie am besten können, bleibt erfahrungsgemäß kaum eine Aufgabe unerledigt.

✸ Gemeingüter schützen ✸

Wir brauchen Commons viel mehr, als uns bewusst ist – die Natur, die Erdatmosphäre, Sprache, Kultur, Musik, Wissen, öffentliche Räume. Sie tragen zu unserem Wohlbefinden bei, lassen unsere Fähigkeiten und Möglichkeiten wachsen und sprießen. Gemeingüter zeigen, dass es zwischen Markt und Staat eine Alternative gibt, die es wertzuschätzen und zu verteidigen gilt. Lasst weltweit Erzeuger-Nutzer-Gemeinschaften entstehen!

✸ Open Source als Lebensprinzip ✸

Warum sollte die Menschheit so dumm sein, dasselbe immer und immer wieder neu zu erfinden? Viel schneller lassen sich Probleme lösen, wenn die Erkenntnisse und Einsichten anderer genutzt werden können. Und warum sollte man kluge Lösungen für sich behalten? Es ist doch viel beglückender zu wissen, dass man anderen hilft – ganz ohne zusätzlichen Aufwand. Das ist das Prinzip von Open Source. Das Internet macht es sehr einfach, vielfältiges Wissen ohne Aufwand zu teilen. Die Zukunft könnte in Plattformen von Gleichgesinnten liegen, auf denen Gruppen und Gesellschaften aus offenen Quellen schöpfen können. Unternehmen und selbst Staaten könnten als Plattformen organisiert werden, auf denen Ressourcen zur Erfüllung von Grundbedürfnissen billig oder gratis zur Verfügung gestellt werden. So etwas soll gerade in Ecuador versucht werden – Ausgang offen.

❉ Transparenz und öffentliche Kontrolle ❉

Es ergibt Sinn, bestimmte Infrastrukturen nur einmal aufzubauen und so gut wie möglich auszustatten. Das gilt für die Wasserversorgung genauso wie für Suchmaschinen im Internet. Entscheidend ist, dass jeder und jede kontrollieren kann, wie und nach welchen Kriterien sie funktionieren – und die Öffentlichkeit sie zu ändern vermag. Ihre Konstruktion muss transparent sein und zugleich die Privatsphäre der Nutzenden schützen. Klar ist, dass das nicht zum Nulltarif zu haben ist: Gemeingüter müssen gepflegt werden. Die Finanzierungsformen haben allen die gleiche Nutzung zu ermöglichen – unabhängig vom Einkommen.

❉ Aus offenen Quellen schöpfen, Kraken verhungern lassen ❉

Das World Wide Web ist ein Mittel – und wie jedes Werkzeug unterschiedlich einsetzbar. WWW kann für Watching, Wachstumswahn und Wettbewerb stehen – oder für Wohlergehen, Wunder und Welterfahrung. Wer Google, Facebook, Microsoft, Apple und Amazon weiter Daten und Gelder in den Rachen wirft, trägt zu Freiheitsraub und Selbstversklavung bei. Heute gibt es Alternativen und Open-Source-Strukturen in fast allen Bereichen des Internets. Dasselbe Prinzip gilt anderswo: Wer freiwillig Großbanken, Billighandelsketten, Energiekonzerne und andere Riesenkraken füttert, ist mit dafür verantwortlich, dass es mit der Glückswirtschaft nicht vorangeht. Fast überall gibt es inzwischen kleinere, ökosoziale Unternehmen, die Unterstützung verdienen. Faire Produkte zu kaufen macht glücklich, weil man kein schlechtes Gewissen verdrängen muss.

❉ Weltbürgerbewusstsein entwickeln ❉

Wenn wir alle gleich sind, können uns Hunger und Elend anderer nicht kaltlassen. Deshalb ist ein Mindestmaß an Informiertheit durch investigative und aufklärerische Medien erforderlich. Aber wir benötigen auch Achtsamkeit gegenüber uns selbst – ab wann lähmen Medien uns, fördern Abstumpfung und Depressivität? Analog zur Ernährungssouveränität auch Informationssouveränität zu entwickeln scheint unerlässlich.

❦ Offline hat Vorrang vor Online ❦

Das Internet bietet zweifellos grandiose neue Möglichkeiten globaler Vernetzung, überfordert uns aber auch. Viele Menschen starren heute zwölf Stunden täglich auf Bildschirme – von Computern, Smartphones, Fernsehern. Doch virtuelle Freundschaften sind virtuell, nur echte sind echt und durch nichts zu ersetzen. Wenn unsere Handlungsfähigkeit und Selbstwirksamkeit gefährdet sind und damit die oft wichtigsten Glücksfaktoren überhaupt, drücken wir besser den Ausknopf. Offline ist fürs Glück weit wichtiger als Online.

❦ Dialog gedeihen lassen ❦

Fernsehtalkshows haben unsere Kommunikationskultur verdorben. Pro- und Contrapositionen werden gnadenlos aufeinandergehetzt, ruhige Argumentationen sind fast unmöglich geworden, Zuhören und Ausredenlassen ebenso. In solchen Gegebenheiten ist kein Lernen, kein Kompromiss, kein gemeinsamer Fortschritt möglich. Echter Dialog aber entwickelt Respekt vor anderen und sieht deren Sichtweisen als Korrektur und Bereicherung der eigenen an. Dialogfähigkeit bedarf immer der Übung, in kleinen Gruppen und auf großen Bühnen.

❦ Das Solarzeitalter leben ❦

Wir sind Sonnenkinder, alles Leben auf der Erde beruht letztlich auf Sonnenenergie. Die fossilen Energiequellen mögen in Frieden in der Erde ruhen. »Solarkultur« kann jeder leben – vom Wechsel zu Ökostromanbietern über kleine Solaraufladegeräte bis zur Unterstützung von Bürgerenergiegenossenschaften und der Verbreitung erneuerbarer Energien auf der ganzen Erde. Deutschlands Energiewende gilt als Vorbild in der Welt. Wir tragen die Verantwortung, sie voranzutreiben.

❧ Trauern und hoffen lernen ❧

»Unsere Gesellschaft krankt an ihrem Anthropozentrismus«, sagt Joanna Macy, Vordenkerin der »Tiefenökologie«. Den Menschen als »Maß aller Dinge« zu sehen führe zu einem Zusammenbruch unserer Beziehungen zur Mitwelt, zum kollektiven Dichtmachen, zu Verdrängung, Panik, irrationalem Verhalten, religiösem Fundamentalismus, zu Nationalismus und Fremdenfeindlichkeit oder zu tiefer Depression. »Wenn wir den Schmerz, den wir für die Welt fühlen, unterdrücken, dann isoliert uns das. Wenn wir ihn akzeptieren, anerkennen und darüber sprechen, dann wird er zum lebendigen Beweis unserer Verbundenheit mit allem Lebendigen. Und er befreit unsere Hilfsbereitschaft.« Joanna Macy ist dankbar, »in einer Zeit zu leben, die so sehr zur Veränderung herausfordert und diesen sinnlichen, fast erotischen Instinkt in uns weckt, das Leben zu erhalten«. Das Netz der Natur trägt uns weiterhin, die Natur zeigt sich uns – immer noch – in aller Schönheit.[386]

❧ Den öffentlichen Diskurs über das gute Leben pflegen ❧

Wie viel ist genug? Um ein erfülltes, sinn- und lustvolles Leben zu führen, ist weniger oft mehr, etwa wenn wir Entschleunigung erfahren, Essen oder Kunst genießen oder etwas selber machen, statt es zu kaufen. Der Umweltpsychologe Marcel Hunecke empfiehlt drei Strategien, um individuelles und kollektives Glück zu fördern: das vergnügliche Leben (Genussfähigkeit), das engagierte Leben (Zielsetzungen), das sinnbestimmte Leben (Sinn). So kann es gelingen, mit weniger Geld Lebenszufriedenheit zu steigern.[387]

❧ Das herrschende System kreativ durchwuchern, nicht frontal bekämpfen ❧

Phänomene wie die weltweite Bewegung der SharEconomy sind politisch nicht mehr klar einzuordnen. Hier tummelt sich das junge urbane Weltbürgertum, das weit mehr Wert auf Glück statt auf Geld legt, hier gibt es aber auch einen fließenden Übergang zu kommerziellen Unternehmen. Das kann eine Gefahr sein, aber auch eine Riesenchance, weil die Bewegung tief in den Mainstream reicht und mit ihren Ideen den Rest der Gesellschaft anstecken kann.

❆ Kollaborative Demokratie ausprobieren und zum Metaschwarm erweitern ❆

Auch direkte Demokratie ist weiter entwickelbar, etwa indem Vorschlägen stufenweise von 0 bis 100 Prozent zugestimmt werden kann. Der Schweizer Volksentscheid über 1:12 als maximaler Gehaltsunterschied wäre wohl vor dem Scheitern bewahrt worden, wenn die Alternative nicht alles oder nichts geheißen hätte. Ähnlich funktioniert das »systemische Konsensieren«: Zivilgesellschaftliche Gruppen stimmen kontroverse Vorschläge nicht gegeneinander ab, sondern messen für jeden Vorschlag den Widerstand. Zwei Hände hoch bedeuten »sehr dagegen«, eine Hand »eher dagegen«, keine Hand »dafür«. Wir verfügen inzwischen über eine Fülle von Methoden der Partizipationsförderung, die Spaß machen und das Glück mehren – etwa Open Space, Global Café und andere. Bildungsreferent Jascha Rohr schlägt in seinem Buch *In unserer Macht* vor, als »fünfte Gewalt« eine »Bundeswerkstatt« einzurichten, in der politische Prozesse spielerisch und kreativ angegangen werden. Das gilt auch und gerade für so umstrittene Themen wie Stuttgart 21. Solche kollaborativen P2P-Gruppen wirken wie Schwärme. Schließen sie sich zu dichteren Netzwerken zusammen, entstehen Schwärme von Schwärmen. Direkte Demokratie könnte wie ein Metaschwarm funktionieren.

❆ Dem Lokalen den Vorzug geben ❆

Je mehr die Globalisierung fortschreitet, desto anonymer, intransparenter und unethischer werden Handlungsketten von transnationalen Konzernen. Eine Jeans etwa durchläuft weit mehr als ein Dutzend Stationen – angefangen von usbekischen Kinderarbeitern, die zur Baumwollernte gezwungen werden, über die Färbung in Bangladesch, die die Flüsse vergiftet, bis hin zu jungen unterbezahlten Näherinnen in Vietnam. Die Relokalisierung unserer Wirtschaft ist deshalb eine Riesenchance. Wenn wir unsere eigenen Hosen nähen, Räder reparieren, Lebensmittel erzeugen, vermindert das die Ausbeutung von Mensch und Natur, schafft Transparenz und Jobs, spart Unmengen von Ressourcen und Transporte und belebt den lokalen Geist von Gemeinden und Gemeinschaften. Aus Nachbarschaften werden »Machbarschaften« und gelebte Subsidiarität.

❉ Dezentralität und kleinteilige Produktion fördern ❉

Eine am Bedarf orientierte Produktion ist dezentral, weil die Hersteller nur so die Anforderungen und Bedürfnisse der Nutzenden kennen können. Ökosoziales Design orientiert sich am gesamten Lebensweg des Produkts und nicht nur an der Nutzungsphase. Materialien müssen ungiftig und leicht identifizierbar sein, die Konstruktion modular, einfach demontierbar und reparaturfreundlich.

❉ Fehlerfreundliche Techniken bevorzugen ❉

Großtechniken des Industriezeitalters wie Atomkraftwerke, auf Erdöl basierende Chemie oder grüne Gentechnik haben eine große Eingriffstiefe in die Natur. Sie sind mit unbeherrschbaren, großflächigen Gefahren verbunden, die viel Leid bei Mensch und Natur verursacht haben und verursachen. Eine Glückswirtschaft setzt auf kleinteilige, fehlertolerante Techniken. Hier darf und soll sogar auch mal etwas schiefgehen – davon können alle lernen, und schlimmstenfalls hat das nur lokale Folgen.

❉ Erproben und experimentieren ❉

Anders als früher, etwa in Zeiten einer starken marxistischen Arbeiterbewegung, erleben wir heute viel mehr Praxis als Theorie. Kein fertiges Wissen zur Hand zu haben, wie die ökosoziale Transformation zu gestalten ist, ist von Vorteil. Den »Commonisten« von heute geht es – anders als den Kommunisten von damals – um lokales, selbstbestimmtes Handeln.

❉ Umorientieren auf das Bruttosozialglück ❉

Bhutan und andere Länder zeigen, dass Politik, Wirtschaft und Gesellschaft auf andere Ziele justiert werden können: Die Förderung von Glück und nicht länger von Wachstum steht dann im Zentrum. Selbstverständlich darf der Staat Glücksgüter weder vorschreiben noch verteilen, er soll nur ihre Erreichbarkeit ermöglichen, also fördern, was gelingende Beziehungen, Vertrauen, Freundschaft, Gesundheit, Bildung, Selbstwirksamkeit, Selbst- und Mitbestimmung und intakte Natur unterstützt.

❄ Wir sind der Wandel! ❄

»Wir sind der Wandel«, schreibt Paul Hawken über die globale Zivilgesellschaft mit ihren Millionen engagierter Aktiver. Auch wenn sie an manchen Tagen nicht sichtbar sind und uns schlechte Nachrichten schier erschlagen: Noch nie in der Geschichte haben sich so viele Menschen für Menschenrechte, Gerechtigkeit und den Schutz des Planeten eingesetzt. Fünf Prozent eines tierischen Schwarms reichen aus, um diesen in eine andere Richtung zu treiben, hat der Verhaltensbiologe Jens Krause festgestellt. Fünf Prozent Entschlossene genügen auch, um eine ganze Gesellschaft umzuorientieren.[388] Wichtig ist nur, dass sie nicht in einer Nische bleiben, sondern sich überall einmischen: in Klimaverhandlungen, politische Reformen, Änderungen des Gesundheits- und Bildungssektors, in Medien, Naturschutz, Stadt- und Verkehrsplanung. Sofern diese fünf Prozent mehr oder weniger bewusst zusammenarbeiten, potenzieren sie gegenseitig ihre Kräfte und ihre Wirksamkeit. So könnte der Wandel bald unumkehrbar werden.

❄ Strategischen Optimismus entwickeln ❄

Gesellschaften sind höchst anfällig für sich selbst erfüllende Prophezeiungen und selbstreferenzielle Feedbackschleifen. Wer nicht daran glaubt, Erfolg zu haben, hat auch keinen. Er versinkt im grauen Sessel der Depression oder schimpft auf den »bösen, bösen Kapitalismus«. Solche Haltungen machen das System stärker, als es ist.

Denn an sich ist es nicht stark. Es macht Menschen bei steigendem Wohlstand unglücklicher und delegitimiert sich selbst. Eine riesige Mehrheit wünscht sich eine ökosoziale Wirtschaft, in der Geld wieder Mittel statt Selbstzweck ist.

❄ Erfolge feiern! ❄

Viele gesellschaftliche Bewegungen haben auf halbem Weg zum Erfolg aus Erschöpfung aufgegeben, weil sie ihre Etappensiege nicht gebührend zu feiern wussten. Das gilt besonders für protestantisch geprägte Kulturen, in denen das gute Leben schnell zu kurz kommt. Also: Tanzen, Singen, Essen, Trinken, Feste feiern :-)

❄ **Hier haben Sie Platz,**
um Ihre eigenen Vorschläge zu notieren ❄

Sie können diese auch an die Website
www.gluecksoekonomie.net
mailen, wir werden sie dort gerne veröffentlichen.

Achtung, Durchsage

Sie verlassen gerade das industrielle Zeitalter. Fordismus und Taylorismus liegen hinter uns. Sie haben einen ungeheuren technischen Fortschritt hervorgebracht, aber mindestens genauso viel Ausbeutung, Leid und Naturzerstörung.

Am Horizont erscheint eine ökosoziale zukunftsfähige Gesellschaft. Hier wird mit einer anderen Art von Währung bezahlt: mit Vertrauen und AnSehen. Das lässt empathische Bindungen sprießen und gedeihen. Ihr Leitstern ist das globale Bruttosozialglück.

Tragen Sie dazu bei!

DANKE!

Wir danken allen, die uns unterstützt haben, vor allem der Stiftung »anstiftung & ertomis« für ihre großzügige Hilfe und all jenen, die ihre Initiativen und Projekte im Geiste der Glücksökonomie vorgestellt und uns vertrauensvoll Auskunft gegeben haben. Ein besonders herzlicher Dank geht an Thomas Dönnebrink, Thorsten Wiesmann und Nikolay Georgiev. In unserer fünfköpfigen »Keimzelle« haben wir uns in den letzten Monaten über vieles die Köpfe heiß geredet, was sich auch im vorliegenden Buch niederschlug. Wir haben Wissen und Erfahrungen geteilt, die SharEconomy gelebt und »alltagscommonistische« Beziehungen entwickelt. Kennengelernt haben wir uns in einem Seminar, das Thomas Dönnebrink und Silke Helfrich geleitet haben. Auch der Commons-Vordenkerin Silke Helfrich verdanken wir äußerst wertvolle Impulse, genau wie Udo Blum und dem »Berliner Innovationskreis«.

Es war und ist uns eine große Freude, mit euch allen zusammenzuarbeiten! Ihr gehört einem neuen, egalitär denkenden Weltbürgertum an. Wenn mehr Menschen so leben würden wie ihr, würde das die Welt glücklicher machen!

Anmerkungen

Kapitel 1

1. http://search.worldbank.org/data?qterm= World%20GDP%201983&language=EN, 1983 bis 2013.
2. Helliwell, John; Layard, Richard; Sachs, Jeffrey: World Happiness Report 2012, http://www.earth.columbia.edu/articles/view/2960; und: Helliwell, John; Layard, Richard; Sachs, Jeffrey: World Happiness Report 2013, www.unsdsn.org/files/2013/09/WorldHappinessReport2013_online.pdf.
3. Frey, Bruno S.; Frey, Claudia Marti: Glück. Die Sicht der Ökonomie, Zürich 2010, S. 30.
4. Layard, Richard: Die glückliche Gesellschaft. Frankfurt a.M. 2009, S. 48.
5. World Happiness Report 2013, S. 16.
6. Deutsche wollen sozialen Zusammenhalt statt Reichtum. Spiegel Online, 28.8.2012.
7. TNS Infratest vom November 2013, statista.com.
8. Schmitz, Gregor Peter: Weltweit schwindet Vertrauen in den Kapitalismus. Spiegel Online, 12.7.2012; und: dapd, 12.7.2012.
9. Bürger wollen kein Wachstum um jeden Preis. Umfrage im Auftrag der Bertelsmann Stiftung, 2010.
10. Genannt seien hier beispielhaft die Studien von Matthias Binswanger, Richard Easterlin, Bruno Frey, Ronald Ingelhart, Tim Kasser, Stefan Klein, Robert Lane, Richard Layard, Kate Pickett, Robert Putnam, Peter Schmuck, Martin Seligman oder Ruut Verhooven.
11. World Happiness Report 2013, S. 22.
12. World Happiness Report 2013, S. 66.
13. Headey, Bruce; Muffels, Ruud; Wagner, Gerd G.: Choices Which Change Life Satisfaction: Evidence from Germany, Britain and Australia. Berlin 20.9.2013.
14. Layard, Richard: a.a.O., S. 16.
15. World Happiness Report 2012, S. 97.
16. Easterlin, Richard: Does Economic Growth Improve the Human Lot? In: Paul A. Davi & Melvin W. Reder (eds.): Nations and Households in Economic Growth. New York 1974, S. 89ff.
17. Wilkinson, Richard; Pickett, Kate: Gleichheit ist Glück. Frankfurt a.M. 2009, S. 22.
18. Diener, E., et al.: Happiness of the very Wealthy. In: Social Indicators Research 16, 1985, S. 263ff.
19. Easterlin, Richard: Income and Happiness: Toward a Unified Theory. In: The Economic Journal 111, 2001, S. 465ff; und: Easterlin, Richard et al.: The happiness-income paradox revisited. In: Proceedings of the National Academy of Sciences, 2010.
20. Weimann, Joachim; Knabe, Andreas; Schöb, Ronnie: Geld macht doch glücklich. Stuttgart 2012.
21. Höfer, Max A.: Vielleicht will der Kapitalismus gar nicht, dass wir glücklich sind? München 2013, S. 10.
22. Baur, Eva Gesine; Schmid-Bode, Wilhelm: Hautkontakt, ein Lebenselixier. In: Jänicke, Julia: Denkanstöße für Glückssucher. München 2005, S. 163. Für Deutschland kommt eine Ipsos-Umfrage von 2014 zum Ergebnis, dass Paare glücklicher sind als Singles.
23. Layard, Richard: a.a.O., S. 37.
24. Klein, Stefan: Die Glücksformel. Reinbek 2002, S. 172.
25. Ebd., S. 196.
26. House, J. et al.: Social relationship and health. In: Science 241, 1988, S. 540ff.
27. Klein, Stefan: Die Glücksformel. Reinbek 2002, S. 173.
28. Heinrich, Christian: Langzeitstudie: Wie ein glückliches Leben gelingt. Spiegel Online, 28.8.2012.
29. Umfrage des Instituts für Demoskopie in Allenbach. dpa, ap und afp, 3.1.2008.
30. Umfrage des Instituts für Demoskopie in Allenbach. statista.com, o. J.
31. Grautmann, Susanne: Neue Bescheidenheit. Tagesspiegel, 9.4.2014; und: Grautmann, Susanne: Sicher leben statt viel haben, www.ipsos.de.
32. Raffelhüschen, Bernd; Schöppner, Klaus-Peter: Deutsche Post Glücksatlas 2012. München 2012, S. 39.
33. Layard, Richard: a.a.O., S. 57.
34. Raffelhüschen, Bernd; Schöppner, Klaus-Peter: a.a.O., S. 47.
35. Interview mit Hilke Brockmann. Das Glück ist ein U. Spiegel Online, 26.1.2014.
36. Layard, Richard : a.a.O., S. 81.
37. Jessel, Beate; Tschimpke, Olaf; Walser, Manfred: Produktivkraft Natur. Hamburg 2009, S. 51f.
38. Frey, Bruno S.; Frey Marti, Claudia: a.a.O., S. 85ff.
39. Klein, Stefan: a.a.O., S. 275f.
40. www.happyplanetindex.org.

Kapitel 2

41 Schwarze Kanäle. In: Spiegel 35/1967. http://www.spiegel.de/spiegel/print/d-46211724.html.
42 Scheub, Ute: Wegwerfen? Reparieren! taz, 7.12.2013.
43 http://www.zeit.de/wissen/umwelt/2013-10/muell-weltweit-prognose.
44 Statistisches Jahrbuch, Wiesbaden 2013, S. 504.
45 Gorz, André: Das Ende des Kapitalismus hat schon begonnen. In: Auswege aus dem Kapitalismus, Beiträge zur politischen Ökologie. Zürich 2009, S. 18.
46 Bundestagspräsident Norbert Lammert am 12.2.2014, http://www.boeckler.de/28733_44769.htm.
47 http://www.bundesbank.de/Redaktion/DE/Downloads/Veroeffentlichungen/Monatsberichtsaufsaetze/2013/2013_06_phf_studie.pdf?__blob=publicationFile.
48 http://www.icsg.org/index.php/component/jdownloads/finish/170/1188, S. 36.
49 http://www.rwi-essen.de/media/content/pages/publikationen/rwi-positionen/Pos_019_Rohstoffsicherheit.pdf.
50 Botsman, Rachel; Rogers, Roo: What's mine is yours. London 2011, S. 5.
51 Westerhaus, Christine: Forscher kartieren Müllteppiche der Meere. Deutschlandfunk, 10.2.2014.
52 Alt, Franz: Jahrzehnt der Wetterkapriolen, www.sonnenseite.com.
53 Pötter, Bernhard: Ein Mann – und 90 Konzerne. In: taz, 23.11.2013.
54 McKibben, Bill: Global Warming's Terrifying New Math. Rolling Stone, 19.7.2012.
55 http://gofossilfree.org/updates/, 28.2.2014.
56 Biron, Carey L.: US-Deinvestitionskampagne gewinnt an Boden. IPS, 11.2.2013.
57 Cardwell, Diane: Foundations Band Together To Get Rid of Fossil-Fuel Investments. New York Times, 29.1.2014.
58 Sotschek, Ralf: Britischer Umweltminister bejubelt den Klimawandel. taz, 2.10.2013.
59 Wipperfürth, Heike: Weiterbauen im US-Hochwassergebiet. Deutschlandfunk, 27.9.2013.
60 Rahmstorf, Stefan: Botschaften aus dem Eis. taz, 6.11.2013.
61 Hopkins, Rob: Green Lecture in der Heinrich-Böll-Stiftung Berlin am 10.5.2013.
62 Hopkins, Rob: Einfach. Jetzt. Machen! München 2014, S. 33 und 14.
63 Interview mit Manfred Max-Neef: Wer in Armut überlebt, kann nicht dumm sein. taz, 28.9.2010.
64 Zitiert nach Matthias Greffrath: Wirtschaft ohne Wachstum? Deutschlandfunk 2.10.2009.
65 Ebd.
66 Zitiert nach Serge Latouche: Gibt es einen Weg aus der Wachstumsökonomie? Le Monde Diplomatique, 11.11.2005.
67 U.a. Elmar Altvater, Adelheid Biesecker, Hans-Christoph Binswanger, Herman Daly, Nicolas Georgescu-Roegen, Paul Gilding, Tim Jackson, Meinhard Miegel, Niko Paech, Jorge Randers, Uwe Schneidewind, Irmi Seidl, Peter Victor, Christa Wichterich, Angelika Zahrnt.
68 Latouche, Serge: Gibt es einen Weg aus der Wachstumsökonomie? Le Monde Diplomatique, 11.11.2005.
69 Jensen, Annette: Wiederverwertung. Zeo2 1/2009.
70 Biesecker, Adelheid: Thesen für die Enquetekommission Wohlstand, Wachstum, Lebensqualität. Berlin 2012.
71 Bundesministerium für Familie, Statistisches Bundesamt (Hg.): Wo bleibt die Zeit? Bonn 2003, S. 12.
72 Interview mit Mascha Madörin. In: Gender Matters! 2. Infobrief zur geschlechterpolitischen Arbeit der Friedrich-Ebert-Stiftung, 5.7.2013.
73 Bundesministerium für Familie, Statistisches Bundesamt (Hg.): Wo bleibt die Zeit? Bonn 2003, S. 11. Laut einem WZB-Paper aus dem Jahr 2000 von Volker Teichert wird in der formell bezahlten Ökonomie in Deutschland etwa 60 Milliarden Stunden pro Jahr gearbeitet und in der informellen unbezahlten fast 100 Milliarden.
74 Ebd., S. 9.
75 Heintze, Cornelia: Auf der Highroad – der skandinavische Weg zu einem Pflegesystem. In: WISO-Diskurs, Friedrich-Ebert-Stiftung, Juli 2012, S. 5.
76 Heintze, Cornelia: a.a.O., S. 7.
77 Interview mit Mascha Madörin.
78 Dribbusch, Barbara: 87 Minuten Zuwendung pro Tag. taz, 6.8.2013.
79 Madörin, Mascha, a.a.O.
80 http://www.youtube.com/watch?v=_xmyM_uNXkU
81 http://www.global-community.org/gc/newsfiles/25/Community%20Currency%20Guide.pdf.
82 Verschiedene Umfragen kamen zu verschiedenen Ergebnissen: Prognos 2008, Emnid 2009, Freiwilligen-Survey 1999, 2004 und 2009.
83 Studie zur Zivilgesellschaft: Die Deutschen lieben ihren Verein. www.npo-info.de/Vereinsstatistik/2011, 29.11.2013.

84 Statistisches Bundesamt, Emnid-Umfrage 2009. http://de.statista.com/statistik/printstat/195995.
85 Engagement-Atlas 2009. www.netzwerk-gemeinsinn.net/content/view/444/44.
86 Graeber, David: Schulden. Stuttgart 2012, S. 101ff.
87 Zitate aus: Das Dorf der Zukunft. 3sat, 23.2.2010; und: Die neue Solidarität. 3sat-Weltjournal, 10.2.2014.

Kapitel 3

88 Hawken, Paul: Wir sind der Wandel. Emmendingen 2010, S. 278.
89 Bauer, Joachim: Das kooperative Gen. Hamburg 2008, S. 36.
90 Schramm, Stefanie: Warum wir unterschiedlich ticken. Deutschlandfunk, 7.2.2013.
91 Sendung Scobel. 3Sat, 17.1.2013.
92 Bauer, Joachim: Das kooperative Gen. Hamburg 2008, S. 49.
93 Weber, Andreas: Alles fühlt. Berlin 2007, S. 33.
94 Ebd., S. 247.
95 Smith, Adam: Der Wohlstand der Nationen. München 2006, S. 551.
96 Binswanger, Matthias: Die Tretmühlen des Glücks. Freiburg 2013, S. 25.
97 Weber, Max: Die protestantische Ethik und der Geist des Kapitalismus. München 2006, S. 26.
98 Gröbly, Thomas; J. Stöhlker, Klaus: Hat die Wirtschaft ein Gewissen? Zürich 2014, S. 126.
99 Höfer, Max A.: Vielleicht will der Kapitalismus gar nicht, dass wir glücklich sind? S. 47, 219.
100 Benz, Matthias: Not for the Profit, but for the Satisfaction? In: Kyklos 58/2, 2005, S. 155ff.
101 Deci, Edward; Koestner, Richard; Ryan, Richard: A meta-analytic review of experiments examining the effects of extrinsic rewards on intrinsic motivation. In: Psychology Bulletin, 1999, S. 627ff.
102 Ebd., S. 316.
103 Binswanger, Matthias: a.a.O., S. 107.
104 Pink, Dan. The puzzle of motivation. TED talks, 2009. http://www.ted.com/talks/lang/de/dan_pink_on_motivation.html.
105 Klein, Stefan: Wie kommt das Gute in die Welt? ZEIT 59/2009; und: Henrich, Joseph et al.: Foundations of Human Sociality: Economic Experiments and Ethnographic Evidence From Fifteen Small-Scale-Societies. Oxford 2004.
106 Precht, Richard David: Die Kunst, kein Egoist zu sein. München 2012, S. 264 und 395.
107 Becchetti, Leonardo; Degli Antoni, Giacomo: Das Spiel-Experiment. In: Leo Bormanns (Hg.): Glück. The World Book of Happiness. Köln 2012.
108 Bauer, Joachim: Prinzip Menschlichkeit. Hamburg 2006, S. 21, 37.
109 Keyers, Christian: Unser empathisches Gehirn. München 2013, S. 16.
110 Mittelstrass, Bettina: Evolution der Moral. Deutschlandradio, 18.11.2010.
111 Keyers, Christian: a.a.O., S. 200ff.
112 Precht, Richard David: a.a.O., S. 170.
113 Franck, Georg: Ökonomie der Aufmerksamkeit – ein Entwurf. Wien 1998.
114 Saße, Dörte: Was dem Gehirn gefällt. Tagesspiegel, 1.9.2013.
115 Chou, Hui-Tzu Grace und Edge Nicholas: Facebook Can Make Us Sad. In: Cyberpsychology, Behaviour and Social Networking. Januar 2012.
116 Scheub, Ute: Heldendämmerung. München 2010, S. 63.
117 Precht, Richard David: a.a.O., S. 321.
118 Layard, Richard: a.a.O., S. 175.
119 Heimrath, Johannes: Die Postkollapsgesellschaft, Berlin 2012, S. 149ff.
120 Ostrom, Elinor: Was mehr wird, wenn wir teilen. München 2011.
121 Helfrich, Silke; Heinrich-Böll-Stiftung (Hg.): Commons. Bielefeld 2012.
122 Gudynas, Eduardo: Buen Vivir. Rosa-Luxemburg-Stiftung, Reihe Analysen. Berlin o.J.; und: Gudynas, Eduardo und Acosta Alberto: El Buen Vivir más allá del desarrollo. Qué Hacer, DESCO. Lima 2011.
123 Lambert, Renaud: Pachamama. Le Monde Diplomatique, 11.2.2011.
124 Poma, Muruchi: Vivir Bien. amerika21.de, 25.11.2013.
125 Fatheuer, Thomas: Buen Vivir. Heinrich-Böll-Stiftung, Ökologie-Band 17. Berlin 2011, S. 23.
126 Gudynas, Eduardo: a.a.O., S. 5, 18, 19.
127 Reynolds, Louisa: Buen Vivir – Nachhaltigkeit als Lebensform. Nachrichtenpool Lateinamerika, 26.2.2013.
128 Julien, Éric: Der Weg der neun Welten. Saarbrücken 2005, S. 279, 250, 113; und: Ereira, Alan: Die großen Brüder. Reinbek 1995.
129 Bassey, Nnimmo: Between Eti Uwem and Green Capitalism. www.africavenir.org, 4.2.2013.
130 Verhaeghen, Paul: Und ich? München 2013, S. 55.
131 Skidelsky, Robert; Skidelsky, Edward: Wie viel ist genug? München 2013, S. 208ff.

132 Nussbaum, Martha: Frontiers of Justice. Cambridge 2006; und: Nussbaum, Martha: Women and Human Development. Cambridge 2000.

Kapitel 4

133 Höfer, Max A.: Vielleicht will der Kapitalismus gar nicht, dass wir glücklich sind? München 2013, S. 38.
134 Palan, Dietmar; Werle, Klaus: Wenn 147. Konzerne die ganze Wirtschaft kontrollieren. In: Züricher Tagesanzeiger, 23.10.2011.
135 Stein, Ben: In Class Warfare, Guess Which Class is Winning. In: New York Times, 26.11.2006.
136 International Forum on Globalization: Outing the Oligarchy. Billionaires Who Benefit From Today´s Climate Crisis. Auf: www.ifg.org, 6.12.2011.
137 Oxfam Briefing Paper: Working for the Few. 20.1.2014.
138 Credit Suisse: Global Wealth Report. 2011, S. 83.
139 http://www.bpb.de/nachschlagen/zahlen-und-fakten/soziale-situation-in-deutschland/61781/vermoegensverteilung.
140 Gilding, Paul: Die Klimakrise wird alles ändern – und zwar zum Besseren. Freiburg 2012, S. 254.
141 Felber, Christian: Gemeinwohl-Ökonomie. Wien 2010, S. 62 (Zinssätze aktualisiert).
142 Boldt, Klaus: Karl Albrecht bleibt reichster Deutscher. In: Manager-Magazin, 7.10.2013.
143 Absolute Return. FAZ, 2.4.2011. Und: Märkte außer Kontrolle. Spiegel-Titelgeschichte 34/2011.
144 Gilding, Paul: a.a.O., S. 297.
145 Wilkinson, Richard; Pickett, Kate: Gleichheit ist Glück. Frankfurt a.M. 2009, S. 88.
146 Raffelhüschen, Bernd; Schöppner, Klaus-Peter: Deutsche Post Glücksatlas 2012. München 2012, S. 15.
147 Rach, Ruth: Burn-Out mit einer Million Pfund. Auf: Deutschlandfunk, 11.6.2013.
148 Scheub, Ute; Kuschel, Yvonne: Beschissatlas. München 2012, S. 65.
149 Binswanger, Matthias: Die Tretmühlen des Glücks. Freiburg 2013, S. 56f.
150 Exner, Andreas: Gleichheit ist grün und rot. In: Social Innovation Network, 6.11.2012.
151 Binswanger, Matthias: a.a.O., S. 71.
152 Botsman, Rachel; Rogers, Roo: What's mine is (y)ours. London 2011, S. 13.
153 Gilding, Paul: a.a.O., S. 304.
154 Binswanger, Matthias: a.a.O., S. 73.
155 Klein, Stefan: Wie kommt das Gute in die Welt? ZEIT 59/2009., S. 234.
156 Lane, Robert: The Loss of Happiness in Market Democracies. In: Miami Herald, 28.5.2000.
157 Wilkinson, Richard; Pickett, Kate: a.a.O., S. 159 und 56.
158 Ebd., S. 208.
159 Ebd., S. 83, 48.
160 Jackson, Tim: Wohlstand ohne Wachstum. München 2011, S. 151.
161 Ebd., S. 152: Vertrauen und Zugehörigkeitsgefühl in 22 europäischen Ländern. New Economics Foundation, 2009.
162 Herrmann, Ulrike: Hurra, wir dürfen zahlen. Frankfurt a.M. 2010, S. 180.
163 Layard, Richard: Die glückliche Gesellschaft. Frankfurt a. M. 2009, S. 65.
164 Wilkinson, Richard; Pickett, Kate: a.a.O., S. 213.
165 Ebd., S. 74.
166 Klein, Stefan: a.a.O., S. 262ff.
167 Hawken, Paul: Wir sind der Wandel. Emmendingen 2010, S. 8 und 11.
168 Ebd., S. 222 und 251.
169 Ebd., S. 255.
170 Caprioli, Mary; Boyer, Mark A.: Gender, Violence, and International Crisis. In: Journal of Conflict Resolution, Vol.45, 4/2000, S. 503ff.; und: Caprioli, Mary; Boyer, Mark A: Gendered Conflict. In: Journal of Peace Research, Vol. 37, 1/2000, S. 51ff.; und: Caprioli, Mary; Boyer, Mark A.: Primed for Violence. In: International Studies Quarterly 49/2005, S. 161ff.
171 Li, Jianhong; Wyndow, Paula; Mattes, Euge: Female Empowerment as a Core Driver of Democratic Development. In: World Development 2013, Vol. 52, S. 34ff.
172 Ingelhart, Ronald et al.: Development, Freedom, and Rising Happiness. o.O. 2008, S. 264ff.
173 Kimmel, Michael: A black women took my job. o.O. 2006.
174 Gerritzen, Nana: Frauenrechte sind der beste Kinderschutz. taz, 12.12.2006.
175 Interview mit Stevie Schmiedel: Bin ich schön genug? taz, 27.2.2013.
176 Interview mit Benigna Gerisch: Rund eine Million Schönheits-OPs in Deutschland. Deutschlandradio, 31.12.2013.
177 Berres, Irene: So gestresst sind die Deutschen. Spiegel Online, 30.10.2013.
178 Alberto Acosta am 12.5.2014 in Berlin
179 Berres, Irene: a.a.O.
180 Bundestag: Gleichstellungsbericht 2011, Drucksache 17/6240.

181 Stressreport 2012. epd, 29.1.2013.
182 Wolf, Elena: Schwarz, rot, depressiv! Kontext-Wochenzeitung, 4.1.2014.
183 Stress trotz Sommer und Sonne. epd, 26.8.2013.
184 Wilkinson, Richard; Pickett, Kate: a.a.O., S. 255.
185 Geisler, Bob: Der Kampf der Näherinnen aus Bangladesch. Hamburger Abendblatt, 13.11.2010.
186 Rosa, Hartmut et al.: Zeitwohlstand. München 2013, S. 66ff.
187 Binswanger, Matthias: a.a.O., S. 116.
188 Interview mit Hans Joachim Schellnhuber: Diktatur des Jetzt. Spiegel, 21.3.2011.
189 Opitz, Florian: Speed – Auf der Suche nach der verlorenen Zeit. Dokumentarfilm. Arte, 22.1.2014.
190 Helliwell, John; Layard, Richard; Sachs, Jeffrey (Hg.): World Happiness Report. New York, 2011.
191 Brand eins (Hg.): Die Welt in Zahlen 2011, S. 266.
192 Haug, Frigga: Die Vier-in-einem-Perspektive als Leitfaden für Politik. In: Das Argument 291/2011; und: Haug, Frigga: Zeit, Wohlstand und Arbeit neu definieren. In: Hartmut Rosa et al. (Hg.): Zeitwohlstand. München 2013, S. 26ff.
193 www.arbeitszeitverkuerzung-jetzt.de.
194 Kirschenmann, Lena: Argumente für einen neuen Umgang mit Zeit und Wohlstand. In: Rosa, Hartmut et al. (Hg.): Zeitwohlstand. München 2013, S. 99ff; und: New Economics Foundation: 21 hours – why a shorter working week can help us all to flourish in the 21st century. London 2010.
195 Reise, Niels: Ich träumte von einer Revolution. Spiegel Online, 25.4.2014.
196 Interview mit Nico Paech: Die Verstopfung der Welt. www.oldenburger-lokalteil.de, 11.3.2013.
197 Paech, Niko: Befreiung vom Überfluss. München 2012, S. 60 und 122.
198 Gorz, André: Wege ins Paradies. Berlin 1983, S. 68f.
199 Gorz, André: Das Jobwunder enthält einen großen Schwindel. In: Jan Engelmann, Michael Wiedemeyer (Hg.): Kursbuch Arbeit, Stuttgart 2000, S. 93ff.
200 Interview mit Stephan Grünewald: Mut zur Muße. Deutschlandfunk, 28.5.2013.
201 Walter, Klaus: Verwundeten-Abzeichen. taz, 11.11.2013.
202 Töpper, Verena: Jetzt aber mal Schluss mit der Arbeit. Spiegel Online, 17.12.2013.
203 Holch, Christine: Arbeiten ohne Ende. In: Jan Engelmann, Michael Wiedemeyer (Hg.): Kursbuch Arbeit, Stuttgart 2000, S. 241ff.
204 Höfer, Max A.: a.a.O., S. 43, 56ff.
205 Heylighen, Francis: Self-organization in Communicating Groups. Brüssel 2011, S. 1.
206 Ebd., S. 7.
207 Bund, Kerstin: Generation Y. ZEIT 10/2014.
208 Roth, Anna-Lena: Mit 500 Euro das große Glück. Spiegel Online, 9.1.2014.

Kapitel 5
209 Voß, Elisabeth: Wegweiser Solidarische Ökonomie. Neu-Ulm 2010, S. 13.
210 Ebd., S. 11 und 14.
211 Gute Überblicke in: Habermann, Friederike: Halbinseln gegen den Strom. Sulzbach 2009; und: Dyttrich, Bettina; Wuhrer, Pit (Hg.): Wirtschaft zum Glück. Zürich 2012; und: Gellenbeck, Konny (Hg.): Gewinn für alle! Frankfurt a.M. 2012; und: Plöger, Peter: Einfach ein gutes Leben. München 2011; und: Links, Christoph; Volke, Kristina (Hg.): Zukunft erfinden. Berlin 2009; und: Jensen, Annette: Wir steigern das Bruttosozialglück. Freiburg 2011.
212 Heinrich, Harald: Im Zeitalter des Homo collaborans. Politische Ökologie 135, S. 102.
213 Scheub, Ute: Brotvereine und Barmherzigkeitsbaustellen. taz-Beilage Genossenschaften, Juli 2011.
214 epd 2.12.2013, dpa 26.8.2012.
215 epd 2.12.2013.
216 Jensen, Annette: Genossenschaften heute. taz-Beilage Genossenschaften, Juli 2011.
217 Deutscher Genossenschafts- und Raiffeisenverband (Hg.): Regionale Entwicklung mit Genossenschaften. Berlin 2012.
218 Paez, Beatriz: Genossenschaften haben eine Milliarde Mitglieder. IPS, 11.10.2012.
219 Zastiral, Sascha: Lobby für Arme. taz, 5.12.2009.
220 Liebel, Manfred; Nnaji, Ina; Wihstutz, Anne (Hg.): Kinder. Arbeit. Menschenwürde. Frankfurt a.M. 2008, S. 421; und: Liebel, Manfred: Wir sind die Gegenwart. Frankfurt a.M. 1994, S. 138.
221 Flieger, Burghard (Hg.): Sozialgenossenschaften. Reihe Materialien der AG SPAK, Neu-Ulm 2003.
222 Putnam, Robert: Making Democracy Work. Princeton 1993.
223 Groß, Martina: Gegenmodell. Die Supergenossenschaft von Mondragón. Le Monde Diplomatique, Januar 2014.
224 Ausführungen bei einem Gespräch Ende 2013 in Berlin.

225 Secretario Nacional de Economia Solidária: Acontece SENAS, Boletim Informativo, Divulgacao do dados do SIES, 2013.
226 Müller-Plantenberg, Clarita: Solidarische Ökonomie existiert schon. Arbeitspapier der Akademie Solidarische Ökonomie, o. J.; und: Müller-Plantenberg, Clarita: Solidarische Ökonomie in Brasilien. In: Zeitschrift für Sozialökonomie Nr. 158/159, Oktober 2008.
227 Coraggio, José Luis: La Presencia de la Economía Social y Solidaria y su Institucionalización en América Latina. Draft Paper for the UNRISD Conference, Genf Mai 2013.
228 Cecosesola (Hg.): Auf dem Weg. Berlin 2012.
229 https://www.sparda-m.de/gemeinwohl-oekonomie.php.
230 Pennekamp, Johannes: Der Utopist. Brandeins 8/2011; und: Koch, Hannes: Der Finanzmissionar. taz, 14.4.2012; und: Interview mit Helmut Lind, Gemeinwohl statt Profitmaximierung. Deutschlandradio Kultur, 3.1.2013.
231 Everett, Daniel: Cultural Constraints on Grammar and Cognition in Piraha. In: Current Anthropology, Bd. 46/4, 2005, S. 621ff.
232 http://gratisbasis.com/?p=375.
233 Simmel, Georg: Philosophie des Geldes. Köln 2009.
234 Vaughan, Genevieve: For-Giving. o.O. 2002.
235 Rottenfußer, Roland: Der Philosoph des Schenkens. Zeitpunkt 122, November 2012.
236 Eisenstein, Charles: Ökonomie der Verbundenheit. Berlin 2013, S. 420.
237 Ebd., S. 420.
238 Centrum für soziale Investitionen und Innovationen: Social Entrepreneurship in Deutschland, August 2013.
239 Staudinger, Heini. GEA-Album 87.
240 Kreutzberger, Stefan; Thurn, Valentin: Die Essensvernichter. Köln 2011.
241 http://www.anstiftung-ertomis.de/urbane-gaerten/gaerten-im-ueberblick.
242 Hopkins, Rob: Einfach! Selbst! Machen. München 2014, S. 52.
243 http://www.urbanagriculturebasel.ch.
244 Aussage auf dem Symposium: Die Farbe der Forschung. Berlin 8.3.2014.
245 Greffrath, Mathias: Schnippel-Disco. taz, 15.1.2014.
246 Pötter, Bernhard: Wo Mensch und Tiere schwitzen. taz, 22.3.2014.
247 Aussage auf dem Symposium »Die Farbe der Forschung«, Berlin 8.3.2014 .

Kapitel 6
248 Williams, Sam: Free as in Freedom. Richard Stallman's Crusade for free Software. Sebastopol 2002, S. 1ff.
249 Imhorst, Christian: Die Anarchie der Hacker. Marburg 2004, S. 52.
250 Grassmuck, Volker: Freie Software. Bonn 2004, S. 220.
251 Torvalds, Linus: Just for Fun. New York 2001, S. 85.
252 Raymond, Eric S.: The Cathedral and the Bazaar. http://www.unterstein.net/su/docs/CathBaz.pdf, S. 2.
253 Ebd., S. 23.
254 Ebd., S. 21.
255 Surowiecki, James: Die Weisheit der vielen. München 2005, S. 215ff.
256 Rohr, Jascha: In unserer Macht. Klein Jasedow 2013, S. 63 und 53.
257 Heylighen, Francis: Self-organization in Communicating Groups. Brüssel 2011.
258 Imhorst,Christian: a.a.O., S. 69.
259 http://www.ccc.de/hackerethics.
260 Stöcker, Christian: Nerd Attack! Bonn 2011, S. 93.
261 Birnbaum, Michael: Leakers, privacy activists find new home in Berlin. Washington Post 26.11.2013; und: Lehmann, Armin: Das Mekka der Hacker. Tagesspiegel 14.12.2013.
262 Stegbauer, Christian: Wikipedia. Das Rätsel der Kooperation. Wiesbaden 2009, S. 17.
263 http://blackphantom.de/artikel/die-meistbesuchten-websites-der-welt-2013/.
264 Stegbauer, Christian: a.a.O.; und: van Dijk, Ziko: Wikipedia. Open Source Press. 2010.
265 Oppong, Marvin: Verdeckte PR in Wikipedia. Berlin 2014.
266 Warnke, Martin: Theorien des Internets. Hamburg 2011, S. 17.
267 Genauer dargestellt in: Christian Stöcker: a.a.O., S. 115ff.
268 Sehr gute Darstellung der Entwicklung in: Holzapfel, Helmut: Urbanismus und Verkehr. Wiesbaden 2011.
269 Ebd., S. 34.
270 Stöcker, Christian: a.a.O., S. 243.
271 Heuer, Steffan; Tranberg, Pernille: Mich kriegt ihr nicht! Hamburg 2013, S. 35ff.
272 Beckedahl, Markus; Lüke, Falk: Die digitale Gesellschaft. München 2012, S. 148ff.
273 Heuer, Steffan; Tranberg, Pernille: a.a.O., S. 41ff.
274 Committee on Commerce, Science and Transportation (Hg.): A Review of the Data Broker Industry. 18.12.2013 http://op.bna.com/der.nsf/id/sbay-9ehtxt/$File/Rockefeller%20report%20on%20data%20brokers.pdf.
275 Junge, Barbara: Wer hat meine Daten? In: Big Data. Das neue Versprechen der Allwissenheit. Berlin 2013, S. 26/27.

276 Baumgärtel, Tilman: Facebook soll zahlen. taz, 1./2.2.2014.
277 Moorstedt, Tobias: Obamas Datenakrobaten. In: Big Data. Das neue Versprechen der Allwissenheit. Berlin 2013, S. 35ff.
278 Schulz, Thomas: Larry und die Mondfahrer. Spiegel-Titel, 1.3.2014.
279 Transparency International (Hg.): Transparency in Corporate Reporting, 2012, S. 5 http://www.transparency.de/fileadmin/pdfs/Themen/Wirtschaft/2012_TransparencyInCorporateReporting_EN.pdf.
280 lid: Kartellentscheidung enttäuscht Google-Konkurrenz. FAZ, 5.1.2013.
281 http://userdatamanifesto.org/.
282 Johnson, Steven: Future Perfect. New York 2012.
283 Häntzschel, Jörg: Die Datenbergwerker. In: Big Data. Das neue Versprechen der Allwissenheit. Berlin 2013, S. 76ff.
284 Kirkpatrick, David: Der Facebook-Effekt. München 2011, S. 71ff.
285 http://www.heise.de/newsticker/meldung/NSA-Skandal-Britische-Regierung-drohte-Guardian-mit-Schliessung-2156345.html?wt_mc=sm.feed.tw.ho.
286 Kirkpatrick, David: a.a.O., S. 339ff.
287 https://diasp.eu/stats.html.
288 Boston Consulting Group (Hg.): The Value of our digital Identity. New York, Düsseldorf, November 2012, S. 101.
289 Kurz, Constanze: Wortbeitrag auf dem Complicity-Workshop der Berlinergazette. Berlin 6.4.2014.
290 http://www.greenpeace.org/usa/en/campaigns/global-warming-and-energy/A-Green-Internet/clickingclean/.
291 Telefonat mit Lorenz M. Hilty im April 2014. Demnächst erscheint dazu das Buch: Hilty, Lorenz; Aebischer, Bernard (Hg.): ICT Innovations for Sustainability. Heidelberg 2014.
292 https://www.switch.ch/export/sites/default/about/news/journal/_files/SWITCHjournal_March10.pdf, S. 22–25.
293 BMU: http://www.blauer-engel.de/de/blauer_engel/presse/meldungen.php?we_objectID=259, 26.5.2011.
294 Hielscher, Henryk: Ausgeliefert. In: Wirtschaftswoche, 4.11.2013.
295 Malet, Jean-Baptiste: Die Versandfabrik. In: Le Monde Diplomatique, 8.11.2013.
296 Werner, Kathrin: Mr. Gnadenlos aus Seattle. In: Süddeutsche Zeitung, 3.12.2013.
297 http://anstiftung-ertomis.de/selbermachen/repair-cafe/termine.

Kapitel 7
298 http://www.we-magazine.net/we-volume-02/the-emergence-of-open-design-and-open-manufacturing/#.Uz_SdKKzOh8.
299 http://openpcr.org/, http://fablabatschool.org/profiles/blogs/gogofuge-manual, http://graphics.stanford.edu/papers/fcam/, http://redmine.laoslaser.org/projects/laos/wiki.
300 http://m.youtube.com/watch?v=5-iDUcETjvo.
301 https://www.youtube.com/watch?v=5FXT1OytJRI.
302 http://www.blinkx.com/ce/YaQCWXo-60VOCGtvXFBKOXX6gWWFRQ1dYbzYwVk9DR3R2WEZCS09YWDZnWWFRQ1dYbzYwVk9DR3R?id=1865297169.
303 http://p2pfoundation.net/Why_is_Open_Hardware_Inherently_Sustainable.

Kapitel 8
304 http://pages.ebay.co.uk/help/account/letter-from-founder.html.
305 Boeing, Niels; Lubbadeh, Jens: Besitzt Du noch oder teilst Du schon? In: Technology Review, 5.2013, S. 27.
306 Botsman, Rachel; Rogers, Roo: What's Mine is (Y)ours. London 2011, S. 98ff.
307 Ebd., S. 83.
308 Heinrich-Böll-Stiftung, Naturschutzbund Deutschland (Hg.): Nutzen statt besitzen. Berlin 2012, S. 31.
309 Ebd. S. 32. Laufend taucht das Beispiel einer nur 13 Minuten lang genutzten Bohrmaschine auf. Alex Steffen hat 2007 eine Nutzungsdauer zwischen 6 und 20 Minuten geschätzt, seither wandert die Zahl als Fakt durch die Literatur. www.worldchanging.com/archives//006082.html.
310 Rust, Alicia: Ein Non-Profit-Projekt geht in Serie. Tagesspiegel, 17.3.2014.
311 Rauterberg, Hanno: Wir sind die Stadt! Berlin 2013, S. 8.
312 Kluge, Alexander: Wie Oasen in der Wüste. In: Eumann, Marc Jan, et al. (Hg.): Medien, Netz und Öffentlichkeit. Essen 2013, S. 81.
313 Goodman, David: Learning to Share. New York Times, 25.9.10.
314 Boeing, Niels; Lubbadeh, Jens: a.a.O., S. 29.
315 Institut für Mobilitätsforschung (ifmo) (Hg.): Mobilität junger Menschen im Wandel. München 2011, S. 18.
316 Gossen, Maike: Nutzen statt Besitzen. In: Schriftenreihe des IÖW 202/12, Berlin 2012
317 Amann, Susanne; Tietz, Janko: Teile und herrsche. Spiegel 2/2013.

318 http://www.uctc.net/access/38/access38_carsharing_ownership.pdf.
319 Tilz, Jana, et al.: Werden wir bald alles teilen, was wir haben? In: Share, Juli 2013, S. 137.
320 www.netzpiloten.de/celine-lazorthes-wissen-kann-man-sich-erarbeiten-eine-einstellung-nicht/.
321 Ebd.
322 Paech, Niko in: Share. Juli 2013, S. 144.
323 Zitiert in: Parsons, Adam: The sharing economy. Auf: http://www.opendemocracy.net/transformation/adam-parsons/sharing-economy-short-introduction-to-its-political-evolution.
324 https://www.dropbox.com/sh/xpif487wgck0gzm/w_wJZPwq5C/Wie%20retten%20wir%20die%20Wirtschaft.pdf.
325 Wiesmann, Thorsten; Weis, Thomas: Miteinander teilen. www.think2share.de.
326 Bauwens, Michael: Beyond Jeremy Rifkin. www.huffingtonpost.com, 23.4.2014.

Kapitel 9

327 Nielsen, Michael: Reinventing Discovery. Oxfordshire 2012, S. 176ff.
328 Ebd., S. 10.
329 Zitiert in: Technology Review: Stürmt den Elfenbeinturm. April 2012, S. 51.
330 Zitiert in: Paletta, Giuseppe: Open Access – Forscher nutzen das Internet, um überholte Strukturen abzuschütteln. Frankfurter Allgemeine Zeitung, 9.10.2013.
331 Nielsen, Michael, a.a.O., S. 1 und 30f.
332 Ebd., S. 76ff.
333 http://www.astronews.com/news/artikel/2009/07/0907-039.shtml.
334 Liebrich, Silvia: Der Glaubenskrieger. Süddeutsche Zeitung, 24.7.2013.
335 Mail von Frank Piller, 11.2.2014.
336 Jeppesen, Lars Bo; Lakhami, Karim R.: Marginality and Problem-Solving Effectiveness in Broadcast Search. In: Organization Science, 22.2.2010, S. 15.

Kapitel 10

337 https://www.kickstarter.com/help/stats.
338 http://www.crowdfunding.de/plattformen/#klassische.
339 http://www.forbes.com/sites/groupthink/2012/12/31/2013-whats-in-store-for-crowdfunding-and-angel-investors/.
340 http://www.zeit.de/2013/43/fairphone/seite-2.
341 http://mobil.deutschebahn.com/was-kommt/das-wird-eine-revolution/2/.

Kapitel 11

342 Shere, Jeremy: Frank Shuman's Solar Arabian Dream. http://renewablebook.com/chapter-excerpts/350-2/.
343 Copulos, Milton: The Hidden Cost of Oil. www.ndcf.org.
344 Stiftung Brandenburger Tor (Hg.): Energie = Arbeit. Ausstellungskatalog. Berlin 2010, S. 12.
345 Zentrum für Transformation der Bundeswehr (Hg.): Peak-Oil. 2010, S. 5ff; www.peakoil.com.
346 Scheer, Hermann: Der energetische Imperativ, München 2010, S. 81, S. 40.
347 Vortrag beim Innovationskreis in Berlin im Juli 2013; alle Beispiele auch in www.buch-der-synergie.de.
348 Scheer, Hermann: a.a.O., S. 81.
349 Renewables 2013: Global Status Report. Paris 2013, S. 68.
350 www.dw.de/globaler-trend-hin-zu-erneuerbarer-energie/a-16519172, 19.7.2013.
351 Lambing, Julio: Stromallmende. In: Helfrich, Silke und Heinrich-Böll-Stiftung (Hg.): Commons. Bielefeld 2012, S. 479ff.
352 Podiumsdiskussion auf dem Kongress der 100% EE-Regionen in Kassel im September 2013.
353 http://www.unendlich-viel-energie.de/wachstumstrend-der-energiegenossenschaften-ungebrochen.
354 Agentur für Erneuerbare Energien, Deutscher Genossenschafts- und Raiffeisenverband (Hg.): Energiegenossenschaften. Berlin 2013, S. 6, 33 und 34.
355 Trend:research: Definition und Marktanalyse von Bürgerenergie in Deutschland. Lüneburg, Oktober 2013.
356 Itten, Anatol; Mono, René: Wie Bürger die Energiewende mitgestalten. In: Ökologisches Wirtschaften 1/2014, S. 20.
357 www.pv-magazine.de/nachrichten/details/beitrag/rekord—ber-60-prozent-strom-aus-sonne-und-wind_100011405/, Juni 2013.
358 https://www.greenpeace.de/themen/energiewende/erneuerbare-energien/erneuerbare-erwirtschaften-17-milliarden-euro-2012.
359 Vortrag von René Mono bei der Jahrestagung des Instituts für ökologische Wirtschaftsforschung in Berlin im Dezember 2013.
360 www.bee-ev.de/3:1503/Meldungen/2013/Deutschland-waehlt-erneuerbar-93-Prozent-fuer-zuegigen-Ausbau-der-Erneuerbaren.html.
361 Willenbacher, Matthias: Mein unmoralisches Angebot an die Kanzlerin. Freiburg 2013, S. 114ff.
362 www.roadmap2050.eu.

363 www.100ee.de/17.html.
364 Zumach, Andreas: Genossenschaft zur Rettung des Planeten. taz, 5.12.2009.
365 Scheer, Hermann: a.a.O., S. 130.
366 www.visionews.net/de/chileindigene-frauen-bringen-solarenergie-in-atacama-wustendorfer/.
367 www.visionews.net/de/kamerun-aus-der-dunkelheit-ins-licht-dorfer-werden-mit-solaranlagen-ausgestattet.
368 Etscheit, Georg: Die Solarzwerge kommen. ZEIT online, 11.10.2013.
369 Rüsberg, Kai: Hauswände, die Strom erzeugen. Deutschlandfunk, 30.7.2013.
370 Scheer, Hermann: a.a.O., S. 191; und: Harder, Sören: Highway to Helligkeit. Spiegel Online, 24.5.2013.
371 Beyers, Bert: Das Rad neu erfinden. Vor-Sicht, Factory Nr. 1/2013.
372 www.spiegel.de/wissenschaft/technik/sonnenlicht-zu-wasserstoff-kuenstliche-photosynthese-koennte-energieproblem-loesen-a-918476.html.

Ausblick

373 Rede bei einer DGB/HBS-Veranstaltung in Berlin am 12.2.2014. http://www.boeckler.de/28733_44769.htm.
374 Miegel, Meinhard: Exit – Wohlstand ohne Wachstum. Berlin 2011, S. 187 und 201f.
375 Jackson, Tim: a.a.O., S. 172.
376 Herrmann, Ulrike: Der Sieg des Kapitals. Frankfurt 2013, S. 87ff.
377 Ebd., S. 92ff.
378 http://www.umweltbundesamt.de/presse/presseinformationen/treibhausgasausstoss-im-jahr-2013-erneut-um-12.
379 Brödner, Peter; Latniak, Erich: Will they ever take the «High Road»? In: Smeds, R. (ed.): Continous innovation. Helsinki TU 2002.
380 Kotte, Hans-Hermann: Misstraue deinen Freunden. Tagesspiegel, 11.3.2014.
381 Willemsen, Roger: Das Hohe Haus. München 2014. Und: Interview mit Roger Willemsen: »Die Kanzlerin chloroformiert das Land«, Tagesspiegel, 2.3.2014.
382 Rosa, Hartmut: Beschleunigung. Frankfurt a.M. 2012, S. 11.
383 Meretz, Stefan: Fünfschritt. http://keimform.de/2011/fuenfschritt-methodische-quelle-des-keimform-ansatzes/.
384 Verhaeghe, Paul: a.a.O., S. 14ff.
385 Ebd., S. 212.
386 Macy, Joanna: Die Welt als Geliebte. Gespräch mit Geseko von Lüpke. www.tiefenoekologie.de.
387 Hunecke, Marcel: Zum Glück gibt es das Postwachstum. FactorY Glück-Wunsch. S. 57ff.
388 Precht, Richard David: a.a.O., S. 222ff.

Verschwenden – aber richtig!

Produkte so zu konzipieren, dass sie niemals zu Abfall werden – das ist der Grundgedanke von Cradle to Cradle („Von der Wiege zur Wiege"). In ihrem neuen Buch gehen dessen Begründer einen Schritt weiter. Im Fokus steht nicht mehr nur das einzelne Produkt, beim »Upcycling« geht es um die Neuformulierung eines Gesellschaftsentwurfes auf Basis der Cradle to Cradle-Prinzipien: wie baut man ein Haus, wie schafft man einen gesunden Arbeitsplatz, wie entwirft man eine nachhaltige Stadt? Ein mutiger Entwurf für ein Leben im Überfluss.

M. Braungart, W. McDonough
Intelligente Verschwendung
The Upcycle: Auf dem Weg in eine neue Überflussgesellschaft
240 Seiten, broschiert,
17,95 Euro,
ISBN 978-3-86581-316-9

oekom
Die guten Seiten der Zukunft

Bestellen Sie jetzt versandkostenfrei innerhalb Deutschlands unter www.oekom.de

Der verborgene Reichtum

Warum sind Norweger und Schweizer nicht nur wirtschaftlich, sondern auch sozial so erfolgreich? Wie kann Deutschland seine Schuldenkrise überwinden oder seine Arbeitslosigkeit abbauen?
Das Buch zeigt auf, wie Gemeinschaften durch die Mobilisierung ihres Sozialkapitals ohne Geld Werte schaffen, um ihre Probleme mit nicht materiellen Ressourcen zu lösen. Ein Plädoyer für mehr Mit- statt Gegeneinander, für Werte wie Vertrauen, Hilfsbereitschaft und Gastfreundschaft.

A. Dill
Gemeinsam sind wir reich
Wie Gemeinschaften ohne Geld Werte schaffen

208 Seiten, broschiert,
14,95 Euro
ISBN 978-3-86581-269-8

/III oekom
Die guten Seiten der Zukunft

Bestellen Sie jetzt versandkostenfrei innerhalb Deutschlands unter www.oekom.de

Weg mit dem Wohlstandsschrott!

Noch kann die Welt nicht von der Droge »Wachstum« lassen. Aber die Diskussion über das Ende der Maßlosigkeit nimmt an Fahrt auf. Der Nachhaltigkeitsforscher Niko Paech liefert dazu die passende Streitschrift, die ein »grünes« Wachstum als Mythos entlarvt.
In seinem Gegenentwurf, der Postwachstumsökonomie, fordert er industrielle Wertschöpfungsprozesse einzuschränken und lokale Selbstversorgungsmuster zu stärken.
Ein Plädoyer für eine entschleunigte und entrümpelte Welt.

N. Paech
Befreiung vom Überfluss
Auf dem Weg in die Postwachstumsökonomie

144 Seiten, Hardcover,
14,95 Euro,
ISBN 978-3-86581-181-3

oekom
Die guten Seiten der Zukunft

Bestellen Sie jetzt versandkostenfrei innerhalb Deutschlands unter www.oekom.de

Wie sich Zukunft gestalten lässt

Wenn immer es um Zukunftsfragen geht, kommt man an Harald Welzer nicht vorbei, er gilt als einer der wichtigsten Vordenker einer »anderen Moderne«. Mit Bernd Sommer legt er nun das erste umfassende Konzept für den gesellschaftlichen Wandel vor: Wie lässt sich eine Kultur des Weniger gestalten? Liegt die Lösung in einer Wiederentdeckung alter Sozial- und Wirtschaftsformen? Das Buch liefert eine spannende Vision unserer Zukunft – sie wäre genügsamer, aber auch stabiler, und sie wäre ein Gewinn an Lebensqualität durch Befreiung von Überfluss.

H. Welzer, B. Sommer
Transformationsdesign
Wege in eine zukunftsfähige Moderne
ca. 240 Seiten, Hardcover mit Schutzumschlag, 19,95 Euro,
ISBN 978-3-86581-662-7

/III oekom
Die guten Seiten der Zukunft

Bestellen Sie jetzt versandkostenfrei innerhalb Deutschlands unter www.oekom.de